政治心理学经典译丛·编委会

编委（以姓氏拼音为序）

陈定定　丛日云　冯惠云　韩冬临　韩召颖　贺　凯　胡　勇　季乃礼　林民旺
刘　伟　刘训练　蒲晓宇　乔　木　尚会鹏　石之瑜　谈火生　唐世平　王　栋
王二平　王丽萍　王正绪　魏万磊　萧延中　谢　韬　熊易寒　尹继武　张传杰
张警吁　张清敏　郑剑虹　郑建君

主编　尹继武

| 政治心理学经典译丛

小集团思维　决策及其失败的心理学研究

〔美〕欧文·L. 贾尼斯 著　张清敏 孙天旭 王姝奇 译　张清敏 译校

GROUPTHINK

Psychological
Studies of
Policy
Decisions and
Fiascoes

中央编译出版社
CCTP Central Compilation & Translation Press

译丛总序

这是一个智慧的年代,一位先哲如是说。起初,智慧或许只是一丝火花,飘落于人的头脑中。那些消失在茫茫脑海中的智慧之花,只有少数是幸运的,它们在智者的敏锐扑捉下,经叙事和言说,流传于世。于是,思想的世界才有了经典。政治心理学,作为一门系统的学科,至今不过百余年。论说时间,论说影响,自然难以与传统人文学科并肩。所以,何谓政治心理学的经典,何以成为经典,自然成为知识叙述时不可回避的问题。

虽然政治心理学晚近才得以兴起、发展与繁荣,但我们看到,借助于心理学学科的迅速发展,同时在波澜壮阔的政治形势推动下,政治心理学的研究,产生了广泛的学术和社会影响。任何思想的盛宴,均不可脱离盛宴的主人而空谈。同理,政治心理学的奠基和发展,也离不开一批先哲,正是他们的拓荒与耕耘,才有了今日学科发展的繁荣。回首历史,我们应时刻铭记于心的是,那些思想前辈,在早先的学术研究条件下,生产了哺育后来者的一批经典著作。在学科发展史上铺下一块块砖石的前辈们,烙下了不同时代、研究阶段的特征。或汲取当时的心理学理论营养,或专注于问题领域研究,或从案例分析中归纳规律,或偏重于定性分析,或诉诸心理学实验或定量技术。凡此种种,他们对政治心理学的拓展性贡献,他们所提供的智慧和思想,是后人受益无穷的。

从华莱士第一次试图从人性的角度来分析政治非理性,到两次世界大战之间,拉斯韦尔在美国对政治心理学的开山贡献,政治心理学学科已经初现雏形。那时候,精神分析学说成为主流的理论营养,这也滋养了几位杰出的后来者,比如乔治夫妇和埃里克森等人。随后,心理学中认知革命兴起，政治心理学全面走向了认知路径。关于选举政治、政治态度以及外交决策等方面的研究，均是乘认知革命之东风，成为战后政治心理学的主流。同时，社会心理学也开始发挥影响，造就了一批研究群体政治心理的经典之作。最新、也是最为前沿的政治心理学，可能更多走向了情感和情绪研究的回归，以及进一步向实验技术的迈进。

说实话，要从形形色色的研究中，挑选出政治心理学的经典之作，亦非易事。幸运的是，我们基于若干种标准，经过反复斟酌，多方咨询，细致盘点了政治心理学学科发展中的重要著作，陆续挑选了一些名家之名作。这种选择，要么基于选择对学科发展产生巨大影响和推动的先哲及其著作，要么基于选择能够全面反映政治心理学经典以及进展的著述，同时也不排斥新锐的力作，尽管其努力尚须时间证明。由于政治心理学的学科交叉性，我想，对于何谓经典或许见仁见智，但我们所选择的著作，虽不敢称之为巨著，但大多是不同研究路径的里程碑著作，或是学科发展史上的扛鼎之作，或是学科知识谱系的典范，或是引领前沿的新著。我们意在为海内外学界，呈现一幅骨肉鲜明的政治心理学知识图谱。

理论是灰色的，生命之树常青；理论是解释过去的，而现实给我们带来希望。100年来，政治世界已是天翻地覆。纵然10年前，我们难以想象20年之后的政治世界。经典的著作，是对于当下时代和社会最为重要问题的回答。时过境迁，时代的发展，产生了新的问题，也对人的思想产生了新的冲击。经典的著作，不在于对细枝末节的精雕细琢，而在于对人性与政治关系的永恒解读。技术的变迁，可以改变世界，改变宇宙，但是它改变不了人性，也改变不了政治。所以，经典的政治心理学著作，一定是围绕人性与政治这个永恒的话题，展开自己的叙述和解释。唯有如此，经典才能传承，经典才能感受。思想家之深刻，就在于对人性的深邃洞察，当然，心理学方法的突飞猛进，为我们更为客观、全面以及深刻地认识自己，明白政治世界，提供了更为有效的技术保障。

认识自己，理解世界，这是一个永恒的主题。政治心理学的经典之作，能够给我们提供别具一格的思想启迪。相信本套译丛的出版，对于我们架构完整的政治心理学学科谱系，更好地理解政治世界中的人性，能够贡献绵薄之力。政治心理学的本土化，是一项长期的工程，我们也希冀为此提供一个良好的知识基础。当然，译作之中可能存在的纰漏及不当之处，还望读者不吝批评指正。

尹继武　谨识

目录 Contents

译者序
  探索决策研究的新思路 ·································· 1
前　言 ··· 1
致　谢 ··· 5

第一编　大失败

第一章　引言：为什么有这么多误算？ ··············· 3
  人无完人 ··· 3
  团体决策之不足 ··· 4
  团体内聚的结果 ··· 5
  与团体规范保持一致 ·································· 6
  政治决策的观念 ··· 7
  什么是小集团思维？ ·································· 9
  大失败的选择 ·· 11
  小集团思维和大失败之间并不完美的联系 ····· 13
  愚蠢团体的冷酷决定 ·································· 14

第二章　猪湾入侵：完美的失败 ······················ 16
  "开局不利的冒险" ····································· 16
  顾问团队核心成员的资格 ··························· 18
  六个主要的误算 ··· 21

为什么顾问团队失败了? ·················· 29
　　官方的解释 ························ 32
　　官方的解释够吗? ····················· 34
　　肯尼迪总统顾问们中间的小集团症状 ············ 37
　　结论 ··························· 50

第三章　卷入朝鲜战争:"与错误的敌人进行的错误的战争" ··· 52
　　杜鲁门总统和谐的顾问团队 ················ 53
　　存在缺陷的决策 ······················ 57
　　被忽略的风险 ······················· 59
　　对红色中国和苏联的刻板印象 ··············· 62
　　没有能修正错误认知 ··················· 64
　　在关键的会议上错失的最后机会 ·············· 66
　　将怒火撒向集团以外 ··················· 69
　　规范传递者:"我告诉过我的顾问,我们得针锋相对。" ··· 72
　　团队对领导者的影响:"我的立场和其他所有人是一样的。" ·· 74

第四章　回首珍珠港:堡垒何以沉睡? ·············· 78
　　"不可能在这里发生" ··················· 78
　　从"魔术"中所获得的内部信息 ·············· 80
　　被误读的战争预兆 ···················· 81
　　与基梅尔心心相印的顾问团 ················ 83
　　嘈杂的警报信号和愿景思维 ················ 86
　　共享的自我辩解:为什么不会在这里发生? ········· 90
　　一个传递规范并不有趣的笑话 ··············· 94
　　有海军军官不接受坚不可摧的迷思 ············· 96
　　陆军加强了海军的乐观 ·················· 98
　　华盛顿进一步加强这种自信 ················ 98
　　罗斯福顾问的神安气定 ················· 100
　　关联小组的集体小集团思维 ··············· 102

第五章 越南战争的升级：如何发生的？ 104
需要解释什么？ 104
约翰逊总统的核心圈子 106
丹尼尔·埃尔斯伯格对"沼泽迷思"的批评 109
一种"巨大的误判"和随后的误算 112
错误的主要来源 116
应用小集团思维的假设 117
集团内聚压力的效果 118
集团决策之前承诺的影响 119
保持一致的压力 123
违规者的下场：罗伯特·麦克纳马拉被解职 126
团队内部的一致 129
忽略风险 130
破坏了和平的模糊之花 135
小集团思维假设的限制 139

第二编 相反的案例

第六章 古巴导弹危机 143
危机的背景 143
执行委员会的使命 144
在13天的危机中做出的决定 148
小组内的分歧 149
"猪湾事件"的遗产 151
导弹危机期间表现出的新的团队规范 154
主观不适 159
谨慎的评估：作为小集团思维的对立面 160
为什么执行委员会的决定是成功的？ 170

结论 ……………………………………………………… 171
第七章　制订马歇尔计划 …………………………………… 173
　　战后经济危机 …………………………………………… 173
　　政策规划小组的成功 …………………………………… 174
　　凯南委员会的任务 ……………………………………… 175
　　避免琐事 ………………………………………………… 177
　　对批评性评估的"极度不适" ………………………… 180
　　更多的小组，更多的折磨 ……………………………… 182
　　一个松散的委员会中的苦与乐 ………………………… 184
　　没有小集团思维的团队内聚力 ………………………… 185
　　领导人的角色 …………………………………………… 186
　　让更多小组介入以避免隔绝 …………………………… 187

第三编　理论、含义及其运用

第八章　小集团思维综合征 ………………………………… 191
　　小集团思维的症状 ……………………………………… 191
　　后果 ……………………………………………………… 192
　　前提条件 ………………………………………………… 194
　　小集团思维症状有多普遍？ …………………………… 195
　　尼克松、福特、卡特以及里根政府时期误判的备选案例 …… 196
　　只出现在美国吗？ ……………………………………… 204
　　欧洲失败的备选案例 …………………………………… 205
　　小集团思维与其他导致误判的原因 …………………… 212
第九章　掩盖"水门事件"：聪明的操控者缘何陷入一个本可
　　　　避免的困境 ………………………………………… 218
　　本案例研究的独有特点 ………………………………… 218
　　授权潜入水门大厦的决定 ……………………………… 219

对形成掩盖失败政策的解释 ……………………………………… 221
大事记：掩盖"水门事件"的主要事件 …………………………… 225
尼克松的助手们是与总统一起参与掩盖真相的决策，还是唯唯诺诺的人？ …………………………………………………… 229
决策团队是一个内聚的团队吗？ ………………………………… 233
有缺陷的决策在导致这个大失败的过程中发挥了重要作用吗？ … 238
能看到小集团思维的症状吗？ …………………………………… 240
在小集团决策过程中是否一直存在共同的坚不可摧的感觉？ … 242
有无潜在的不同意见被压制的迹象？ …………………………… 250
有集体自我辩解的表现吗？ ……………………………………… 251
有无表明团队相信自己天生就道德高尚的迹象？ ……………… 254
团队是否依赖赤裸裸的刻板印象？ ……………………………… 254
团队是否对持不同意见的人施加压力并表现出与小集团思维有关的症状？ ………………………………………………… 257
形成小集团思维的条件存在吗？ ………………………………… 260
是否有启发性的新线索？ ………………………………………… 266
结论 ………………………………………………………………… 268

第十章 归纳：什么时候，谁，为何会陷入小集团思维？ ……… 270
一个工作假设：谁容易受到影响？ ……………………………… 270
理论模型概览 ……………………………………………………… 271
内聚的团队注定会成为牺牲者吗？ ……………………………… 272
什么时候出现小集团思维的其他假设：组织的结构错误 ……… 277
压力作为激发情境性因素的作用 ………………………………… 278
解释理论的基本原理 ……………………………………………… 282
八种症状的心理机制 ……………………………………………… 284

第十一章 预防小集团思维 ………………………………………… 289
一个麻花状的问题 ………………………………………………… 289
因此，该怎么办？ ………………………………………………… 290
三个处方及其负面作用 …………………………………………… 292

更多避免被隔绝的处方 …………………………………… 296
更多抵消领导人偏见的处方 …………………………… 298
提升创新的手段 ………………………………………… 304
道义问题 ………………………………………………… 306
对小集团思维了解不多是一件危险的事情吗? ………… 308

注　释 ……………………………………………………… 310
参考文献 …………………………………………………… 358
索　引 ……………………………………………………… 372

译者序

探索决策研究的新思路

张清敏

在对外政策决策的诸多研究中，美国学者艾利森（Graham Allison）提出并用于解释美国政府应对 1962 年古巴导弹危机的三个模式最为经典，也最具影响。[①] 其中理性行为模式把决策看作是国家领导人代表国家理性选择的过程；组织行为（或组织过程）模式把决策看作是政府不同部门按照标准工作程序运作的产品；官僚政治模式将决策过程看作是代表不同部门的人根据部门利益讨价还价的结果。实际上，多数对外政策，特别是重要和敏感的对外政策，既不是领导一个人单独决定的，也不是政府多个部门斗争和扯皮的结果，而是由最高领导层在一个很小的范围内共同做出的。欧文·L. 贾尼斯（Irving Janis）将心理学理论用于组织过程研究，揭示小团队决策过程与决策结果的关系，提出决策小团体的从众心理对决策结果的影响，使小集团思维（groupthink）成为政治学、管理学、心理学、市场学、传媒学等领域广为人知的一个概念和决策分析模式。

欧文·L. 贾尼斯（1918—1990），生于纽约州，毕业于芝加哥大学和哥伦比亚大学。1947 年开始任耶鲁大学心理学系研究心理学家，1985 年退休后在加州大学伯克利分校兼任荣休教授。他一生的研究涉及普通心理学到政治心理学，出版的著作包括《心理压力：手术病人的精神和行为分析》（1958 年）、《人格与说服力》（1959 年）、《人格：动力，形成

[①] Graham Allison, *Essence of Decision: Explaining the Cuban Missile Crisis*, 2nd Edition, Boston: Little Brown 1971.

和评估》(1969年)、《关键决策：决策和危机管理中的领导》（1989）等。① 其杰出的成就为他赢得了众多的荣誉，包括美国科学促进会颁发的"社会心理学奖"(1967年)、美国心理学会颁发的"杰出科学贡献奖"(1981年)、实验社会心理学会颁发的"杰出科学家奖"(1991年)。2002年一项心理学领域的调查显示，在20世纪最为杰出的心理学家中，他的作品的引用率位居79位。② 在他的十余部著作中，根据1972年出版的《小集团思维的牺牲品：对外政策决策及其失败的心理学研究》一书，于1982年再版的《小集团思维：决策及其失败的心理学研究》影响最大。③

贾尼斯使用的"groupthink"一词，最早出现在《财富》杂志1952年的一篇文章中，指团队成员理性地保持高度一致的状况④，但随后并没有引起人们的关注。贾尼斯在使用这个词的时候解释说，他是借用奥维尔（George Orwell）《1984》一书中的"双重思维"（double think）的概念提出了"groupthink"。国内心理学界将"groupthink"翻译成"群体思维""团体迷思""团体盲思""集体考虑""集体审议"等。这些译法虽然抓住了这个词的某些方面的含义，但都没有准确译出这个词的英文原意。首先，对"groupthink"的研究属于决策学中小团体动力（small group dynamics）研究的主要部分，并非指的是一般的群体，而是指参与者有限的决策小团体。对于大群体中类似的从众心理现象已经有研究，

---

① Irving Janis, *Psychological Stress*：*Psychoanalytic and Behavioral Studies of Surgical Patients*, New York：Wiley, 1958；*Personality and Persuasibility*, New Haven：Yale University Press, 1959；*Personality*：*Dynamics*, *Development*, *and Assessment*, New York：Harcourt, Brace & World, 1969；*Crucial Decisions*：*Leadership in Policymaking and Crisis Management*, New York：Free Press, 1989.

② Steven J. Haggbloom et al., "The 100 most eminent psychologists of the 20th century," in *Review of General Psychology*, Vol. 6, No. 2, Jun 2002, pp. 139 – 152.

③ Irving Janis, *Victims of Groupthink*：*a Psychological Study of Foreign-Policy Decisions and Fiascoes*, Boston：Houghton Mifflin, 1972；Irving Janis, *Groupthink*：*Psychological Studies of Policy Decisions and Fiascoes*, Boston：Houghton Mifflin, 1982. 中文版根据后者翻译，本文引自本书的注释均引自后者。

④ William H. Whyte, "Groupthink," *Fortune*, March 1952, pp. 114 – 117.

中文有不同的翻译。① 其次，"groupthink"不是盲思或迷思，英文中的迷思另有其词，即"myth"。第三，这个词反映的是小群体或小团体在决策时把自己小团体的团结放在理性之上，因突出其消极影响而明显具有贬义。考虑到以上几点，我们在翻译《小集团思维：决策及其失败的心理学研究》（以下简称《小集团思维》）时将"groupthink"翻译成"小集团思维"。在这本书的中文版即将付梓之际，本文拟从全书逻辑结构、学术贡献和地位、创新和不足等方面做一介绍和评述。

一、逻辑严谨和结构完整的学术研究

学术研究的目的，在于发现新问题，寻求新答案，对方法和研究设计具有很高的要求。《小集团思维》以提出问题开始，通过正反两方面的案例研究，总结经验，提出模式，并以此模式为指导，进行进一步的实证研究，在验证的基础上概括该模式的特点，分析其产生的条件，最后提出如何在决策中避免小集团思维的规范性政策处方，其逻辑之严谨和结构安排之全面，是学术著作的一个典范。

对外政策决策的研究往往是通过对典型和重大案例的研究，概括出具有普遍意义的思路和分析模式。推动贾尼斯对小集团思维现象进行思考和探索的，是美国政府支持和操纵的对古巴入侵事件。

艾森豪威尔政府后期，美国中央情报局召集了一批古巴流亡分子，把他们集中到危地马拉的热带雨林中进行训练，计划将他们秘密派到古巴，推翻卡斯特罗政权。民主党的肯尼迪政府上台后，批准了这个决定。在美

---

① 国内学界都将法国社会心理学家古斯塔夫·勒庞（Gustave le Bon）的 *Psychologie de Foules* 翻译成"大众心理"，来指称众多人集聚在一起，形成一个群体时所产生的群体心理现象。如冯克利译，北京中央编译出版社 1970 年和 2014 年的两个版本；胡小跃译，浙江文艺出版社 2015 年版；戴光年译，世界知识出版社 2011 年版和武汉出版社 2015 年版；张波、杨忠谷译，华中科技大学出版社 2015 年版；吴松林译，中国文史出版社 2013 年版等，都将勒庞 *The Crowd: A Study of the Popular Mind* 书名译成"乌合之众：大众心理研究"。

国军队和中央情报局的支持下，这个由1400名古巴流亡分子组成的队伍于1961年4月17日在古巴猪湾（又称基隆滩）登陆。结果并没有像决策者最初设计的那样推翻卡斯特罗政权，而是将古巴彻底推向苏联。美国决策者原以为世界上没有人知道美国政府介入了这次军事入侵行动，结果却是，美国在国际舆论的谴责声中不得不拿出5300万美元赎回1200名被古巴军队俘虏的入侵者。这次入侵使新成立的肯尼迪政府在国内外陷入尴尬境地：在国际上，包括美国盟友在内的世界舆论一致谴责美国的行动；在国内，肯尼迪政府遭到舆论嘲笑和反对党的强烈批判。因此，贾尼斯称美国支持下的猪湾入侵是"一次完美的失败"（a perfect failure）。

对于这次入侵古巴的失败，美国政府和学界给出了各种解释。概括起来有四个。（1）肯尼迪政府主要是从政治方面考虑这一问题的。即这件事考验的是，民主党政府是否和前共和党政府一样，愿意帮助古巴的流亡者们反对古巴的共产主义政权。（2）新政府接收了旧官僚。入侵古巴的计划是共和党政府时期的中央情报局做出的，肯尼迪政府成立后不久就批准了这一计划，政府成员之间还不熟悉。（3）新的决策团队高度团结，相关专家被排斥在决策之外，连中央情报局和国务院负责古巴事务的官员都不知道。（4）政策制定小组的成员认为，自己如果坦率提出反对意见，会威胁个人的声誉和地位，因而不敢反对这一政策。

贾尼斯认为，这样的解释是不够的，甚至是完全站不住脚的。他认为，如果肯尼迪政府的决策者们只是开了一次会议就做出了这个决定，这四个解释也许是可信的。但他们对此决定考虑了近三个月的时间。期间，他们多次开会。如果从政治层面考虑，他们应该认识到，入侵猪湾一旦失败，在政治上对政府的负面影响将更大；虽然肯尼迪政府是新组成的，但决策成员都是在政府部门具有丰富决策经验的老手；虽然决策过程是保密的，但决策圈内的人都可以征询自己助手的意见；决策者可能担心自己的荣誉，但从政策的结果来看，不提出不同意见对自己声望的影响更坏。

让贾尼斯感到费解的另一个困惑是，如果决策者是一群笨蛋，那么决策的失败就很自然了。但参与决策的那些人都有在政府工作、参与重大决策的辉煌经历，如国务卿腊斯克（Dean Rusk）、国防部长麦克纳马拉

（Robert McNamara）、司法部长罗伯特·肯尼迪（Robert Kennedy）、国家安全事务助理邦迪（McGeorge Bundy）、中央情报局局长艾伦·杜勒斯（Allen Dulles）、国务院情报中心主任希尔斯曼（Roger Hilsman）、国防部副部长尼采（Paul Neitz）等。这些人或者是"拥有良好信誉、经验丰富的管理人员"，或者"名声卓著，聪明，冷静，正直"，或拥有"非同寻常的智慧"。此外，决策团队中还有哈佛大学的四个教授，他们在美国第二次世界大战后的外交史上都担任过重要的职务。因此，贾尼斯非常疑惑地提出，像约翰·肯尼迪和他的顾问们这样才华四溢、精明能干的人，怎么会被中央情报局愚蠢地拼凑起来的计划所欺骗？因此，贾尼斯决定对导致肯尼迪政府做出让美国外交蒙羞的大失败的深层次原因进行再探讨。

经过详细的过程追踪，贾尼斯发现肯尼迪决策团队的成员在决策过程中普遍存在着一些严重的错误认识或幻觉（illusion），具体包括：（1）他们认为没有人会知道美国介入了这次对古巴的入侵，大多数人都会相信中央情报局编织的将真相掩盖起来的说法；（2）古巴的空军非常老旧、无用，在入侵开始前美国飞机就能将它们彻底摧毁；（3）受训的古巴流亡者士气高昂，即使没有美国地面部队的支持，他们也都迫不及待地想回到古巴推翻卡斯特罗政权；（4）卡斯特罗的军队羸弱无能，不堪一击；（5）流亡者的入侵会引发古巴地下颠覆活动，有效地支持这次入侵，最终合力推翻卡斯特罗政权；（6）如果这只古巴队伍没能成功实现其目标，他们可以撤退到附近的埃斯坎布雷（Escambray）山中，增强坚持反对卡斯特罗的游击队的力量。

但实际情况是，所有这些想法都与实际情况相去甚远。如计划者最初确立的登陆地点是特立尼达（Trinidad），这个登陆点离埃斯坎布雷山很近。如果登陆失败，入侵者可以撤退到山上开展长期的游击战。但是后来计划改变，登陆地点换成了猪湾，而猪湾周围都是沼泽，地图上标得很清楚，但决策者在做出最终决定时并没有看一下古巴地图，仍然认为一旦失败可以撤退到埃斯坎布雷山中。结果是，登陆一失败，除了200人被打死外，其余的人都束手就擒。

在对决策过程研究的基础上，贾尼斯发现，肯尼迪团队内部微妙的决策过程，阻止了决策团队对中央情报局提出的计划进行有意义的讨论，使决策小组不能对政策结果的严重风险进行认真的评估。在此基础上，他提出了小集团思维的概念："任何内聚团队的成员都易于在不知不觉中形成一种妨碍批评性思维和准确判断的共同错觉，以及与此相关的规范。"（第37页）换句话说，就是政策制定群体对团队内部团结的追求超过对合理政策结果的追求，因担心小组的分裂或担心自己被看成与团队其他成员不一致，所以不愿意，或不敢提出不同的意见，以至于不能对客观情况进行充分的估计。一旦形成这种气氛，决策小组就不能对应当考虑的政策选择都进行考虑，最终导致不科学的对外政策或政策实施的失败。他提出，在肯尼迪政府做出入侵古巴决策的过程中，决策成员表现出的小集团思维症状主要包括以下几个方面。

第一，错误地认为自己一方坚不可摧，自己是好人，站在正义一边，最终会取得胜利；对手是愚蠢、羸弱的坏人，是不道德的。比如在批准入侵古巴的决策过程中，肯尼迪团队的成员认为，由于伟大的肯尼迪的领导，上帝会站在美国一边，而卡斯特罗是一个虚弱的"歇斯底里"的领导人，其军队的军心不稳，各个都想叛逃。对自己一方力量的过于自信和对手弱点的过高估计可能使一个团队的成员认为，自己坚不可摧，以至于产生冒险性的对敌行动。（第37—39页）

第二，错误地认为，小组成员之间没有分歧。表面上看，肯尼迪政府的决策团队成员对于入侵古巴的决定没有提出反对意见。但这种认为小组成员观点一致的错觉完全是由成员们没有提出他们的想法，或是模糊的沉默所造成的一种幻觉。实际上每个人的设想和考虑都是不同的。正如决策小组的成员之一施莱辛格所说："如果有一个高级顾问反对这次冒险，我想肯尼迪就会取消它。但是没有任何人反对它。"（第40页）既然没有人提出任何异议，大家就都认为沉默就意味着同意。

第三，压制个人的怀疑。在入侵猪湾的决策过程中，无论是在国务院，还是在白宫，都并非没有持不同意见的人，但由于他们担心自己被看作对共产主义"软弱"，或由于其他原因，没有敢提出反对意见。他们考虑的是，军方在推翻古巴政权方面已经表现得非常积极，国务院不能表现得太软弱。小组成员关心的是，不要对计划的危险提出怯弱的意见，因为这样的意见可能使肯尼迪感到尴尬。

第四，有人自任"思想保镖"（mindguard）。即使决策小组内有成员在决策过程中想发表不同意见，总会有其他成员对他们施加压力，敦促他们保持沉默。如当罗伯特·肯尼迪得知施莱辛格有不同看法后对他说："你也许是对的，你也许是错的，但是总统主意已定，不要再难为他了。现在是每个人都帮助他的时候。"（第43页）贾尼斯认为罗伯特·肯尼迪扮演了一个"自任的思想保镖"的角色。就像身体保镖（bodyguard）的任务是保护领导人的身体安全不受损害一样，一个思想保镖的任务就是要成员对领导已经承诺或者将要承诺的政策保持信心。

第五，有威望的领导在小组中纵容一种意见，使小组形成一种顺从（docility）的氛围。领导人在主持会议时，让那些对政策有怀疑的成员不能提出批评性的建议，即便有成员提出了选择其他政策的建议，主持会议的领导人也不安排时间来对此合理建议进行讨论，纵容了小组成员顺从和不加批评地接受有严重缺陷的计划。

第六，不愿意得罪有价值新成员的禁忌。内聚的团队如果有了新的成员，会得到成员的同情。虽然中央情报局正副局长杜勒斯和比斯尔（Richard M. Bissell）都是艾森豪威尔政府的旧僚，他们并没有被肯尼迪政府看作是局外人，而是受到肯尼迪和其他小组成员的尊重。小组成员都知道，比斯尔为了这次入侵花费了一年多的时间精心准备，杜勒斯也决心已定。所有的小组成员都应避免显示出对他们的敌意。直到入侵失败后，杜勒斯和比斯尔仍然受到肯尼迪政府的宠爱。

入侵猪湾决策的失败是一个典型的案例。在对美国入侵猪湾的决策过程进行研究后，贾尼斯对不同政府时期的正反两种类型的案例进行了进一步的研究。其中失败的案例包括，罗斯福政府因缺乏准备而遭到日本对珍珠港的偷袭，杜鲁门政府做出参与朝鲜战争的决策，约翰逊决定升级越南战争的决定等。通过对这些决策过程的研究，贾尼斯发现，所有这些政策都是由一小部分政府官员组成的内聚团队制定的，在决策过程中都存在着类似于肯尼迪政府批准入侵猪湾决策过程所表现出来的那种小集团思维症状：决策小组的成员对他们决策的现实和道义后果都做出了难以置信的严重误算；对于决策过程中出现的消极信息，要么由于自信而视而不见，要么通过妖魔化对方，简单地给自己不严谨的决策提供借口；决策过程中虽然有不同意见，但没有人表达，形成一个有共识的假象，等等，最终都导致了政策的失败。除了这些进行详细研究的案例外，贾尼斯还提出，1975 年福特政府解救被柬埔寨政府扣留的美国轮船马亚圭斯（Mayagyues）号的政策，1980 年卡特政府营救伊朗人质的政策，以及 1981 年里根政府消减社会福利的政策，其决策过程都有"小集团思维"症状，结果都失败了。

贾尼斯不仅对失败案例做了研究，而且对美国历史上被普遍认为是成功的决策过程也进行了比较研究。两个成功的案例，一是"二战"结束后美国在欧洲实行的马歇尔计划的制订和实施过程，二是肯尼迪政府对 1962 年 10 月发生的古巴导弹危机的处理。这两个案例的研究表明，其决策过程中并没有发现前面几个案例中出现的小集团思维症状，或者说决策者在决策过程中克服了"小集团思维"现象的影响。贾尼斯认为，这是这两个政策获得成功的原因。

在正反两个方面的案例研究基础上，贾尼斯提出了小集团思维的政治（主要是对外政策）决策模式。一般的研究到此就算完成任务了。但是，贾尼斯并没有停下来，而是以小集团思维的基本假设为框架，分析了尼克松总统的核心圈子在掩盖"水门事件"过程中的决策过程，来验证小集团思维模式的有效性。根据小集团思维的框架，他在分析尼克松核心团队掩盖水门窃听事件的决策时提出了四个问题：（1）谁是决策者？是领导一个人单独决策的？还是团队成员在很大程度上参与了决策？如果团队成员也参加了决策过程，这个团队是一个内聚的团队吗？（2）从负有责任的那些人的角度看，这个政策在多大程度上是由有缺陷的决策程序造成的？（3）在这个团队的考虑过程中能看到小集团思维症状吗？（4）是否存在前面几个案例中所观察到的形成小集团思维症状的前提条件？（第 213 页）

带着这些问题，贾尼斯阅读了有关"水门事件"的所有听证会记录和当事人的回忆录、日记等材料，得出的结论是，对以上四个问题的回答都是明确的。也就是说，小集团思维症状在尼克松团队试图掩盖"水门事件"的过程中完全存在，说明小集团思维是可以作为一个模式来分析其他决策的。

根据对几个案例的分析，贾尼斯将小集团思维症状分为三大类：（1）

决策团队对自己力量和道德过高估计型。包括团队大部分或全部成员认为自己无懈可击，坚不可摧。这种幻觉产生过分的乐观，鼓励采取过于冒险的行为；或者对自己团队道德上的正确坚信不疑，忽视团队决策在种族和道德上的偏见以及可能造成的后果。（2）决策团队闭塞型。为了使决策理性化，决策团队不考虑外部对他们最初的设想所发出的警告信息；对敌方的领导有一种成见，认为他们太坏，不会有真正谈判的愿望，或者认为他们太弱或太愚蠢，即使自己出现错误，运气也会在自己一边。（3）保持团结一致的压力型。如每个成员都认为自己的怀疑或反对意见不重要；认为小组成员大部分观点都是一致的；压制对小组的任何成见、错觉或承诺表示反对意见的成员，认为忠诚的成员不应该有不同的意见，有成员锐身自任"思想保镖"等。

如果一个决策团队符合以上三种类型中的大部分或所有条件，决策小组成员对于团队一致性的追求就会导致以下不良的政策后果：（1）不对所有的政策选项进行考虑；（2）对政策目标不进行充分和足够的分析；（3）不研究倾向性的政策选择可能的危险和后果；（4）不对最初拒绝的政策选择进行再次评估；（5）获得的信息不够；（6）在处理手头有限的信息时存在偏见；（7）不考虑一旦决策失败需要的补救措施等。这样就必然导致对外政策的失败。（第272—276页）

在得出小集团思维的各种表现和原因后，贾尼斯还提出预防小集团思维的措施。具体包括：（1）政策制定团队的领导应该让每个成员承担起批评者的角色，鼓励提出不同意见和怀疑；（2）在一个级别分明的组织内，最高领导应该保持公平的态度，而不是一开始就表明自己的喜好和希望；（3）决策团队应该就一个政策设立几个独立的计划和评估小组，让每一个小组都在不同领导的带领下单独思考；（4）政策制定团队的成员应该不定期与本单位自己所信任的同事或朋友一起讨论，然后把他们的意见汇报给小组；（5）应该邀请不是决策团队成员的局外专家或者本部门内有资格的同事交错参加会议，鼓励他们对团队核心成员的意见提出挑战；（6）在决策过程中至少应该有一个成员充当敌人的辩护者的角色；（7）应该花费相当的时间探讨对手发出的所有警告性信号；（8）在决策后，决策小组应该"再一次"召开会议，对整个问题思考再三。（第290—309页）至此，贾尼斯对小集团思维的研究才结束。

二、贾尼斯的创新和小集团思维研究的发展

科学上的任何进步都建立在以往成就的基础之上。总统决策是美国政治学界长期关注和研究的议题。肯尼迪时期的美国对外政策决策更是学界研究的重点。参与肯尼迪政府决策的不少当事者后来都出版了自己的传记或回忆录，对重要决策都有详细的记录。贾尼斯的贡献则是用社会心理学的视角来重新审视这些材料，将社会心理学与团队决策研究结合起来，将总统决策和公共管理结合起来，明确提出了小集团思维的模式，系统归纳了这种模式的特点，引发了学界对团队决策中这种特殊现象的关注，被认为是在"在对外政策决策研究中，对团队作用研究的一个转折点"[①]。

社会心理学家对小团体行为的关注有较长的历史。20世纪40年代，库尔特·勒温（Kurt Lewin）运用实证方法研究了团体动力（group dynamics）的特点，引发了学界对如何保持团体有效决策的关注。他提出，当小团队内聚力高时，所有的成员都团结一致，相互欣赏，对参加会议和落实该团队的日常任务有积极的感情。[②] 勒温的研究强调的是团体内聚力的积极效用，他没有研究内聚团队一旦出现严重错误且不能纠正这些错误的情形。

另外一个治疗团体病的医疗专家，威尔弗雷德·拜昂（Wilfred Bion）则研究了小团体内聚性的潜在危害性后果。他提出，因前意识的神话和互相依赖的成员之间的误解，可能对团队的效率产生消极影响。这种研究和勒庞对群体失去理性的从众心理的研究是一致的。但是，他的研究所关注的不是对外政策或政治决策，而是一般的社会团体行为。[③]

---

① Paul't Hart, Eric K. Stern and Bengt Sundelius eds., *Beyond Groupthink: Political Group Dynamics and Foreign Policy-making*, Ann Arbor: The University of Michigan Press, 1995, p. 10.

② Kurt Lewin, *Field Theory of Social Science*, London: Tavistock Publications, 1952, pp. 145–169.

③ Wilfred Bion, *Experience in Groups*, London: Tavistock Publication, 1961.

译者序

约瑟夫·德·里维拉（Joseph de Rivera）的《对外政策的心理因素》揭示了杜鲁门的顾问小组在做出参与朝鲜战争的决策时，将不同观点排除在外的做法所产生的影响。[①] 正是德·里维拉对小团体集体行为的研究，引发了具有政治学背景的贾尼斯的兴趣，促使他对这种现象进行更深入的思考。贾尼斯发现了小团体的集体行为在团体决策过程中更多的表现形式，并将它们的负面影响更加系统化，概括了小集团思维的基本症状、可能产生的后果，并提出了如何避免小集团思维的建议。

贾尼斯的研究有一个显著的特点，是将研究对象或解释变量放在对外政策的失败上。这个内容涉及对外政策研究诸多维度中最薄弱的环节，即对外政策结果的评估。贾尼斯提出根据政策结果对决策进行评判的标准。他认为决策团队的内聚程度（cohesiveness）是决策失败的主要原因，决策过程的两种状况是产生这种内聚性的先决条件。一个是管理方面的，如决策团队与外界隔绝，缺乏公平和不偏不倚的领导人。前者会使成员不能从政府其他部门那里获得专家意见和批评性信息；后者则会导致决策小组的领导人使用自己的威望和权力，影响决策团队的其他成员赞同他（她）的政策选择，而不是鼓励他们提出疑问或批评意见。另一个则是程序方面的，即团队在决策时缺乏方法和程序上的规范。如果这些条件在一个决策小组就某一问题做出决策之前都是存在的，那么就可以预测这个团队在决策过程中会出现小集团思维现象并导致决策的失败。贾尼斯称这一现象为帕金森定律（Parkinson law），即"决策团体内成员之间的关系越亲和，越有团队精神，独立的批评性思考被小集团思维所取代的危险性就越大，这就可能导致对外部团体采取非理性和野蛮的行为"（第15页）。

贾尼斯提出的小集团思维模式受到学术界的广泛关注。[②] 不仅有学者

[①] Joseph de Rivera, *The Psychological Dimension of Foreign Policy*, Columbus Ohio: Merill, 1968.

[②] Marlene E. Turner and Anthony R. Pratkanis, "Twenty-five years of groupthink theory and research: lessons from the evaluation of a theory," *Organizational Behavior and Human Decision Process*, 1998, No. 73, pp. 105 – 115; Wong-Woo Park, "A review of research on groupthink," *Journal of Behavioral Decision Making*, 1990 Vol. 3, No. pp. 229 – 245.

对他在本书中提出的可能受到小集团思维影响的案例进行了详细的实证研究①，也有学者用小集团思维的模式对商业领域决策的消极影响进行研究②，甚至有学者将小集团思维模式用于对邪教行为的研究。③ 这些研究表明，小集团思维的影响远远超出对外政策或政治学领域。在亚马逊购书网上输入"groupthink"一词，可以搜到400多项著作，虽然其中有重复，仍然从一个侧面反映了小集团思维研究的状况。因此有人认为，"如果不给小集团思维留一定的空间，任何关于团队决策的研究，都是不完整的……只要谈到政治团队，贾尼斯的理论不管什么时候都是一个显而易见不能忽视的视角"④。贾尼斯的名字也与小集团思维联系在一起，带动更多的学者对决策过程中的这种现象做进一步的研究，产生了更多成果。

首先，贾尼斯对小集团思维的研究促成了国际上成立专门研究小团体决策的学术群体。贾尼斯的书出版后，世界上对决策过程中的小集团思维现象感兴趣的学者成立了"小集团倡议"（small group initiative）的组织，并在美国、欧洲、以及大洋洲多次举行学术会议，探讨小团体（small group）决策的特点及其与对外政策结果之间的关系。该倡议小组于1995年出版的《超越小集团思维》，总结了到那个时期为止学界对小集团思维研究的成果，反映了到那时为止学界的研究状况。⑤

其次，决策学界在高度评价贾尼斯的理论贡献的同时，对小集团思维现象存在的范围和普遍性、发生的前提条件，进行了更加深入的探讨。大多数对外政策分析的模式，都是以美国对外政策的实践为基础的，也多用于研究美国对外政策。从事对外政策分析的学者似乎并不在乎这些模式在

---

① Steve Smith, "Groupthink and the hostage rescue mission," *British Journal of Political Science*, 1985 Vol. 15, No. 1, pp. 117 – 123.

② Aaron Hermann and Hussain G. Rammal, "The grounding of the 'flying bank'," *Management Decision*, 2010, Vol. 48 No. 7, pp. 1048 – 1062.

③ Mark N. Wexler et al., "Expanding the groupthink explanation to the study of contemporary cults," *Cultic Studies Journal*, Vol. 12, No. 1, 1995, pp. 49 – 71.

④ David Patrick Houthton, *Political Psychology: Situation, Individual and Cases*, New York and London: Routledge, 2009, p. 80.

⑤ Paul't Hart et al. eds., *Beyond Groupthink*, pp. 11 – 12.

更大范围的实用性上。贾尼斯的书虽然也是以美国对外政策的案例为基础的，但他在书中提出，小集团思维绝非美国所特有的现象，他之所以选择美国的决策进行研究，完全是由于他参考的都是美国政治科学家的成果。他说，这完全是一偶然。他种认为，如果能获得决策会议的记录、决策者的回忆录、日记或其他证据，他可以找到从古罗马到文艺复兴时期意大利的城邦，再到文艺复兴后的欧洲，很多小集团思维影响决策的事例。比如，他认为1914年法国史里芬计划（Schieffen Plan）的失败就是这样一个典型。因为法国军事领导人过高估计了自己的力量，忽视不断得到的被德国迂回包围的危险警告，把主要防守力量部署在东部，结果德国军队避开法国军队的主力，从比利时发动了突然袭击。他还在书中提出，20世纪30年代英国政府推行的"绥靖政策"，也是因为英国张伯伦内阁的"核心圈子"受到小集团思维影响的结果。他花费了不少的笔墨来证明这一点。但相比较而言，贾尼斯指出，"在众多的美国政府的各委员会所做出的政策决定中，小集团思维的倾向足以对三分之一的决策的质量产生显著的负面影响；而在欧洲国家平均比例可能只有美国的一半，即每六个决策中有一个"（第205页）。

除了欧美一些案例外，贾尼斯也提出，亚洲和非洲外交史上都有不少重要对外政策的决策过程可能受小集团思维的影响，并提出了研究小集团思维影响的候选案例。如1967年埃及政府挑起的"六天战争"的决定、1971年巴基斯坦政府发动的导致巴基斯坦分裂的第三次印巴战争的决定，以及造成1973年以色列在第四次中东战争爆发时没有充分准备的决定，都可能是由小集团思维所引起的。

贾尼斯在书中没有提到中国。但促使笔者对本书感兴趣并决定将它译成中文的原因恰恰是小集团思维现象在中国存在的状况。在教学和研究中，小集团思维现象是笔者多年来关注的重点之一，并总是不失时机地就小集团思维所描述的现象请教一些曾经参与不同层次决策、并具有一定经验的决策者。从相关回应中得出的印象是，这种现象在东方文化环境下也是普遍存在的。这在某种程度上印证了国外学术界对中国对外政策决策研究的认识。一位学者在对这个领域的研究状况进行回顾后提出，在中国对外政策决策过程中，因为"寻求共识的决策过程和一致原则的规范，（多数决策需要）由重要的利益攸关者组成的领导小组在重要决策上来建立共识。但是这些研究表明，这些共识是肤浅和表面的"①。因此，探讨小集团思维在中国存在的特色，研究其影响，对于制定科学和合理的政策是非常有意义的。

第三，从小集团思维存在的前提条件看，虽然多数学者认为小集团思维现象存在的范围要广泛得多，但是他们也指出，贾尼斯研究的团队并非无时不在，不同政府的决策团队是完全不同的，它们的组织形式、决策方式都可能具有很大的差异，它们受到政府部门一直存在的程序规范的影响可能较小，其标准工作程序可能不断变化。因此，研究小集团思维不仅要注意其偶然性，而且要特别注意其存在的政治的、机制的，乃至文化的环境。《超越小集团思维》一书在贾尼斯研究的基础上提出了"新小组症状"（new groupthink syndrome）的概念，即"在一个新成立的或临时性的决策小组，缺乏稳定的规范、角色和地位结构，导致团队成员的不确定性和对主要领导人或小组活跃成员的依赖，增加了决策过程协调的困难"，更容易导致小集团思维症状的产生。② 这些研究都是对贾尼斯小集团思维研究的延续。

随着建构主义的崛起，有学者则从建构主义的观点出发，提出了与贾尼斯书中所列举的小集团思维的先决条件不同的看法。如拜伦（Robert Baron）提出了与贾尼斯不同的导致小集团思维产生的先决条件，包括决策小组成员的社会身份（social identification）、主要的规范（salient norms）、自我效能（self-efficacy）等。在此基础上，他提出了"无所不在的小集团思维模式"（a ubiquity model of groupthink）。③

第四，将小集团思维存在的条件、影响等与其他对外政策分析的研究结合起来，进行更广视角的研究。一些学者认为，在危机条件下小集团思

---

① Jean A. Garrison, "Small group effects on foreign policy decision making," in *International Studies Compendium* downloaded, at www.isanet.org/fpa/2007/06/fpa-section-cha. html, accessed August 25, 2009.

② Paul't Hart et al. eds., *Beyond Groupthink*, p.132.

③ Robert S. Baron, "So right it's wrong: groupthink and the ubiquitous nature of polarized group decision making," *Advances in Experimental Social Psychology*, Vol.37, No.35, 2005, pp.219–253.

维对美国对外政策决策可能产生更大影响,因为危机对国家利益的威胁大,发生突然,需要做出快速的反应,领导人往往组成一个小团队。面临一定的压力,小集团思维症状可能更容易影响政策的结果。也有学者将小集团思维与阿利森的组织过程决策联系起来,认为决策团队之所以"警惕性"差,也许并不是因为贾尼斯所说的那些原因,可能只是因为决策者按照日常的工作程序采取行动,遵循了组织过程模式中的标准工作程序的结果。还有学者把将近30年来美国对外政策主要案例全部搜集起来,把定量案例研究和定性研究结合起来,把团队决策与领导人的人格和决策环境结合起来,探讨决策过程对对外政策决策结果的影响。[①]

第五,贾尼斯提出的如何避免小集团思维的消极影响、制定更加合理政策的政策处方,也推动了后来的学者对如何制定理性政策的思考。如在贾尼斯的影响下,长期研究总统团队决策的亚历山大·乔治(Alexander George)提出了与贾尼斯类似的预防小集团思维的措施。包括决策小组在就一个重大事项做出决策的时候,一定要保证获得足够的信息,对问题进行深入的分析;必须考虑到可能受到政策结果影响的所有价值和利益;尽可能广泛地寻求可能的政策选择,对每一个政策选项都进行深入的分析;充分考虑落实政策过程中可能出现的一切问题;始终以开放的态度接受新的信息;如果进展不够顺利,应当有记取经验教训的能力等。[②] 大多数有关小集团思维的研究基本上都包含有如何克服小集团思维的规范性内容。

三、贾尼斯研究的局限及其批评

贾尼斯对小集团思维及其影响的研究,在赢得赞誉,推动了更多学者

---

① Mark Schafer and Scott Crichlow, *Groupthink vs. High Quality Decision Making in International Relations*, N. Y.: Columbia University Press, 2010.

② Alexander George, *Presidential Decision-making in Foreign Policy: The Effective Use of Information and Advice*, Boulder, Colo: Westview Press, 1980, p. 10; Paul't P. Hart, "Preventing groupthink revisited: evaluating and reforming groups in government," *Organizational Behavior and Human Decision Processes*, 1998, No. 73, pp. 306 – 326.

关注和研究这种现象的同时，也引发了广泛的批评。这些批评意见从另一方面说明了贾尼斯研究的影响，并进一步推动了对小集团思维决策模式研究的深入和完善。因此有学者提出："对于进一步思考这种特殊的过程对团队决策产生影响的其他学者来说，贾尼斯的思想是一个有价值的起点。"①

贾尼斯研究的基本方法是案例分析的方法，其关注的重点是对外政策的失败，提出理论框架的基本思路是一个线性和比较完整的过程：促成小集团思维产生的前提条件增加了决策团队寻求一致（小集团思维）的可能性，决策团队对团结一致的追求产生小集团思维的心理现象，这些心理现象导致有缺陷的决策和政策结果，为了避免这些缺陷，他提出了积极的政策处方和建议。贾尼斯选择的案例研究方法，以及这个线性过程的每一个环节，都有学者进行更加细致的研究。有的证实了贾尼斯正确的观点，更多的研究则得出了不同甚至相反的看法。

首先，案例分析的方法虽然是提出决策模式常用的方法，但这种方法本身并非无懈可击，而是有其显著的弱点。贾尼斯的定性的案例分析，自然也不例外。有学者认为这种方法总是让研究者强调那些符合自己理论的案例，而忽视与自己理论不一致的案例。② 他们提出，如果粗略地阅读一下关于对外政策决策的教科书就会发现，如果所有关于对外政策决策的内容，基本都由小集团思维所主导了，把小组决策与小集团决策等同于一回事，"这太简单化了，忽视了对外政策决策过程中多种多样的决策小组和过程"。有学者提出，小集团思维模式"太主观"，"存在偏见"。③ 也有学者研究指出，自变量（决策过程的缺陷）和因变量（决策结果的缺陷）之间的相互关系太完美。④ 并非所有高度内聚的小组都会产生消极影响。勒

---

① Schafer and Crichlow, *Groupthink vs. High Quality Decision Making in International Relations*, p. 24.

② Philip Tetlock et al., "Assessing political group dynamics: a test of the groupthink model," *Journal of Personality and Social Psychology*, 1992, No. 63, pp. 403 – 425.

③ Jean A. Garrison, "Small group effects on foreign policy decision making," in *International Studies Compendium*, downloaded at www.isanet.org/fpa/2007/06/fpa-section-cha.html, accessed August 25, 2009.

④ Philip Tetlock et al., "Assessing political group dynamics: a test of the groupthink Model".

温更早时期的研究所关注的就是团队的内聚性对团队行为所产生的积极影响。这也被后来实证研究所证明。如(老)乔治·布什担任总统时期，就形成了以他为核心的，思想、观念高度一致，经历基本相同的小集团决策队伍，但并没有出现小集团思维的症状。这说明对于任何决策模式或理论视角的作用都不能无限地夸大。因此有人建议，"应该把小集团思维当作一种偶然的现象，而不应该把它看作是高层对外决策过程中的一个具有共性的问题"①。这一点也促使学者用更多的案例来分析以及用定量的研究来探讨小集团思维的影响。②

其次，对贾尼斯的因变量存在不同看法。贾尼斯研究的对象或因变量是对外政策的失败，为了比较研究，他还研究对外政策的成功案例。这是贾尼斯研究的创新或亮点。但这一点也是遭到批评和质疑的焦点。贾尼斯根据所谓客观的价值中立的判断，进而得出哪些对外政策是失败的，哪些对外政策的结果是成功的。但是贾尼斯的研究给人的印象好像是，对外政策的结果要么是成功的，要么是失败的。这太绝对了。贾尼斯研究的都是政治决策，而政治决策的成功与失败是很难确定的，政治家往往将给自己带来最大政治收益的政策看作是最成功的决策，而非贾尼斯那种客观中立的判断。也有学者指出，贾尼斯将对外政策的结果分为成功和失败，但是大部分对外政策既非绝对的成功也非绝对的失败，而是介于成功和失败之间，因此尝试用更多的案例，把更多的要素考虑其中，来研究小集团思维与对外政策结果之间的关系。③

还有学者从另一个角度对贾尼斯关于成功与失败的判断提出了异议。他们指出，贾尼斯是从团队决策结果及其产生的实际效果来评价团队决策的成功与失败，但是，一个团队一般要发挥多种功能，因此评价一个团队的成功与失败要复杂得多，需要根据其具体的功能、具体情况来分析，不

---

① Paul't Hart et al. eds., *Beyond Groupthink*, pp. 11 – 12.
② Schafer and Crichlow, *Groupthink vs. High Quality Decision Making in International Relations*.
③ Ibid.

能仅仅从一个视角来判断团队决策的优劣。①

第三，对产生小集团思维的前提条件产生质疑。格伦·怀特（Glen Whyte）认为，被贾尼斯称为小集团思维症状的那些现象在很多情况下都会发生，它们都可能单独对决策结果产生消极影响，是很多对外政策分析研究关注的对象。②他认为，贾尼斯将众多分散的行为不恰当地都说成是小集团思维，把重点放在了团队的内聚性上，但问题的关键并非团队的内聚，而是团队对自己能力的过度自信可能导致结构上和程序上的缺陷。麦考利（McCauley）从另一个角度提出类似的看法。他认为，贾尼斯夸大了团队内聚性的影响，实际上团队的内聚性并非小集团思维产生的根源，结构性和程序性的缺陷才是主要原因，积极宣传自己观点的强势领导和与外部隔绝的环境才是主要的原因。麦考利也不认同贾尼斯强调的其他因素，如他认为不是团队成员的自尊，而是团队对形势和前景的不确定性更为重要，贾尼斯强调的小集团思维的其他行为只是团队成员简单顺从领导的结果。③

第四，在对小集团思维核心概念的定性上，学者也有不同的意见。如什么才是内聚的（cohesive）决策小组？如果一个决策小组是内聚的，那么多长时间才可能有小集团思维的症状？为什么同一个决策小组在某一个时间的某一个决策中是内聚的（如肯尼迪政府入侵猪湾的决策），而在另一个时间的另一个决策过程中则没有这样的症状（如肯尼迪政府处理古巴导弹危机的决策）？又如1948年成功制订和落实马歇尔计划的决策团队为什么在几年后做出了愚蠢的干涉朝鲜战争的决定？这两组案例表明，决策小组并不总是受到小团队决策过程的负面影响，小团队决策活动的质量取

---

① Paul't Hart, "Preventing groupthink revisited: evaluating and reforming groups in government," *in Organizational Behavior and Human Process*, Vol. 73, No. 2/3, 1998, pp. 306 – 326.

② Glen Whyte, "Recasting janis's groupthink model: the key role of collective efficacy in decision fiascos," in *Organizational Behavior and Human Decision Process*, No. 73, 1998, p. 195.

③ Clark McCaulley, "The Nature of Social Influence in Groupthink: Compliance and Internalization," *Journal of Personality and Social Psychology*, Vol. 57, No. 2, 1989, pp. 250 – 260.

决于影响小组氛围的现场环境。

第五,贾尼斯在结论部分提出的避免小集团思维产生的建议,虽然得到了诸如乔治等学者的呼应,也遭到其他学者批评和质疑。有一些研究表明,即使贾尼斯对小集团思维现象的理解是正确的,他所提出的避免小集团思维的建议实际上并不能产生更加合理的政策,而是引起了人们的担心。如果每一个参与决策的人都像贾尼斯提出的那样高度警觉,他们就会对自己以及自己的组织提出过度的要求,就会使决策更加困难,甚至打破团队成员之间密切和融洽的同事关系。从战略管理学的角度看,在决策过程中过度强调警觉性,低估了简单决策规则的优势。一个有效的决策团队需要的是"更加强有力的领导,更加集中的权威,更加严格的制度,更加愿意冒险的精神,较少拘泥于法律程序","比理想化的高度警觉环境下的决策需要更多的乐观"[①]。贾尼斯强调,为了避免小集团思维的产生,主要领导应该不偏不倚,不阻止成员发表不同意见,但实践中,最有效和成功的团队则恰恰是具有一个强势领导,他甚至是带有偏见,说服同事支持其观点。

第六,随着档案的解密,更多材料出现,一些研究表明贾尼斯所使用的材料并不符合事实。如在美国决定升级越南战争的过程中,并非像贾尼斯所说的那样没有不同意见,决策的主要参与者有很多不同的观点。这实际上反映了一个更普遍的问题,如莫顿·霍尔普林(Morton Halperin)的《官僚政治和对外政策》[②] 和贾尼斯的《小集团思维》研究的差不多都是从第二次世界大战到 20 世纪 60 年代美国对外政策的决策。两人给人的印象是他们所揭示的现象在这一时期的美国对外政策决策过程中几乎都是无处不在的。但是,他们所描述的现象分别属于对外政策决策过程的两个极端——前者给人们的印象是,从第二次世界大战到越南战争,美国主要对外政策的决策过程都或多或少受到互相扯皮和讨价还价的官僚间政治斗争

---

① Randall Peterson et al. "Group dynamics in top management teas: groupthink, vigilance, and alternative models of organizational failure and success," in *Organizational Behavior and Human Process*, No. , 73, 1998, p. 291.

② Morton Halperin, *Bureaucratic Politics and Foreign Policy*, Washington D. C.: The Brookings Institutions, 1976.

的影响。后者给人的印象则是，几乎在同一时期，在一些重大对外政策决策过程中，决策团队的成员"都受到一般小集团中所常见的压力的制约"，在这种内聚小集团中"对团结一致的追求超过了对现实的估计以及不同政策选择的意愿"，最终导致外交政策的失败。

最后需要指出，虽然《小集团思维》在结构上是一个学术性很强的著作，其注释方式非常复杂和不规范，对于阅读和翻译都造成极大的不便。作者在序言中说："考虑到文中对历史和文献引用太多，为了避免让普通读者感到有大量脚注的负担，我在本书最后增加了每一章的注释来源。"（前言第3页）实际上，作者将各种注释体例混合使用，既有内容冗长、完全可以放到正文中的尾注；又有在尾注的后面将正文中的引文单独列出的特殊注释方式。由于正文中并没有标出注释所在的位置，原书最后列出这些注释的时候不得不再标出引文所在页的页码，并将引文重新列出，然后注明该引文的作者和页码。但因为这里只有作者的信息而没有所引著作的信息，而最后列出的参考书中，同一作者有多本作品，弄不清这段引文具体出自该作者的哪一本书，在翻译的时候不得不费尽周折去查询。由于国内资料有限，个别地方不得不让译者去推测。为了便于查阅，编辑在中文版中将这一部分文后注释转换成文中注释，而对应了原有的尾注。美国学术界在注释的规范化方面做的是最好的，《小集团思维》一书的复杂做法，弄巧成拙，成为本书英文版的一个显著瑕疵。

四、结论：寻求多元视角的对外政策分析模式

不同的学者在提出自己对外政策分析的模式时，往往都会说自己的模式具有普遍性，可以解释大多数对外政策决策。这提出了一个如何看待和运用不同对外政策分析模式的大问题。

影响对外政策决策的因素是多样的，这是对外政策研究的特点和难点。贾尼斯借用萧伯纳（George Bernard Shaw）的话说，当一个历史学家只需要依赖一份文件的时候，他是安全的；但如果查阅两份文件，他就遇到了困难；如果有三份文件，他就很无助了。（前言第3页）在信息化时

代，在同一事件上，研究者能够得到的材料不是两份或三份，而是更多，如何选取和利用材料决定了研究的视角与最终的结论。

从操作的角度看，人们不可能将所有相关的信息和资料都搜集和利用起来，把决策的每一个环节和整个过程全部描述清楚。符合逻辑的方式是，找出与决策结果相关的和具有决定影响的因素，探求这些因素与对外政策决策结果的关系。不同的对外政策分析模式的作用，类似于现实生活中的导游图，它不需要把现实地理环境中的所有标志都画下来，而是把主要标记画出来，以方便指导人们很容易就找到自己的目标。因此，希尔斯曼说："一种理论模式或概念模式首先告诉分析家应该寻找哪些事实，如果找到了某些事实根据，那么就会发生什么样的事情。"[①] 艾利森也提出："概念模式不仅帮助分析家在解释一个特定行为或决策时编织捕捞现实材料之网，而且指导他到哪一个池子里去撒网，应该撒多深，以便捉到他想要捕捉之鱼。"[②]

从这个意义上说，贾尼斯的贡献在于，他在研究美国入侵古巴这一失败政策的过程中，关注和利用了以往研究所忽视的材料，找出了决策小组的内聚性与对外政策结果之间的关系，提出了与艾利森的三个模式不同的对外政策决策模式，丰富了对外政策分析的视角，推动了对外政策研究的深入。他的研究进一步告诉人们，在从事对外政策决策研究时，如何运用不同模式、选用不同的材料展开研究的问题。如果一个分析者在研究对外政策时选取了理性行为模式，那就需要将关注点放在国家目标上，寻求能够体现国际格局和力量对比的变化等要素对决策结果产生影响的材料，说明国家是如何选择的。如果一个分析者选取了官僚政治模式作为研究的框架或"导游图"，就需要寻找反映不同的政府部门在同一政策上不同立场的材料，并按照这一模式探讨这些不同的立场之间的分歧和政治斗争对政策结果的影响。如果选取了小集团思维的模式，那就需要

[①] 希尔斯曼等：《防务与外交决策中的政治：概念模式与官僚政治》（曹大鹏译），商务印书馆2000年版，第6页。

[②] Ibid. Graham Allison, "Conceptual models and the cuban missile crisis," *American Political Science Review*, 1969, Vol. 63, No. 3, p. 690.

思考决策者是否为一个内聚的团队,这个团队是否存在导致小集团思维的先决条件,决策团队有无表现出小集团思维症状,决策过程是否有瑕疵,等等。

一个例子是对于第二次世界大战前夕英法对德国执行的"绥靖政策"的解读。中国国际关系史的教科书都以充分的证据证明,英法执行绥靖政策的目标是为了纵容德国,将纳粹德国的"祸水""东引"向社会主义的苏联,这是一种搬起石头砸自己脚的政策。这种方法是一种理性行为主义的解读思路。邝云峰的研究则从认知的视角提出,第一次世界大战爆发前协约国和同盟国之间僵硬外交所造成的严重后果,导致英法国家领导人对德国采取了相对缓和的"绥靖政策",是历史的记忆和认知过程影响了英法领导人,使他们在第二次世界大战前夕执行了"绥靖政策"。[①] 贾尼斯在本书中则提出,小集团思维是导致高度内聚的张伯伦内阁执行这样政策的原因。

这种看似相互矛盾的现象,与不同国际关系理论之间的竞争一样,增加了人们从不同视角对同一现象的理解,推动了学术的进步。这也是一切科学进步的共同特点。概念模式是可操作化的理论,不同的对外政策分析模式的背后是不同的理论,它们给研究者提供了使用不同的理论,从不同的视角,关注、选择和利用不同的材料,找出不同要素对政策结果的影响,提出竞争性解释的途径,加深了人们对国家间关系中重大对外政策的理解。它们之间谁优谁劣的判断标准,并不在于谁是对的,谁是错的,而在于谁的解释证据更充分,材料更丰富,逻辑更严谨,结论更有说服力。从这一点看,贾尼斯提出的小集团思维分析模式的意义,在于他提出了一种分析对外政策的新模式,让人关注以前研究所没有关注的要素和资料,探讨以往研究所没有关注的现象与政策结果之间的关系,给研究对外政策的学者提供了一个新的工具。这个工具的价值在国外已经得到广泛的重视和肯定,是国内学界并不十分熟悉的。这是我们翻译这本著作的动因。

---

① Yuen Foong Khong, *Analogies at War: Korean, Munich, Dien Bien Phu, and the Vietnam Decision of 1965*, Princeton, N. J.: Princeton University Press, 1992.

本书翻译过程中，由张清敏翻译序言和第一、二、九章，孙天旭翻译第六、七、八、十一章和索引，王姝奇翻译第三、四、五、十章。全书由张清敏校译通稿。

前　言

　　有关本书主题的想法，是我在阅读小阿瑟·施莱辛格（Arthur M. Schlesinger）《一千天》中涉及"猪湾事件"的有关章节时突然产生的。最初让我感到困惑的是：像约翰·肯尼迪和他的顾问们这样才华横溢、精明能干的人，怎么会被中央情报局愚蠢地拼凑起来的计划所欺骗？我开始纳闷，是不是有些相互传染的心理问题干扰了他们精神上的警觉，这种传染类似于社会学研究小集团活动所观察到的那种保持一致的想象。对此我百思不得其解，直到有一天我在耶鲁大学有九人参加的学术研讨会上讨论这件事。我认为在白宫会议上参与决策的那些人的糟糕表现，有点类似于普通公众在做出判断时所犯的错误，他们担心的是团体内的同僚是否赞同或意见一致，而不是如何想出解决手中问题的好对策。

　　不久后，当我再次阅读施莱辛格的叙述时，我为早期没有注意到的一些现象而感到震惊。这些观察开始形成一个特殊的规律——这些规律是我研究过的其他面对面的团体经常发生的现象，尤其是当团体内的成员有"我们感觉"团结一致非常重要的时候。其他对"猪湾事件"的叙述也产生了更多这样的思考，让我得出这样的结论：正是团体内部微妙的决策过程，阻止了肯尼迪团队对中央情报局提出的计划进行真正意义上的讨论，并阻碍了对其严重的风险进行认真的评估。

　　后来在约瑟夫·德·里维拉（Joseph de Rivera）的《对外政策的心理因素》中，我发现在做出注定倒霉的参与朝鲜战争的决策时，杜鲁门的顾问小组将不同观点排除在外的事例也给人留下了深刻的印象。德·里维拉对小集团行为的评论促使我对一系列决定进行更深入的探讨。不久，我发现了团体决策过程中其他表现形式的证据，与在"猪湾事件"决策过程中显而易见的那些类似。

到了这个时候，我已完全被我最初称为小集团思维的假设迷住了，并开始寻求相当数量的类似事例。我选择对美国的另外两个对外政策决策进行更广泛的研究，我再次发现在团体决策过程中同样的有害表现。后来我增加了对总统妨碍司法的刑事图谋的研究。我现在认为这是最为典型的小集团思维事例。

本书提供了五个大失败的案例研究，这些失败是五届美国政府的错误决策所导致的——富兰克林·D. 罗斯福（对珍珠港被袭击没有进行准备）、哈利·S. 杜鲁门（入侵朝鲜）、约翰·F. 肯尼迪（猪湾入侵）、林登·B. 约翰逊（越南战争的升级）和理查德·M. 尼克松（对"水门事件"的掩盖）。每一个案例都是小集团决策的结果，都是在由一小部分政府官员和顾问组成的内聚团体召开的会议上决定的。在每一个案例中，决策团体的成员对他们决策的现实和道义后果都做出了难以置信的严重误算。

为了比较，第二部分提供的是类似的团体所做出的两个案例研究，这些团体成员在对后果做出了现实的评估后，政策制定得非常好。一个是在1962年10月古巴导弹危机过程中肯尼迪政府做出的决定。这个决定基本上是由那些在1961年做出猪湾入侵决定的同一拨人做出的。但是它是在有利于团体成员独立的批评性思考后认真做出的，而没有像早期那样的小集团气氛。同样，第二个对应的例子是，1948年杜鲁门政府制订马歇尔计划过程中计划小组冷静的决策方法。这两个案例研究表明，决策团体并不总是受到团体决策过程的负面影响，团体决策活动的质量取决于影响团体氛围的现场环境。

除了掩盖"水门事件"（这一案例有白宫每次会议的录音记录）的案例外，这些案例研究主要依据二手资料——回忆录和已经出版的材料，如"五角大楼文件"。我试图做的是，分析手中的材料，根据人们对团体内在机制已有的了解，让它们形成一个心理学的规律。因此，对大家都知道的历史事实，以及人们不怎么了解、一般不为人所知的评论，以一种新的方式进行解读，这种方式与已经对各种各样的政策决定有过研究的历史学家和政治学家处理这些事实的方式有所不同。

因为我的目标是为了描述和解释产生影响的这些心理过程，而非建立历史的连续性，我并非按照时间顺序来阐述这些案例研究。我所选择的阐述顺序是为了逐步表达团体动力假设的含义。

写一本关于历史错误的著作，难免会看到那些对历史上错误的大量描述。萧伯纳（George Bernard Shaw）的话一直提醒我。他说，当一个历史学家只需要依赖一份文件的时候，他是安全的；但如果查阅两份文件，他就遇到了困难；如果有三份文件，他就很无助了。本书的每一个案例，都有三份以上的历史文献，也查阅了三种以上对同一事件的历史描述。当然，由于明显的判断错误所造成大的失败都会引发有关到底发生了什么，以及为什么这样发生等争论。此外，相关的文献也有可能因为党派的偏见等被扭曲到大家并不了解的程度。人们必须主要依赖于团体成员自己当时的描述和事后的回忆——会议的记录，日记，回忆录，信件，给调查委员会提交的声明——其中很多都是为了说明作者本人在历史中的地位而写的。验证有关团体动力的假设最需要的文献是正式会议记录的文字和团体成员之间非正式的交流。但是，这些记录如果存在，通常会被存放在政府文件中，注定会像哈姆雷特父亲的幽灵一样，在一定期限内被限制，直到这些早期的累累罪恶被彻底忘记。

最后，从这些并不完美的历史材料中推断出来的心理学解释，将来也需要认真核验。就像社会科学家核验任何其他解释一样——随着新证据的发现，重新核验。为了**构建假设**——这是研究提出问题的阶段，也是本书最关注的——我们必须愿意从我们能够得到的历史性线索中做出一些推断性的跳跃。但是，我试图根据我们已经知道的决策团体是如何考虑的确凿事实，把研究建立在坚实的基础上，选择那些能够得到的最好的历史著作，把它们的一些结论当作我的跳板。（考虑到文中对历史和文献引用太多，为了避免让普通读者感到有大量脚注的负担，我在本书最后增加了每一章的注释来源。）

许多普通的读者、社会科学家和研究生在试图理解为什么总统、总理、革命领导人或历史上的其他领导人在发挥自己作用时，有刚愎自用的处事风格的时候，重视情感和个性等心理因素的重要性。本书的一个主要目标是加强对历史上具有重要作用的决策进行理解，增加理解社会心理现象的意识，以便让人们在试图理解领导人物及其支持者的行为时把**团体动力**考虑在内。正如在对主要的大失败进行研究的案例中将要看到的，他们的集体行为应该对筹划一个可怕的错误喜剧负责,让这个喜剧最终变成一个悲剧。

最后需要提醒学者,本书显然是三个学科的交叉——社会心理学、政治学和历史学。我希望这些案例研究提出的解释和理论概念能够增加研究这三个学科的学者的思考。对研究社会心理学的学者来说,本书提出了一些新的问题(重新提出一些旧的问题):在什么情况下团体决策过程中形成的共同的幻觉和误判可能对有效决策产生影响?对政治学家和历史学家来说,它提出了如何运用心理学因素进行分析的途径,德·里维拉在分析对外决策过程中如何以及为何会出现大错时提出了这种方法。如果本书提出的关于产生小集团思维的假设是正确的话,本书对所有那些关心处于萌芽状态的政策科学的人,提出了在政府决策过程中能够提高决策质量的建设性参与的一系列建议和思路。

我想每一个读者都会对最后一章讨论的案例的现实含义感兴趣,这些案例对一个关键问题提出了一个尝试性的答案:**如何阻止小集团思维的出现**?在核时代,如果能够很确定地找出这个问题的答案,并在现实中加以运用,也许我们每一个人都有理由感到更加安全。

致　谢

我决定探讨小集团思维的假设是在我女儿夏洛特·贾尼斯（Charlotte Janis）接受我的建议后不久产生的。我建议她为高中历史课写一篇关于猪湾大失败的期末作业。她在图书馆研究中发现大量相关材料，非常有眼光地选择了这些材料，鼓励我认真对待这些假设，并开始调查更多的大失败。在这个过程中她仍然发挥了很重要的作用，寻找新的资料，不断提出她对用团体动力来解释历史事件有效性的疑问，最后对所有章节的初稿准备了详细的编辑方面的评论。

其次，苏珊·布洛克（Susan Block）在图书馆研究和编辑方面提供了非常技术性的帮助，这也让我受益匪浅。朱迪斯·格里斯曼（Judith Greissmen）对改进最后稿子提出了非常有价值的编辑建议。我也感激我研究生课堂上的一个学生——吉尔·特纳（Gale Tenen），他让我注意到研究美国在朝鲜战争中大失败的潜在价值，以及与古巴导弹危机过程中高质量决策进行的比较。

还特别感谢亚历山大·乔治（Alexander George），他从一开始就不断鼓励我，提出需要回答的关键问题，在政治科学领域广博的知识基础上，他提供了令人信服的参考资料。最后他还无私地花费大量时间进行思考，对初稿的每一章都准备了一份全面的批评性建议。我还想感谢其他社会学家，他们至少阅读其中的一章并提出了有益的建议和批评，这些我在后来的修订过程中都予以采用——罗伯特·P. 阿波尔森（Robert P. Abelson）、克雷顿·阿尔德芙（Clayton Aldefer）、克里斯·阿基里斯（Chris Argyris）、詹姆斯·D. 巴伯（James D. Baber）、乔治·拜恩（George Byrne）、格雷格·克莫斯多克（Craig Comstock）、詹姆斯·迪特斯（James Dittes）、约翰·多拉的（John Dollard）、詹姆斯·菲尔斯（James Fesler）、约瑟夫·戈登森（Joseph Goldsen）、J. 理查德·哈克曼（J. Richard Hackman）、马乔里·格雷汉姆斯·贾尼斯（Marjoire Graham Janis）、爱德华·科特金（Edward Katkin）、理查德·拉扎勒斯（Richard Lazarus）、理查德·朗埃克（Richard Longaker）、莱昂·曼恩（Leon Mann）、约翰·麦克康纳（John McConahay）、詹姆斯·C. 米勒（James C. Miller）、戴维·马斯托（David Musto）、理查德·尼斯贝特（Richard Nisbett）、瑞克鲁宾（Zick Rubin）、尼维特·桑福德（Nevitt Sanford）、戴维·西尔斯（David Sears）、西雷尔·索弗（Cyril Sofer）、G. 盖迪斯·斯密斯（G. Gaddis Smith）、丹尼尔·威尔（Daniel Wheeler）和罗伯塔·沃尔斯泰特（Roberta Wholstetter）。

我还想对耶鲁大学"资深教员研究奖金"表达我的感激之情，它让我能够在加州大学伯克利分校待了一整年，让我能进行广泛的图书馆研究，并完成了全书的初稿。最后我想感谢荷兰高级研究院的院长米赛特（H. A. J. F. Messet）博士及其同事。在后来休学术年假的时候（1981—1982 年），我在该研究院担任驻会研究员。该院给本书的定稿提供了极大的帮助，我从该院其他驻会研究人员那里收到了最新几章的批评性建议，这些都让我从中受益。尤其是罗伯特·R. 奥尔福德（Robert R. Alford）、格雷厄姆·D. 邓肯（Graeme D. Duncan）、路易斯·R. 高柏（Lewis R. Godlberg）、杨·凡·赫沃登（Jan van Herwaarden）和科尼利斯·J. 赖麦思（Cornelis J. Lammers）。

第一编
大失败

第一章 引言：为什么有这么多误算？

人无完人

年年都会有新闻广播和报纸报道一些集体失算的新闻——因对市场的错误判断，公司意外破产了；联邦政府机构错误地批准使用化学杀虫剂而毒化了环境；白宫的行政委员会制定了一项拙劣的对外政策，没想到却把大国关系推到战争的边缘。大多数人在听到这样的消息时只是提醒自己，毕竟"组织是由人运作的"，"人非圣贤，孰能无过"，"人无完人"。但是，对人性平凡陈腐的思考并无益于我们理解完全可以避免的误算为什么总会发生，又是如何发生的。

那些关注失败的观察家们并不愿意把这些问题简单地放到一边。他们发现，对于思想的扭曲以及其他人类错误的根源，当代心理学有话要说（不幸的是并不是很多）。我们最熟悉的缺陷多与决策团体成员的个人行为有关——因一时得意扬扬、恐惧或愤怒等情绪影响一个人的心理效率，由于个人的社会偏见而产生习惯性盲点，以及信息处理的短板让人不能理解看起来简单的政策的复杂后果，等等。一个心理学家曾经指出，由于每一个人的信息处理能力是有限的，没有一个大组织的领导人能够在不借助计算机的情况下就可以做出一个决策，因为计算机程序可以帮助他弄清楚每一项选择可能的收益和成本，抵消个人智力缺陷的方法就是让集体来做出重要的决定。（Shepard，1967：257–263）

团体决策之不足

集体,像个人一样,也有缺点。团体可以产生最好的决定,也可以做出最差的决定,就像个人一样。尼采甚至说,愚蠢的行为对个人来说是异常的,对团体来说则是一个规律。有大量的社会科学文献表明,在极其危机的环境下,团体内部互相影响有时候会引起集体的恐慌,粗暴地找替罪羊,还可能发生其他可以称之为集体愚蠢的行为;但是,更常见的状况是,对严重危险的集体误判,不用头脑地保持一致,然后在一个轻松愉快、排除外人的气氛下,大家一笑了之。想想1950年在俄克拉荷马小矿镇发生大灾难之前的情景:当地的采矿工程师已经警告当地居民立即撤离,因为该镇已经在采矿过程中不小心被挖空,随时都有可能塌陷。该警告发出后第二天,在"狮子俱乐部"召开的领导人参加的会议上,他们拿这个警告开玩笑。当有人戴着降落伞进来的时候,还引发了哄堂大笑。俱乐部成员在集体大笑中相互传达的信息是:"像我们这样聪明的人很明白,不至于对这些要发生灾难的警告大惊小怪;我们知道我们这个漂亮的小镇不可能发生灾难。"没过几天,这种自鸣得意让他们中的有些人和他们的家人丧失了生命。

缺乏警惕和过度冒险是临时性的团体错乱的表现。在这种状况下,组成这些团体的那些承担责任的行政人员也不能幸免。有时候是因为主要的领导人操控其顾问们,让他们不经审查就批准他自己考虑并不周到的建议。但是,在本书中我主要想研究的,是另外一种不同的决策缺陷,这种缺陷涉及的是更加微妙的一种领导错误。在团体考虑过程中,领导人并不想让团体成员只告诉自己想听的东西,而是非常真诚地想听诚实的意见,团体成员也没有变成溜须拍马的人,他们也并不惮于表达自己的意见。但是,一种微妙的东西在限制团体成员,使他们不能充分行使他们的批评权利,团体内的其他大多数成员好像已经形成一种共识,让他们不能表达自己的怀疑,有时候领导人会无意识地增加这种限制。为了充分考虑这种限制的原因和后果,必须对团体动力研究的已有成果进行一个回顾。

第一章　引言：为什么有这么多误算？

团体内聚的结果

在运用团体动力的概念研究近期历史上的决策的时候，我是在延伸社会科学先驱们的工作。在面对面的团体内部确立影响成员行为规范的能力方面，20世纪早期两个重要的社会学家有详细的阐述。他们是查尔斯·霍尔顿·库利（Charles Horton Cooley）和乔治·赫伯特·米德（George Herbert Mead）。在同一时期内，威廉·格雷厄姆·萨默（William Graham Sumner）提出，当与外团体（outgroup）产生冲突的时候，内团体（ingroup）的团结就得到加强。

20世纪40年代运用实证方法研究团体动力的库尔特·勒温（Kurt Lewin）引发了大家对有效团体决策先决条件的关注。（Lewin，1947）他描述了行政委员会面对的典型困境，包括战争期间选择轰炸目标的军事计划团体和在和平期间试图改善国家关系的决策团体。勒温强调找出事实和对政策选项进行客观的评估，对确定所选择的手段能否实现团体目标的必要性。他告诫说，缺乏评估政策目标的客观标准导致了很多判断失误和错误决定。勒温对小团体行为的分析也强调了团体内聚力的重要性——也就是说，成员对团体的积极评价以及他们想保持成为团体一员的动机。当团体的内聚力高时，所有的成员都表现出团结一致，相互欣赏，对参加会议和对落实该团体的日常任务有积极的感情。（Lewin，1952：145–169）勒温对团体内聚性的积极效果尤其感兴趣，但他并没有研究内聚团体内部出现严重错误且不能纠正他们共同错误判断的情形。

另外一个理论家威尔弗雷德·拜昂（Wilfred Bion）强调了团体内聚性的潜在危害性后果。他是一个著名的治疗团体病的医疗专家。拜昂描述了所有工作团体的效率都有可能因前意识的神话和互相依赖的成员之间的误解而产生不利影响——也就是说，成员有一种共同的基本想法，为了保持团体的团结而不顾手中的工作。

在库尔特·勒温开创性工作的影响下，利昂·费斯廷格（Leon Festinger）、哈罗德·凯利（Harold Keely）、斯坦利·沙克特（Stanley Schachter）和其他一些社会心理学家进行了一些实验，对内聚团体的后果进行了实地考察。[1] 在对20世纪50年代和60年代积累起来的大量研究内聚团体内成员相互关系的结果进行概括后，多温·卡特赖特（Dorwin Cartwright）指出，这些证据集中起来表现为三种主要类型的后果：

> 在其他情况完全一致的情况下，随着内聚性的增加，保持成员团结的能力和团体成员参加团体活动的程度也在增加。团体的内聚性越强，让成员与团体规范保持一致和接受团体的目标、任务和角色的力量也随之增加。最后，高度内聚的团体为团体成员提供了一种安全的资源，可以减轻成员的忧虑并增加他们的自尊。（Cartwright，1968：105）

对于团体内聚的原因——团体内部团结意识如何和为什么发展也有不少研究。人们知道，只要不同成员组成的集体面对共同的外部压力，如在军事战斗中被伤害或被杀死的威胁，团体的团结就会得到显著的提高。一些研究者正在开始考虑较为微妙的压力，如那些更大的团体内忙碌的决策者所面临的困局，对团体内部团结的影响。（George，1974）

与团体规范保持一致

在研究社会俱乐部或其他小团体的时候，经常观察到保持一致的压力。一旦有成员说一些听起来与团体规范不一致的话，其他成员先是与持不同观点的人增加沟通和交流。影响持不同意见的成员，改变或降低其不同观点的试图会一直存在，只要大部分团体成员感觉到还有希望让他改变主意。但是，如果他们在多次努力后还是失败的话，与有不同意见者的沟通就会显著减少。为了恢复团体的内团结，成员会把他排除在外，最开始很微妙，到后来就会非常明显。斯坦利·沙克特对美国一所大学的业余俱乐部所做的一个社会心理学实验——沙克特和他的合作者们后来在欧洲的七所大学重复了这个实验——表明，团体越内聚，问题对团体的目标关系越密切，团体成员拒绝接受意见不一致成员的倾向性就越强。（Schachter，1959：165－181；Schachter et al.，1954）因为团体以外的批评者可能威胁到他们团体的团结和他们的团体精神，团体成员想把自己与团体外批评者隔绝起来。同样，他们也会采取行动，来抵消来自内部的攻击团体规范的批评者的破坏性影响，尽管有时候他们并没有意识到这些行动。

正如拜昂的分析所表明的那样，内聚团体成员坚持的规范，并非总会对团体行为的质量产生积极影响。对工业机构的研究表明，一些工作团体的规范会形成一种责任心，提高生产力，但类似其他工作团体的规范却造成了怠工，导致生产力的下降。① 促进或制约工作团体实现工作目标的同样类型规范的不同表现形式，在大机构的政策制定过程中一样存在。

当今对团体动力的大部分研究都试图弄清楚团体规范对团体实施自己的任务，特别是与决策有关的任务，发挥好作用或坏作用的关键区别的原因是什么。近年来广泛研究的一个现象，是在特定而尚未弄清楚的条件下两种不利倾向———一是团体形成一种刻板的意象，对他们需要与之进行竞争和斗争的外团体妖魔化的倾向；二是在团体内的讨论中形成一种集体判断的倾向。（Ashmore，1970：318－339；Sherif et al.，1961；Zimbardo，1969）后一种倾向显得两极化，有时候极端保守，有时候倾向于采取与团体中的个人单独选择相比更为冒险的路线。（Brown，1965；Dion, Baron and Miller，1970；Myers and Lamm，1977；Pruitt，1971；Wallach, Kogan and Bem，1968）

政治决策的观念

对团体动力的科学研究仍然处于早期阶段，还有很多问题需要探讨。目前，我们在试图理解决策团体的行为时只有几个可以信赖的概念和结论。尽管如此，关注政府决策的社会学家——最著名的是卡尔·多伊奇

---

① 弗罗姆总结了 French 和 Zander, Likert, Seashore 以及其他人对团体生产力所做的实地调查研究的结果。（Vroom，1969：223－227）还可见 Homans，1965。

（Karl Deutsch）、亚历山大·乔治（Alexander George）、约瑟夫·德·里维拉（Joseph de Rivera）——已经开始运用团体动力概念，这对丰富政治学研究具有很重要的意义。这两个领域之间友好关系的建立，仍然是一种未来的前景，而非一种现实。我希望本书的案例研究将帮助社会科学的这种新发展更具体化，并增加其动力。

运用理论并对团体动力进行研究是为了补充而非取代政治决策研究的标准方法。格雷厄姆·T.艾利森（Graham T. Allison）在对古巴导弹危机解决方式进行研究的过程中描述和使用了三个概念框架。第一种是经典的方式——艾利森称之为理性行为模式或国际关系理论，有一个大写字母"T"——这个方法源于汉斯·摩根索（Hans Morgenthau）、阿诺德·沃尔弗斯（Arnold Wolfers）和雷蒙·阿隆（Raymond Aron）。分析人员用这种方式构建一系列目标，这些目标是负责制定政策的政治家意欲实现的。"总是认为，"正如摩根索所说的，"他以理性的方式采取行动。"（Morgenthau，1970：5）这种类型分析的目标在于确立政治行为体通过他所选择的政策手段试图实现的目标。

艾利森描述的第二个框架是组织过程模式，主要来源于赫伯特·西蒙（Herbert Simon）、詹姆斯·马奇（James March）和他们的合作者。组织过程模式强调在决策过程中个人和组织对理性的限制因素。这些因素包括个人处理信息能力的限制、为了实现利益最大化而获得必要信息的限制，以及选择能满足最低目标而非寻求最好后果的行动步骤的倾向（这被称为满意策略）。这种方式考虑到"组织的僵化"，比如官僚组织的日常工作和程序，这些程序机械地规定了为实现目标什么是可以做的。

第三种框架被艾利森称为政府政治模式。这种模式源自加布里埃尔·阿尔蒙德（Gabriel Almond）、查尔斯·E.林德布卢姆（Charles E. Lindblom）、理查德·诺伊施塔特（Richard Neustadt）和其他一些政治科学家。它关注的核心是国内和地方官僚政治游戏对国际关系中的危险竞争游戏的干预。在林德布卢姆对这种方式的不同类型的概括中，政府政策的制定是一个"蒙混过关"的过程：决策者采取一个个小步骤，慢慢地把一个旧政策变成一个新的政策。在这个过程中不断做出妥协让参与讨价还价过程的每一个有政治权利的团体都得到适度的满意，或至少是让他们不感觉到失望，从而阻止或妨碍新的走向。

艾利森把这三种模式叫作概念模式，以帮助社会学家形成假设，捕捉到重要的特点。否则在解释新的对外政策决定是如何以及为什么形成的时候是会忽略这些特点的。他提出，"最好的对外政策分析者，总是设法把三种概念模式的每一种都结合起来进行解释"（Allison，1971：258-259）。按照艾利森的说法，这些概念模式至少可以提出问题，这些问题在研究对外政策决策的时候是需要进行系统回答的。

> 大多数理论家很少尊重"案例研究"——很大程度上是由于过去案例研究的非理论性……我们需要的是一种新的将模式Ⅰ、Ⅱ、Ⅲ（以及其他模式）中所指出的因素进行具有理论敏感性的"案例研究"。在这基础上开始改进和验证命题和模式。（Allison，1971：258-259）

为了使用这三种概念模式，分析家必须把决策者个人或一个大的组织，如国务院、政府的情报团体，或参与决策讨论的官僚机构的各种各样的联合，当作一个分析单位。团体动力的方式——这个方式应该被称为第四个概念模式——使用的是不同的分析单位。当我们试图理解为什么做出某些本可以避免的政策错误的时候，我们应该关注决策小团体内的行为，因为大家所熟知的那些源于个人的局限或一个大的机构的局限的那些错误，都被形成共同误算的团体过程大大增加了。

什么是小集团思维？

团体动力方法是建立在这样的工作假设基础之上的：决策团体的成员，不管他们对自己的尊贵地位和重大责任的意识有多强，都会受到某种压力，这种压力是我们在普通公民团体内所能观察到的。在我早期对团体动力研究的过程中，我对不断表现出来的这种影响的印象很深——既有积极的也有消极的压力——不管是步兵排、机组成员、医疗小组、研讨会、自学小组或接受行政领导培训的群体等。[2]与其他研究中所关注的工业团体一样,在所有这些团体中,成员们会逐步形成一种非正式的规范来保持团体内的友好关系,这些规范在他们的会议上会成为潜在议程的一部分。在对由老烟民组成的临床戒烟团体的研究中,我注意到一种看起来非理性的倾向,在会议召开的期限临近的时候,成员之间会互相施加压力以增加抽烟量。这好像是大家商量好的一样,相互依赖,共同抵制这个会议直到结束。(Janis, 1966)

有时候,即使团体成员还远没有关注团体最终会分裂以前,已经有清晰的证据表明有一种保持一致的压力,来颠覆团体会议的根本目标。在由12个美国中产阶级男女烟民组成的一个团体的第二次会议上,两个占主导地位的烟民说,烟瘾太大,几乎是不可治愈。不久,其他大多数人也都认为没有一个人可以一下子就大量减少抽烟量。一个中年的企业行政人员,是一个烟瘾很大的人,不赞同这个共识。他争辩说,他在加入这个团体以来,坚强的意志力让他已经不抽烟了,其他人也可以做到。他的发言引发了激烈的讨论,在正式会议休息期间,讨论仍在大厅内继续。团体的其他人联合起来一起反对这个对团体共识持不同意见的人。随后,在第二天会议一开始,持不同意见的烟民宣布说,他已经做出了一个重要的决定。"我参加戒烟俱乐部的时候,"他说,"我同意遵守诊所要求的两项重要规则——努力戒烟和参加每一次会议。但是我参加这个团体的经历告诉我,你只可以遵守其中的一个规则,而不能同时遵守这两项规则。还有就是,我已经决定我将继续参加每一次会议,但我也回到每天抽两包烟的状态,在最后一次会议结束之前,我不再努力去戒烟了。"于是,其他成员都把目光投向他,并热烈鼓掌,欢迎他改弦更张。没有一个人提到会议的根本目标是帮助每一位烟民尽可能快地减少抽烟。作为该团体的心理顾问,我尽力提醒成员们注意这一点。我的合作者迈克尔·卡恩(Michael Kahn)博士也提醒他们。但是,团体成员在会议上对我们的意见置若罔闻,而且还重申了他们的共识,那就是重度吸烟者已经上瘾,除非经过长时间的逐步减少,否则是不可能戒掉的。

这个故事——小集团思维的一种极端表现——只是团体表现出来的一种普遍规律的体现。在每一次会议上,团体成员都是友善的,不断重复相互之间团结无隙的温暖感觉，在每一项重要问题上都尽力保持完全一致，从没有再现不愉快的可能破坏惬意氛围的争吵。但是，寻求一致的倾向只能在这样的情况下才能维持，付出的代价则是忽视现实挑战（就像心理顾问所提出的那样），扭曲具有不同意见成员的意见，而这种不同意见让人提出疑问：所谓团体成员都有同样烟瘾问题的这一共同假设到底是否存在。在这个抽烟团体内，我好像还观察到小集团思维规律的另外一种现象。这些规律是我在对大量形成鲜明对比的团体进行观察时所遇到的。这些团体成员来源于社会的各个领域，因着社会的、教育的、职业的或其他目标而聚集起来。就像诊所里的戒烟团体，所有这些不同的团体都有高度内聚的迹象，并伴有寻求一致的倾向，干预了批评性的思考——这是小集团思维的核心特点。

我用"小集团思维"这个词作为快捷方便的方式来指人们的一种思维方式，当人们深陷一个内聚的团体时，团体成员对团结一致的追求取代了他们对不同行动步骤进行客观评估的动机。"小集团思维"与乔治·奥威尔（George Orwell）在他让人沮丧的《1984》一书中的"其他新词"属于一个类型，如"双重思维""犯罪思维"一样。把"小集团思维"和奥威尔的"其他名词"放在一起，我意识到小集团思维有一种让人反感的意思。这种让人反感是有意的："小集团思维"指由于内团体的压力导致的心理效率、现实检验、道德判断力等的恶化。

大失败的选择

为了研究对外政策决策失误的原因而开始对"猪湾入侵"、决定升级朝鲜战争以及其他大失败的原因进行研究的时候，我最初感到有点吃惊，因为我发现小集团思维的症状如此普遍。尽管在公开发表的有关如何决策的文献中看到的小集团思维症状，并不像我在面对面的团体内观察到的那些症状那样阻碍决策结果，但是因为寻求一致而导致的决策欠佳却是不会有错误的。

在注意到因为团体过程造成明显误算的最初几个决策案例后，我开始从各种各样的资料中搜集类似大失败的案例，例如哈罗德·威伦斯基（Harold Wilensky）的《组织的智能》和巴顿·惠利（Barton Whaley）《策略》等。在政治学同事的建议下，在选修我的团体动力讨论课的学生们独立研究的帮助下，我在很短时间搜集了数十个大失败的案例。我把案例压缩到适合对团体过程进行分析的20余个。我寻求的那些有缺陷的决策都是由几个决策者组成的内聚团体在一系列会议上做出的案例。说是有缺陷的决策，我是指决策结果的质量非常差。换句话说，我选来分析的大失败都**该**失败，因为决策者在完成制定政策的任务的过程中做得非常不好。

至少有七个主要的决策缺陷将导致无法充分地解决问题。（根据 Janis and Mann，1977：10-14）第一，决策团体的讨论仅仅局限于少数几个行动步骤选项（通常只有两个），而不把所有的选项都进行思考。第二，决策团体没有对要落实的目标和政策选项的含义进行调查。第三，决策团体没有对最初大多数成员都赞同的行动步骤进行二次思考，在最初评估的时候从来没有对不明显的风险和弊端进行考虑。第四，团体成员忽视了最初被大多数成员认为是不满意的行动步骤：他们很少甚至几乎没有讨论他们是否忽视了并不明显的收益，或者看似高昂的成本是否有所减少，而正是这些成本让这个选项不受欢迎。第五，成员很少或根本没有尝试从专家那里获得信息，这些专家能够对所选择的行动步骤的损失和收益提供充分的评估。第六，团体在应对事实性信息和专家们提供的相关判断，以及大众媒体和外部的批评的时候表现出有选择的偏见。成员对那些支持他们最初喜欢的政策的事实和观点表现出兴趣，而且还在会议上花时间予以讨论。但忽视那些不支持他们最初喜欢的政策的事实和观点。第七，成员很少花时间思考官僚政治的惯性对所选择政策的掣肘、政治对社会的破坏，或者临时被通常发生的事故搞砸，这些事故也会发生在设计很好的计划上。因此，他们没有制订应急计划来应对可以预见的挫折，而这些挫折可能让所选择的行动步骤的成功受到威胁。

我假设这七个缺陷和与决策不足有关的其他特点源于小集团思维。当然，这七个缺陷的每一个都会因为人类愚蠢的原因所导致——错误的情报、信息的过剩、过于劳累、偏见的障目和无知等。不管是由小集团思维造成还是由其他原因造成的，受到这些缺陷影响的政策相对来说获得成功的机会很小。

我所选择进行深入研究的五个政策失败的案例，是我考察过的美国政府做出的有瑕疵的决定中最具历史意义的失败。每一个决策都符合两个标准，这两个标准让一个决策成为从团体动力角度进行心理分析的候选案例：每一个案例都有大量的指标表明：（1）决策团体是内聚的，而且，（2）决策有很大的缺陷。（我最初列举的其他大失败也符合这两个标准，在本书的最后一章进行了简要讨论。我在最后一章讨论了随后研究的具有小集团思维现象普遍规律的候选案例。）

根据小集团思维的假设，一旦有这两个标准所确定的条件，造成决策缺陷的原因之一就是寻求一致的强烈倾向，这也是产生小集团思维其他症状的动因。

小集团思维和大失败之间并不完美的联系

不能仅仅因为团体决策的结果最后失败了，就认为那一定是小集团思维造成或一定是决策缺陷所造成的。我也不认为每一个有缺陷的决策，不管是因为小集团思维还是其他原因造成的，都会导致大失败。由于信息错误或判断力差所造成决策缺陷有时候也会产生成功的后果。我们也不必根据表面的判断接受这样的观点——列夫·托尔斯泰（Leo Tolstoy）在《战争与和平》中雄辩地提出，诺曼·梅勒（Norman Mailer）在《裸者和死者》中进一步阐述——军事指挥官所做的决定与军事的成功没有任何关系。但是，我们必须承认运气和敌人的愚蠢有时候也能让一个愚蠢的决定产生巨大的成功。第一次世界大战初期，法国的最高指挥官犯了难以置信的错误，一再忽视军事情报官员对施里芬计划提出的警告。但是德国最高指挥官在执行计划的时候犯下了更大的错误，让德国人没能利用法国人的溃败，让到手的成功流失了。（Tuchman，1963：45 – 62，242 – 261，487 – 488）

小集团思维可以促成在决策上的错误，这种错误增加了发生糟糕后果的可能性。通常结果是一个大失败，但并不总是如此。假如古巴军事领导人荒唐的决定造成了一个幸运的例外，肯尼迪政府的猪湾入侵行动成功挑起了古巴的内战，就会使得卡斯特罗政权被推翻。对入侵古巴决定的分析仍然支持小集团思维的假设，因为有证据证明肯尼迪的白宫团体具有高度的内聚性，表现出有缺陷决策的特征，具有小集团思维的主要症状。因此，即使是猪湾入侵取得了成功而不是失败，它仍然是小集团思维潜在负面影响的一个典型案例（尽管在那样的情况下入侵本身不会被归类为大失败）。

愚蠢团体的冷酷决定

在研究大失败之初，我对团体内坚持团体规范和维持一致压力的程度感到吃惊。就像普通公众团体一样，一个主要的特点是保持对团体的忠诚，坚持团体所做出的决定，哪怕是政策落实有误，出现了意想不到的后果，让成员良心上过意不去。从某种程度上说，成员对团体的忠诚是最高形式的道德。这种忠诚需要每一个成员都不提出有争议的议题、对不充分的证据提出疑问或者要求停止愚蠢的想法。

自相矛盾的是，愚蠢的团体对敌对的外部团体可能表现得非常冷酷无情。在与一个敌对的国家打交道的时候，由关系密切的团体构成的决策者更容易授权采取非人性的解决办法，如大规模的轰炸。当不同于残酷的军事解决方式的其他解决方式引发争论的时候，由关系友善的政府官员所组成的团体不可能自找麻烦进行争论，其成员也不会提出具有这样含义的道德问题："我们（充满博爱精神和高尚原则）的优秀团队，所采取的行动步骤可能是非人性和不道德的。"

人类犯错误的其他许多原因也可能妨碍政府领导人制定好的政策，最终使他们不能实现自己的政治目标，还违反他们自己的道德行为标准。但是，与小集团思维有所不同的是，发生错误的其他原因通常不会增加愚蠢团体做出冷酷决定的可能性。有些错误是因为决策者个性中的一些盲点，特殊的环境也会产生特别的困乏和情绪上的压力，而影响有效的决策。团体所处的社会结构中众多机制性特点也可能导致低效，阻碍与专家们的有效沟通。此外，因决策者是由没有凝聚力的团体组成而造成的对稳健思考的干扰，也是众所周知的。例如，如果团体成员对团体没有任何忠诚感，只是把自己当作不同部门的代言人而充满利益冲突，会议肯定会变成激烈的政治斗争，丧失有效决策的能力。

小集团思维的概念指出了完全不同根源的问题，其根源既不是个人，也不是组织机构。在人们所熟悉的人类错误根源之上，超越这些根源的是一个非常强大的、由于小集团思维造成的有缺陷的判断——追求一致的倾向，导致过于乐观，缺乏警觉，总是把外部其他团体看作虚弱和不道德的。即使决策者是责任心很强的政治家，在尽力为自己的国家和整个人类做出可能是最好的决定，这种倾向还是可能造成重大的伤亡。

我的意思是，并非所有内聚的团体都受到小集团思维的影响，尽管所有内聚的团体在某些时候都可能有表现出小集团思维的症状。我也不认为应该从"小集团思维"这个词中推断得出，团体决策总是低效和有害的。相反，成员角色有适当界定、内部有有益于人们提出批评性问题的传统和标准工作程序的团体，也许能比在团体内部让每一个个人都单独负责一个问题更能做出好的决策。然而，让团体做决策的优势会由于心理压力而丧失，这种压力是因为团体成员要携手工作，而更重要的是都面临着危机形势，在这种形势下，每一个人都会感受到一种压力，这种压力产生了一种强烈的归属需求。在这种环境下，随着保持一致的压力开始主导，小集团思维与随之而来的决策劣化就开始了。

我分析的核心主题可以予以概括。我借用帕金森定律（Parkinson's Law）的精神这样总结："决策团体内成员之间的关系越亲和，越有团队精神，独立的批评性思考被小集团思维所取代的危险性就越大，这就可能导致对外部团体采取非理性和野蛮的行为。"

第二章 猪湾入侵：完美的失败[1]

肯尼迪政府的猪湾入侵决定，属于一个负责任政府最大的失败之例。由没有任何军事背景和经验、过于自负和热心的美国情报人员组成的一个团体所策划，试图将一批古巴的流亡者秘密运送到古巴的滩头，最终推翻菲德尔·卡斯特罗政府的努力，最终证明是一个完美的失败（perfect failure）①。做出这一关键决定、批准这个入侵计划的人，包括那些在参与过政府委员会工作的人中最聪明者。然而，支持该计划的所有主要设想全部都是错误的，这个冒险行动提出之初就是完全错误的，最终在开始实施时就失败了。

"开局不利的冒险"

具有讽刺意义的是，入侵古巴的计划最初是由约翰·F. 肯尼迪的主要政治对手理查德·M. 尼克松提出的。在担任艾森豪威尔政府副总统的时候，尼克松建议美国政府将一些得到训练的古巴流亡者秘密送回古巴以反对卡斯特罗。1960年3月，根据尼克松的建议，德怀特·D. 艾森豪威尔指示中央情报局将在美国的古巴流亡者组织成一支统一的政治力量，来反对卡斯特罗，并对那些愿意回到他们的家乡从事游击战的人进行军事上的训练。中央情报局派出了大量的特工来实施这次秘密行动，不久就形成了一个详细的军事入侵计划。显然，在没有告诉艾森豪威尔总统的情况下，

---

① "完美的失败"一词为德雷伯所创，后来被迈耶和舒尔茨所引用，见Meyer and Szulc，1962：146。

第二章 猪湾入侵：完美的失败

中央情报局自 1960 年末开始认为，他们能让一队古巴流亡者登陆古巴，不是以游击队的方式，而是实施一项大规模的入侵。

1961 年总统宣誓就职两天后，中央情报局局长艾伦·杜勒斯（Allen Dulles）、参谋长联席会议主席莱曼·莱姆尼策（Lyman Lemnitzer）将军就向肯尼迪总统及其新政府的几个主要成员详细地汇报了拟议中的入侵计划。在随后的 80 天内，总统的核心顾问团队和包括三军参谋长在内的顾问委员会对从上一届政府继承下来的这个计划不断进行非正式的讨论。1961 年 4 月初，在总统参加的一次会议上，所有的主要顾问都支持中央情报局旧的入侵计划。他们在讨论过程中对其中的一些细节做了调整，包括对入侵地点的选择。

1961 年 4 月 17 日，一队有大约 1400 人组成的古巴流亡者，在美国海军、空军和中央情报局的帮助下，在古巴猪湾的沼泽海岸登陆。一切都不像计划所设计的那样。第一天，计划运送后备弹药和物资的四艘船没有一艘抵达。前两艘被卡斯特罗空军有限的几架飞机给击沉了，后两艘仓皇逃脱。第二天，入侵者全部被 2 万装备精良的卡斯特罗军队所包围。到了第三天，其中的 1200 人，差不多是全部幸存人员，都被抓获，极不光彩地被关进了战俘集中营。

在他们批准这个计划的时候，肯尼迪总统、迪恩·腊斯克（Dean Rusk）、罗伯特·麦克纳马拉（Robert McNamara）和其他美国政府的高层政策制定者都认为，"利用一队流亡人员就足以推翻卡斯特罗，而不用美国人自己的入侵"（Sorensen, 1966：332）。总统的主要顾问们肯定没有想到结果是这么大一个军事灾难。他们也没有预料到，没有人相信美国政府所声称的美国与最初的空中打击无任何瓜葛的说法。与美国关系良好的拉美国家非常愤怒，美国和全世界各地都召开抗议大会，谴责美国非法入侵一个弱小邻国的行径。对新政府寄予厚望的知识分子，发出充满讽刺意味的电稿，来表达他们的不满。（如"尼克松还是肯尼迪：有什么不同吗？"）欧洲的盟友和联合国的政治家们也加入谴责行列。政策的制定者们压根都没有想到，这次流产的入侵计划会鼓励卡斯特罗和苏联领导人在军事上改善关系，甚至达成协议在距美国海岸仅 90 英里的地方部署原子弹和导弹，并由 5000 多名苏联军人来操控。在 18 个月内把古巴变成一个强大的军事基地和苏联的卫星国。如果总统和他的政策顾问们都预料到会造成这些噩梦般的后果（哪怕是他们在考虑后果的时候预测到这样一种风险），他们肯定会拒绝中央情报局的入侵计划。

　　索伦森的《肯尼迪》一书对肯尼迪的反应有过生动的描述，《纽约时报》的评论称它是"肯尼迪回忆录中最想写的东西"①。当第一份新闻报道披露了他的预期是多么错误，肯尼迪总统不知所措。随着消息在此后三天越来越糟，他开始感到愤怒和伤感。他意识到，他以为自己批准的计划和他实际上批准的计划没有任何共同之处。"我怎么会愚蠢到让他们如此行事？"索伦森写道："当知道整个世界也都在问同一个问题的时候，他就更加感到痛苦了。"（Sorensen，1966：346）

　　小阿瑟·施莱辛格在他对肯尼迪政府非常权威的历史著作中回忆说："有时肯尼迪一提到猪湾入侵就感到纳闷，一个理性和负责任的政府怎么会卷入如此运气不佳的冒险。"（Schlesinger，1965：292）参与酝酿这个计划的政策顾问们颇有同感，如果感觉不是更糟的话。比如，几天以后艾伦·杜勒斯"仍然感到不安和憔悴"（Schlesinger，1965：295），决定辞去中央情报局局长之职。当国防部长麦克纳马拉七年后离开政府的时候，公开表示他仍然对在"猪湾事件"中给肯尼迪总统错误的建议感到有负罪感。（*New York Times*，Feb. 5，1966）猪湾入侵决策的所有参与者都对他们的期待和他们应该预料到的事实之间的危险差距感到困惑，导致了索伦森所说的，"在决策过程中所犯的错误数量之多让人震惊"（Sorensen，1966：338）。

顾问团队核心成员的资格②

　　错误的数量让人震惊，不大可能是因为做出政策判断时缺乏智慧。详细了解入侵计划的肯尼迪团队的主要成员，包括三个内阁成员和三个白宫

---

①　《纽约时报》中的这句话在1966年出版的索伦森《肯尼迪》一书的封面上被引用。

②　关于肯尼迪顾问团队成员资历的详细材料大部分引自 Opotowsky，1961。

第二章 猪湾入侵：完美的失败

成员。在政府就关键问题做出政策选择时，他们有充分的资格对不同行动步骤的利弊做出客观的分析。

国务卿迪恩·腊斯克是被肯尼迪从洛克菲勒中心基金会主席的高位上征召过来的，因为他是拥有良好信誉、经验丰富的管理人员。他主意多，判断力强，完全靠得住。他在迪恩·艾奇逊（Dean Acheson）手下承担过重要决策角色，先是负责政治事务的办公室主任，后担任负责政策协调的副国务卿。在杜鲁门政府时期，腊斯克成为一个老到的政策制定者，在美国制定对亚洲各种重要政策的时候都发挥过重要的影响。

国防部长罗伯特·麦克纳马拉是一个统计学专家，被一路提升到福特公司总裁的位置。他名声卓著，聪明，冷静，正直。在他职业生涯的早期，他曾经任教于哈佛商学院，后来他的专业技能在美国空军的数据控制部队得到进一步的发展。在空军任职时，他帮助设计了一套侦查和控制系统，以帮助提高材料和生产领域的决策。在福特公司工作的时候，罗伯特·麦克纳马拉还设计了一套新的技术来改善决策理性的程序。

总统团队最有影响力的一个人是司法部长罗伯特·肯尼迪（Robert Kennedy）。据在政府部门工作期间与他关系密切的同事们说，总统的弟弟是一个非常聪明的年轻人，其优势远远超过其不足。司法部长从一开始就了解入侵计划。他并没有参加全部顾问委员会系列会议，但是在总统做出最后决定的前四至五天内，他积极参加了所有会议。他六周后口述的一份备忘录说，在这一周内，"我参加了白宫的一些会议。后来我对杰克（肯尼迪的昵称，译者注）说……根据他已经得到的材料……没有别的选择，只能接受它"。就在这关键一周内，他有一次用自己的影响来压制反对中央情报局计划的意见。

在场的还有总统的国家安全事务助理麦乔治·邦迪（McGeorge Bundy）。他具有与内阁成员一样的地位。作为肯尼迪政府在白宫的一个关键人物，他也是从哈佛大学引进的一个重要的知识分子，是哈佛大学文理学院的院长。他在决策领域的经历并不仅仅局限于大学事务。作为一个学者，在他职业生涯的早期，他曾经对艾奇逊国务卿的决策进行过详细的研究。

白宫班子中还包括小阿瑟·施莱辛格，一位哈佛大学著名的历史学家。总统邀请他参加了白宫讨论入侵计划的所有会议。另一个哈佛的教授理查德·古德温（Richard Goodwin），拥有"非同寻常的智慧"。古德温并没有参加制定政策的会议，但非常了解入侵计划，经常与施莱辛格讨论计划，并在最终政策做出前与腊斯克和其他人员协商该计划。

总统邀请这个核心团队的六个成员中的五个参加白宫为这次入侵成立的临时顾问委员会。在这些会议上，肯尼迪的顾问们面对的三军参谋长，全部是功勋卓著的军职人员。这些军人都是从艾森豪威尔政府留下来的，在整个讨论过程中他们与肯尼迪的团队之间保持着一定的距离，相对超脱。参加顾问委员会会议的还有五位与总统和他的主要顾问关系相当密切的人。其中最活跃的两个人是中央情报局局长艾伦·杜勒斯和副局长理查德·M. 比斯尔（Richard M. Bissell）。他们也是艾森豪威尔政府遗留下来的人。但是肯尼迪和他的核心成员把他们当作新政府团队的成员欢迎他们。根据国务院情报局局长罗杰·希尔斯曼（Roger Hilsman）的说法，比斯尔"是一个聪明的经济学家和政府行政人员，已经与肯尼迪总统认识多年，总统非常钦佩和尊敬他，在杜勒斯辞职后他很可能被任命为中央情报局局长"（Hilsman, 1967：30）。比斯尔是中央情报局计划最积极的支持者。他富有表现力的陈述在说服参会者接受计划方面发挥了主要作用。

肯尼迪总统和他顾问团队的两个主要成员：国防部长罗伯特·麦克纳马拉和国务卿迪恩·腊斯克。

第二章 猪湾入侵：完美的失败

参加白宫顾问委员会会议的另外三个人也非常有资格来评估这次入侵的政治后果：负责与美洲国家关系的助理国务卿托马斯·C. 曼恩 (Thomas C. Mann)、拉丁美洲特遣部队的主席小阿道夫·A. 伯利 (Adolph A. Berle)、曾经在国务院担任政策规划室主任的国防部副部长保罗·尼采 (Paul Nitze)。

参与讨论入侵猪湾计划的这些人都具有充分的智慧。像总统一样，他们都是非常精明而且有思想的人，能客观理性地分析问题，习惯于说出他们的想法。但是，作为一个整体，他们却没有能发觉入侵计划的严重缺陷。

六个主要的误算

总统和他的主要顾问们是根据六个设想批准了猪湾入侵计划，而这六个设想中的每一个都是错误的。回头来看，总统的顾问们在第一次开始讨论这个计划的时候应该就能看到，有充分的材料表明他们的设想都是不可靠的。如果在高层的会议上他们能有更多的批评性意见，充分发挥他们作为顾问的作用，他们应该提前获得并利用这些关键的信息来纠正他们错误的设想。

设想一：没有人会知道美国应该对入侵古巴负责。大多数人都会相信中央情报局掩盖真相的说辞，对美国参与这次活动表示怀疑的人很快就会被驳倒。

第一次从中央情报局的代表那里获悉这个计划的时候，肯尼迪提出了一个严格的要求：美国军队不能公开参与对古巴的入侵。每次讨论这个问题的时候，他都会重复这个前提条件。除非能够保证美国政府对这次入侵弱小邻国是没有任何责任的，他不会考虑接受中央情报局使用古巴流亡者的计划。在满足这一条件的情况下，整个计划被看作是一个推翻卡斯特罗的绝好良机。卡斯特罗政权给美国政府带来了太多的烦恼，尽管总统和他的顾问们并不把它当作对美国安全的直接威胁。

在回答总统就该计划提出的问题的时候，艾伦·杜勒斯和理查德·比斯尔向肯尼迪和他的顾问团队保证，全世界都会相信古巴的流亡者是这次入侵仅有的发起者和执行者。他们说，高效的预防措施会把美国策划这次入侵的事实彻底掩盖起来。古巴流亡者组成的大队会悄悄地、人不知鬼不觉地在他们的祖国登陆。仅有的声音是最初对古巴机场的打击。但是详细的报道会把这些都掩盖起来，美国能否认自己是任何轰炸古巴基地之行为的共谋。承担这次轰炸袭击任务的将是"二战"期间使用的、已经老旧的B-26飞机，没有任何美国的标志。它们看起来很像卡斯特罗的空军，很容易让人想象属于古巴逃亡者。

情况在入侵前的几周就日益清楚地表明，将美国参与其中的事实掩盖起来是行不通的。总统的新闻发言人皮埃尔·塞林杰（Pierre Salinger）称该计划是"历史上隐蔽最差的军事行动"。入侵前一周，肯尼迪总统抱怨说，"我不能相信我在读的材料，卡斯特罗不需要在我们这里有特工，他只需要读我们的报纸就够了。所有的东西都摆在他的面前"（Salinger，1966：194）。美国新闻界也得到入侵的风声，他们在报道美国军队在危地马拉的训练营干什么，古巴人正在那里准备入侵，详细描述中央情报局特工在迈阿密努力寻求古巴志愿者的"秘密"。但是，根据施莱辛格的说法，"但是不知为什么内阁里的想法非常坚定，只要美国军队不参与入侵，这都没有什么大不了的"（Schlesinger，1965：249）。

因此，尽管手中有证据，决策者忘记了这样的格言：大多数人都了解的秘密是一定会泄露的。显然，他们从没有讨论这个明显的危险，军事入侵一个邻国的秘密可能被一两个内部人员透露出去，尤其是数百名被征集起来进行训练并要落实入侵计划的人都知道这个计划。还有大量的外国政治家知道这个计划，他们也有披露这个计划的理由。古巴流亡者政治运动的领导人（每一个人对如何落实入侵计划都有自己的设想）、危地马拉的政府官员（允许中央情报局在危地马拉建立训练营）、尼加拉瓜的政府官员（同意让美国使用尼加拉瓜的空军基地来发起对古巴的进攻）等，都对正在计划的入侵一清二楚。更重要的是，对外关系委员会主席威廉·富布莱特（William Fulbright）参议员和其他知名人士在多个不同的场合都警告政策制定团体，一个入侵的企图可能会被归因于美国，这会对美国与拉丁美洲国家以及欧洲的盟友关系造成严重的损害。尽管有这些警告，肯尼迪

第二章 猪湾入侵：完美的失败

顾问团队的成员没有对秘密不会泄露的设想提出疑问。肯尼迪总统非常自信，他在1961年4月12日（入侵发生前五天）的记者招待会上公开承诺："在任何情况下都不会有美国武装力量对古巴进行干涉，本政府会竭尽所能确保……不让美国人介入古巴内部事务。"（Sorensen，1966：334）

过了一段时间人们才知道，在古巴领土登陆的第一批入侵者就是美国海军的潜泳小分队（这显然违反了总统的命令），无论如何美国从一开始就受到指责。中央情报局掩盖真相的报道很快就被世界媒体撕得粉碎。美国驻联合国代表阿德莱·史蒂文森（Adlai Stevenson）的信誉扫地，尽管几天前肯尼迪总统还严肃地对他的亲密友人说："阿德莱·史蒂文森的正直和信誉是我们国家的最大资产。我不想（在掩盖事实真相上）做任何会威胁到史蒂文森信誉的事。"（Schlesinger，1965：271）但是，史蒂文森并不知道事实真相，他在联合国大会中信誓旦旦地否认美国是轰炸古巴的共谋。外国观察家很快就发现他的话与媒体对轰炸的报道不一致，他的话被认为是赤裸裸的谎言。因为他所称的事实在24小时后就被真实的照片所推翻。史蒂文森后来说，这是他长期在公共领域服务的经历中最丢脸的事。

设想二：古巴的空军是如此无用，在入侵开始前会被彻底击溃。

入侵计划要求美国轰炸机进行突然打击，在入侵者登陆前彻底摧毁卡斯特罗的空军。参加白宫会议的人认为，用老旧的B-52轰炸机就足以摧毁古巴空军的飞机。但是，他们并没有进行调查，不清楚这些笨拙老旧的飞机能力有限，引擎总是出现问题。第一轮进攻可以说是突然的，但是只摧毁了卡斯特罗飞机中的一小部分。结果，因为古巴的空军能够在登陆地点拥有制空权，美国的入侵计划一开始就出问题了。古巴进行训练用的喷气式飞机，速度快，效率高，阻止了载有弹药和物资的船只抵达计划中的目的地。原本以为效果很差的古巴空军击落了一半试图保护入侵者的B-56轰炸机，并在入侵者抵达海滩的时候进行了反复的轰炸。

肯尼迪总统取消了第二轮空袭，因为这会更加清楚地表明这些飞机属于美国，而且整个入侵是由美国发动的一次没有受到挑衅的入侵。即使实施了第二轮空袭，可能会比第一轮空袭的效果更差，因为不再是突袭了，古巴的空军早已经分散隐蔽在不同的机场。

设想三：由古巴流亡者组成的 1400 人队伍士气高昂，即使没有美国地面部队的支持也愿意实施这次入侵。

根据美国不能直接参与其中的严格政策立场，肯尼迪总统清楚地询问中央情报局那些制订计划的人，在没有美国军队参与的情况下古巴的流亡者是否愿意冒生命危险。总统和他的顾问们得到的答复是肯定的。杜勒斯和比斯尔反复保证说，这些人的士气高极了。如果参加会议的人向中央情报局的代表要一些证据，他们就会发现他们所依赖的信息是有偏见的。在危地马拉的中央情报局，特工们向杜勒斯和比斯尔提供的报告刻画了一幅美丽的假象，而没有告诉他们到底情况如何。为了鼓舞士气，特工们有意误导流亡者队伍中的人，向他们保证说他们只是入侵部队的一小部分，其他古巴人员为了同样的目标正在其他地方接受培训，不同地方的登陆部队会把卡斯特罗的部队吸引到其他登陆点，美国海军陆战队也会参加这次入侵。还有，在入侵的前一个月，当华盛顿的决策团体得到保证说，流亡者的士气非常高昂的时候，实际上这些人非常不满并开始造反。他们反对让巴蒂斯塔政权的反动军官担任他们的领导，这些人之所以被征召并被提拔，完全是因为他们听中央情报局特工的话。当这些不满最终爆发为大规模的反叛的时候，中央情报局的特工把十多个领导人抓起来并把他们关押在危地马拉热带雨林深处的集中营。这就是所谓流亡者的高昂士气。

具有讽刺意味的是，让肯尼迪总统和他的顾问们相信流亡者士气高昂的一个重要的"表现"，是流亡的古巴政治领袖们的儿子也自愿参加流亡队伍。但是，这些政治领袖和他们的儿子都是受中央情报局的特工诱骗，认为入侵是不会失败的，美国政府保证会用军队来支持他们。

当入侵发生的时候，因为错误的希望，这支队伍中的人非常英勇。他们的士气保持了一段时间。他们认为即使美国政府的所有官方宣传是错误的，大量的美国军队也会登陆来支持他们。他们还错误地期待美国的船只会提供他们迫切需要的给养并停留在海滩上，一旦需要就来拯救他们。

设想四：卡斯特罗的军队是如此羸弱，一小队古巴人就能在海滩上建立一个受到保护的滩头堡。

肯尼迪总统和他的顾问们经常讨论的另外一个问题是，一个由流亡者组成的小队能否实现最初的目标，在没有美国军队参与的情况下建立一个稳固的滩头堡。参加会议的人又是在没有寻求任何证据的情况下就接受了杜勒斯和比斯尔给他们描述的乐观局面。他们把卡斯特罗的部队描述为设备落后，训练不佳，充满反对意见，难以应对一个哪怕是小规模的入侵。这些保证恰恰与国务院和英国情报部门的专家所提供的关于卡斯特罗部队的报告相反。中央情报局的计划制订者们选择忽视专家们的报告，而肯尼迪的政策顾问们并没有再多问，以便弄清楚这些估计的矛盾之处，这些矛盾将暴露中央情报局的想法是不可靠的。

结果是，卡斯特罗的军队对入侵者的反应是快速和高效的，尽管入侵者也非常勇敢。因为早就得到警告，在海岸警戒的一个民兵巡逻队当场向到海滩标注登陆地点的海军潜泳先头部队开枪。不久大量装备精良的古巴部队用122毫米的榴弹炮、37毫米的机关炮和火箭炮向滩头射击。古巴的武装装甲车在入侵者登陆一天后开始向登陆点集结。第二天，由流亡者组成的入侵队伍就被2万名装备良好的古巴军队包围，后面还有20万军队和军事人员在后备支持，一旦需要他们就可以提供支持。

肯尼迪总统和他的顾问们后来才认识到，太低估卡斯特罗的军事能力，如果没有至少十倍于他们最初批准的登录军队人数的人员，是不可能建立一个滩头堡的。索伦森说，"总统认为他批准匆忙实施这个计划的理由是，卡斯特罗随后才会获得军事能力来击溃这个计划。事实上，卡斯特罗已经拥有这种能力"（Sorensen, 1966: 340）。

设想五：流亡者的入侵会引发古巴地下颠覆活动和后方的武装起义，有效地支持这个入侵并最终推翻卡斯特罗政权。

当肯尼迪第一次让中央情报局评估一下入侵计划的时候，参谋长联席会议的成员称，成功建立一个滩头堡的机会是有利的，但是"最终的成功依赖于岛内大规模的起义或岛外大规模的支持"（Schlesinger, 1965: 238）。既然美国参与的可能性被总统排除了，胜利就取决于反对卡斯特罗的抵抗运动和后方的起义。就在入侵前一个月，参谋长联席会议的第二种评估将这一设想说得非常明白。如果没有古巴反对派的支持，他们汇报说，没有任何办法来战胜成千上万卡斯特罗的军队和民兵。

尽管最初对依赖爆发大规模反对卡斯特罗政权的暴动持有怀疑，在其顾问团队的鼓励下，肯尼迪总统还是不顾这些怀疑，接受了这个设想。在猪湾大失败后不久，他告诉索伦森说，他的确相信，在没有美国公开介入的情况下，流亡者的入侵会把反对卡斯特罗的力量团结起来，推翻卡斯特罗的可能性是很大的。（Sorensen，1966：332）根据施莱辛格的说法，肯尼迪最密切的顾问们也都持这样的看法："我们在白宫的人都认为，后方的起义是这次行动成功的关键，参谋长联席会议也是这样认为的，我们觉得中央情报局也是这样认为的。"（Schlesinger，1965：247）

中央情报局的发言人再一次误导了在白宫参加会议的人。他们并没有说他们已经意识到，情况很可能与设想的完全不同。作为中央情报局计划的支持者，杜勒斯和比斯尔几乎完全把他们的话局限于事情的积极方面。他们把中央情报局特工没有任何实质证据的报告转交给白宫，这个报告称，古巴的反抗组织有25000多人，至少有20000同情者，中央情报局在古巴的线人在要求美国给他们提供大量的武器。

不久以后的事情发展表明，认为在古巴会发生起义的设想是完全错误的。杜勒斯透露，从一开始中央情报局就没有期待从古巴的流亡者那里得到支持。事实上，中央情报局对登陆会引发古巴大规模起义的可能性没有做任何情报评估。根本也没有人要求中央情报局的情报系统对入侵得到抵抗运动或后方群众起义支持的可能性进行评估。也没有人征询国务院的古巴处的意见，而该处每天都监视古巴的政治动向。参加白宫会议的大部分人对此一无所知，只是简单地认为杜勒斯和比斯尔所提到的评估是有政府情报部门在后面的支持，具有充分的权威。

如果政策顾问们提出一些更加尖锐的问题，一些被排斥在外的专家或许会被咨询。在缺乏超党派的专家们对古巴问题不偏不倚意见的情况下，没有人提醒这个团队看一下一年前根据精心组织的一项民意调查结果所做的报道。这个调查结果表明，绝大多数古巴人是支持卡斯特罗政权的。这个结果在美国政府内部广泛流传，普遍的认识是，在古巴内部引发一场反对卡斯特罗的暴动，这种希望相对来说是很小的。这个证据被顾问团队的政治专家们或者忘记了，或者忽视了。

即使提出几个疑问，也会让杜勒斯和比斯尔改正他们明显的错误认识。总统和他的顾问们可能已经知道，中央情报局计划的制订者们（虽然在他们的报告中并没有提）已经意识到，入侵前的空中打击会给卡斯特罗

第二章 猪湾入侵：完美的失败

提供足够的时间，让他来对地下活动采取行动，并把政治异议人士围捕起来。中央情报局觉得，为了击溃卡斯特罗的空军，这是必要的牺牲。

在开始的时候，肯尼迪总统就对能在古巴聚集起多少反对卡斯特罗力量来支持入侵感到忧虑，在这些问题上明显缺乏细节。白宫班子中至少还有一位成员同样也感到忧虑。在做出决策的关键一周，小阿瑟·施莱辛格给总统提供的一份备忘录中争辩说，没有令人信服的证据证明，入侵会引发起义，或者说卡斯特罗政权如此虚弱以至于仅仅有流亡者的登陆就会倒台。他警告说，如果登陆队伍能在古巴建立一个安全的据点，这次行动最多也就是引发一场持久的内战，那样美国国会议员和其他有影响的政客就会要求我们派出海军陆战队予以干预。其他人，包括信息灵通、刚刚从古巴回到美国而受邀到白宫的记者们也做出类似的悲观预测。显然，具有不同意见者的观点都没有引起总统和他的顾问们的重视，他们没有要求情报界对古巴的反对力量进行一个全面的评估。

在第一次空中打击爆发的24小时后，形势就非常清楚了，既不会有颠覆活动，也不会有起义，卡斯特罗政权牢牢地控制着国内的局势。正如中央情报局所预测的那样（但决策团体却并没有做出这种预测），受第一次打击的警告后，古巴的警察力量迅速对国内的反抗力量采取行动。仅仅在哈瓦那就有大约20万嫌疑犯被迅速围捕起来。在古巴的其他地方，任何被怀疑与地下组织有联系的人都被关押起来。甚至那些已经武装起来、等待有利时机反对卡斯特罗的有组织的抵抗力量也无能为力，入侵只是引发了零散和象征性的抵抗事件。

由流亡的政治领导人组成的反对古巴政府的革命委员会，在入侵后强烈抱怨说，没有采取任何措施来协调入侵和地下活动，他们原计划在滩头堡建立起来后在古巴建立一个新的民主政府。他们说，在古巴的中央情报局特工们没有向抵抗组织提供任何物资，让他们无法实施谋划已久的切断电源和炸毁工厂计划。他们还指责中央情报局疏忽，忽视了在埃斯坎布雷山中的武装游击队，没有利用联系岛内各地下组织的网络，派出无名无姓的特工，这些特工只是成功地让整个地下组织更加混乱。索伦森总结说，在计划制订者和古巴的地下组织之间没有合作，因为中央情报局不信任流亡者中的左派领导人，正如中央情报局所支持的右翼也没有得到大部分地下组织的信任。结果是，"没有任何经过协调的起义和组织地下活动的努力，当然这些也根本就不可能"（Sorensen，1966：332）。如果白宫的顾问团队有足够的警觉，要求中央情报局的代表们提供其动员古巴抵抗运动的计划（或没有计划）的细节，他们就能提前了解所有这些情况。

设想六：如果这支古巴队伍没能成功实现其主要目标，他们可以撤退到埃斯坎布雷山中，增强坚持反对卡斯特罗的游击队的力量。

批准中央情报局计划的一个重要原因是，即使入侵没有能在古巴建立一个新的政权，但还是会有收获的。至少，入侵者也可以和埃斯坎布雷山中的反抗组织联系起来，加强古巴反对卡斯特罗的力量。因此，不论是哪种方式，那些古巴流亡者也可以以某种方式派上用场，因为他们对返回自己的祖国反对卡斯特罗政权已经迫不及待了。在对中央情报局的计划做总结的时候，杜勒斯和比斯尔不只一次地告诉顾问小组，整个行动都是安全的，因为如果需要，入侵者可以从海滩撤退到山中。这个说法让肯尼迪总统和他的团队中的其他人像吃了定心丸一样不再担心。

在他们对计划进行审议的最后时间，政策顾问们对这项任务不再有任何的疑虑。他们相信中央情报局在计划一个小规模的入侵（而不是大规模的两栖进攻），能让古巴的流亡队伍渗透到山中。但是，他们从来没有拿到最相关的信息，而这些信息是他们很容易获取的。基本事实与团队得到的那些让他们感到安心的观点是完全相矛盾的。显然，参加白宫会议的决策者没有一个要求详细说明这一点。

大失败结束后，肯尼迪总统和他的顾问们才第一次知道，在危地马拉负责此次行动的中央情报局官员们并没有制订让流亡者撤退到山里的计划，而且在大多数古巴流亡者开始受训之前中央情报局就停止了游击战的培训。无论如何，只有当计划将登陆地点确定在山脚下的特立尼达（Trinidad）的时候，退到埃斯坎布雷山才可能。但是，白宫顾问团队考虑的结果是，特立尼达太明显了，把登陆地点换成了猪湾，入侵者不可能撤退到山上。施莱辛格承认，他和参加白宫会议的其他人员完全忽视了古巴的地貌："我认为我们并不完全明白埃斯坎布雷山距猪湾有 80 英里，中间是复杂的沼泽和雨林。"（Schlesinger，1965：250）只要顾问团队顺便看一下古巴地图，这个疏忽就可以得到纠正，任何地图册中都有古巴地图。

第二章 猪湾入侵：完美的失败

派出一个队伍而没有设计逃离退路的代价，不久就可以用人的生命和美元来衡量。登陆古巴海滩两天后，这支队伍发现他们被完全包围了，这时他们才第一次知道他们除了被杀或被俘虏外没有别的任何选择。20个月后，卡斯特罗与美国国务院达成一项让美国吃亏的交易，古巴释放了俘获的1200人，得到的赎金是价值5300万美元的食品和药物。(*New York Times*：*The Kennedy Year*，1964：238)

坐牢的痛苦和赎金只是持续损失的一部分，因为政策制定者错误地设想入侵者可以轻易地和山上的游击队会合。如果他们提前知道没有从海滩逃脱的路线，肯尼迪和他的顾问们就不会对他们所期待的绝对收益感到沾沾自喜，他们会决定彻底放弃整个入侵计划。

为什么顾问团队失败了？

为什么有这么多误算？如果顾问小组寻求更全面的信息并把这些信息考虑在内，这六个错误的设想不是都可以避免吗？其中的一些严重错误是由于计划和与中央情报局沟通的缺陷。[2]该局显然有自己的缺点，但这些缺点不是本研究所关注的。我们也不拟阐述参谋长联席会议主席愿意支持中央情报局计划的复杂原因。[3]本研究的核心问题是：总统的主要顾问们，他挑选的作为其决策团体的核心成员，为什么没有能纠正这些错误，发现这六个设想所赖以存在的基础是如此不可靠？他们为什么不向中央情报局和参谋长联席会议接二连三地提出一些有洞察力和令人感到难堪的问题？他们提出的批评性问题并不多，中央情报局的回答既不全面也前后不一，但为什么他们能够被蒙蔽？施莱辛格说："由于完全不理性，回头来看是这些不理性支持了这个计划，在政府内部形成的过程中有一种奇怪的逻辑。"(Schlesinger, 1965：295)为什么总统的政策顾问们没有能对整个计划进行仔细的评估，意识到"其完全的不理性"？支持这个计划的"奇怪逻辑"的根源是什么？

即使得到美国政府军事部门的完全赞同，猪湾入侵背后的六个设想并不深奥，不需要军事方面的专门知识来对他们进行现实的评估。

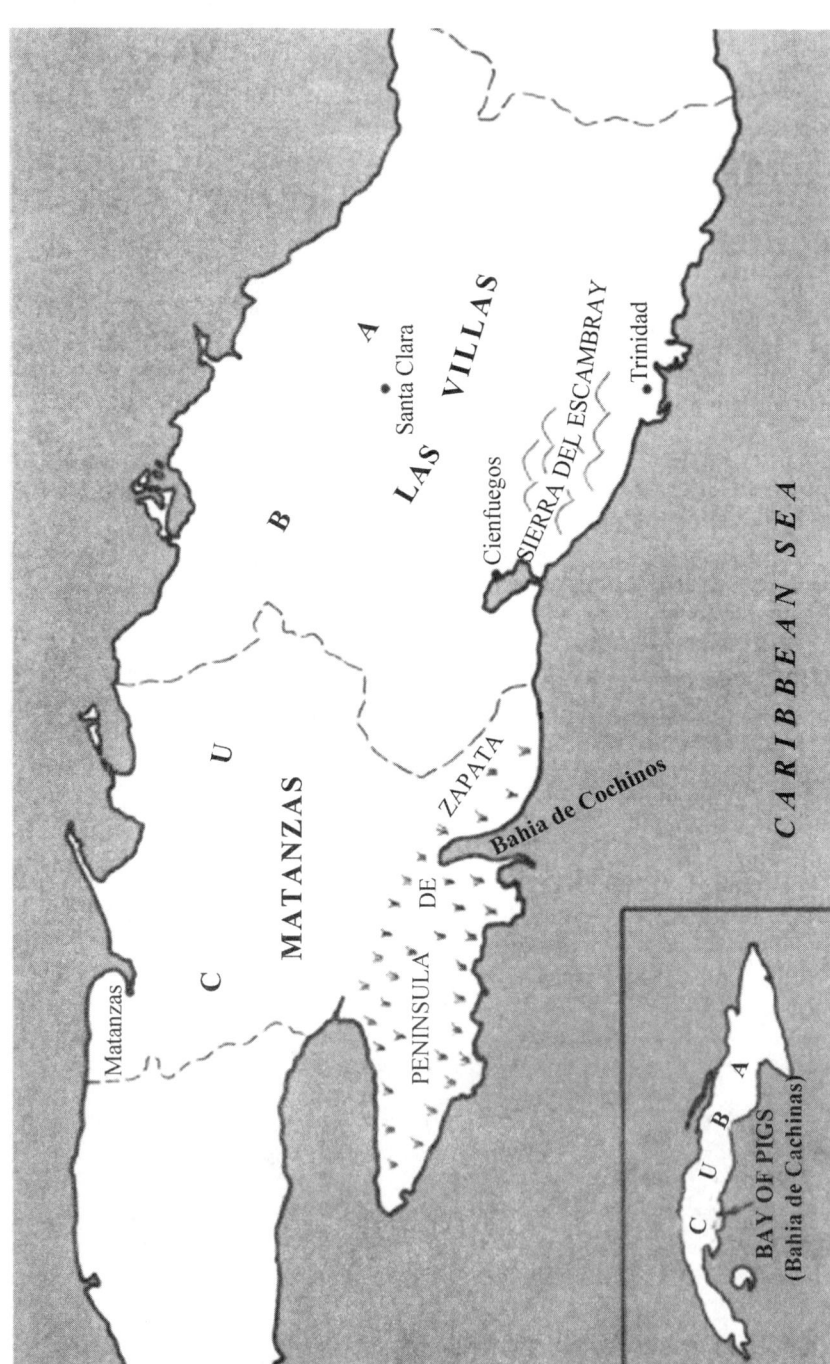

从这幅简单的古巴地图就可看出,因为入侵者选择了猪湾登陆,埃斯坎布雷山不是一个可以撤退的地方(在德萨帕塔半岛三根草叶的符号即是沼泽地)。

第二章 猪湾入侵：完美的失败

这些人就是在猪湾入侵期间被卡斯特罗的民兵俘获的1200人中的一部分，这1200人最后被美国政府用价值5300万美元的赎金赎回。

索伦森指出，肯尼迪政府内部军事和文职人员之间沟通的鸿沟造成了入侵古巴的想法和事实之间的鸿沟。

> 事后来看，（总统）实际批准的计划在外交上是不明智的，在军事上是注定要失败的，这一点很清楚。他以为他所批准的计划在当时看起来在外交上是可以接受的，但失败的可能性很大。在如此危险的事情上，想法和现实之间的差距是如此之大，程度如此之高，反映出在整个决策过程中错误的数量是令人吃惊的。（Sorensen, 1966: 338）

但是，为什么**文职**的政策顾问——主要由内阁成员构成的核心团体和白宫的班底——没有能识破这些错误的设想，弥补其中的鸿沟呢？他们并没有对杜勒斯和比斯尔提出更多的问题，让两人暴露出他们信息的不足，让他们回到中央情报局寻求更好的信息。他们并没有充分利用那些和他们一起参与顾问委员会的政治和军事专家。他们应当鼓励参谋长联席会议讲清楚入侵计划在军事上的优势和劣势，谈谈他们的忧虑；也可以鼓励国务院的三个官员，让他们谈谈对在古巴发生起义的机会的看法，以及组成一个临时政府来动员公众支持推翻卡斯特罗政权的前景。

施莱辛格承认，因为在顾问委员会的会议上没有人提出反对意见，白宫的成员——包括他自己——"没有能履行他们保护总统的责任"，"国务院的代表们没有能维护国家的外交利益"。（Schlesinger，1965：256）

官方的解释

为什么肯尼迪团队内的那些才华横溢、尽职尽责的成员这么沉闷地失败了呢？施莱辛格、索伦森、塞林杰、希尔斯曼和其他知识渊博的局内人提出了四个主要原因。这些显然与肯尼迪在失败后与主要的政府官员讨论这个问题时所提到的原因非常一致。

第一个原因：政治上的考虑

在陈述入侵计划的时候，中央情报局，不知道是否故意，使用一个很强的政治诉求来说服肯尼迪政府对卡斯特罗政权采取侵略性的行为。实际上总统所面临的问题是，他是否和共和党一样愿意帮助古巴的流亡者反对古巴的共产主义领导。如果他无所作为，那就意味着卡斯特罗可以自由地在整个拉丁美洲传播他那种方式的共产主义。

在中央情报局的代表在告诉他们如何处理流亡者的方式时，其政治后果就尤其明显：我们怎么处理一队经过训练、摩拳擦掌要返回古巴的古巴流亡者？让问题尤为尖锐的是，危地马拉政府因为对流亡者所引发的公开报道感到尴尬，要求把他们转移走。艾伦·杜勒斯实际上在告诉顾问委员会的所有人，如果我们不让他们入侵古巴，我们就得把他们转移到美国。他说："我们不能让他们在美国到处游荡，告诉每个人他们一直在做什么。"（Schlesinger，1965：242）显然他们会到处散布，义正词严地说，肯尼迪阻止他们推翻卡斯特罗专制政权的企图；当人们知道肯尼迪让反对卡斯特罗的行动流产了，肯尼迪就会遭到指责，说他对共产主义太软弱。另外，卡斯特罗将会从苏联那里获得战斗机，古巴的飞行员正在捷克和斯洛伐克接受训练如何驾驶这种飞机。一旦新的飞机到达古巴，让一队流亡者发起一个两栖登陆就没有成功的可能了。根据中央情报局的说法，1961年7月1日以后登陆，就需要大量美国海军陆战队和空军的支持才能成功入侵古巴。无论如何入侵不能再推迟了，因为雨季就要到了。这是让古巴人单独入侵古巴的最后机会了，如果肯尼迪推迟这次入侵，他就会被看作是约束反对共产主义的流亡者，而这些人急切地想回到他们的国家，为建立一个民主的古巴而战。

第二个原因：新政府接收了旧官僚

从中央情报局将这个注定要倒霉的计划呈交给新政府主要成员的那一天，到中央情报局的操作人员尝试着落实这个计划，中间不足三个月。这一段时间刚刚组成几个月的肯尼迪政府面临做出决策的压力。这个时候，总统和他的高级顾问们正在形成自己的决策程序，他们相互之间还不是很熟，也不熟悉各自的角色，对如何克服妨碍官僚机构间获得有用信息的方法还不是太熟悉。新内阁的成员和白宫的成员具有很高的团队精神，但是还没有达到相互之间可以直言不讳、不用担心礼宾程序、不用顾及礼貌方面的考虑而互相提出批评意见的时候。肯尼迪对他刚刚任命的顾问的优点和缺点还不是特别熟悉。比如，肯尼迪还没有像他后来那样认识到，新国务卿倾向于听从军事专家的意见，不愿提出自己对国防部强硬政策的反对，避免国务院被指责为太软弱。（Sorensen, 1965：303）他也不了解，像他后来所说的那样，"军队和情报部门有一些普通人所不了解的秘密技能"这种想法是错误的。（Schlesinger, 1965：258）

第三个原因，保密到把专家排斥在外的程度

正如涉及军事行动的其他重要决策一样，入侵古巴计划的秘密性质排除了惯用的制定对外政策的政府渠道。一般情况下，会要求所有有关的政

府机构来对拟议中的行动步骤进行研究，建议不同的选项，对每一个选项的利弊进行评估。但是，保密对官僚机构的要求很可能把最有关的专家排斥在决策之外。在制订猪湾入侵计划的时候，至少没有咨询美国政府内两部分专家——中央情报局的情报部门和国务院的古巴处。施莱辛格评论说：

> 同样的人……既制订计划又判断其成功的可能性……"该知道的人才让知道"的标准——即除非在操作上是必要的，不应该告诉任何人——造就这样的效果，即在每一个警觉的新闻记者都知道一些事情正在发生的时候，却把政府内部的专业人士排除在外。（Schlesinger, 1965：248）

保密的要求甚至发展到如何在决策者圈子内部分发印刷品。中央情报局和参谋长联席会议在每一次会议期间散发的备忘录在会议结束的时候都得收回。这让参会者不可能对各种理由进行思考，或根据他们从各自办公室可以得到的材料中所得到信息来核实计划的细节。简单地说，参与猪湾入侵决策的政策制定者的专业判断被保密要求所损害了。

第四个原因：担心影响个人的声望和地位

政府政策的制定者和大多数其他机构的高管一样，当他们考虑到直率有可能损害他们个人的声望和政治效力的时候，在反对一项政策的时候就会犹豫不决。这有时候被称为有效性陷阱。在叙述猪湾大失败的时候，施莱辛格坦承，他在参加白宫会议时，不愿提出自己的反对意见，因为担心别人认为他自以为是，一个大学教授竟敢与主要政府机构颇受尊重的领导人争论。

官方的解释够吗？

这四个因素足以解释入侵古巴决策的失算吗？我觉得它们不能。因为我感觉这些解释还有点不全面，我从团体动力视角探讨其他的起因。在研

第二章 猪湾入侵：完美的失败

究施莱辛格对猪湾大失败的分析和其他权威的叙述后，我仍然认为，即使这四个因素同时充分发挥作用，也不可能形成这个有缺陷的决定。如果政策顾问们只是匆忙地开了一两次会议，在几天内做出决定，也许从这四个原因进行解释是可信的。但是，他们有多次见面的机会，而且对决定思考了几乎三个月。

这个判断的主要依据如下：

1. 有政治压力的感觉主要来源于这样的认识：可能有人会指责肯尼迪政府阻挠古巴流亡者实施他们反对古巴共产党政权的计划。但是，如果肯尼迪和他的顾问们对这六个误算研究得足够仔细，他们就会发现这些误算是多么错误。难道他们没有认识到，容忍猪湾入侵的失败至少也是同样让人感到尴尬，不仅是国内还是国外？还有，如果说如何处理这些受到训练的流亡者，是一个最需考虑的政治压力，让我们仍然感到困惑的问题是，决策者为什么不探讨解决流亡者问题的其他政策选择，而是选择大规模的入侵？他们可以通过谈判在中美洲另建一个集中营，并让流亡队伍以小组的方式渗透到古巴，在他们很容易与山中游击队会合的地方登陆。显然，这种解决问题的方式从没有得到认真的考虑，而这种方式比那种要么孤注一掷、要么什么都不做的政策选项相比，政治上的破坏性影响要小得多。

2. 肯尼迪政府的确是新组成的，但参与决策的大部分人都是制定政策的老手。罗伯特·肯尼迪、邦迪、麦克纳马拉、腊斯克、伯利、尼采怎么会仅仅因为不确定该如何做，就压制自己的反对意见，冒险让国家遭受严重的挫折？另外，难道所有这些人都相信肯尼迪的幼稚想法——毫无疑问他是以夸张的方式来表达的——认为军队拥有其他了解这个计划的人所没有的特殊本领？建立在这个计划基础上的一些错误设想——如对美国参与其中进行保密——更多是从政治而非军事角度思考的，总统的顾问们很清楚，在这些问题的政治方面，他们比军队拥有更多的专业知识。最大的可能是，罗伯特·肯尼迪、邦迪、麦克纳马拉和国务院的高官们的结论是，这个入侵计划在关键的问题上并没有错。否则，不管他们是什么角色，也不管他们不愿提出自己反对意见的其他考虑是什么，在讨论这个入侵计划的多次会议上，总应该有一次他们会设法提醒注意这些错误设想，因为这些设想的依据是不可靠的。

3. 为了保密，毫无意义地把政府内部很多专家排斥在决策之外。肯尼迪政府的主要顾问们，如果认真调查，会发现中央情报局的政策制定者做出判断的基础是不可靠的，难道他们就不会坚持咨询一下他们各自部门以及国务院的情报专家吗？如果他们对中央情报局政策制定者对卡斯特罗军队和政治力量的估计提出几个敏锐的问题，很快就会发现中央情报局这些估计是在没有咨询自己部门和国务院情报专家的基础上得出的。在这种情况下，难道总统和他的顾问们没有认识到"他们（指这些情报专家。——译者注）需要了解真相"，并要求专家给他们提供客观的评估？专家被排除在外了，外部对中央情报局的批评也就降低到最小的程度。但是，为什么政府高层官员内部的批评声音也这么小？他们具有充分的专业知识，至少能对一些——如果不是全部的——错误设想进行评估。

4. 即使最高层的政府官员担心批评军方提出的计划可能损害他们的声望和未来效力，但是并不能确定，同意并支持这个计划和提醒人们注意中央情报局的逻辑漏洞、提出正当的反对意见相比，就一定更有利。如果有顾问早就意识到这次入侵是要失败的，难道他们没有认识到，默认这个计划，比提出批评性的问题、迫使其他人勉为其难地重新检查自己的想法，对他们的名声危害性更大吗？如果政策顾问们认识到总统正在被误导去执行一项愚蠢的决定，不仅对政府而且对整个国家都造成危害，他们还会在一次次会议上保持沉默吗？考虑到形成一个事关国家重大政策判断的重大责任，这些人不可能被模糊地损害他们职业生涯的危险所吓倒。还有，肯尼迪团体中的四个曾经和他一起工作并一起做出决策的人——邦迪、施莱辛格、古德温和罗伯特·肯尼迪——在他们自己之间讨论入侵古巴的计划时是不会感到有这样的限制的。他们对总统有充分的了解，知道他重视新观点和独立思考，在证据充分的情况下也愿意改变自己的观点，知道总统会支持他们反对行政部门的任何人的背后诽谤中伤，不管他们得罪的是谁。

我对这四个解释并不满意。施莱辛格对决策者在关键的会议召开期间和会后的谈话有详细的叙述。我注意到，其中有众多小集团动力充分发挥作用的迹象。从研究这些材料中我得出小集团思维的假设。

小集团思维并不取代解释这个有缺陷决策的四个要素，而是对这四个要素的补充，而且团体动力的角度能够增加每一个解释的说服力。在我看来，如果团体动力没有发挥作用，其他四个因素在讨论入侵决定的过程中就不可能有足够的力量发挥决定作用。[4]

肯尼迪总统顾问们中间的小集团症状

根据小集团思维的假设，任何内聚团队的成员都易于在不知不觉中形成一种妨碍批评性思维和准确判断的共同错觉，以及与此相关的规范。如果现有的材料对政策考虑过程的描述足够准确，可以看到肯尼迪团队在决定是否批准中央情报局计划的过程中，其决策成员身上存在这种典型错觉。

坚不可摧的错觉

小集团思维的一个很重要的症状是，团队面对急于采取的冒险行动可能产生的主要危险，有一种认为自己是无懈可击的错觉。从本质上说，这种观念就是，"如果我们的领导人和团队的其他每一个人都认为决定是可行的，计划就一定成功。即使它有很大的风险，幸运之神也会站在我们一边"。罗伯特·肯尼迪在中央情报局的计划实施的当天曾将这个计划告诉一个在司法部工作的密友。根据这个密友的说法，从他们担任政府高级职务那一天起，在主张"新边疆政策的人（肯尼迪政府主张新边疆政策。——译者注）"中就存在着一种"无限自信"感觉。他说：

> 有肯尼迪领导我们，有他所召集起来的所有这些天才，好像**没有什么能阻止我们**。我们相信，如果我们勇敢地面对国家面临的问题，大胆，既有常识也有新思想，努力工作，我们就能够战胜任何挑战。（Guthman，1971：88，黑体着重号为本书作者所加）

施莱辛格说肯尼迪周围的人对他的能力和运气充满巨大的信心，这种说法表明总统核心圈子内的成员都是这种态度。他说:"从1956年以来,每一件事情都证明他是对的。面临各种各样的可能,他获得提名,赢得大选。他周围的每个人都认为他能点石成金,绝不会输。"(Schlesinger,1965:259)肯尼迪和他主要的顾问都是富有经验、对一切都持怀疑态度的人,但是他们"被新形势下的兴奋所传染了"(Schlesinger,1965:259)。施莱辛格说,在他执政的最初三个月内——尽管东南亚危机日益升级、黄金外流,入侵古巴的流亡者在等待着发令信号——白宫的主导气氛是"高涨的乐观情绪"。这种情绪以总统提出的"希望的承诺"为核心:**"狂热占了上风,我们一度认为世界是可以伸缩的,未来是无限的"**(Schlesinger,1965:214,黑体着重号为本书作者所加)。

所有这些团队狂热特征的表现——高涨的乐观情绪、领导人对希望的伟大承诺、认为团队的成就能够让"未来无限延伸"的共同信念——让人强烈地想起其他不同类型的团队在变得内聚的时候所表现出来的那种思想和感觉。一到这个时候,成员们就会对他们新形成的"我们的感觉"感到某种程度的兴高采烈;共同认为他们属于一个强大的、得到保护的小组,隐隐约约感到每一个成员都有新的潜力。通常情况下,他们对团队的领导充满无限的敬意。

一旦这种高兴劲头形成势头,日常决策和长远决策一样,都会受到影响。内聚团队的成员就极不愿意对自己能力的局限性,以及如果运气不佳可能产生的现实损失进行批评性评估,这些都是令人不愉快的任务。他们倾向于用黑白两分法来分析每一项风险。如果看起来并非绝对危险,他们就会倾向于忽略不计,而不是提出一些一旦风险变成现实时的应急计划。团队成员知道,他们每一个人都不是超人,但是他们认为他们形成一个团队就是超级团队,能克服他们在实现理想的行动步骤过程中的所有的风险。"没人能阻止我们!"体育团队和战斗部队可能获益于团队成员对团队能力和运气的热情的信心,但是决策委员会通常则不是这样。

我们并不期待更加冷静的政府官员有这种旺盛的团队精神,这种趋势的弱化形式也可能发挥作用——让总统的顾问们不愿意审查入侵计划的缺点。在小组会议上,这种小集团思维倾向会像很低的噪声,让人注意不到那些警告性的信号。每一个人都变得有偏见,有选择地关注那些增加团队成员共同自信心和乐观情绪的信息，忽视那些相反的信息。

当一个内聚的行政团队在执行针对一个对手和敌对团队的行动计划时，他们的讨论一般有两个主题体现小集团思维倾向，把自己的团体看作是坚不可摧的：(1)"我们是由好人组成的坚强小组，最终会取得胜利的。"(2)"我们的敌人是一群愚蠢和羸弱的坏蛋。"六个错误的设想与这两个主题的密切吻合让人印象深刻。贯穿这六个设想的一个观念是，过度乐观地期待"我们能够赢得这次入侵的胜利，尽管它是一个风险巨大的赌注"。政策顾问们也许没有注意到，他们在很大程度上依赖一种共同的推理方式，把一个高风险的行动评判为一个安全的行动。如果他们在思考过程中关注该计划明显缺陷所具有的潜在的毁灭性后果，他们过于乐观的观点就会被彻底动摇，如卡斯特罗的 20 万军队和 1400 名流亡者组成的一个队伍之间在人数规模上的巨大差异。从这个意义上说，这种差异让他们的豪赌的胜算率是 200000：1400（而不是 140：1）。

在讨论导致批准中央情报局计划的错误想法的时候，施莱辛格强调说，我们严重低估了敌人。卡斯特罗被看作一个虚弱的"歇斯底里"的领导人，他的军队都想变节；他太愚蠢了，"尽管得到空袭的警告，他也不会采取任何行动来压制古巴的地下组织"（Schlesinger，1965：293）。这是把敌人当作羸弱和无用的经典刻板印象的一个绝妙例子。

在一个寻求共识的团体内，对那些油腔滑调的意识形态公式很少有健康的怀疑。正如许多同样拥有民族主义目标的人一样，理性的决策者正是依靠这种公式来保持自信和认知复杂的国际政治。小集团思维的一个症状是，团队成员坚持在相互之间传递一种陈腐的观念和对政治对手过于简单化的意象，这种意象体现在长期存在的意识形态刻板印象上。在他们考虑决策的过程中，他们不断使用同一个刻板印象，而不是根据开放的调查形成一些新的不同的观念，让他们明白在他们原有的意识形态设想中，如果有适用的话，哪一种适用于手中的对外政策问题。除非在非同寻常的危机环境下，寻求一致的团队成员，倾向于把任何他们在谋划对付和敌对的外团体不仅看作是不道德的，而且是虚弱和愚蠢的。这种一厢情愿的信念会一直主导他们的思维方式，直到明白无误的失败证明事实恰恰相反。从这个时候开始——像肯尼迪和他的顾问们一样——他们才会对他们与事实的不一致的刻板观念感到震惊。

在肯尼迪团队内包含有一个次要的主题,这个主题与一厢情愿的信念有密切的关系,那就是"我们掩盖事实的报道可以让我们轻松逃脱"。在报纸每天的报道早已表明事实绝对不是这样的情况下,无所畏惧的团队成员明显地用另外一种同样乐观的期待来取代原来的设想,即:"无论情况如何,非共产党的国家将会站在我们一边。毕竟我们**是**好人。"

对已方力量和对敌方弱点的过于乐观的期待,可能让团队成员对有一定风险的制敌决策并不感到有弱点。为了保持这种自鸣得意的意识,团队每一个成员都必须这样想:本小组的其他成员都认为这些风险完全可以安全地忽略。[5]

团结一致的错觉

当相互尊重对方意见的人组成的一个团队达成了共识,每一个成员都会感觉这个观点一定是对的。对相互间共识的验证就容易取代个人批评性的思考和对现实的验证,除非在团队成员中有显著的不一致。面对面的团队成员在发起一个有风险的行动步骤时,通常会毫无意识地不让潜在的不同意见表现出来。团队领导人和成员之间互相支持,对他们想法一致的领域添油加醋,代价是不能充分探寻可能破坏团队表面上团结的那些不一致的想法。最好让大家都高兴,保持一种温和的气氛而不是在争吵中破裂。

这把我们带到肯尼迪团队所表现出来的小集团思维的第二个显著特征——共享一种团结一致的幻觉。在讨论入侵古巴计划的正式会议上,在认为应当接受中央情报局计划的这一团队共识上,相对来说是没有不同意见的。

索伦森说:"在所有关键的会议上,没有人提出强烈的反对意见,也没有人提出符合实际的其他选项。"(Sorensen,1966:341)施莱辛格说:"在对外政策和国防政策领域内拥有权威的高级官员们一致主张干吧……如果有一个高级顾问反对这次冒险,我想肯尼迪就会取消它。但是没有任何人反对它。"(Schlesinger,1965:258-259)

也许施莱辛格最为关键的观察是,"我们的会议是在**假定一致的奇怪**

第二章 猪湾入侵：完美的失败

气氛下召开的"（Schelesinger，1965：250，黑体着重号为本书作者所加）。他的补充说明很清楚地表明，这种假定的一致是一种错觉。这种错觉之所以能够维持，完全是因为大多数参会者没有披露他们的逻辑，也没有提出他们个人的设想，而是含糊地保留着自己的意见。肯尼迪总统认为，他提出禁止美国军队直接参与其中的要求已经顾及了美国最主要的考虑。他设想，这次行动只是一个无障碍的渗透，即使报纸有报道，也会被淹没在报纸不显眼的地方。腊斯克的想法与总统完全不一样，曾经有一次他提议让入侵者从美国在古巴关塔那摩的海军基地分散开，而不是在猪湾登陆，以便能在需要的时候退回到基地。他的建议暗含的意思是，他并不担心暴露美国军队对入侵的支持，也不相信别人提出的轻易就可以从猪湾撤退的设想。但是，会议没有讨论腊斯克的奇怪建议，而是让他提出他对入侵猪湾计划可能存在的忧虑。与腊斯克有密切工作关系的罗杰·希尔斯曼说，在国务院的会议上，"腊斯克提出尖锐的问题，屡次让我们重新审视我们的立场"（Hilsman，1967：58）。但是，在白宫的会议上，除了提出不要走极端这样温和的建议外，腊斯克说得很少。

像内聚的团队经常发生的一样，团队成员认为"沉默就是同意"。肯尼迪和其他人认为，腊斯克在内容上同意中央情报局代表提出的入侵计划的可靠性。但是，在计划的入侵发生前大约一周，当施莱辛格私下告诉腊斯克，他反对这个计划的时候，腊斯克非常奇怪地并没有对施莱辛格的反对意见提出异议。他说他一直想找时间权衡一下对计划的支持和反对意见，他对参谋长联席会议感到不满，因为"他们完全是在让总统遭到指责，但是他们却不愿意做任何可能让关塔那摩基地冒险的事"（Schlesinger，1965：57）。后来，他明显更倾向于从美国在古巴的海军基地发动入侵，尽管这样做会违背肯尼迪总统提出的严格限制美国军队介入的命令。

麦克纳马拉对入侵的设想与腊斯克和肯尼迪的设想完全不同。麦克纳马拉认为，主要的目标是引发古巴人民起义来推翻卡斯特罗。对古巴政治和卡斯特罗在古巴的支持度有所了解的成员对这种想法肯定有强烈的怀疑。他们为什么没有在任何一次会议上提出他们的担忧呢？

压制个人怀疑

在实施中央情报局入侵古巴的计划是否可行问题上所表现出来的团队团结感，是建立在表面一致的假象上的。取得这种意识的代价是，几个团队成员因对自己担忧的自我审查而没有将这种担忧提出来。索伦森在总结事后与决策参与者的讨论时说，在国务院和白宫成员中间，"怀疑是存在的，但没有人坚持要提出来，部分因为担心被戴上'软弱'的帽子，或者担心在同事眼中显得懦弱"（Sorensen，1966：343）。施莱辛格在给总统和国务卿递交的备忘录中提出自己的反对意见时毫不犹豫。但是，在白宫参加肯尼迪团队会议的时候，他清楚地意识到他有一种压制自己反对意见的倾向，因为会议有一种设想的一致气氛：

> 在"猪湾事件"后的几个月，我对自己在内阁会议关键的讨论中保持沉默感到强烈的自责。尽管我的内疚感缓和了一些，因为我知道提出反对意见除了**给我赢得一个讨厌鬼的名字**外，别的什么也成不了。我只能解释，我之所以除了提出一些胆小的问题以外没有做得更多，是因为**讨论的环境**让我丧失了反对这个荒谬事情的冲动。（Schlesinger，1965：57，黑体着重号为本书作者所加）

至于这种事后的解释是否包括了他保持沉默的所有原因，施莱辛格当时很清楚，他需要保持克制，不说任何可能让人讨厌的话来打破假装的共识。[6]

类似于其他讨论小组，因为担心引起同伴的不高兴，白宫会议的参与者明显不愿意对他们认为小组一致同意的计划提出怀疑。这种类型的担心与害怕失去效力和危害自己职业生涯的担心并不完全一样。很多直率的人虽然担心提出意见对他们的职业生涯有风险，但仍然会提出自己的意见，但是在面对可能失去他们主要同事认可的时候，就变得沉默了。施莱辛格在备忘录中的批评意见和他在参加会议期间的默许之间的不一致可能是这种情况中的一个例子。

第二章　猪湾入侵：完美的失败

施莱辛格说，入侵古巴的计划在提交给决策团队的时候，中央情报局的代表和参谋长联席会议在陈述的语气中表现出一种"男子汉的姿态"（Schlesinger，1965：256）。国务院的代表和其他人在回应的时候感到焦虑，他们想表明自己并非愚蠢的理想主义者，而是和军人一样坚强。施莱辛格在用"男子汉的姿态"称入侵计划积极的支持者，暗示肯尼迪团队的成员们想的可能是，不让他们的领导人感到难堪，因为军队会说他在具有高风险的事情上"没有男子汉气质"。

在会上，肯尼迪核心圈子的成员或者担心军事冒险是否会失败，或者对其政治后果是否会对美国造成损害性影响感到疑虑。但是这种疑虑并不强，没能让他们超越让人感觉有点不舒服的社会障碍，公开反对这个计划。总体上说，所有人都一定有理由确信，这是一个安全计划，即使在最坏的情况下，美国也不会因为尝试了这个计划而失去什么。通过保持沉默，他们共同导致这个团体没有能进行批评性的思考。

自任的思想保镖

团队成员之间良好的关系是小组动力中众所周知的现象。这种状况让内聚的团体成员之间压制不同意见，对任何开始表达与团队内部处于支配地位的信仰不同意见的人施加社会压力，确保他不会破坏团队作为一个整体所拥有的共识。这种压力的形式通常是敦促具有不同意见的成员，如果自己的信仰与团队其他人的信仰相左，就保持沉默。至少这种类型的压力曾戏剧性地发生过。几天之后肯尼迪说："我们好像注定要在类似少数同意的基础上采取行动了。"（Schlesinger，1965：256）说这句话时，距做出最后的决定还有好几天。

在给自己太太举办的一个大型生日晚会上，对入侵古巴计划一直非常了解的罗伯特·肯尼迪把施莱辛格叫到一边，问他为什么反对。总统的弟弟冷淡地听完施莱辛格的解释后说："你也许是对的，你也许是错的，但是总统主意已定。不要再难为他了。现在是每个人都帮助他的时候。"这个非常聪明的人根据伦理准则自由表达不同意见，在他身上体现出小集团思维的另一个症状。实际上，他所说的是："你对风险的看法可能是对的，但是我才不考虑这个呢。我们现在就应当帮助我们的领导人，而不是发出不和谐音调来干扰他理应得到的和谐的支持之声。"

当罗伯特·肯尼迪告诉施莱辛格停下来的时候，他在扮演一个锐身自任的角色，我称之为"思想保镖"（mindguard）。正像身体保镖是保护总统和其他高官不受人身攻击一样，在他们对自己将采取或已经采取的政策的合理性保持高度自信的时候，一个思想保镖就是要保护他们不受可能损害他们自信心的思想的影响。

肯尼迪团队至少还有一个人，即国务卿腊斯克，也发挥了思想保镖的作用，保护领导人和团队成员听不到不受欢迎的声音。这些声音可能促使他们去思考符合他们心意的行动步骤的不良后果，催生不同意见，而不是形成让人舒服的共识。副国务卿切斯特·鲍尔斯（Chester Bowles）曾参加过一次白宫的会议，在会议上他得到机会来表达他不同的观点。他决定在这样重要的问题上不能再继续保持沉默了。他给国务卿腊斯克准备了一个强烈反对中央情报局计划的备忘录，而且备忘严格按照政府规定的渠道和程序，要求腊斯克将他的意见提交给总统。腊斯克告诉鲍尔斯说，不必有任何担心，入侵计划将被放弃，替代的是不漏风声的小规模的游击队渗透。那个时候腊斯克可能这样认为，但是在随后的白宫会议上他一定知道情况并非如此。如果腊斯克转交了副国务卿的这份备忘录，备忘录内的紧急警告会对施莱辛格的备忘录予以补充，敦促肯尼迪的团队——如果不是肯尼迪本人的话——重新考虑这个决定。但是腊斯克把鲍尔斯的备忘录牢牢地埋藏在国务院的文件堆里。

腊斯克在阻止肯尼迪和其他人了解刚刚被总统任命为美国新闻处主任的爱德华·R. 默罗（Edward R. Murrow）提出的强烈意见的时候，可能也扮演了一个类似的角色。还有另外一个例子，腊斯克扮演了一个固执的思想保镖角色，不让小组获得拥有重要信息的政府官员的反对意见，这些信息能让他们比参加白宫会议的任何人更好地评估入侵的政治后果。作为国务院的情报和研究处的主任，罗杰·希尔斯曼从他的同事艾伦·杜勒斯那里得到了入侵的风声，强烈地提醒国务卿腊斯克要注意其中的风险。他要求腊斯克允许他们司内的古巴问题专家根据他们的专业知识对所有的设想进行全面细致的检查。"抱歉，"腊斯克告诉他说，"但我不能让你这样

第二章 猪湾入侵：完美的失败

做。这是严格保密的。"（Hilsman，1967：31）希尔斯曼对腊斯克的反应感到奇怪，他们司的所有相关人员都有最高级别的保密许可。希尔斯曼认为，腊斯克之所以拒绝他的紧急要求，是因为杜勒斯和比斯尔坚持中央情报局的特殊安全审查制度而对他施加的压力。如果是这样，在如此紧要的关头，为什么国务卿不能向总统或其核心小组的其他成员说明，他最信任的情报专家对入侵计划严重怀疑，并认为应该让古巴问题专家来评估一下？腊斯克处理希尔斯曼要求方式的结果，是总统和他的顾问们仍然处于一种好奇的处境，用希尔斯曼的话说就是，做出重要的政治判断，却不能从政府最相关的情报官员那里得到有益的建议。（Hilsman，1967：31）

考虑到司法部长和国务卿所发挥的思想保镖作用，以及总统没有拿出时间来讨论偶尔渗透到会议上的不多的反对意见，我们推测有人在共同策划一种阴谋。也就是说，可以合理地推断，肯尼迪团队内重要的文职官员互相串通——也许并不明智——不让自己也不让政府内部的任何其他专家对建议中的计划进行详细的审查。

温和的领导养成温顺的环境

致使小组保持错觉的团队压力，有时候是由各种各样的领导行为习惯养成的。其中有些方式非常微妙，让对最初形成的共识有疑问的人很难提出替代选项和提出关键的问题。团队的日程很容易被温顺的领导所操控，通常小组成员都是默认的，因此很难有机会来讨论表面上看起来令人满意的行动计划的缺点。这是形成小集团思维的条件之一。

作为白宫会议的领导，肯尼迪总统在提出怀疑的时候也许比任何其他人都更积极，然而他好像鼓励团队的顺从，不经任何批评就接受有缺陷的证据，来支持中央情报局的计划。每次会议议程开始的时候，他不是允许表达反对计划的理由，而是让中央情报局的代表主导了整个讨论。在别人提出初步怀疑的时候，总统让中央情报局立即予以辩驳，而不是问问有没有其他人有同样的怀疑，或者对已经提出的担忧的含义进行认真的讨论。

此外，尽管总统特意让一个反对入侵计划的局外人参加其中一些关键的会议，但是他主持会议的方式没有机会对提出的具有争议的问题进行讨论。这个人是威廉·富布莱特，场合是1961年4月4日在国务院召开那次最关键的会议。这次会议经过非正式的投票方式批准此前会议似乎已经形成的表面一致。在富布莱特表示他对报纸报道美国将入侵古巴的消息感到担忧后，总统于是才邀请他参加会议。在会议上，富布莱特得到一个阐述其反对意见的机会。富布莱特"理性和强烈"地预测到入侵对美国对外关系可能造成的损害。（Schlesinger，1965：252）但是，总统并没有让会议对富布莱特提醒各位的问题进行讨论。相反，他又回到会议最初的议程。他让在场的每一个人表明他最终的判断。在富布莱特发言后，他继续进行意向性的投票。麦克纳马拉说他支持这个计划，伯利说他支持。他建议"开足马力，全速前进"。原本举棋不定的曼恩也说他赞成。

就拿伯利提到的一点来说吧。他说他支持但并不坚持"采取大动作"，肯尼迪总统改变原有议程问道，如何才能让这个渗透的动作更小一点。在就这个问题讨论后——这与富布莱特所提出的根本性的道德和政治问题风马牛不相及——会议就结束了。施莱辛格提到，在全体轮流表态还没有结束时，会议就结束了。不知道是明智还是不明智，总统主持会议的方式不仅没有能讨论富布莱特参议员提出的美国对外关系的潜在威胁，也没有时间问问施莱辛格，而总统知道他是在场的人中唯一对富布莱特参议员的担忧有同感的人。

当然，如果小组内有一两个人建议对富布莱特参议员的看法进行讨论，或者要求施莱辛格或其他没有发言的人陈述他们的观点，就可以避免会议在这个时候改变主题。但是，没有一个人提出这个要求。

总统要求每个人轮流陈述自己的总体判断，特别是在听完一个局外人对小组共识表达的反对意见之后，团队成员一定都感到精神抖擞。这正是最能产生与团队规范保持温顺一致的条件。听了一个意见领袖（如麦克纳马拉）毫不含糊地说自己接受计划后，就更难让其他成员来发表自己不同的观点了。意向性的投票一般给每个人都施加压力，让他们接受表面上的小组共识，这已经被众所周知的社会心理学实验所证明。（参见 Elms，1972：136 - 146，其中有对 S. Asch, R. Crutchfield, S. Milgram, M. Sherif 以及其他社会心理学家研究的综述）

第二章　猪湾入侵：完美的失败

在4月4日关键会议的前一天，另外一个也有可能对小组的错觉提出挑战的局外人参加了其中的一次会议，但也没有得到任何时间来阐述自己的观点。在这次更早的会议上，这个局外人是代替国务卿腊斯克参加会议的副国务卿切斯特·鲍尔斯。和富布莱特参议员一样，鲍尔斯不相信，而且对决策小组扬扬自得地接受中央情报局的入侵计划感到"可怕"。但是对鲍尔斯对该计划是如何想的，肯尼迪总统毫无了解，而且他甚至认为鲍尔斯参加这次会议只是一只耳朵，让腊斯克了解对计划的最新思考，他不是参与讨论的与会者。不管怎么说，总统忽视了他的存在，没有给决策小组听到一个有新想法的人反应的机会。他从没有让鲍尔斯发言。整个会议期间鲍尔斯耐着性子一言不发。他觉得他不能打破正式的官僚政治礼仪，这种礼仪不让副国务卿主动发表言论，除非国务卿或总统要他这样做。鲍尔斯的行为中规中矩，把他的反对意见限定在给腊斯克递交的一份备忘录中。我们已经知道，这份备忘录并没有递交给总统。（Schlesinger, 1965：250）

从团体心理学的角度看，了解鲍尔斯后来职业生涯的一些信息更能体现小集团思维的症状。在猪湾大失败后残酷的几周内，切斯特·鲍尔斯是新政府内被肯尼迪总统解职的第一个官员。有鲍尔斯的朋友告诉媒体说，他曾经反对在古巴的冒险，正确地预测了其结果。这则消息显然让肯尼迪感到非常恼火。政府内部反对鲍尔斯的人指出，即使鲍尔斯自己没有把这个消息泄露给媒体，他也在白宫处境尴尬的时候与他的朋友们讨论了这件事。这可能导致总统采取这样的方式解决国务院机构内部领导不力的问题。他决定免去鲍尔斯作为国务院第二把手的职位，而不是取代腊斯克。因为他喜欢腊斯克，想让他成为他团队的一个核心成员。"我不能那样对腊斯克，"当后来有人建议他把腊斯克派到联合国任职的时候他说，"他是如此*好*的一个人。"（Schlesinger, 1965：436）

在讨论入侵猪湾的会议上，肯尼迪总统也许并不明智地让中央情报局片面的备忘录主导了团队的注意力，没有在团队中传阅反对者的主张。这些反对主张可能促使团队对计划的弊端进行激烈的讨论，并有可能暴露团队共识的错误本质。尽管总统阅读并私下讨论了施莱辛格和富布莱特参议员强烈反对计划的备忘录，但他并没有将这些备忘录传发给决策者，而那个时候他正在向他们寻求批评性的判断。肯尼迪也知道，一个刚刚访问过古巴的外国记者约瑟夫·纽曼（Joseph Newman）写过一些很有见地的文章，这些文章并不认为很容易就可以引发反对卡斯特罗的起义。但是，尽管他也邀请纽曼到白宫交流过，但他并没有将纽曼给人留下很深印象的文章传发给顾问团队。

但是，成员们自己对总统主持会议期间所表现出来的偏见也负有部分责任。他们没有必要如此放任沉默。如果有任何人建议总统对反对的观点进行研究，以便让小组了解更多的想法，肯尼迪可能会欢迎这样的建议，并采取步骤纠正他带有偏见的主持会议的方法。

避免反对有价值新成员的禁忌

核心小组成员接受总统限定的议程和他对中央情报局代表非同寻常的纵容的一个可能原因，是有一种非正式的团队规范已经形成，这个规范产生了一种想法，避免说出任何可能被理解为攻击中央情报局的话。团队显然接受了一种禁忌，这种禁忌反对提出任何有破坏性的批评。这可能是导致团队沉迷于小集团思维倾向的另一重要原因。

这种规范是如何形成的呢？肯尼迪总统为什么给中央情报局的两个代表如此优待？为什么邦迪、麦克纳马拉、腊斯克和总统团队的其他成员没有挑战这种优待，而是接受了反对批评意见的禁忌？一些线索可以让我们得出一些推断，除了描述这种优待本身的规律外，我们获得的证据还不足以进行进一步的研究。

尽管艾伦·杜勒斯和理查德·比斯尔是从艾森豪威尔政府继续留任的，他们好像并没有被肯尼迪的核心团队看作是局外人。肯尼迪总统和他最密切的助手没有把这两个人和参谋长联席会议一样看待。后者被看作上一届政府确立的一个局外军事团体的成员，他们忠诚于别人，之所以容忍他们参加白宫的会议完全是政府礼节的要求。（一个证据是，国务卿腊斯克在与一个内团体的同事施莱辛格私下交谈的时候不友好地说，参谋长联席会议对五角大楼的军事集团的忠诚要超过对总统的忠诚。）肯尼迪总统和他团队的核心圈子尊重杜勒斯和比斯尔，把他们看作是肯尼迪团队有价

第二章 猪湾入侵：完美的失败

值的新成员，很高兴让他们参与其中。小组中的每一个人都了解这样的事实，比斯尔花费了大量的智慧，经过一年高强度的工作才形成了入侵古巴的计划，杜勒斯也坚定支持这个计划。只要比斯尔提出他的观点，"我们都目不转睛地听，"施莱辛格告诉我们，"被他那种超级明白、组织严谨、表达清晰的情报所迷住了。"施莱辛格告诉我们，比斯尔被团队认为是"一个品质高尚、才能卓越的人"（Schlesinger, 1965: 241）。一句话，他是一个得到高度评价的成员。

当他们知道负责美国广泛情报系统的两个能力很强的人都加入了肯尼迪的团队，核心小组认为自己强大的感觉就更强了。团队内部的核心成员当然不想反对或疏远他们。因此，他们更愿意缓和对中央情报局计划的批评，甚至有可能在对其计划进行评估的时候暂停批评性的判断。

在计划失败后，肯尼迪总统和他的助手们对待杜勒斯和比斯尔的方式表明，即使在他们不幸的错误造成巨大危机的时候，他们两人都仍然被肯尼迪团队的成员所接受。索伦森说，肯尼迪对理查德·比斯尔的看法在猪湾失败发生后并没有改变，他对不得不接受比斯尔的辞呈感到遗憾。当杜勒斯提交他的辞呈后，肯尼迪总统积极要求他推迟辞职，还邀请他参加一个调查这次失败原因的特别委员会。在失败发生后的几天，肯尼迪避免公开批评杜勒斯和比斯尔（这肯定需要巨大的克制）。有一次，当杜勒斯和肯尼迪的一个共同朋友自以为是地告诉总统说，他在考虑回避见中央情报局局长的时候，肯尼迪特意表达他对杜勒斯的支持，邀请杜勒斯一起喝咖啡，在这个马上就要辞职的人面前，夸张地挽着杜勒斯的胳膊。这是内聚团体的领导人对待临时处于"尴尬境地"成员的一个典型方式。

我们得到景象是，中央情报局的两个代表，都非常受尊重，都是刚刚加入肯尼迪的团队，在向团队的其他成员展示自己的"宝贝"。作为主角，他们在得到令人满意的共识方面先拔头筹。内团体的新成员和试图向新总统推销其朦胧计划、代表其他机构的外部人员相比，他们的话更能赢得同情，遭到更少的批评。

对这两个人也很尊重的希尔斯曼说，杜勒斯和比斯尔"投入了很多的感情……在制订入侵古巴计划的时候投入了如此之多的感情，他们看不清形势,也不能做出理性的判断"。他还说,"他们的决心是如此之坚定,总是无意识地努力将对这个计划进行考虑的人局限在尽可能小的范围内,以避免对它进行严厉和全面的审查"(Hilsman,1967:31)。如果希尔斯曼是对的,就有理由相信,这两个人设法向肯尼迪团队的成员传达他们"避免严厉和全面的审查"的强烈愿望。[7]

不管促使肯尼迪总统对中央情报局两位领导人优遇的政治和心理原因是什么,他明显成功地向核心团队成员转达了这样的意思:不应该粗暴地对待中央情报局的"宝贝"。也许他根本就没有认识到这一点。他主持会议的方式,特别是他坚持一个非同寻常的程序,让杜勒斯和比斯尔能够立即反驳每一个批评性的评论,而不是让团队有机会对潜在的反对意见进行认真的思考。他可能确立了温和对待这个计划的规范,因为团队的这两个新成员显然想让新政府接受这个计划。很明显的是,团队成员采纳了这个规范,通过连续地对中央情报局的原计划进行修补来寻求一致,或寻求这个计划的一种新版本,而不是对支持这个计划的基本证据进行认真的研究,也没有通过对有问题的评估进行足够的争论去发现整个计划都是可以被抛弃的。

结 论

虽然现有的证据是零散且对白宫团队制订计划有点偏见的叙述,它还是披露了巨大的失算,汇聚成了小集团思维的症状。我初步的结论是,接受中央情报局计划的肯尼迪总统和政策顾问们是小集团思维的牺牲品。如果我对施莱辛格、索伦森和其他观察者所提供的事实的分析基本上是准确的,小集团思维的假设让政府决策的缺陷更容易理解,这些政策缺陷导致想法与现实具有巨大的鸿沟。

肯尼迪的核心小圈子没有能发现导致猪湾入侵失败背后的错误设想,至少可以说部分是由于决策时为了寻求一致,放弃了对信息的寻求、严格的评价和争论。寻求一致倾向的表现,是共同的错觉和其他症状。这些症状让成员保持一种团队团结的感觉。其中最关键的症状是面对模糊不确定性和明确的警告表现出扬扬自得的信心。这些警告应当引起成员们对秘密军事行为的风险保持警觉——这个行动构想不周，入侵的地点在全世界的知识分子中已经成为一个完美失败的象征。

第三章　卷入朝鲜战争：
"与错误的敌人进行的错误的战争"[1]

1950年秋天，授权麦克阿瑟（MacArthur）将军采取冒险的军事行动、越过"三八线"、占领朝鲜民主主义人民共和国、升级朝鲜战争的决定是杜鲁门政府的"猪湾事件"。这一决策再一次表明，在一个民主国家，一个负责任的领导团体如何相互支持对方所做出的错误判断，最终导致严重的后果。随着中国的介入，朝鲜战争开始从胜利转向失败。

在一份关于美国政策制定者考虑占领朝鲜的详细分析中，美国著名的政治学家亚历山大·乔治（Alexander George）指出，很多政治和心理方面的因素可以解释在朝鲜战争中决策者对形势误判的"复杂性和多面性"：

> 推动麦克阿瑟仁川登陆之后采取一系列行为的动力，主要包括对胜利的自我陶醉，国内政治考量以及愿景思维所带来的误读……然而……（对于中国意图的）情报评估却不足以挑战在政府内部占主导地位的狂喜（euphoria）和乐观情绪。（George and Smoke，1974：208–209）

即使是不充分的情报以及其他非心理的因素导致了这一错误的决定，我们也必须了解，为什么明智而富有经验的政策制定者会屈服于这种"胜利的自我陶醉"，沉溺于"愿景思维"中，并且在一种"胜利和乐观的情绪"中一致采取冒险的行为。事实上，小集团思维的假设可以帮助我们解释这些心理因素。

第三章 卷入朝鲜战争:"与错误的敌人进行的错误的战争"

杜鲁门总统和谐的顾问团队

1950年6月24日夜,在毫无预料的情况下,华盛顿的领导人收到了来自远东的消息:朝鲜入侵韩国。次日,美国政府宣布,美国不会姑息共产主义侵略者,并且将会援助韩国。因此,随着韩国军事力量的逐渐瓦解,美国政府接二连三地做出应对方案,最终导致了战争的爆发。(Paige,1968:79-280)

在危机发生最初的一周和几个月里,美国领导人多次召开会议讨论在朝鲜的应对措施。具体的政策制定团队由哈里·杜鲁门总统领导,成员包括国务卿迪恩·艾奇逊以及其他四位在国防部担任高级职务的官员——国防部长路易斯·A.约翰逊〔Louis A. Johnson,于1950年9月被乔治·C.马歇尔将军(George C. Marshall)所取代〕、陆军部长弗兰克·佩斯(Frank Pace)、海军部长弗兰西斯·P.马修斯(Francis P. Mathews),以及空军部长托马斯·K.芬勒特(Thomas K. Finletter)。此外,四位参谋长联席会议成员奥马尔·H.布拉德利将军(General Omar N. Bradley)、J.劳顿·柯林斯将军(J. Lawton Collins)、霍伊特·S.范登堡(Hoyt S. Vandenberg)、福里斯特·J.谢尔曼海军上将(Admiral Forrest J. Sherman),以及其他一些来自国务院和国防部的副国务卿和助理国务卿,也常常会加入会议。与此同时,这个临时顾问团队的核心成员也是国家安全委员会的成员,理论上来说他们都有义务向总统提出政策建议,然而相互之间却并不经常会面。

在第一周召开的有关处理朝鲜战争危机的例会上,杜鲁门的顾问团队就已经形成了高度的团结。政治学家格伦·佩奇(Glen Paige)曾经采访过当时的顾问团队成员,并且在此基础上对顾问团队的前六次会议进行了详细的研究,提醒人们注意到在所有有关的危机会议中都存在着的"集团内的团结"。佩奇认为,"'导致美国卷入朝鲜的一系列决定'的最重要原因是决策者所共享的高度的满足感和正义感"(Paige,1968:331)。佩奇引用其中一位参与者的话说,"在做出一个重要决定的会议上,存在一种普遍的气氛,是'我从未见过的和谐的状态'"(Paige,1968:179)。根据佩奇的研究，在危机发生后一周内的每一次会面时，顾问团队都建议采取一系列可能引发"最小冲突"的行动。（Paige，1968：329）

在接下来的几个月中，顾问团队的成员持续表现出了团队精神和相互之间的敬仰。他们是一群有着共同价值观和主导信念的美国精英，特别认同为了维护"自由世界"，遏制"世界共产主义"的扩张是十分必要的。

和肯尼迪政府初期类似，参谋长联席会议和总统的顾问团队之间并不存在矛盾。杜鲁门集团中的军方和顾问之间不仅仅相互尊重，而且形成了和谐的氛围。政治学家戴维·S. 麦克莱伦（David S. McLellan）通过案例分析，研究了艾奇逊在1950年秋天决定占领朝鲜的决策中的作用，认为"布拉德利将军以及参谋长联席会议的其他成员完全同意艾奇逊的大战略……布拉德利以及其他人与杜鲁门和艾奇逊观点十分一致，以至于他们被参议员塔夫脱（Taft）认为是'政治性'的将军"（Mclellan，1968：37）。在朝鲜战争的所有重要决策中，顾问团队成员几乎是完全同意参谋长联席会议的意见。其中包括1950年11月初所做出的决策，当时情报部门已经接收到中国军队进入朝鲜的信息，然而顾问团队却决定忽略来自这一方面的不祥暗示。（George and Smoke，1974：219-224）

杜鲁门总统与对入侵朝鲜的决策产生重要影响的顾问小组的两个成员——国防部长乔治·C. 马歇尔和国务卿迪恩·艾奇逊

第三章 卷入朝鲜战争:"与错误的敌人进行的错误的战争"

从柯林斯将军对朝鲜战争的描述中(在一定程度上他个人的评价可以作为其他参谋长联席会议成员意见的代表)可以看出军方的偏好对顾问团队成员的影响。对于参谋长联席会议的建议,柯林斯将军很满意,认为这些建议"很好地考虑了总统、国务卿以及国防部长的意见"(Collins, 1969: Preface, vii)。顾问小组成员中与柯林斯将军关系最为密切的是陆军部长弗兰克·佩斯。据柯林斯所说,他们的关系可以用"十分了解,相互信任和尊重"来形容。(Collins, 1969: 6)柯林斯毫不吝惜他对于文官们的赞扬,认为他们是集团的领导者。就他所参与的会议中杜鲁门总统的领导力而言,柯林斯认为:

> 我对于这位杰出的伟人怀着极大的敬意……他认真地倾听他的顾问在相关领域(外事)的意见并且能很快抓住问题的本质。他时刻准备好了解一个建议的双方意见并且能客观地给出评价,最终做出一个清楚、公正的决定。(Collins, 1969: 14)

在马歇尔将军加入顾问团队之后,参谋长联席会议更加确认他们在总统的战争委员会中的地位不会动摇,因为他们拥有了一个有特权的国防部长。马歇尔将军和他的前任不同,他是一个军人,并且十分了解军人的思考方式。对于军方而言,这样的好处并不会造成国务院代表和其他顾问小组成员的担忧,害怕军方利益会影响五角大楼的决策,因为他们对马歇尔将军都怀有极大的敬意,认为他不是一个出于对军方的忠诚而影响自身判断的人。

当乔治·马歇尔取代路易斯·A.约翰逊成为国防部长时,集团内部的和谐程度进一步加深。朝鲜战争爆发之前,约翰逊和艾奇逊在对华政策中就已经存在分歧,最终导致两人"私人间的相互厌恶和怀疑"(De Rivera, 1968: 215)。在朝鲜战争危机的早期,大概是为了避免破坏集团的团结,作为总统团队中的核心成员,他们小心翼翼地避免争执,甚至在公开场合赞扬对方;然而这种和平只是表面的,并且十分脆弱。在他的回忆录中,艾奇逊认为,1950年秋约翰逊肯定是患上了某种致命的大脑疾病,因为他的行为已经变得十分诡异。当杜鲁门总统知道约翰逊联合共和党领导人试图通过竞选赶走艾奇逊后，他解除了约翰逊的职务。而马歇尔的到来，使得艾奇逊和他"严厉而敬爱的前上司"重聚了（Acheson，1969：441），早在1947年至1949年，他们就已经在国务院密切地合作过。"（我们之间的关系）没有变化，"艾奇逊认为，"只是他更加欢迎我了。"（Acheson，1969：441）艾奇逊认为马歇尔将军是一个"丰富而有趣"的人，他在"最高形式的艺术判断力上"是极为出色的——不仅仅是军事，而且对于"需要掌握精确的信息以及拥有广泛的理解力的国务院事务"也是一样。总而言之，他是一个"让人不得不敬重"的领导者。（Acheson，1969：441）

也许所有人中关系最为密切的要属杜鲁门总统和艾奇逊了。在之后的回忆录中，他们毫不避讳对彼此的钦慕之情。杜鲁门称赞艾奇逊的"热心，理智和广阔的眼界"，他用了两页的篇幅去驳斥那些称他会开除艾奇逊的传言。杜鲁门说："我相信，历史将会证明迪恩·艾奇逊是我国历史上最伟大的国务卿之一。"（Truman，1956：429）艾奇逊在其回忆录中回应了这种高度的赞扬，认为哈里·杜鲁门才是美国历史上最伟大的总统。"在曾经有过的35位总统中，"艾奇逊严肃地说，"杜鲁门是为数不多的把公众利益摆在首位的总统。"（Acheson，1969：729）在阐述哈里·杜鲁门作为一个领导者的特质时，艾奇逊认为总统在他的助理之间塑造了一种团结的团队精神。他把哈里·杜鲁门这种鼓舞人心的个性和500年前英王哈里相比较，后者在阿金库尔战役之前极大地鼓舞了他的将士。"在夜间，他给予每个人自由的目光……那种来自哈里的感动。"这是莎士比亚对亨利五世的描写。艾奇逊说杜鲁门：

> 推动我们勇往直前的"哈里的感动"来自于无穷无尽的活力和崇高的精神……
>
> （他拥有）这种领导人的特质，塑造了一种团结的集体精神。他期待得到，并且也的确得到了他所给予的忠诚的回报。作为唯一和他极其亲密的人，我了解到，哈里·S.杜鲁门是两个不同的人。其中一个是公众形象——是一个易怒的、有的时候是好战的、好为人师的、对别人绝不留情的哈里。另一个则是耐心的、谦虚的、体贴的、有欣

第三章　卷入朝鲜战争："与错误的敌人进行的错误的战争"

赏力的上司，带有个人的慈爱和同情，可以帮助和理解所有的公共事务。这就是我们所了解和敬爱的"总统先生"。（Acheson，1969：730）

存在缺陷的决策

就杜鲁门政府在1950年6月做出的初步决策，即授权美国军队援助韩国、抵抗朝鲜的进犯，学者们在评估时意见并不统一。有的认为，美国决策者误判了当时的形势，并且在寻求除武力干涉之外其他办法之前就过度地卷入了朝鲜战场。其他的则认为，在当时的情况下，干涉的决策基本上是明智的，特别是在苏联集团的国家妄图控制其欧亚邻国的危险不断增加的时候。然而对于之后几个月的冒险决策——授权乘胜追击打败朝鲜，越过"三八线"，将战线推进至中国的边界，历史学家和政治学家几乎都持一致的否定意见。战争之初，美国的政策主要是阻止朝鲜的亲共产主义政权占领韩国。随后决策升级，美国政府授权大批美军，以联合国的名义，占领朝鲜全境，最终实现由亲美国的韩国政权统一整个国家。在面临着中国政权武装干涉的威胁下，这一政策由"遏制"转变为"推回"。杜鲁门和他的顾问没有意识到失败所造成的代价，他们决定忽略这种危险并且投下一个极大的赌注。

在决策升级的几个星期内，灾难爆发了。1950年11月28日，中国军队发动攻击，重挫美军，使之陷入完全混乱，不得不将剩余力量迅速后撤。在接下来的几周里，麦克阿瑟的军队被赶出了朝鲜，甚至几乎要在"美国历史上最长的撤退中"（Marshall，1953：1）被赶出韩国。此时，杜鲁门集团的成员试图消除他们的错误，避免中国的进一步干涉，尽可能地将战争限制在朝鲜半岛境内。否则，朝鲜战争就将会是一场无结果的推进，伴随着令人沮丧的停战而撤退，将会给杜鲁门政府带来不可估量的政治影响。[2]

正如他们再三向美国警告的那样，中国参战了。这使参谋长联席会议主席布拉德利将军承认了美国政策制定者幻觉的毁灭。他坦承道,美国"在一个错误的时间,一个错误的地点,和一个错误的敌人,卷入了一场错误的战争"(Quoted in Leckie,1962:214)。

在《总统的权力》一书中,理查德·诺伊施塔特(Richard Neustadt)认为杜鲁门政府决定占领朝鲜的决策是人为导致的,本质是机会主义——"随着战争形势的变化而采取或者抛弃的一种短暂的幻想"(Neustadt,1976:195)。这些政策制定者掩饰了他们的战争目标中投机的那一部分,即通过武力建立一个统一的反对共产主义的朝鲜,并且以联合国的名义,通过寻求和平与安全来证明其决策的合法性。在1950年的夏秋,美国及其同盟者可以主导联合国大会的投票,迅速通过了一个又一个由美国代表所提出的议案。在几乎没有任何辩论的情况下,武力统一朝鲜的目标在1950年10月7日的会议上通过,联合国通过的这一议案与美国国务院仓促起草

当中国共产党军队出乎美国政府的意料参战后,美国军队准备大撤退。这发生在1950年秋末,美国政府做出决定性的决策,乘胜追击朝鲜军队,越过"三八线",将战线推进到中国的边界。

议案的文字本质上是一样的。这是一个没有经过仔细计划的议案，忽略了乔治·凯南（George Kennan）在上交国务院的备忘录中所详细列举的诸多风险。事后艾奇逊承认："议案对麦克阿瑟将军的冒险行动予以鼓励，且议案本身存在问题。问题在于，没有认真思考，并且议案用含糊的语言掩盖了凯南提出的警告和危险。"（Acheson，1969：454）

杜鲁门和他的顾问小组坚信军事行动的正义性以及升级决策的道德意义。在某种程度上，他们错误的信念导致他们陷入了自己的陷阱。根据诺伊施塔特所言：

> 在白宫的记录、国家安全委员会的议案以及情报部门的评价等文件中，重复运用诸如"联合国的目标""联合国的决议""联合国的目的是实现统一"的这些语言。这些很容易影响读者的认知，以为这场战争是精心选择的一次机会，而不是偶然（最初临时）爆发的。这种官僚化的语言让公众和个人形成同样的认知，这种趋势是不可小看的。我认为，到了（1950 年）10 月中旬，决策者和公众认知变得一样了，他们认为联合国的这一目标不仅仅是权宜之计，而是确实重要的原因。（Neustadt，1976：207）

被忽略的风险

在批准麦克阿瑟占领朝鲜、继续进攻之后，杜鲁门的顾问团队应该清楚地意识到一些严重的风险。为了避免台湾遭到中国人民解放军的进攻，1950 年 6 月底，杜鲁门政府派出美国海军力量对其进行"保护"，这导致了中国政府通过媒体所发起的长达两个多月的"仇视美帝国主义"运动。美国的这一行动被中国看作是直接介入中国内战、帮助蒋介石国民党"政府"的表现。1950 年 9 月底，当美国和联合国军逼近朝鲜边界时，中国发出了明显的警告，并在 10 月 1 日的战事声明中达到极点，该声明称如果麦克阿瑟的军队越过"三八线"，中国不会坐视不管。10 月 3 日，中国重申这一警告，这次是通过印度驻华大使向美国传达的。该警告说："如果联合国军越过'三八线'，中国将会派兵帮助朝鲜。"（Neustadt，1976：203）事后反思，艾奇逊承认，"由潘尼迦（Panikkar）大使所传递的周恩来的话确实是一个警告，我们不应该坐视不管"（Acheson，1969：452）。然而在那个时候，这一警告被看成是一个"欺骗"。所有的其他的警告，无论是之前或是之后的，同样被杜鲁门顾问小组成员忽略了。他们认为这只是一些存在操纵目的的口头威胁而已。[3]诺伊施塔特认为："他们只看到了军事机会，而忽略了外交的风险，他（杜鲁门）过于依赖建议，几乎没有看到任何风险"（Neustadt，1976：204）。他们认为那是一个铲除共产主义在朝鲜统治的绝好时机，并且建议将一场保卫韩国的防御性战争升级为一次全面占领的进攻性战争。

当中国领导人通过强烈的口头警告以威慑美国不要占领朝鲜的努力失败之后，10月中上旬，他们开始向朝鲜派遣大量的军队，在策略上与韩国和朝鲜军队相接触。然而，令人难以置信的是，杜鲁门的顾问建议总统，如果他们想要避免与中国的全面战争，就要一次性向前推进，完全占领朝鲜。[4]他们给予麦克阿瑟更多的自行决断权。对于麦克阿瑟，"华盛顿对这位将军有充分的了解，他对于他们充满敌意，自负，不可靠，执意要与亚洲的共产主义一决胜负"（McLellan，1968：23）。

10月底、11月初，当中国军队的进攻开始导致麦克阿瑟军力的严重损失时，尽管他们的自信暂时受到了打击，杜鲁门的顾问仍然没有建议他对美国的战争政策做出实际的改变。艾奇逊在他的回忆录中写道：

> 当我回忆那至关重要的三周，从10月26日到11月17日，所有的危险都来源于我们自己军力的分散以及中国的武力干涉。我们都怀有深深的忧虑，我们对彼此很坦白，但又不够坦白。（Acheson，1969：468）

他们的失败表明他们还不够忧虑，他们没有采取任何务实的预防措施，在那个重要时段所做出的唯一新的决定就是向中国政府代表做出一个常规的口头承诺，保证美国尊重中国的边界，并且具有"寻求"谈判达成

第三章　卷入朝鲜战争："与错误的敌人进行的错误的战争"

协议的可能性。这是基于一个乐观的假设而做出的决定，即中国动用军队仅仅只是为了维护它在鸭绿江沿岸的重工业设施的安全利益。其他的一些担忧同样也被讨论过——包括中国可能会冒着引发第三次世界大战的危险完全卷入战争——但是这种危险没有受到慎重考虑，也没有引起军事政策上的改变。尽管有很多讨论提及要求麦克阿瑟保持克制和冷静，但是对他的命令却没有明显改变，并且允许他在自己谨慎考虑的前提下，向中国的边界推进。(Truman, 1956: 378 – 381)

乔治和斯莫克 (R. Smoke) 认为，杜鲁门的顾问担忧麦克阿瑟军队的冒险行为并不是考虑到中国可能会发动大规模进攻，而是基于其他的军事考虑。(George and Smoke, 1974: 224 – 230) 落后的装备导致联合国军相对于敌军的攻击略显脆弱。乔治和斯莫克如此评论杜鲁门顾问小组过度乐观的误判：

> 通常情况下，历史很少会提供政策制定者更多的机会去改正他们最初认知和判断中的错误，如果这种错误没有得到修正，可能会引发灾难。然而在这一案例中却不然……直到1950年11月的第3周……原本华盛顿都可以避免中国的参战所带来的最严重的破坏……
>
> ……又有几天过去了，没有更多中国军队参与的证据，进一步增强了他们（政府领导人）早期乐观的估计，即中国最终决定把他们的干涉限制在很小的范围之内。(George and Smoke, 1974: 222 – 223, 229)

1950年10月和11月期间，杜鲁门顾问小组所表现出的缺乏现实感的谨慎并不是因为没有足够的情报。根据档案研究，政治学家 H. A. 迪威德 (H. A. De Weerd) 认为，尽管美国的情报低估了中国的能力和意图，对于政策制定者而言，存在的证据也已经足以使理性而警惕的政客慎重地考虑中国全面干涉的危险："并不是因为缺乏情报而让我们陷入这一麻烦，而是我们不愿意从情报中得出不愉快的结论。"(De Weerd, 1962: 451) 这种不情愿在1950年11月期间所召开的会议上，从杜鲁门顾问小组成员的观点变化中很明显地表现出来。

出乎意料的是，约瑟夫·德·里维拉在他关于朝鲜战争决策的心理学研究中指出，政策制定集团没有修正彼此的疏忽之处，反而"在行为上相互支持对方的信念，增加了风险性"（De Rivera, 1968: 148）。据德·里维拉所说，杜鲁门总统最为倚重的国务卿艾奇逊认识到了危险的存在，但是自以为是，表现出乐观。艾奇逊没有向总统提出与麦克阿瑟肤浅地相信美国将会取得完全胜利的幻觉所不同的建议，其他顾问也没有提醒总统存在潜在威胁，因为他们全部都"对局势表现出了乐观"（De Rivera, 1968: 148）。在谈到杜鲁门的顾问们相互支持过度冒险行为的方式时，德·里维拉强调该分析的一个核心主题——一个内聚团体倾向于培养一种坚不可摧的幻觉，导致他们对风险性的认知降到最低。

我认为，彼此间对于冒险行为的支持，属于更为普遍的寻求一致的行为的一个部分，这同样导致了对集团外部的刻板印象，对于过去决策的智慧和道德形成一致认知。在这个集团中，可以发现小集团思维模式的所有成分，特别是在至关重要的11月，当顾问小组成员得知中国开始介入朝鲜战争的时候。

德·里维拉认为，顾问们在分析远东的国际关系时，对"共产主义"有一种粗略的刻板印象，这成为杜鲁门顾问团队决策错误的重要来源。然而，根据我的分析，从内聚的小组中寻求一致的倾向来看，杜鲁门的顾问们没有能够改变他们刻板印象中的错误认知，可以和集团成员内部倾向于支持彼此采取过度的冒险行为联系起来。

对红色中国和苏联的刻板印象

基于他对档案的分析，以及与艾奇逊和其他国务院官员的讨论，麦克莱伦认为，授权麦克阿瑟推进至中国边境的决策，"是一个很好的例子，体现了美国人的倾向，即想当然地认为自己的行动是正义的，并且忽略这种行动对他们产生的客观影响"（McLellan, 1968: 39）。无论这是否是美国人所特有的，这样的倾向对一个内聚团体的政策顾问会产生过度的影响，当他们的评议不会受到集团外部的专家反对意见影响时尤为突出。

第三章　卷入朝鲜战争："与错误的敌人进行的错误的战争"

有的观点认为，杜鲁门的顾问团队成员关注红色中国的力量和意图，是基于一种政府官员和大众——包括金融家、公司主管、新闻编辑以及来自共和党与民主党的大部分公民共同持有的意识形态倾向。当然我们需要认识到，即使政策制定团体没有陷入小集团思维，也会强烈抵制改变他们基本意识形态的认知。许多反对者在国际市场和军事力量的竞争中，追求政策分配的合理性以胜过他们的对手。然而，理智而英明的人，例如杜鲁门集团的政策顾问不会完全感知不到历史风向的变化。有时，他们可以减少理性，并且克服他们在对外政策议题中由于意识形态导致存在的局限。当有明显证据表明，他们的观念会致使他们采取不合适的行为，最终带来严重的军事或经济损失，并且对其长期政治目标产生极大影响时，英明的国家领导人有能力减少他们对于竞争国家的错误认知。

然而，政策制定者很少能够修正他们错误的刻板印象和推理方式，特别是当他们处于一个内聚的团体中，努力维持观点的一致时。通常，只有经过激烈的讨论（这对寻求一致的集团成员是非常困难的），才可能产生不同的观念，在这个过程中，相关信息的客观评价以及反思是十分必要的。然而，这些政治精英倾向于保持一种陈旧的刻板印象，这种印象与其长期持有的意识形态是契合的。

杜鲁门顾问团队成员所共有的一个主导刻板印象是：红色中国是一个软弱的国家，它在世界事务中的影响力来源于对苏联的依附，这意味着中国的对外政策主要受到苏联的控制。（McLellan，1968：35-36；Neustadt，1976：209-211）他们没有考虑到一些明显的迹象，表明这种过度简单的认知也许并不适用于中国对在朝美军的可能反应。这导致了他们的错误估计：即如果美国试图运用军事力量控制中国的邻国和盟友，可能会引发全面军事反应的危险。顾问团队成员的失误在于没有仔细检查他们刻板印象中的错误认知，并且没有考虑关于中国的能力与意图的其他假设，这是小集团思维的一个明显症状。[5]

根据他们认为苏联具有主导地位的刻板印象，顾问团队没有考虑苏联对中国是否具有完全的控制权，以至于当有敌对的美国军队逼近他们的边境时，中国领导人也完全不能对苏联人施加压力，要求他们对美军予以军事反击。麦克莱伦指出，"历史的经验让红色中国认识到，不能允许敌对的美国军事力量存在于它的后院"。然而"艾奇逊和他的批评者共同持有的"那种广泛存在的意识形态倾向,让他们轻视了中国在世界上的影响力。艾奇逊对于中国的认知,"与现实不相符……认为(中国)**只是莫斯科的一只温顺的小狗,并没有自己的意愿**"(McLellan,1968:36,黑体着重号为本书作者所加)。在诺伊施塔特所描述的11月第2周的重要会议中,当成员们开始关注大批中国军队与麦克阿瑟的军队之间的战争时,杜鲁门的顾问集团所坚持的这种不切实际的意象显露无遗。据诺伊施塔特所言,杜鲁门的顾问认为:"如果莫斯科……不希望一场战争,那么,中国就得保持克制。"(Neustadt,1976:210)

没有能修正错误认知

那些核心顾问坚持认为红色中国只是苏联的一个卫星国,只能接受美国的侵入而别无选择,而集团外部的政府官员却持有不同的看法。国务院的乔治·凯南是研究苏联集团问题的专家,多次向国务卿艾奇逊以及其他国务院官员做出符合实际的预测,即美军如果越过"三八线",红色中国极有可能做出反应。凯南对于中国领导人的意图和观点的不同认知,是基于对已有证据的仔细评估后做出的,并且对以保罗·尼采为首的国务院政策规划人员的观点产生了深刻的影响。这个集团反对越过"三八线"占领朝鲜。(Acheson,1969:451)国务卿艾奇逊完全认识到凯南以及尼采等人的反对意见,然而他却没有邀请他们到杜鲁门顾问团队中进行阐述,也没有深入讨论他们提出的其他观点。8月底,当决定越过"三八线"的初步计划已经达成之后,凯南愤怒地离开了国务院,因为他被孤立于决策层之外;他感觉自己已经成为"一个'浮游肾'……被从现实决策排除的一部分"(Kennan,1969:514)。

在朝鲜战争爆发之初,凯南就期待能够和总统顾问见面,然而却发现自己"被排挤到了边缘:在国务卿办公室参加另外的会议而非白宫的高层会议"(Kennan,1969:513)。很明显,艾奇逊在其中承担了自我任命的思想保镖的角色,对凯南以及其他一些同样反对冒着中国干涉危险的人,

第三章　卷入朝鲜战争："与错误的敌人进行的错误的战争"

艾奇逊将他们与那些有能力影响美国的朝鲜战争政策的人隔离开来，使后者不受影响。[6]

凯南发现，那种对于"苏联共产主义"总体的错误认知在政策制定集团的议案中扮演了至关重要的角色，他对此充满了恐惧：

> 在1950年夏天，我感觉到和我一样的人不仅不能控制形势，而且失去了对形势的影响。（在国务院）我同奇普·波仑（Chip Bohlen）多次讨论过这个问题，我相信他和我持有一样的观点……
> 我们政府在这个繁忙的夏季所采取的对外政策中，我找不到一点安慰……没有什么比试图去给具有任性特质且又缺乏教育的人灌输相互理解的观念——特别是复杂的观念——更徒劳的了。（Kennan, 1969：526－527）

对于外部观察者而言，这个内聚团队中令人难以理解的特质是，他们都有的刻板印象以及他们表现出来的小集团思维的其他症状：成员们坚持错误的假设，即使不断出现挑战这些假设的证据。杜鲁门顾问团队的成员似乎不能够接受关于红色中国的新信息，以修正他们的错误认知，并且为他们对于中国的意图和能力的认知提供新视角。麦克莱伦认为：

> 即使侵略力量还远离美国海岸8000英里，美国都会毫不犹豫地采取抵抗；那么我们为什么相信中国不会对麦克阿瑟这一敌对阵营做出相同的反应？
> 我们很难原谅艾奇逊的判断，他认为美国可以采取进攻性的计划以解决掉中国的朝鲜盟友，并且相信北京不会利用手中的一切资源采取最大力度的武力还击。
> （参谋长联席会议）错误地评估了中国的能力，如果（在更早些时候）对麦克阿瑟保持……限制，他的军队对中国所发起的攻击就不会如此脆弱，并且可以避免军队陷入一个紧张的危险之中，也不会自此造成对中美关系致命性的影响。（McLellan, 1968：36－37）

自从顾问团队明显地意识到在判断中国行为方面犯下了严重的错误之后，集团成员继续认为中国加入了由苏联主导的阴谋之中。在 1950 年 11 月 28 日的紧急会议上，因为在中国军队发起大规模进攻之前，麦克阿瑟将军向后撤退，国务卿艾奇逊断言，"我们要记住，中国和朝鲜每一步的后面，都站着一个苏联"（Truman，1956：385-388）。他认为中国的进攻是苏联的一个"陷阱"，苏联希望通过轰炸中国东北地区引诱美国卷入，这样的话，"苏联就可以从中得利"并且"将我们榨干"。正如在之前的会议中一样，杜鲁门总统、布拉德利将军以及其他参会者回应了艾奇逊的观点。他们将中国、苏联和朝鲜看作一个统一的整体，并且相信"共产主义"的理念决定了中国干涉的目的是为了转移美国在欧洲反共的注意力。

这种传统的苏联阴谋论导致了集团成员对他们道德的坚持，尽管极度的缺陷表明了他们对中国的判断是不合时宜的。杜鲁门总统强调中国的行为是一个"诡计"（Truman，1956：380），妄图阻止美国援助重建欧洲的计划，因为美国领导欧洲实现的团结已经成为世界共产主义攻击的主要目标，这样的说法有利于鼓舞团队士气。他认为，美国需要明白自己在欧洲的义务不能因为卷入了亚洲事务而放弃。（Truman，1956：381）换言之，苏联共产主义是再一次试图迷惑我们，然而我们要比他们更加狡猾。

在关键的会议上错失的最后机会

中国的介入使朝鲜危机不断持续。在谈到 11 月 9 日国家安全委员会的会议以及之后杜鲁门的顾问们所召开的一系列会议上，艾奇逊承认这些决策存在着很大的问题：

> 我相信，我们的政府错失了最后一次本可以避免在朝鲜的灾难的机会。在这件事情上，所有的总统顾问，无论是文官还是军方，都知道其中出现了严重的问题。但这是什么问题，如何发现，怎么去做，他们都错过了机会。从 11 月 10 日到 12 月 4 日出现了前所未有的情况，顾问团队的成员陷入了深深的烦恼之中，认为需要进行一些共同

第三章 卷入朝鲜战争:"与错误的敌人进行的错误的战争"

商讨。当灾难来临时,国务卿、国防部长以及他们的主要助手与参谋长们在战争办公室里会过三次面,讨论如何解决问题;国务卿和国防部长与总统会过五次面,而在其他另外的五个不同场合,我都和他讨论过。我很遗憾地相信,我们当中没有人,包括我自己,可以像我们被赋予的职责那样为总统服务。(Acheson, 1969: 466)

杜鲁门没有能参与 11 月 9 日的国家安全委员会会议,但是会后他被告知,会议已经授权麦克阿瑟将军不必改变其命令,只要不轰炸中国东北地区,在军事上他可以采取任何行动。(Truman, 1956: 380) 正如华盛顿方面所预料的,麦克阿瑟选择继续准备发动全面进攻,直接逼近中国边境的"胜利前进"。在 11 月 9 日的命令下达后的两周,大量的中国军队突然消失,麦克阿瑟的计划更加得到了支持。在此期间中国做了什么,麦克阿瑟不得而知,一直到 11 月 25 日美军遭受了毁灭性的打击。只要没有看到中国军队,麦克阿瑟就认为中国人一直是在耍诡计,是因为怯懦而撤退了。杜鲁门的顾问对这种乐观的解释,尽管最初感到非常怀疑,但仍旧没有挑战麦克阿瑟的观点。

追求一致的压力导致杜鲁门的核心顾问中产生了毫无根据的乐观主义。这在 11 月 21 日的会议中表现出来,会议参加者包括艾奇逊、马歇尔、布拉德利以及五角大楼的其他官员。麦克莱伦经过对那次会议记录的研究,及对前国务卿艾奇逊的访谈,认为"在那次会议中存在着一些不可思议的不真实的东西"(McLellan, 1968: 32)。这种不真实与一种共同的幻觉有关,即麦克阿瑟的军队很快就可以取得完全胜利,存在一种"过度蔓延的自信,认为麦克阿瑟可以完成他的任务,如果中国干涉的话,也将会被局限于鸭绿江沿岸的一个缓冲区之内"(McLellan, 1968: 33)。这与不到两周之前的一些与会者的关切点相反。如今,他们想当然地认为战争很快就会胜利,中国将会屈服,麦克阿瑟会占领朝鲜。(George and Smoke, 1974: 227-230) 与会者都意识到在边境有大批的中国军队(事实上有 30 万),在麦克阿瑟身后则有 4 万游击队。而麦克阿瑟前线的有效军力,战线过长,兵力虚弱,正如国防部长马歇尔在早期的国家安全委员会会议上所指出的——只有 10 万军队。(McLellan, 1968: 32; Truman, 1956:

376－377）此外，麦克阿瑟的计划要求分散武装力量，因为他们将分批逼近鸭绿江。但是没有人真的愿意破坏这种高昂的自信，让集团分析其他可能的观点，例如红色中国也许已经准备好反击，这可能会导致他们慎重地考虑改变其军事和政治战略。其中一个可能的观点是，中国的撤退是给美国最后一次机会，让它重新考虑占领朝鲜的计划。另一个则是一种不祥的可能性，与毛泽东著名的游击战理论一致，这种撤退是为前进中的美国军队所准备的一个陷阱。

早些时候，艾奇逊曾经和国务院的其他人员讨论过其他可能的结果。麦克阿瑟可以击退中国的干涉，然而另一方面，"如果……他们发现我们陷入了长期的挣扎，我们必须转向谈判"（McLellan，1968：31）。但是在五角大楼的会议上，他似乎没有提出军事失败的可能性。艾奇逊确实说过在鸭绿江沿岸与中国建立一个缓冲区，这可以让中国的领导人了解美国对他们的领土并不存在威胁。国防部长马歇尔强烈要求，在麦克阿瑟的进攻取得胜利之后再宣布美国希望建立一个缓冲区："在麦克阿瑟取得成功之后，才是做出一个政治提议的好时机。"（McLellan，1968：32）国防部副部长罗伯特·洛维特（Robert Lovett）认为，我们没有理由不相信麦克阿瑟能把敌人赶回鸭绿江以西。艾奇逊接受了这种乐观的判断。国防部长马歇尔在会议中表达，他对于这个集团非常满意，因为艾奇逊同意麦克阿瑟将军可以继续推进他的进攻计划。（McLellan，1968：31）

当谈到艾奇逊那时没有表现出适当的忧虑，麦克莱伦认为，国务卿的误判"与所有的参与者一样，并且似乎是来自一种愿景思维"（McLellan，1968：33）。艾奇逊似乎相信了副国防部长洛维特的保证、国防部长马歇尔表现出来的满意以及参谋长们乐观的自信。在这样一个缺乏压力的团体中，他会继续坚持之前与国务院其他成员讨论过的想法，最终导致他推动了一个略微更加现实的方式对付中国的干涉，而不是仅仅出于一厢情愿的想法。

之所以五角大楼11月21日的会议能达成一致，以及国防部长马歇尔会议记录中表现出满意的情绪，部分是因为集团内的军方成员没有再次表达他们对于麦克阿瑟分散军力的担忧。很显然，这些军方成员认为风险还不足以扰乱总统、国务卿以及其他文官的想法。此外，毫不提及他们的忧

第三章 卷入朝鲜战争:"与错误的敌人进行的错误的战争"

虑,就可以避免引发在顾问团队内部的争论,关于是否有新的需要去面对在朝鲜的那些小心敏感的指挥官,这可能会引发他们的怨恨和反抗。[7]因此,在1950年11月,美国的最高军事领导人,作为杜鲁门顾问团队的忠实成员,集体担任了思想保镖的角色。

将怒火撒向集团以外

1950年11月24日,当麦克阿瑟开始向中国边境发动全面进攻时,他宣布战争会很快结束,并且告诉将士们将在圣诞节回到国内。(McLellan, 1968:31)然而第二天中国就开始了大规模的反击,到11月28日,很清楚的是,除非美军完全战败,被赶出朝鲜半岛,否则无法在圣诞节之前回到美国。

11月28日上午6点45分,布拉德利将军电话通知总统,麦克阿瑟的军队遭到大约26万中国军队的进攻并被迫撤退。这条直接来自麦克阿瑟总部的坏消息令人震惊,摧毁了决定占领朝鲜的所有幻想。它清楚地表明,不应该把来自中国的警告误读为欺骗。三周以前在朝鲜与中国军队的接触应该引发政策的改变,随后两周与中国军队的脱离应该被看作是排除灾难性攻击的预兆。很明显,杜鲁门试图用武力实现朝鲜统一的这一决策是一个严重的错误,可能会导致联合国军不体面的战败,也可能会引发第三次世界大战。

收到这一消息后,杜鲁门迅速致电国防部长马歇尔和国务卿艾奇逊。他同时也和埃夫里尔·哈里曼(Averell Harriman)和约翰·斯奈德(John Snyder)进行沟通,两人都是国家安全委员的成员,当天晚些时候召开了紧急会议。很明显,在这些电话之后,杜鲁门感到了些许的安心。"他们都同意我的意见,"几个小时后他这样告诉白宫职员,"我们有能力处理这些事情。"(Hersey, 1951:53)

在那个上午结束之前,杜鲁门表现出了极端的愤怒。考虑到原本进入朝鲜风险很低的期望和受到超过25万中国军队发起的攻击事实之间存在巨大的矛盾,很容易理解杜鲁门总统发现自己被误导之后的愤怒情绪。他的愤怒是针对谁的？这个问题在心理学上很有意义，因为它阐明了总统对其顾问的态度。他是否责怪他的军事专家？他们本应该劝说他改变对麦克阿瑟的指示，以便约束这个狂热的军事分子的野心。他是否是针对艾奇逊或者其他政治顾问？他们应该告诫他，自从麦克阿瑟向朝鲜进军之后，中国也许真的将要采取行动。然而，杜鲁门没有这样做，他把自己的怨恨仅仅集中于共和党的新闻媒体以及其他共和党"诽谤者"。

在和他的白宫职员最后一次例行日常会议结束后，杜鲁门的感情爆发了。(Hersey，1951：53) 根据约翰·赫西（John Hersey）所叙述，一个目击者——他曾经在《纽约客》(*The New Yorker*) 的总统专栏中工作过，碰巧在那个时候在场，杜鲁门在会议上显得心事重重，然而表面上仍然压抑着自己的情绪。当例行公事结束之后，杜鲁门沉重地告诉他的职员，当天上午他从布拉德利将军那里得到的坏消息。在他的叙述过程中，他的嘴抿得很紧，脸色潮红，在赫西看来，他似乎快要啜泣了。杜鲁门继续静静地讲述，当他做出紧急指示时还充满了抽泣的声音。杜鲁门明显地表现出了"痛苦"，以及"愤怒和羞愧"，他激动地表达了他对国内反对者诽谤的抗议，并且认为是他们的责任：

> 这些骗子完成了他们的使命。在这个国家，我们所看到的骗子的阵营带来了这样的结果。我所说的是那群诽谤者，他们试图造成国家的分裂。《真理报》的一篇文章曾经说过，美国政府是如何在仇恨中被分割了。别担心，他们正在密切关注我们的纠纷。由于我们今天上午的困境，我们可以责备那些骗子。至少部分的原因是出于他们的恶意、欺骗的运动。我们媒体所报道的，以及我们的领导人在参议院中的失败，让世界相信美国人民不支持我们的对外政策——如果不是有这样的信念，我相信共产主义是绝对不敢在朝鲜采取行动的。为什么呢，J——（一位新闻媒体出版商）在昨天曾经发出一篇社论，宣称他个人将会对我们对外政策的失败负责。他这样地吹嘘！这导致了我们今天上午收到这样的消息。(Hersey，1951：54 – 55)

这是一个应对突如其来的挫败而转移敌意的典型案例。很明显，虽然

第三章 卷入朝鲜战争:"与错误的敌人进行的错误的战争"

杜鲁门政府内部的成员曾经误导过他,然而他却把愤怒从内部转移开,直接指向了一个替代的目标,即国内的政治反对派,而非集团内部的任何成员。尽管集团成员曾经建议他忽略中国介入的危险,他仍然认为是政治反对派们削弱了他的朝鲜战争政策的合理性。

把愤怒从集团成员身上转移开来是一个忠诚于集团内部却遭受挫败的领导人的惯用做法。这样的转移能够避免引发集团内部的分歧和士气低沉,并且当他们面临来自外部对手的责备时,有可能团结内部成员实现共同应对。在这个例子中,攻击中国时,敌军已经发出了警告,挫败的主要来源是杜鲁门政府中领导人的失败,他们期望看到一个糟糕的对手。国内的"诽谤者"只能是一个国内的目标,他们可以被看作是"背后捅刀"或"陷入敌人圈套"的内奸。他们的背信弃义可能导致集团内部在接下来为了正义的战斗中更加团结。然而,在选择代替的目标时,毫无疑问,杜鲁门没有意识到其中存在的心理作用。他对反政府媒体的敌意很明显地引发了自己的情绪反应,这就没有必要怀疑,他是真诚地相信自己所说的话。

在同一天的国家安全委员会紧急会议中,当着他的顾问的面,杜鲁门对亲共和党的媒体发动了第二波口头攻击。(Truman,1956:385-388)在会议中,似乎存在着很多的讨论,关于谁应该承担这次失败的责任。迪恩·艾奇逊认为是苏联的责任。副总统巴克利(Barkley)对于麦克阿瑟这种"难以置信的愚弄"表示很不安,他曾经宣称美国士兵可以在圣诞节时回到家乡。"麦克阿瑟知道正在发生着什么吗?他问道,一个处于那样位置的人怎么会做出那样轻率的行为?"(Truman,1956:386)总统告诉巴克利现在没有时间"收回麦克阿瑟的特权"或者"拆将军的台",试图让他冷静下来。通过这样的方式控制副总统激烈的情绪,总统可能向别人传递了一种信息,他不会责怪那些误导和给他提供错误信息的人。事实上,在这种吵闹和完全欺骗性的环境中,他表明了他非常不愿意让那个傲慢的指挥官成为替罪羊的想法。(三个月前,当麦克阿瑟不听劝告,固执地宣称要将战争扩大到中国时,杜鲁门几乎决定免除麦克阿瑟的职务。)这一信息已经很清楚了,也就是说,华盛顿的任何一个顾问,无论是军方的还是文官,都不会成为替罪羊。

在会议后期，总统用另一种方式传递了这一重要信息。他说，正如他和白宫职员们所说的那样，他确信那些不忠诚的新闻媒体做出了对"苏联"有利的事。杜鲁门接受并且阐述了艾奇逊关于苏联的论断，认为苏联是中国突然行动的幕后黑手：美国有三家最大的新闻机构正在分裂国家，并且让其他国家相信，美国人民对于政府没有任何信心。"在许多文章中对事实的造谣和扭曲，是苏联拥有的最大资本。"（Truman, 1956: 388）会议结束后，杜鲁门会见了所有内阁成员，他们同样也是因为这个紧急会议被召集过来的。他让布拉德利将军和国务卿艾奇逊简要地向内阁阐述了在朝鲜的不幸事态。接着，他在这一天中第三次谈到"最近的政治运动中存在鲁莽的指责和谣言"，这对美国的国际地位带来了极大的"破坏"。（Truman, 1956: 388）

杜鲁门对于朝鲜战争的失败和肯尼迪在"猪湾事件"失败后的最初反应惊人地相似。肯尼迪也是一样，尽力地支持他那些处境困难的顾问，尽管是他们让他陷入困境。他还是表现出对团队的忠诚，将其怨恨直接转投向集团外部，包括新闻媒体曾经提前揭露过秘密入侵古巴计划，并且批评过政府企图推翻邻国政府的行动。为了保持政府团队的团结和士气，在总统转移愤怒的时候，新闻媒体似乎总是一个很好的目标。

规范传递者："我告诉过我的顾问，我们得针锋相对。"

正如肯尼迪总统的顾问团队所坚持的规范，即避免对猪湾入侵计划的批评，杜鲁门总统的顾问似乎也产生了一种相似的规范，避免让他们与朝鲜共产党对抗战争升级的政策遭受批评。在 1950 年的夏天和秋天，杜鲁门的顾问坚持了这样的一系列规范，其中包括一种准则，即"不能对共产主义采取绥靖政策"，接受一种对苏联共产主义阴谋的刻板印象，并且否定可能引发与红色中国全面战争的风险。这一系列的规范是如何形成的？

正如"猪湾事件"中的决策一样，可以从总统的领导实践中得出一部

第三章 卷入朝鲜战争："与错误的敌人进行的错误的战争"

分的答案。当然，杜鲁门顾问团队运作的方式与肯尼迪是不一样的。在计划猪湾入侵的过程中，肯尼迪总统可能并非故意要推动顾问团队接受中情局的计划。然而，他并不对此感到愧疚。实践中，有的时候会遇到更有指导性的政府领导人在实践上——采用不那么微妙的方式，推动形势向特定的方向发展。最初，强势的领导者会向顾问团队传递一种规范，把所有的讨论限制在对其所偏好的政策有利的评论中，把任何不同的意见都看作是异见。这在朝鲜战争决策中似乎同样体现出来了。不同的是，约翰·肯尼迪用铅笔的末端轻轻推动他的顾问，哈里·杜鲁门则是使用了赶牛棒。

当然，杜鲁门远不是一个专制独裁的领导人。在他入主白宫的七年中，他寻求在其顾问的共识基础上做出决策。他为自己的开放而感到自豪。在朝鲜战争危机中，和过去一样，他所说的话应该也是很真诚的，在批准一个议案之前，杜鲁门总是试图听取多方面的意见，他认为这是最好的方法。

根据佩奇对 1950 年 6 月卷入朝鲜战争决策的相关档案的研究，随着美国一步一步越来越深地陷入朝鲜，总统在所有的会议中奠定了基调，强烈地塑造了集团的共识。在顾问团队最初的会议中，总统就表明了他坚持强硬军事路线的主张。这体现了他毫不犹豫地建立了一种规范，偏好于一种特定的选择。在与顾问团队的第一次会议中，杜鲁门总统告诉他的顾问，他是很"开放"的，并且希望知道他们对于情况的所有思考。（Truman，1956：345）但是在会议中，总统毫无顾忌地表达了他自己倾向于交战的观点，粗略地解释了苏联阴谋论，也就为接下来的讨论定下了基调。布拉德利将军作为参谋长联席会议的发言人，认为在朝鲜，苏联是在试探美国，而今，我们需要画出一条线，杜鲁门总统迅速地在一种确定的术语方面强化了这种强硬的军事力量："我说过最重要的就是要画出一条线。"（Truman，1956：335）在第二天的关键会议上，总统再次阐明了他的结论，关于侵略的意义以及应该采取的措施："我告诉过我的顾问……赤色分子会刺探我们军队中的弱点；我们必须要和他们针锋相对，同时又避免发展成为世界大战。"（Truman，1956：337）在接下来的会议中，总统重申了他倾向交战的观点。（Truman，1956：340）例如几天后，当国务卿艾奇逊开始阐述一些风险，说明在最后三天所采取的行为可能最终会引发美国全面卷入战争，对此，杜鲁门总统立即做出回应，他认为危险是显而易见的，但是除非别的地方需要采取军事行动，否则我们不应该从朝鲜撤军。因此，只要总统关注，几乎不可能将顾问团队成员的注意力从中转移开来，而会继续坚持在朝鲜的美国军队的行动。

没有足够的证据表明，为什么杜鲁门总统在1950年的夏天和秋天要主导会议的进行，确定是否坚持同样的行动。因为在6月的会议中决定初步干涉后，很快就做出了占领朝鲜的决定。可能的是，从6月到11月，杜鲁门的领导风格几乎没有发生很大的改变。

团队对领导者的影响：
"我的立场和其他所有人是一样的。"

如果我们相信总统继续劝说他的顾问接受其所偏好的立场，那么可以认为团队的失败在于没有探讨其他的可能，并且没有研究武力占领朝鲜的决策可能带来的后果。这并不是由于小集团思维造成的。也许顾问团队的错误完全可以被看作是受到一个固执而又坚持己见的总统的影响，虽然这个总统宣称自己是一个开放的人，但是却简单地拒绝接受与之意见相左的观点。从杜鲁门指令性的领导风格中我们似乎可以得出这样的结论。但是这种结论没有考虑到其他重要的因素，这些因素强烈地反对"个人"解释，并且提出了一些在杜鲁门顾问团队成员中存在的小集团思维的症状。

有很多证据表明，在集团过程中产生成员的一致性，并不是因为他们向总统的意愿屈服。首先，在会议中，尽管杜鲁门总统已经强烈地表达了自己的主张，他仍然不止一次地说明自己愿意接受来自不同方面的声音。例如，在朝鲜战争危机的第一周，杜鲁门曾经强烈希望接受蒋介石的请求，派遣3.3万国民党军队加入在朝鲜的联合国军，然而在其顾问的反对下放弃了。1950年6月28日，在与国务卿的一个私人会晤中，杜鲁门听取了艾奇逊的反对意见，但对此表示怀疑。然而，第二天，在全体顾问会

第三章 卷入朝鲜战争:"与错误的敌人进行的错误的战争"

议中,杜鲁门却提出了这个问题。在这种典型的敦促下,他询问集团成员:"如果接受蒋介石的请求,特别是他提出的可以在五天内派遣3.3万军队准备渡海,这是否值得?"在这个例子中,杜鲁门没有得到他想要的答案,他补充道:"时间是最重要的。"(Truman, 1956: 343)紧接着,艾奇逊和集团的其他成员表达了他们的反对意见,并没有支持总统的倾向。然而,杜鲁门仍然有理由去坚持他最初的立场。(他断言,他仍然关注美国用小规模力量对付敌军的实力。)然而,在更进一步的讨论之后,总统最终放弃了,因为很明显,他的重要顾问不同意他的意见:"**我接受其他人的立场……我将会礼貌地谢绝蒋介石的请求。**"(Truman, 1956: 343)

这是一个很好的例子,表明了顾问团队可以拒绝与其领导者保持立场一致的氛围。这种既表达又倾听的风格是一个政策制定者的内聚团队中一种令人期待的模式。很多时候高度指令性的领导者,会导致集团达成共识,然而领导人本身作为集团的参与者,同样也会被别人影响,特别是当其他人达成一种与其自身偏好所不同的共识时。

之前的事实很好地描述了杜鲁门的性格,尽管他倾向于自己的偏好,却也总是对其顾问的建议做出反应。根据佩奇所说,杜鲁门强硬的领导风格与一种强烈缓和的元素相融合,这反映在他对朝鲜危机的应对中。(Paige, 1968: 290)因此,似乎在1950年秋天,如果顾问团队中的多数反对授权美国军队越过"三八线"进入朝鲜,避免与中国的战争,杜鲁门仍然可以表达自己倾向于战争的立场。

另一个不能把决策的升级归咎于个人的原因是,很明显,杜鲁门顾问团队的成员真诚地表达了自己的判断。他们发自内心地同意杜鲁门关于红色中国与苏联阴谋的观点。数年后,当与会者回忆这段过程时——一些人在他们的回忆录、另一些人在由佩奇主导的采访中表明——他们一直支持杜鲁门的朝鲜战争决策,并且重申了他们在1950年会议中所接受的观点。显然,这样的证明是值得怀疑的。因为我们无法知道这些与会者在多大程度上是为了证明他们早期的行动,或者是为了保证他们在历史中的正面地位。然而,引人注意的是,在杜鲁门政府之后,民主党在1952年的选举中全面溃败,没有一个当年的与会者有机会宣称他曾经有足够的远见来反对占领朝鲜这一致命的决策,或者杜鲁门曾经反对过正确的建议。这样的说法可以帮助与会者改正他的形象,甚至可以让他从这次最终导致中国介入战争的失败责任中免除。

分析占领朝鲜决策的社会科学家们,包括德·里维拉、乔治、麦克莱伦、诺伊施塔特以及其他人,可以推断,杜鲁门顾问团队的成员真诚地相信,建议升级的决策有坚实的基础,并且对总统产生了深远的影响。例如诺伊施塔特,他在每一个场合都会重申,1950年秋天杜鲁门总统是在其顾问小组的建议下做出决策的升级:

> 如果周恩来的警告中能有一些实质的东西的话……整个10月内,总统都会高度重视每一个危险。不能说是杜鲁门的顾问们推动他采取不同的政策。很遗憾的是,他选择了他们的建议。(Neustadt,1976:205)

> 11月,损失是必然的,只是还无法知道损失的确切数字。那个时候政府的回答是,华盛顿对于外部的世界一无所知,以及杜鲁门原本打算在8月份将那个将军(麦克阿瑟)撤职。这个悲剧的根源……在于总统不应该走入这样的一个胡同;他不应该陷入被动,他应该做出选择。应该由他做出9月和10月的决策。(Neustadt,1976:214-215)

> 杜鲁门和他的顾问进退与共……华盛顿更加现实而更不狂热的人建议,"在朝鲜半岛周边建立一条天然防御线"即可赢得胜利。然而杜鲁门选择了他的顾问的意见,希望达成统一的共识。

这在当时似乎是可能的,因此,集团成员与总统实现了完全合作,形成了乐观的观点(尽管有时候出于不同的原因),并且他们相信,对于美国政府而言,这些损失相比收益是微不足道的。

总而言之,杜鲁门顾问小组成员在没有精心考虑的情况下就达成决策升级的一致意见,重要的原因在于,他们坚持了由领导人建立的一系列规范,并且受到了所有人的尊重。这些共同的规范推动成员维持着一种集团的团结,导致他们出现了小集团思维的诸多症状。最重要的症状就是基于坚不可摧的幻觉、对于敌人的刻板印象以及对意识形态理性化的集体依赖，最终采取过度冒险的行为，支持战争倾向的升级，并且存在思想保镖，排除对小组毫无证据的假设提出质疑的专家的意见。

第四章　回首珍珠港：
堡垒何以沉睡？[1]

当小集团思维存在时，政策制定团队的成员会产生一种自满的情绪，使之不能成功地应对外部的警告。本章案例分析，研究1941年的珍珠港事件，认为由于美国缺乏警惕性，导致了太平洋舰队在珍珠港遭受毁灭性打击。我们需要分析那种共同的幻觉、理性以及与小集团思维相关的症状，这些都导致了在日本攻击逼近的一周里，夏威夷的海军指挥官集团所表现出的"愿景思维"。两个连锁的军事决策集团——夏威夷的高层陆军军官以及华盛顿的总统战争委员会的决策者，似乎加强了集团内部坚不可摧的幻觉。这三个集团共同导致了美国在珍珠港事件中的失败，尽管在日本的攻击之前有许多警告的声音，他们仍然没有能够保卫美国最大的太平洋堡垒。因为他们都坚信这个堡垒是不可能被攻破的。

"不可能在这里发生"

1941年12月6日晚，日本袭击前12个小时，海军上将赫斯本德·E.基梅尔（Admiral Husband E. Kimmel，太平洋舰队的总指挥官）参加了一个晚宴。这个晚宴是由他的密友赫伯特·F.利里（Rear Admiral H. Fairfax Leary）中将及其妻子主办的。其他海军指挥集团的成员以及他们的妻子都出席了这个晚宴。坐在基梅尔身边的是范妮·哈尔西（Fanny Halsey），她是哈尔西海军中将的妻子，哈尔西中将在几天前离开了夏威夷，执行远东任务。在谈话中，哈尔西夫人说她确信日本人将会发动攻击。"她是一位很聪明的女士，"乔尔·邦克利（Joel Bunkley）上校在描述那个宴会的情

况时说,"但是**所有人都觉得她疯了**。"(Brownlow,1968:128,黑体着重号为本书作者所加)

在 1944 年的海军问询中,利里中将总结了在袭击前夜的晚宴以及由基梅尔上将所主持的日常会议中所存在的自负情绪:"高层指挥官中主导的意见是,"他说,"……**这种情况是以牺牲安全来换取训练。**"(*Hearings*,1946:Part 26,398 - 399,黑体着重号为本书作者所加)和参加基梅尔会议的其他人一样,利里认为:"在高层海军指挥官中,存在着一种完全和免费交换的信息和意见。"(*Hearings*,1946:Part 26,398 - 399)当提到为什么没有考虑到日本突然袭击的可能性时,他回应道,"我们所有人都感觉这种几率极低……而且……我们认为没有足够的警告说明有空袭,这种感觉强烈地存在于舰队中"(*Hearings*,1946:Part 26,398 - 399)。

厄尔(John. B. Earle)上校是供职于第 14 海战区的参谋长,是基梅尔的邻居、朋友以及崇拜者,他所提供的证据中表明了同样的态度。(Brownlow,1968:91,141) 1941 年 3 月,有两个飞行员准备了一份报告,报告认为可能会有一艘或多艘日本航空母舰在黎明前攻击珍珠港。当厄尔被问到,1941 年 12 月 7 日之前是否考虑过这个问题时,他给出一个出乎意料的答复。"有,"厄尔回答,"我们考虑过这个观点,但是不知道为什么,我们总是认为'它不可能在这里发生'……我们不相信日本会冒这样的风险。"(*Hearings*,1946:Part 26,412)

在珍珠港事件后,基梅尔上将的顾问在问询中提供了多方面的证据,表明他们都相信这种坚不可摧的感觉,并且在这种极度的感觉基础上行动——直到日本开始轰炸。海军上将金(King)作为那次军事委员会的一员,主持了其中一次问询,认为"在珍珠港有种毫无根据地认为不会受到攻击的错觉"。[2]

厄尔上校的证据表明,在海军指挥官中,这种坚不可摧的感觉背后存在着很多错误的假设,这些错误的假设是在对敌人统一的刻板印象下做出的。现在看来,已经成为走向军事大失败非常熟悉的标志。尽管认为日本的军事领导人对美国充满敌意,但是他们相信,日本人实力很弱,不足以对美国发动进攻;因此不需要很认真地考虑日本威胁会带来的毁灭性攻击,一个三等国家怎能挑战巨大的美国?此外,美国的军事情报部门也会密切关注,提前得到他们所想要的日本军事计划。

从"魔术"中所获得的内部信息

当一个国家处于战争的边缘时,总是希望本国的情报部门可以破解敌国的密码。这一次,愿望实现了。在美国密码破译者的辛勤工作下,1940年,美国政府精确地掌握了信息,赢得了优势。被拦截的日本情报,用赫伯特·费斯(Herbert Feis)的话说,"几乎了解了日本政府所有的想法"(Feis, 1962: 305)。历史学家罗伯塔·沃尔斯泰特(Roberta Wohlstetter)认为,美国之所以可以获取大量关于日本意图的情报,是因为美国已经掌握了破解日本政府向大使和领事官员传递信息的密码解密方法,这些电报在政府内部被称为"魔术"(MAGIC,美国截获日本的电报)。她认为,"在此之前从未有过如此完整的情报系统"(Wohlstetter, 1962: 382)。然而"魔术"仍然是不够的。

从"魔术"得到的大量警报信号,表明日本已经准备好了一场大规模的军事行动,然而美国人并不清楚具体的发生地点。这种模糊性为基于愿景思维上的集体误判提供了基础。驻扎在夏威夷的军事指挥官认为行动的目标不会是他们所在的珍珠港海军基地,因此,当日本飞机飞过珍珠港时,他们没有发出任何警告,直到轰炸真正开始。袭击大约是在星期日上午8点开始的,那个时候大多数海军官员和士兵正在度假,或者刚刚起床。日本人可以随意地将炸弹投向停泊在港内的96艘美国舰队上。在港口的8支战舰、3艘巡洋舰以及其他4艘轮船全部都沉没或者毁坏了;造成死亡人数超过2000人,大多数是海军人员;至少有相同数量的人受伤或者失踪。大多数海军建筑和军队飞机设置被完全摧毁。"这是美国历史上所遭受的最大的军事灾难。"(Peffer, 1958: 399)

如果华盛顿将日本军事行动的情报保密,那么珍珠港的毫无准备是可以理解的。然而,在1941年,根据"魔术"所提供的信息,夏威夷的军事指挥官已经得到了一系列的警告。此外,从他们自己的情报活动中,他们也已经获得了警告。在珍珠港的灾难之后,这些警报得到了细致的研究。七个不同的政府调查委员会以及其他个人调查者花费大量的时间，收集相关文件档案，采访参与者，分析每一个证据，努力去理解这样一个惊人的错误是如何产生的。根据国会调查委员会所公开的 39 个听证会的详细记录，以及其他相关证据，罗伯特·沃尔斯泰特认为，在珍珠港突袭之前，华盛顿所得到的情报资料是"接近理想状态的"（Wohlstetter, 1962: 70）。

被误读的战争预兆

夏威夷的指挥官通过华盛顿得到了大量的警告，他们应该准备好与日本的战争。在 1941 年 11 月 24 日，海军上将哈罗德·斯塔克（Harold Stark，时任美国海军作战部长）向基梅尔上将传递了一个严重警告，与日本的战争随时可能爆发："通过谈判与日本达成满意协定的机会很小。日本政府的声明及其海陆军队的行动表明，一场突发的侵略行动会在任何一个方向爆发，包括菲律宾和关岛。"（*Hearings*, 1946: Part 10, 1405）基于他们自己的期望，基梅尔上将及其顾问将这条警告看作一个确切信号，即战争将会很快爆发。但是他们仍然认为没有必要派出更多的巡逻舰，因为珍珠港不会成为日本攻击的目标。假如他们增加飞机侦查的数量，能够完成覆盖夏威夷北部所有被遗忘的部分，将很有可能在 12 月 7 日上午之前发现正在靠近的日本航空母舰，因为在珍珠港事件中，日本的计划是连续性的，如果没有任何攻击的意图，就不可能派出航空母舰又返回日本。

在 1941 年 11 月 24 日，从华盛顿斯塔克上将处传来一条严重警告：

> 这一次的调动可以看作是一次战争预兆。为了维持太平洋地区稳定而与日本进行的谈判停止了，短时间之内日本很可能会采取攻击行为……为了实施（海军战争计划）WPL 46 的任务，进行适当的防御性部署。（*Hearings*, 1946: Part 10, 1406）

基梅尔上将与他的顾问团成员讨论了这一信息，达成的一致意见是，"不会在夏威夷发生突袭"（Wohlstetter, 1962: 66）。他们确认这是华盛顿希望传递的信息，因为无论是在最近的战争警告还是在 11 月 24 日的战争警告中，都没有特别提及夏威夷可能成为日本侵略的一个目标。他们注意到，之前的警告提到关岛可能成为日本袭击的目标，然而在最近的警告中关岛却不再榜上有名，只剩下菲律宾、马来亚以及其他偏远的地方。据海军上尉埃德温·T. 莱顿（Edwin T. Layton，基梅尔的舰队情报部长）所说，关岛不再是一个可能的目标，但是有人开玩笑似的嘲笑这种遗漏，"我猜他们认为关岛迟早有一天要丢失，所以它不值得派兵守卫"（*Hearings*，1946：Part 10，4807）。

顾问团就是否实行远程的空中侦察进行了长时间的讨论，最后的协议与往常一样，决定将飞机应用于训练项目。决策团队成员很清楚，实行 360 度全方位的空中侦察所需要的花费，将会极大地干扰他们的训练任务，很快用完他们有限的飞行燃料，进而会在没有多余配件的情况下几周内耗尽他们的飞机。（See *Hearings*，1946：Part 6，2534；Kimmel，1955：71）然而，他们没有考虑到把军舰分开来，部分增加监视任务，取消周末休假，增加防空部门的警告，以及其他预先警戒的政策，也可以保卫珍珠港和舰队的安全，而不会带来过度的花费。因为他们不相信珍珠港是脆弱的，舰队中的有限警戒在过去几个月内一直很好，已经足够了。

然而，这些海军官员认为，夏威夷的陆军指挥系统完全处于警戒状态，包括所有雷达站全天候的工作。而雷达站当时完全是由陆军操控。这种错误的信仰部分是来自于对陆军总部信息的错误理解，部分则是因为看到在珍珠港街道上陆军部门的移动部队、车辆以及防空武器。在保持低度警觉性的同时存在着一种"让别人去做"的态度，这使得海军官员们很不愿意承担防御任务，他们认为这不仅麻烦，而且也不重要。（Roberta Wohlstetter，private communication）他们当中，没有人与他们的陆军同伴仔细检查过这些问题，以确保在陆军控制下的防空飞机和雷达可以完全调动起来。因此，直到珍珠港被摧毁后，海军指挥官才意识到他们对陆军警报的设想是错误的。陆军也仅仅实行了一种有限的警戒，只是对破坏的威胁有所准备，而没有做好空袭的准备。陆军在机场跑道上集结了所有的飞机，翼梢相互连接，警戒线只是保卫飞机不会遭到破坏。与飞机原本分散的时候相比，这种安排会让日本能够摧毁更多的美国飞机。

第四章 回首珍珠港：堡垒何以沉睡？

1941年12月3日，基梅尔会见他的两个成员，陆军中尉指挥官赫伯特·M. 科尔曼（Herbert M. Coleman，舰队安全官员）和海军上校莱顿，讨论最新收到的警告消息，东京已经命令日本在美国以及其他国家的所有外交使团毁掉他们的密码系统。莱顿和基梅尔后来回忆这段谈话时，认为他们过度关注确切的用词，强调来自华盛顿斯塔克上将的消息所提到的是"大多数"密码，而非"所有的"。根据他们的文本分析，海军指挥官认为毁掉密码不能被看作是一种不祥预兆，即日本计划攻击美国基地；相反，日本很有可能是采取谨慎的惯例做法，以防他们在英国或美国的大使和领事被抓，作为对他们侵略泰国和马来亚的报复。在会议结束时，这些官员们确定他们的阐述是正确的，因此没有必要与华盛顿商量以确定他们是否理解了华盛顿所要表达的信息。两天后，当收到情报说，在驻夏威夷的日本领事烧毁文件时，基梅尔顾问团中的成员对于夏威夷所面临的威胁仍然毫不担心，相信这只是一次惯例性的预警行为，日本之前也这样做过。在回顾偷袭发生十天之前让人失望地忽略战争警报的记录时，沃尔斯泰特这样说道，"大家一再的反应是，11月27日之后与日本爆发战争是不可避免的，但是却不会在珍珠港爆发"（Wohlstetter, 1962: 46）。[3]

与基梅尔心心相印的顾问团[①]

在得到了各种各样的警告信息后，夏威夷的海军司令部通过正式会议和非正式谈话的大量讨论后做出决定。基梅尔上将通常在被他认为是"高级顾问"的海军官员小组中做出这些决定。这个小组包括基梅尔团队的四位重要人士——威廉·W. 史密斯（William W. Smith）海军上校、沃尔特·德莱尼（Walter Delany）上校、查尔斯·H. 麦克莫里斯（Charles H. McMorris）上校和阿瑟·C. 戴维斯（Arthur C. Davis）上校，他们常常一同吃饭，几乎每天都要商议问题。出席全体会议和私下会议的还有奥马

---

① 这部分关于基梅尔顾问的信息大部分来自 *Hearings*, 1946: Part 6, 2608 - 2609, 2896 - 2900; Part 26, 41 - 45, 397 - 398; Part 7, 3361; Part 8, 3353。

尔·T. 法伊弗（Omar T. Pfeiffer）海军上校、陆军中尉指挥官埃德温·T. 莱顿海军上校以及其他上将的成员。此外，当舰队完成海上作业返回珍珠港时，基梅尔邀请了舰队上的一批指挥官参加了司令部的会议——包括沃尔特·S. 安德森（Walter S. Anderson）海军中将、威尔逊·布朗（Wilson Brown）海军中将、威廉·L. 卡尔霍恩（William L. Calhoun）海军中将、威廉·F. 哈尔西（William F. Halsey）海军中将、赫伯特·F. 利里海军中将、威廉·S. 派伊（William S. Pye）海军中将、米罗·德拉梅尔（Rear Admiral Milo Draemel）海军少将和其他一些人。参加这些重要会议的还有克劳德·C. 布洛赫（Claude C. Bloch）海军上将（包括了夏威夷的所有岛屿的第十四海军区指挥官），有的时候还有布洛赫的参谋长约翰·厄尔上校。在国会就珍珠港被偷袭举行的听证会上，一位博学多闻的调查员认为，基梅尔的顾问团是一个"在一个人领导下同时集结了所有最杰出的军事顾问的小组"（*Hearings*，1946：Part 6：2899）。

有很充分的证据表明基梅尔的顾问组成了一个内聚的团体，但是对他们的领导人十分忠诚。在海军集团的成员中面对面的接触并不限于事务性的会议。所有人都是火奴鲁鲁海军基地的一部分，无论是事前还是事后，他们都会经常在一起消磨时光。例如海军上将基梅尔就经常在晚上去海军上将布洛赫家拜访，谈论新的发展并且获得建议。当他在社交聚会或者高尔夫课程中看到他的顾问团成员时，基梅尔常常寓事于乐，他有的时候甚至会和他们谈论私人的问题。当拜访他的隔壁邻居厄尔上校及其夫人时，他有的时候会提及他对妻子的思念，以及他不让她跟随身边的原因。

基梅尔海军上将是一个勤劳的人，他对部下要求很高，但是与他们维持着朋友关系，他的顾问们都很尊重他，都认为他是一个很好的指挥官。基梅尔的参谋长史密斯上校感到他和基梅尔的友情非常好，甚至劝说基梅尔把他的妻子从美国大陆带到火奴鲁鲁。其他很多官员也曾这样劝他。不过基梅尔解释说他感觉如果他自己一个人似乎可以更好地完成工作。然而，史密斯成功地劝说基梅尔减少娱乐的时间，让派伊中将偶尔给他上高尔夫课，教他打球。（Brownlow，1968：91，124 - 126；*Hearings*，1946：Part 6，2899）

第四章 回首珍珠港：堡垒何以沉睡？

海军上将赫斯本德·E. 基梅尔（1941年时任太平洋舰队的总指挥官）与他的两个"高级顾问"——海军上校沃尔特·德莱尼（左）和威廉·W. 史密斯（右）会谈。

下属的官员经常能与基梅尔进行很随便的谈话，但都还是很尊敬他。舰队执行官古德（Good）上将这样回忆他的主管："要求很高，但是却善解人意。"（Brownlow，1968：78）舰队陆战队官员法伊弗认为，在上将对他严厉惩罚又给他提供一些很需要的帮助后，他俨然已经成为热情的"基梅尔精英"。"从那个时候起，"法伊弗说，"我都想加倍为他工作……这引发了我的忠诚，没有什么事情可以动摇，从那天起也从未受到动摇。"（Brownlow，1968：94）

对于成员的忠诚感到很放心的领导人，不仅在成员需要的时候给他们提供自信，而且在表达自己的疑虑和沮丧的时候也相对随意，也能从成员那里获得自信。有证据表明，有的时候基梅尔处于一种相互回应的类型中。例如，在1941年12月6日下午，基梅尔对他的手下表达了他对于舰队安全的担忧。在这个特定的时候，日本可能准备发动大规模攻击的令人不安的信号加剧了他的担心。其中一名成员迅速安慰了上将,"在他们过多地关注亚洲的行动时,日本不可能有力量接近珍珠港"(Brownlow, 1968:127)。另一位告诉他,不需要再做些什么。"我们最终决定,"基梅尔回忆,"我们目前所做(已经)很好了,我们将会继续坚持下去。"(Brownlow, 1968:127)所以,在偷袭发生前一天最后的会议上,海军上将基梅尔错失了改正舰队中毫无准备的错误的最后机会。在听取了他的部下所阐述的关于舰队安全的意见后,他忽略了自己一闪而过的疑虑。在那个星期六下午结束的时候,基梅尔"放下了他的焦虑"(Brownlow, 1968:127),并且参加了利里上将的晚宴。

第二天,伴随着珍珠港所受到的大规模的损害以及对于他没有能够保护舰队的沮丧,基梅尔上将公开对其部下表达了个人的情绪。他告诉其中的两个人,如果华盛顿开除他的职务会比较合适。然而,根据基梅尔自己的描述,"他们立刻表示抗议,并且说这样的事情不会发生"(Brownlow, 1968:139)。正如在偷袭发生前一天他们向基梅尔保证的那样,他们在这个时候的保证很快证明是不可靠的。在那之后不久,当基梅尔被降级并且解除指挥职务的时候,海军集团的成员来到他的家门前,试图使"老"基梅尔振作起来。(Brownlow, 1968:140-141)他的大多数主要顾问在很长时间内都保持了对他的忠诚,捍卫以及赞扬他的决策,在接下来几年的问询会过程中,承认他们自己的建议误导了他。[4]

嘈杂的警报信号和愿景思维

华盛顿的一些海军指挥官直接把没有准备的责任怪罪到基梅尔上将和他的参谋们身上。华盛顿海军战争计划的主管特纳(Turner)海军上将,对海军质询法庭说,只需要阅读报纸就可以让基梅尔采取措施准备好应对12月7日的突袭。基梅尔上将反驳说,在12月的第一周,火奴鲁鲁的报纸继续报道美国和日本谈判的新闻,从华盛顿传来的消息没有特别提及夏威夷会成为突袭的可能目标。由于这些消息缺乏清晰性,基梅尔认为,来自华盛顿的信息没有支持他和他的参谋根据有限的情报所做出的合理推

第四章 回首珍珠港：堡垒何以沉睡？

论。他的辩护被认为是不可接受的。他在军事法庭受到谴责，被降职，再也不能做出任何重要的决策。

在回顾了所有的相关证据之后，罗伯塔·沃尔斯泰特认为，虽然看上去令人难以置信，与华盛顿的海军指挥官对他的控诉相比，基梅尔的辩护更加接近事实。事实上，从11月27日开始，基梅尔及其顾问就不再认为即将与日本发生战争。他们集中精力训练人员，以准备装备应对太平洋地区长期而艰难的战争。然而，他们仍然保持了一种自鸣得意的观点，那就是"战争将会发生在别处，而不是这里"。虽然有着很多警报信号，但都没有干扰这种毫无依据的乐观。因为每一条信号在具体的位置和策略上都含糊其词，都可以被解读为珍珠港不会成为一个攻击目标。

沃尔斯泰特的主要观点是，重要的军事警报信号中有很多相互矛盾和不相关的信息。他称这种背景为"噪声"，常常会让人疑惑，并且有时指向错误的方向，提供模糊的消息和导致危险的信号。日本改变其舰艇的呼叫信号，用烟幕和假消息，甚至给他们自己外交官消息，让他们不能了解到偷袭珍珠港的秘密计划。（Brownlow，1968：29-130；Whaley，1969：A-260）这增加了另一种噪声，导致官员接受警告消息时变得非常模糊，直到星期天上午，正如侦探故事的结局，敌人采取的超出预料的行动突然表明了日本对自己的航空母舰实行突显的灯火管制、烧毁日本领事的密码本以及所有的其他线索和紧急信号的全部意义。据沃尔斯泰特所言：

> 珍珠港事件的历史目前存在更多的意义，任何一个孤立的灾难都是缺乏警觉性、或者是愚蠢、或者是背叛的结果，这些都是可怕的。然而，我们发现在这一突发事件背后则是一群诚实、奉献以及英明的人。（Wohlstetter，1962：397）

负有保护珍珠港责任的人是"我们可以找到的最有效率和忠诚的一群人"（Wohlstetter，1962：392）。他们的错误，沃尔斯泰特认为，在于：

> 人类倾向于关注那些支持他们对于敌人行为预期的信号……在1941年，对于每一个获得的信号，都存在着许多不同的解释，这并不

奇怪，我们的观察者和分析家倾向于选择与流行的假设相匹配的解释。(Wohlstetter, 1962: 392 – 393)

和在夏威夷一样，在华盛顿最流行的假设是认为日本偷袭的可能目标是夏威夷以西几千英里处。这反映在华盛顿传递信息的用词和他们传递信息的方式上。进一步来说，美国军队情报的组织和协调能力很弱，包括在华盛顿和夏威夷，这导致了混乱的情况。如果能够给夏威夷的高级海军军官提供更加合适的背景信息，他们就可以决定是否采取警戒——这样做的代价可能是打断正在进行的训练项目，以及更重要的向日本附近的前哨提供人员和装备的任务——他们可能会改变"像往常一样"那样的镇定态度。我们同样必须记住，沃尔斯泰特指出，在1941年夏威夷收到过很多的警告，他们可能会有一种"'狼来了'的感觉"(Wohlstetter, 1962: 56)。

这种模糊性是否很好地解释了为什么海军完全没有准备应对12月7日的空袭？很明显，仅仅用这些杂乱的信息来解释是不完整的。事后沃尔斯泰特补充了一些想法："在这样的条件下，（夏威夷的军事指挥官）没有认真考虑一些不那么合理、不大可能，但是更具有破坏性的不测因素，这是不合理的。"(Wohlstetter, 1962: 55)

问题的关键在这里。仍然令人疑惑的是，除了他们认为是最有可能的解读以外，珍珠港的指挥官们为什么没有考虑到对警告信号进行另一种解读的可能？为什么他们没有意识到他们对于日本的推论很有可能是不确定的，夏威夷受到攻击的威胁至少还是存在的？无论如何，军事领导人应该具有持续的警觉性，并且要有应对小概率突发事件的准备，这些事件如果真的发生的话，可能会影响国家安全，特别是对于军事基地而言，而他们的责任就是负责这个基地的安全。1941年秋，在华盛顿告诉他们之前，所有的海军军官就已经知道，有一天日本很可能"对任何一个方向发动突然袭击"。难道"任何一个方向"在逻辑上不包括针对他们的方向——珍珠港发动的突袭？确实不太可能，但是仍然应该准备好应对这种偶然性。

在他有关"二战"期间美国海军军事史的著作中，塞缪尔·E. 莫里森（Samuel E. Morison）提出，在进行合理准备的同时，不会影响训练的计划。如果海军指挥官对当天上午早些时候在珍珠港外海与日本海军潜艇

第四章 回首珍珠港：堡垒何以沉睡？

的接触（在空袭发生前一个多小时，但是被误读了）以及陆军雷达探测到的日本飞机引起充分警觉，至少可以减少死亡人数，并避免珍珠港受到大规模破坏。同样的，莫里森认为海军指挥官完全排除了空袭的可能性是不可理喻的：

> 即便是为了保持训练不间断，也考虑到华盛顿没能让夏威夷的指挥官掌握他们手中的所有情报，还是不应该忘记这样的事实，即每一个阅读报纸的人都应该知道，珍珠港是美国在太平洋最重要的军事基地，战争即将爆发。它同时也是一个前哨，这里的军官应该随时保持警觉，就像经过自己岗位的哨兵一样。基梅尔海军上将不必僵硬坚持出发和回港的规律，让日本很清楚地掌握有多少战舰星期天上午停泊于港口。当战争随时都有可能爆发时，就不能享有正常（和平时期）周末的休息和自由。远程的空中侦察也许会更好，就像12月7日的严重损失以后所做的那样。（Morison，1950：138）

最终，尽管在警报信号中伴随着很多杂乱的东西，海军集团忽略了珍珠港基地可能成为日本攻击的目标仍然是不合理的。认识到这一点，沃尔斯泰特认为这是"愿景思维"：

> 有很多的证据表明……在充满很多不确定因素的情况下，人们倾向于从他们希望的方向预测事情的发展趋势。在不确定性之下的期待是很自然的，并且仅仅通过劝服——或者期望是很难消除的……
>
> 珍珠港并非唯一的灾难，有很多有效的突袭的例子可以和它类比……
>
> 日本对于英国在新加坡的策略上的成功是令人震惊的，这种成功的可能性来自于英国对自身堡垒的坚不可摧的坚定信念。正如格伦费尔（Grenfell）上校所说，媒体和政客希望他们的堡垒是坚不可摧的。"每一个堡垒，"他写道，"在我一生中逐渐变成新闻——旅顺港、青岛、伟大的法国马其诺防线——在他们被攻破之前，都是被描述为坚不可摧的。"

"愿景思维"指出了心理方面的原因，然而在造成这种心理的环境被完全阐述之前还不能说对其有了足够的解释。仅仅说条件具有不确定性是不够的，因为在面对不确定的危险时，人们并不总会产生"愿景思维"。如果总是如此，在一个正在发生战争的地区士兵们就不会费事对轰炸、地雷和埋伏采取预警措施，人们也就不需要进行医疗检查、办理意外保险，就会卸掉家中安装的火灾防御系统。因此，问题的关键在于明确在什么情况下人们会认真考虑不确定的危险，在什么情况下他们会希望这些危险不存在。

小集团思维的假设能够明确在什么条件下可能会产生集体的愿景思维，并且让我们从沃尔斯泰特分析所停止下来的地方继续下去。通过明确特定的心理学原因，它帮助我们解释为什么在珍珠港会发生非同寻常的缺乏警觉的情况。

共享的自我辩解：为什么不会在这里发生？

当小组成员相互支持以维持一种坚不可摧的幻觉时，我们可以发现小集团思维的第二个症状，这个症状进一步加强了这种幻觉。他们形成了一系列共同的信念，通过自我辩解来证明自己政策决定的正确，因而自鸣得意。这种辩解，通常是在刻板印象以及在政府官僚内部被广泛接受，对敌人的意识形态假设基础上形成的，导致了成员不会对那种重要的信息做出反应，这些信息会让他们对不同的行动步骤的积极和消极方面进行反思。夏威夷的海军集团似乎形成了这样的自我辩解，如果有人严肃地质问他们的话，其中的一些自我辩解很容易被动摇。然而，那种脆弱的自我辩解让成员相信他们的政策是合理的。

到12月7日，海军集团都接受的一个自我辩解是，**日本不敢对夏威夷发动大规模突袭，因为他们意识到这样会引发全面战争，而美国在全面战争中必然会获得胜利**。这完全是不可想象的，"像日本那样的一个小国，会首先对美国那样一个大国发动战争，"沃尔斯泰特写道。（Wohlstetter, 1962：349）六个月前，这种认为日本无力的刻板观点可能得到了华盛顿大多数专家的认可，他们认为日本不太可能向美国宣战。但是到1941年的

第四章 回首珍珠港：堡垒何以沉睡？

7月，华盛顿的许多分析家意识到情况正在发生改变，特别是因为美国实行对日本封锁的法令，削减了日本的石油、棉花以及其他重要原材料的供应。日本不能从其在欧洲的轴心伙伴那里获得这些必需品，因为他们同样受到了英国海军的封锁。很明显，日本已经准备好采取一些大规模的军事抵抗行动改变被封锁的境况。[5]然而夏威夷的海军指挥官们仍然坚持一种幼稚的观念，即日本那样一个小国是不敢对一个大国发动战争的。

当华盛顿对即将来临的战争引起关注时，夏威夷的高层海军军官都认为，**日本将会集中于远东实力最薄弱的目标，一次一个地拿下英国和荷兰；只有在那之后，才有可能间接地挑战美国**。如果海军集团的成员尝试从日本人的视角，而不是根据他们小集团思维对于敌人的看法来观察情况，他们可能会意识到，无论在美国人或者外界看来是多么莽撞的行为，针对美国珍珠港舰队的攻击是日本领导人所考虑的很有可能的选择。一旦清楚地了解日本将要采取与美国发生战争的行动，那种认为日本不敢攻击像珍珠港这样的军事基地的观点就失去了它的效力。

没有人从日本的角度考虑一下，如果日本不对美国发动攻击，对敌人会是什么样的后果——他们就会降级为三流甚至四流的国家，放弃经过数年战斗和牺牲所获得的领土，丧失国家的尊严。海军集团没有从日本军事领导人的观点出发分析过日本的选择，坚持认为日本攻击在珍珠港的太平洋舰队不只是一个小概率事件，而且实际上也完全没有可能。

同样简单化的是，当他们在11月底收到来自华盛顿的警告时海军集团小组所讨论的主要问题。"日本将会攻击哪里？"他们问自己。他们一致认为，这个地方很有可能是马来亚或者泰国。他们共同的错误认知让海军集团的成员不能做出一个更遥远的猜想，日本事实上将会在1941年12月7日做的是——派他们全部的航空母舰去打败美国在珍珠港的舰队，同时用他们剩余的军事力量侵略泰国，紧接着发动登陆马来亚、香港、威克岛、关岛以及菲律宾的空袭。

海军上尉指挥官莱顿是一个海军情报专家，他意识到日本在不止一个地方发动攻击的可能性。但是他的思考似乎也受到了海军集团成员所持有的认为敌人力量是有限的认知的影响。在1941年12月6日，莱顿与海军中将派伊讨论了一些最新的情报信息，确定日本在暹罗湾的军舰位置。

莱顿认为"剩下唯一的问题就是，他们是否让他们的侧翼成为受威胁的软肋，或者击败我们"（*Hearings*, 1946：Part 10, 4859）。这种对美国海军所面临的眼前威胁所发出的重要警告，本应当让两位经验丰富的海军官员在谈话中充分考虑，对所有日本侧翼的美国基地攻击的潜在威胁，也包括珍珠港。但是当莱顿和派伊谈论侧面攻击时，他们接下来的话表明，他们只想到了偏远的地方——菲律宾或者关岛，而非珍珠港。就他们自己的基地而言，和其他海军集团的所有人一样，这两位军官确信，**集中于珍珠港的太平洋舰队对于敌人的空中或者海上攻击都是一个巨大的威慑**。他们认为舰队不可能成为一个攻击的目标。基梅尔的顾问认为，日本不会愚蠢到冒着失去航空母舰和飞机的危险，派它们穿过几千里的海洋来攻击夏威夷。

的确，来自华盛顿的警告重复提及突袭的可能性，这种突袭将会给日本带来极大的优势，然而，"并没有对突袭的意义进行客观的评估；也没有对对于这种突袭会对我们的舰队、空中和地面力量造成什么样的后果进行评估；也没有对人员和设施的可能损害进行估算——甚至没有一个初步的百分比"（Wohlstetter, 1962：69）。海军集团不是认真考虑过突袭的影响，并制定出一个现实可以用作防御计划的备案，而是依赖一种粗略的假设：**即使日本真的愚蠢到派出航空母舰攻击我们，我们同样可以察觉到，并且在短时间之内摧毁他们**。后来，派伊中将认为他和他的同伴们都有一种安全感，认为可以察觉到任何对珍珠港的攻击，他在对此做证的时候说："如果我们有十分钟的预警时间，每一个人都会做好准备（击落敌机），而且我们相信，没有10分钟的预警，他们不可能发动一场攻击。"（*Hearings*, 1946：Part 22, 540）海军军官没有预料到，在没有任何准备的情况下，在突袭前几个小时的警报的重要性——如巡逻兵遇到了敌军的潜艇，雷达探测到不能确认的飞机——可能会被完全忽视或者错误地处理，导致没有预警。

另一个没有进行认真评估的假设是，**停泊在珍珠港浅水区的军舰都不会被敌机发射的鱼雷击沉**。这种一致的想法似乎是建立在确定的事实之上。在1940年，据美国海军所掌握的情况，唯一的空中发射的鱼雷最少需要大约60英尺的水深，然而珍珠港水域的深度只有30到40英尺。（*Hearings*, 1946：Part 33, 1317）既然推论认为日本不可能会对珍珠港发动

第四章 回首珍珠港：堡垒何以沉睡？

突袭，海军集团也就没有考虑到这样的可能性，即如果敌人计划击沉在浅水区停泊的舰队，就可以解决达成这一目标的技术上的难题。海军集团假设，在发射空中鱼雷方面，日本不可能做得比美国更好。如果不如他们的日本在发展武器方面强过美国海军的话，也许这将会打破海军集团对敌人的刻板观点。

事实上，在1941年秋，日本已经设计并成功地实验了一种新型的木质鱼鳍，可以装在常规鱼雷上，这使得他们的飞机可以在浅水区炸沉船只。尽管日本这种秘密的进步还没有被发觉，珍珠港的海军官员仍然收到了可能的警报。在1941年6月，华盛顿的助理海军作战部长罗亚尔·E. 英格索尔（R. E. Ingersoll）海军上将就近期的进展给夏威夷的海军总部写信，说明浅水区的船只很有可能受到鱼雷轰炸。英格索尔上将在他的信件中表明，在海军舰艇停泊时，并不存在可以确保舰船不受空中发射鱼雷威胁的最小的深度。不过他同时指出，深水袭击的可能性更大，收信人只关注了这个肯定的判断。在收到这封信件后，基梅尔说，"所有的职员，布洛赫上将和我认为可以忽略鱼雷的危险"（*Hearings*，1946：Part 6，2952）。我们再一次看到海军集团完全忽略一种令之不舒服的偶然性的趋势，认为这种偶然成为现实的可能性非常低。

总之，夏威夷海军集团的成员在1941年夏天，根据陈旧的意识形态设想进行脆弱的自我辩解，在此基础上更加坚信珍珠港不会受到攻击。这种自我辩解主要是基于以下几个事实：（1）在袭击世界上最强大的国家的领土之前，日本首先会调动军事力量袭击脆弱的目标，例如英国和荷兰的领土。（2）从美国太平洋舰队的能力和效力看来，把日本航空母舰派到距珍珠港足够近的位置发起攻击，风险太大，因此日本不会这样做；在珍珠港的美国舰队是一种威慑，而非目标。（3）如果日本愚蠢到派出航空母舰，美国肯定会察觉并且在短时间之内摧毁它们；即使不是来自雷达的10分钟的警告，实践上所有的飞机都将会被击落。（4）停泊在珍珠港的战舰不会被飞机击沉，因为水域对于鱼雷来说太浅了。鉴于所有这些乐观的情况，很明显，没有必要浪费时间和设施部署广泛的侦察任务。同样，虽然与日本的战争随时可能爆发，但是也没有必要不让官员和舰队队员到港口享受平常的周末。

这些信念和假设形成一种典型的小集团思维症状的集合。在团队内部产生一种一致认为日本能力不足的感觉，让这些认真的海军官员确信，在集中精力和资源对新入伍的军人进行军事训练以及做出长期准备以应对未来可能在亚洲爆发的战争之后，他们做了正确的事情。这个团队规范的一个推论是，他们应该避免被这种持续的战争警报转移主要的任务。他们告诉彼此如果太过严肃地看待这些警报，会让他们采取花费极大、毫无意义的保护措施去应对那种根本不存在的危险。

一个传递规范并不有趣的笑话

最能说明形成规范的行为是指挥官基梅尔上将和莱顿上校的一个简短的交流，这些行为被认为是导致基梅尔内团体对舰队的安全产生自满情绪的原因。因为与日本航空母舰失去无线电联系而感到困惑，基梅尔上将1941年12月1日要求莱顿与远东司令部就进一步的信息进行确认。第二天，当上将再一次同莱顿讨论与日本航空母舰失去联系一事的时候，他开玩笑地说："什么，你不知道航空母舰在哪里？你是说它们可能包围（在火奴鲁鲁的）戴蒙德角而你不会察觉吗？"（*Hearings*，1946：Part 36，128）莱顿回答说，他希望在这之前就可以发现它们。

正如沃尔斯泰特所指出的，这种交流表明了一种"亲切而安全的氛围"（Wohlstetter，1962：42）。事实上，两人之间谈话的言外之意是："根据规则，我们应该认真检查失踪的日本航空母舰是否在向珍珠港这里开来，但是，显然我们不需要为此而担心。"当它们事实上正在向夏威夷开进时，上将所说的日本航空母舰靠近珍珠港的这个并不有趣的笑话，让我们想起狮子俱乐部的那次会议上的玩笑——就在灾难发生的几天之前，对于城市的工程师警告说城市将会塌陷，一个人开玩笑地背了一个降落伞来进行回应。一起嘲笑危险的信号是小集团思维的典型表现。

上将把日本对夏威夷的威胁轻描淡写地当作一个笑料，清楚地表示，他会嘲笑任何不这样想的人，尽管他是间接表达的。这条线索也许不会限制像莱顿这样认真的情报人员表达他的意见，如果他认为这些证据清楚地

第四章　回首珍珠港：堡垒何以沉睡？

表明，的确存在巨大的威胁。["我那时并不认为，日本的航空母舰会在关闭雷达的情况下靠近瓦胡岛，我多希望我当时不是这样想的。"（*Hearings*, 1946：Part 10，4840）在国会听证会上莱顿沮丧地承认。]然而，上将的那个愚蠢的笑话也许会导致莱顿对任何含糊不清、持续的怀疑保持沉默。当然他自己也并没有严肃地看待这些问题。如果其中一个人再考虑一下，提出，"尽管如此，严肃来说，我们难道不应该对这种微弱的可能性采取一些措施吗？那些航空母舰可能**真的**是朝这个方向开来的"，也许事情就不是这样了。但是两个人都不再愿意被另一个人轻蔑地嘲笑（不管是当面还是背后表达），尤其是在提到那个笑话以后。因为他们从未做出这种不祥的推论，没有派出一架侦察机到夏威夷岛屿的北部查看，这让日本赢得了这场巨大的赌博：在他们派出航空母舰到达了珍珠港的轰炸距离之内时，始终没有被察觉。

　　基梅尔和莱顿之间谈话所开的玩笑仅仅是他们认为珍珠港坚不可摧这个信念的冰山一角。如果在海军集团内部有热心准备防御的人，在受到这些不断累积的警报信号的鼓励后，他们可能会融化冰山；然而他们一开始肯定会遭到冷遇。敦促全面戒备需要提出不受欢迎的证据，挑战珍珠港坚不可摧的迷思。任何试图这样做的人都知道，这样他就会偏离团队规范：即使不被认为"疯了"，也可能会被认为是傻瓜，正如在灾难前夜的晚宴上，当哈尔西夫人表达了她离经叛道的观点，认为日本可能会发动攻击时，团队内部的成员看待她的那样。

　　在受到攻击前的一周，对于基梅尔的顾问而言，很难对团队的其他成员表达他们的担忧和疑虑。质疑那种坚不可摧的迷思，背离那种统一的共识，这不仅仅是要冒着被嘲笑的危险。更大的风险是，当质疑这种团队先前决策的智慧时，将会受到来自同僚的蔑视。对于海军集团的成员来说，在最后的警报信号中变得惊恐，并且质疑部分警戒是否足够时，就意味着他在断言集团一直都在做出错误的判断。至少，这也表明他不相信集团有能力实现其使命——为夏威夷提供安全，保护太平洋舰队、珍珠港的海军基地和当地居民。作为集团的领导，基梅尔享有足够的"非凡信任"，能够在12月6日下午最后一分钟表达他的本能反应，但是他很快想到了集团为保持一致而进行的自我辩解，将自己短暂的不安放在一边。

在这种全体一致的氛围中,没有清晰的预兆表明日本正在计划一次对珍珠港的偷袭,即使是最认真的军事顾问,宁愿冒概率很小的遭受敌人攻击的危险,也不愿意冒天下之大不韪,对团队近期坚持一如往常的工作方式和周末休息政策的正确性提出挑战。正是在这样的环境下,违反团队规范的质疑受到了极大的抑制,导致明智的人不再明智,缺乏警觉性,避免思考与小集团假设不一致的事实场景。结果是形成一种共同的心理设定,包括对信息处理的极大的扭曲,这是小集团思维症状的核心组成部分。从不断表现出来的偏见中可以推断出这种心理学的思维方式,这种偏见反对接受任何可能挑战小组倾向性的行动路线的新信息。

有海军军官不接受坚不可摧的迷思

很明显,那些没有处于海军组织高层的海军官员,并没有普遍接受日本不敢攻击停泊在珍珠港的太平洋舰队这一假定。我们是从一些证据中得出这种推论的。12月7日,在被击中的不同战舰上的底层官员中广泛存在着对于空袭可能性的不同程度的担心。根据莫里森的"二战"美国海军作战历史,在珍珠港的所有军舰中准备最差的是加利福尼亚号,它是派伊中将的旗舰,而派伊是太平洋舰队作战部队的指挥官,同时也是基梅尔内部集团的成员。(派伊和加利福尼亚号的舰长邦克利都属于在攻击前夜的晚宴上不接受哈尔西夫人悲观预测的人。)和其他的军舰不一样,在那个决定性的星期天上午,这艘军舰有超过10分钟的时间去准备,因为它是最后一个被日本鱼雷击中的。但是甲板上的军官却不知道如何去做,针对这样的紧急情况曾经受过训练知道如何应对这种情况的官兵都像和平年代一样,在周末离开基地到海边度假去了。当被日本飞机扔下的两个鱼雷炸沉时,这艘军舰仍然处于一种"放松的"状态。莫里森认为,这艘军舰的伤亡人数以及遭受损失的总量,远比军舰如果做了合适的准备要大得多。

相反的,西弗吉尼亚号承受了来自敌军更多的攻击,"因为舰员得到杰出的训练,并采取迅速的警戒",伤亡和损失却相对更少。(Morison,1950:107)莫里森认为,这艘军舰的果断反应,是由于一组训练良好的

97

第四章　回首珍珠港：堡垒何以沉睡？

年轻军官，在 12 月 7 日之前严肃地讨论了舰队受到空袭的可能性，并且制定了一系列预备性的控制措施。当第一颗炸弹击中福特岛附近的飞机库时，西弗吉尼亚号上的一位低级军官对全舰发出警报；在船上的其他人迅速采取他们已经准备好的防空控制措施。当军舰沉没时，军官和船员们避免他们被鱼雷击中的舰艇翻船，并用高程炮火对抗多次俯冲轰炸的敌机。

在西弗吉尼亚号上负责提前做好准备的军官没有一个是基梅尔上将领导的高层海军官员。与海军集团的上级官员不同，很明显他们并没有接受那种迷思：珍珠港的舰队可以避免受到攻击。我们不知道，在派伊中将毫无准备的主舰中，有多少海军官员私下里和西弗吉尼亚号的官员一样，持有相同的警觉态度但是却不能对此说或者做什么。同样的，我们也不知道，在海军指挥部的高层，有多少人对于这种主导的迷思有过质疑和忧虑。所有我们知道的是，没有一个高层海军官员质疑过舰队对于空袭毫无准备，或者像西弗吉尼亚号的年轻军官所做的那样，决定在他们的军舰中采取特别的预警措施。

在轻视对珍珠港的威胁时，基梅尔的顾问小组并不是唯一的。他们的观点得到了来自夏威夷的陆军指挥部军事同僚以及华盛顿的海军总部的支持。

1941 年 12 月 7 日，在日本攻击珍珠港的美国舰队后，倾覆和燃烧的军舰

陆军加强了海军的乐观

毫无疑问，海军军官们自鸣得意的观点在与当地陆军高官就联合军事抵抗问题举行官方讨论以及在办公俱乐部或者高尔夫球场的乐观聊天过程中得到加强。这种乐观的一个表现是陆军中校比克内尔（Bicknell）。他是夏威夷的陆军参谋长，常常与海军集团的成员进行讨论。比克内尔一次又一次肯定地表达了日本不敢直接侵略美国的信念。他的观点和陆军夏威夷分部的部长沃尔特·肖特（Walter Short）将军及其参谋的观点是一致的。

与在华盛顿的陆军与海军相互竞争的状况有所不同，在夏威夷的高层陆军官员尊重他们的海军同僚，并且把他们看作是深谋远虑、富有效率和未雨绸缪的楷模。陆军官员有一种信念，就是珍珠港的海军足以为夏威夷岛屿提供完全的保护。（Wohlstetter，1962：27）后来肖特将军证实了他所相信的："海军和它的特权部队足够强大，对敌人的任何军事集结都是一个威胁，除非整个日本舰队都集中起来……它对于日本是一个决定性的威慑，使其不敢将任何特遣部队派到这个地区。"（*Hearings*，1946：Part 28，972）

存在于陆军领导人之中的这种客气而尊敬的观点也许在谈话时传递给了海军上将们，即使这种传递不是直接的。事实上他们从没有就珍珠港是否已经准备好应对一场空袭问过任何一个简单的问题。当人们处于经常联系的状态中时，没有明说的话和说出来的话具有同样的说服力。与当时流行的谣言相反，基梅尔上将和肖特将军经常磋商，并且在高尔夫球场和其他地方经常见面。[6]事实上，在1941年12月7日，他们仍然有一个高尔夫约定，虽然已经无法遵守。

华盛顿进一步加强这种自信

对于海军集团的幻觉和自我辩解的强烈支持源于华盛顿一个意想不到

第四章　回首珍珠港：堡垒何以沉睡？

的部门。斯塔克上将是海军作战部部长和总统战争委员会的成员，他个人认为针对珍珠港的全面袭击的危险非常小。他在之前写给基梅尔上将的正式命令和非正式的信中，常常加入他自己对于珍珠港相对安全状态的个人信念。他们比战争委员会中的其他成员更加乐观。（Wohlstetter，1962：146-147，255-256）

1941年，华盛顿的主流观点并不赞同夏威夷的海军军官们所认为的在珍珠港发生空袭的可能性为零的观点。战争委员会的成员和五角大楼的军事专家认为，珍珠港受到攻击的可能性很低，因为敌人可能会在任何一个方向向美国的军事基地发动攻击。他们认为，他们已经警告过夏威夷危险的可能性，特别是在11月底当他们同意发出战争警告的信号时。尽管如此，这种小概率的估计影响了他们与夏威夷沟通过程中的表达，没有打扰斯塔克上将持续传递他自己对于海军的乐观情绪。

在斯塔克的正式警告信息中，没有一条足够严厉或者清楚地表明夏威夷所面临的危险，挑战当地官员对于夏威夷不会受到攻击的设想。此外，在写给基梅尔上将的个人信件中，斯塔克上将采取了一些迅速抵消重要信息的行动，导致模糊警报信号的噪声出现。这些信件用一种友善而秘密的口气解释说，情况并不是像在此前正式通信中所说的那么坏。基梅尔同样将这些信件给他的顾问阅读，并且在集团会议中常常讨论其中包含的观点。

与基梅尔上将和他手下的一些官员们有着亲密的个人和职业关系的斯塔克上将，似乎充当了思想保镖的角色。通过散布这些乐观的消息而不告诉他们正式的警告信号，他让夏威夷的海军集团不去思考与战争委员会的交流中所传递的让人忧虑的信息。[7]

假如战争委员会促成对夏威夷的突袭进行准备的清晰信号，也许会削弱斯塔克个人信件的影响，可能会成功地改变海军集团对前景的看法。但是战争委员会从未授权发出任何这样的策略性的警告。11月24日和11月27日接收到官方战争信号的人员，对于和他们相对平和的设想一致的语言十分敏感，注意到里面列出来的很多日本可能攻击的目标——菲律宾、关岛、泰国和婆罗洲，但是却没有提及夏威夷。他们对这一遗漏非常在意。在某种程度上，他们注意到这一点是对的，因为这确实反映了战争委员会小概率的估计。但是海军军官对于这条线索进行了过度的阐释。他们相信，这意味着政府领导人同意他们的设想，日本根本不可能攻击珍珠港，所需要考虑的唯一的威胁也是极小的——当地日本间谍制造一些破坏活动，或者是一艘潜艇偷偷越过夏威夷周边的防御水域，两者都是现有的常规军事程序可以应对的。事实上，当总部的官员们说威胁的可能性不高时，当地的小集团思维就会把这条信息解读为"可以忽略的可能性——不用去管它"。

罗斯福顾问的神安气定

官方警告中虚弱的措辞——他们通常使用一些模糊的短语，例如"可能有敌意的行为"，没有把珍珠港列在可能受到日本攻击的名单上——准确反映出战争委员会的成员在夏威夷问题上缺乏警觉性。1941年5月，时任参谋长的马歇尔将军告诉罗斯福总统说："由于它的防御工事、守备部队，以及地理特性，瓦胡岛被认为是世界上最坚固的堡垒。"（Wohlstetter, 1962：69）1941年9月，马歇尔将军曾经在给总统的备忘录中提到，夏威夷不需要加强地面军队部署，因为"舰队的存在减少了大型攻击的威胁"（Wohlstetter, 1962：69）。在珍珠港被偷袭的几个月之前，马歇尔将军对于夏威夷的冷漠态度似乎和斯塔克上将是一样的。在总统战争委员会中的这两个领导成员领导美国军事力量，很显然帮助维持了在罗斯福的文官顾问中的平静心态。

战争委员会由罗斯福总统主持，包括马歇尔将军、斯塔克上将、国务卿科德尔·赫尔（Cordell Hull）、战争部长亨利·L. 史汀生（Henry L. Stimson）、海军部长弗兰克·诺克斯（Frank Knox）以及总统顾问哈里·霍普金斯（Harry Hopkins）。这个委员会的共识是，日本会在攻击英国和荷兰之前攻击美国领土的可能性是极小的。所有的成员都相信夏威夷是美国在太平洋的所有领土中最坚不可摧的。然而，他们决定，出于安全考虑，还是应该做出适当的准备以应对突袭。因为思想上认为这样的威胁是遥远的，他们命令作战部通知夏威夷的军事指挥官，注意到"在任何方向的突

第四章 回首珍珠港：堡垒何以沉睡？

然侵略行动"。但是，正如历史学家赫伯特·费斯所描述的，一直到了1941年11月，当他们发出"没有能够起到保护作用的战争警告"（Feis，1962：324）时，决策者并没有考虑到由于缺乏准备可能造成的战争灾难。

很明显，战争委员会的成员对夏威夷所面临的威胁有点沾沾自喜，尽管他们从未像在夏威夷的海军那样走极端，彻底否认威胁的存在。也许战争委员会本身也受到可能是轻微的小集团思维症状的影响。根据费斯所说，这个团队一再忽略来自格鲁（Grew）大使根据自己在东京的观察岗位所发出的警告，没有警惕对美国海军或陆军基地的突然袭击。例如，1941年11月3日，格鲁大使从东京向华盛顿传递了一个强烈的警告，预测如果和解失败了，那么日本将会发动一场"全面的、孤注一掷的进攻，实际上会冒着让日本国家彻底毁灭的危险，使日本不再受到外界经济贸易禁令的影响，而不是向外界的压力屈服"（Buchanan，1964：48）。这样的行动，他警告说，也许会伴随着"极危险和巨大的突然性"。如果战争委员会的成员以及他们的参谋能够认真地考虑这些警告，他们也许就不会完全错失已经被华盛顿解密的日本信息中的不祥含义。[8] 他们同样会发出一些信号确保夏威夷的海军和陆军指挥官收到完整的警告，而不是继续传递一些模糊的消息，告诉夏威夷的海军和陆军，可能会有一场与日本的战争，也许很快发生，应该需要做出防范。

在攻击珍珠港的一周前，战争委员会的成员比以前更加担心日本会采取的行动，然而，这种关切唯一的来源是日本军队开向泰国的行动。用他们自己的话说，在等到日本的下一次"恶行"之前，战争委员会的成员仍然相信日本首先攻击的目标是英国和荷兰，而非美国。（Wohlstetter，1962：277）直到12月7日，他们的担心是，当对于美国安全的威胁还很遥远时，面对孤立主义主导的美国公众，如何证明美国干涉的正义性。

11月27日，在授权进行战争警报后，战争委员会的成员明显变得更不紧张了；大多数人重新找到了平静，并且计划在即将到来的周末休息。在第二天的另一个会议上，其中一个成员开始提出警告信息，然而其他人都忽略了他。在会议开始之初，国务卿赫尔说，在他看来，日本可能会对不同的地方同时发起攻击。然而，并没有对这一观点继续讨论下去。无论是总统或是其他人都没有要求赫尔进一步阐述他的观点。如果有人曾经这样做过，那么讨论会很好地重新评估美国要塞所面临的危险。相反，小组讨论仍然集中于陈旧的过于简单的问题，这些问题，是在夏威夷的海军机关一直关注的："日本是否将要攻击英国或者荷兰在远东的领土？"根据战争部长史汀生在会议上的记录，达成的共识是，日本的远征军事力量将会"绕开印度支那的南端，并且离开暹罗湾的陆地，或者在曼谷，或者在更远的西边，集结三股力量发动对英属新加坡、荷兰或者我们在菲律宾的力量发起进攻。决不允许日本这样做，这是每个人都有的共识"（Hearings，1946：Part 11，5435f）。直到会议结束，他们没有考虑可能性很小的威胁，例如日本会攻击美国在太平洋的岛屿。

在很大程度上，海军部长诺克斯在他平静的心态最终被斯塔克上将关于珍珠港被袭击的第一条简短的新闻所打破时的反应，很典型地表现了战争委员会的成员对一场针对珍珠港舰队的攻击没有任何准备的程度。诺克斯说道："上帝，这不可能是真的，这一定是菲律宾。"（Toland，1961：34）

关联小组的集体小集团思维

当受小集团思维的倾向主导时，一个行政团体的成员就会相互隐瞒个人怀疑的信息。他们尽力避免说任何可能破坏外表全体一致的东西，这种全体一致的平静外表可以让成员对他们所做出的政策感到自信，并且认为一定会成功。当相互关联的团队互相纵容对方的小集团思维时，一种相似的隐瞒不受欢迎的信息的情况也许会发生。对防御珍珠港承担责任的三个主要的集团——在夏威夷的海军和陆军集团，以及华盛顿的战争委员会，在它们身上似乎也发生了这种情况。所有的三个小组都认为停泊在珍珠港的美国舰队是安全的。

在他们给彼此的信息中，三个关联的小组常常通过他们没有说出来的话，相互加强了对方对警觉性的缺乏。他们并没有就夏威夷需要做出特别的准备以应对可能的突然袭击方面交换看法。在夏威夷的海军集团从没有让陆军集团激活它的雷达站或者防空武器，让当地的陆军将领坚持他们的信念，即仅仅是舰队的存在就可以防御除了破坏之外任何有敌意的行动。

第四章　回首珍珠港：堡垒何以沉睡？

反过来，陆军集团同样忽略了与海军集团的交流，除了训练的目的之外，雷达站和防空装置几乎是不运行的。在华盛顿的战争委员会并没有询问在夏威夷做出了何种形式的警戒，并且海军集团也没有告诉华盛顿的任何人，他们在收到不管是任何战争警告之后没有采取任何行动的决定。当战争委员会的军方成员收到来自夏威夷的陆军指挥部的相关信息，说只建立了抗破坏的警报时，他们并没有注意到。自始至终，即使战争委员会的成员对于准备应对攻击的必要性持有一定的肯定观点，他们对于夏威夷的警告信息也没有提及珍珠港受到的威胁。因此，这三个集团帮助彼此维持了一种自满的情绪，最终成为美国令人震惊的没有在珍珠港进行防御这一事实的基础。

第五章 越南战争的升级：如何发生的？[1]

所有的观察家都同意，在越南战争期间，存在一个稳定的政策顾问团队与约翰逊（Johnson）总统定期会晤，讨论如何进行下一步的行动。目前已经有一部分证据表明，从1964年到1967年，这个顾问小组是如何以及为何不断地推动战争的升级的。尽管美国政府内部的情报专家、联合国领导人、美国的盟友们以及美国公众有影响力的部门都对此提出了强烈的警告，顾问团队还是做出了升级战争的决定。约翰逊顾问团队的成员们愿意花费很大的代价实现在越南的经济和政治目标，显然一直以来他们都忽略了，不断增加的信号表明他们升级战争的决定将会给美国内部带来破坏性的政治影响，这种影响甚至会威胁下一次总统选举。根据五角大楼的文件，当时的集团会议和个人声明的记录表明，似乎存在粗略的错误估计以及小集团思维的症状。现存的证据是远不完整的，因此只能暂时得出这样的结论。然而，回答核心的问题是非常有意义的，可以发现在这次众所周知的构想拙劣的决策过程中，是否存在着小集团思维的假设。[2]

需要解释什么？

对于主要的对外政策，不仅仅是为了做一个心理学分析的练习，研究集团动力对美国的越南政策的影响，这有助于我们理解，严肃的政治家怎么会忽略来自众多有名望的美国人对他们采取军事行动的不道德性和严重的政治后果所提出的发人深省的忠告。也许更重要的是，对于约翰逊核心圈子中共享幻觉的分析，为我们提供了另一个视角，解释这些人如何能够依然内心坦然。正如少数支持约翰逊政府基本越南政策的美国政治学教授

第五章 越南战争的升级：如何发生的？

中的伊锡尔·普尔（Ithiel Pool）所指出的："很难去理解，如此聪明的人怎么会相信空军轰炸、骚扰、禁止武力、毁灭以及使人民流离失所是赢得人心的有效方式。换言之，有道德的人怎么会相信这些方法对于我们需要保护的人是适当的手段。"（Poor，1971：Introduction，2）毕竟，约翰逊政府的政策制定者是真诚地相信民主的人，以自己博爱的观点为荣。他们如何证明他们授权"开展搜索和毁灭"的任务、确定自由开火区，以及"为了摧毁敌军的庇护所采取的任何暴力的方式"是合理的？所有的这些正是美军在对抗越南村民时所制造的美莱（Mylai）村屠杀事件以及其他一些暴力行为的基础和背景。

对约翰逊政府的越南战争决策最全面的分析是国防部的研究，即著名的《五角大楼文件》。1971 年，由美国政府解密并出版了 12 卷，之后《纽约时报》以及其他报纸将某些重要部分公布出来。进行这项秘密研究的历史学家和政治分析家用虽然有限但十分清楚的语言，一次次地让人们关注定期与约翰逊总统开会的政策制定者们糟糕的决策过程。他们特别强调了团队没有能够对所有的行动路线进行全面审查，并且对于根据 1964 年和 1965 年提出考虑的军事建议的优劣势的评价是肤浅的。例如，根据国防部的分析，在 1964 年 9 月 7 日的一次重要的战略会晤中，"只考虑了很小的一部分的建议"（Department of Defense，1971：Book 4，iv）。尼尔·希恩（Neil Sheehan）在《纽约时报》所发布的五角大楼的文件中补充道："研究表明，总统以及他最信任的顾问没有根据情报部门分析的思路重新考虑他们的政策。"（Sheehan et al.，1971：332）这份分析是 1964 年年底，由来自政府中三个主要情报机构的专家共同准备的。根据这些分析，轰炸北越不太可能摧毁河内的意志。（Sheehan et al.，1971：330 - 332）1965 年 2 月 13 日，约翰逊政府做出了重要的决定，对北越发动此前计划好的空袭。国防部研究表明，这一决定"似乎**既是由于没有别的选择，也是因为对他们表面上有说服力的逻辑**"（Sheehan et al.，1971：334，黑体着重号为本书作者所加）。

在离开政府之后，约翰逊内部集团中一个善于表达的成员比尔·莫耶斯（Bill Moyers）承认："我们似乎在（政策制定）过程中的每一步都只考虑了每一种选择的短期结果，而非考虑其长期影响。当中只有很少的例

外。随着一次次短期的成功，我们在这一进程中成为在困境中越陷越深的囚徒。"（Janeway，1968：31）

谁成为了囚徒？为什么他们无法逃离这种困境？

约翰逊总统的核心圈子

约翰逊政府的主要越南政策是由一个政府官员所组成的小核心圈子所做出的，其中的大部分在其职位上工作了很多年，后来一个个被替换。除了总统之外，内部集团包括了白宫特别事务助理麦乔治·邦迪，之后被沃尔特·罗斯托（Walt Rostow）取代；国防部长罗伯特·麦克纳马拉，在约翰逊政府的最后一年被克拉克·克利福德（Clark Clifford）所取代；国务卿迪恩·腊斯克，成功地留在约翰逊顾问小组中，从糟糕的开始到糟糕的结束。长期以来，新闻秘书比尔·莫耶斯和副国务卿乔治·鲍尔（George Ball）同样也参与会议。这个小集团从1964年起还包括参谋长联席会议主席厄尔·惠勒（Earl Wheeler）将军。中央情报局主任理查德·赫尔姆斯（Richard Helms）也于1966年加入。

约翰逊总统向该顾问团队咨询所有有关越南战争的政策决定。尽管大多数核心圈子中的个别成员在约翰逊政府结束之前有所改变，"团队的工作却具有极大的连续性，因为每一次只增加一个新的成员，并且这种增加并不频繁"（Graff，1970：3）。成员们有时称呼自己为"周二午餐小组"，其他人则称之为"周二内阁"。在他们周二中午的会议上，成员们仔细讨论在越南战争中将要采取的下一步措施，并且常常仅解决军事问题，例如下一个在北越所要轰炸的目标。

在讨论小集团思维的症状之前，我们必须考虑到，约翰逊的核心圈子是否是一个被相互间的友谊和忠诚所凝聚起来的团结的团体，这是小集团思维症状出现的核心前提条件。一些记者把林登·B.约翰逊看作一个富有侵略性而不敏感的领导人，他对于那些和他保持联系、他虽然不喜欢但也不讨厌的每个人都会做出一些过分而羞辱性的要求。考虑到这些特点，我们就会怀疑约翰逊核心圈子中所表现出的团结仅仅是出于权宜之计的表面

第五章 越南战争的升级：如何发生的？

的一致和礼貌的尊重，而每一个成员内心与领导人甚至和小集团是有距离的。但是，如果事实如此，就不会被切斯特·库珀（Chester Cooper）、J. 汤森·胡普斯（J. Townsend Hoopes）、比尔·莫耶斯、小詹姆斯·汤姆森（James Thomson, Jr.）以及其他与约翰逊政府核心圈子成员保持联系的观察家察觉。事实上，我们可以从他们近距离的观察中发现，这是一个高度内聚的团体。

对这个观点叙述最为清晰的是亨利·格拉夫（Henry Graff）。在1965年年中到1968年年底期间，他曾有机会对约翰逊总统以及他的主要顾问在四个不同的场合进行私人采访。对于格拉夫而言，直到1968年初，"周二内阁"成员中的真诚的友谊以及相互的支持多次给他留下深刻印象，他感受到这是小组的主要特点。格拉夫注意到，到1968年末，随着失败的证据越发明显，他们开始付出代价，在人们不断增加的对约翰逊战争政策的批评中存在着一种抱怨的声音。然而根据格拉夫所说，在最后阶段之前：

> "周二内阁"成员相互之间彼此忠诚，既是出于相互尊重也出于共同逆境而产生的一种奉献精神。正如所有意气相投的成员那样，他们很快学会了选择性地倾听，和谐地讨论，即使在存在分歧的时候。在他们协商与合作的那些年里，彼此了解对方的心意既是一种资本，同时也是一种障碍。他们熟悉的语言（他们对五角大楼的行话运用自如），让与会者对一周又一周的会议记忆犹新。（Graff, 1970: 6）

在1968年初，当国防部副部长保罗·尼采这样杰出的官员提交了辞呈的时候，核心圈子内部难免会就是否可以挽救越南战争政策而发生争论。"尽管他们当中存在的私人忧虑日益剧增，在总统周围捍卫总统以及帮助他做出决策的人对他的忠诚"，仍然给格拉夫留下了深刻印象。（Graff, 1970: 178）在此前的一两年中，由于成员们"越来越感觉到陷入困境"，格拉夫总结道，"他们向彼此寻求信心"，并且成为他们长官的"真正的朋友"。（Graff, 1970: 24）他补充到，"周二内阁"对于它的领导人施加了极为强大的影响，也许超过美国历史上任何一个总统顾问团队的影响。（Graff, 1970: 24）

1967年末，一次"周二午餐小组"会议——约翰逊总统的核心圈子——讨论越南战争。成员包括（背对画面的人是总统，从总统开始顺时针方向依次是）：国防部长罗伯特·麦克纳马拉（很快被克拉克·克利福德取代）、参谋长联席会议主席厄尔·惠勒将军、克拉克·克利福德、白宫特别事务助理沃尔特·罗斯托、白宫助理汤姆·约翰逊（Tom Johnson）和乔治·克里斯琴（George Christian）、中央情报局主任理查德·赫尔姆斯，以及国务卿迪恩·腊斯克。

比尔·莫耶斯，从他作为约翰逊核心圈子的成员之一的个人观察来看，证实了格拉夫的结论，即集团是高度内聚的。这直接与小集团思维的假设一致。莫耶斯提到，成员寻求一致的倾向是他解释对越战争政策缺乏批判性讨论的原因的一部分。

在肯尼迪和约翰逊政府中的一个重要问题是，掌握国家安全事务的人变得太过于亲密，存在太多私人的联系。在主持国家事务时，他们似乎在一个绅士俱乐部，并且重要的决策通常都是在一个充满热烈的同事之情的董事会上决定，就像讨论下一年俱乐部成员应该缴纳的费用一样……在需要就你面临的艰难决定进行思考的时候，你身边通常会围绕着一些……和你非常亲密、你希望与之达成一致的朋友。（Sidey，1969）

丹尼尔·埃尔斯伯格对"沼泽迷思"的批评

刚刚讨论的观点让我们怀疑，小集团思维是约翰逊政府在越南战争中失败的一个重要原因。然而，对于这些观察也有着不同的解释，包括有一些仅仅从政治立场上提供的解释。其中的一个极端是政治分析家丹尼尔·埃尔斯伯格（Daniel Ellsberg）。1971年6月，他仔细研究了《纽约时报》和其他报纸中那些震惊国人的五角大楼秘密文件。几周之后，埃尔斯伯格就根据对秘密档案的研究发表了一篇学术论文，表达了自己对于越南战争原因的观点。

埃尔斯伯格对其所谓"沼泽迷思"提出了挑战。"沼泽迷思"描述了美国总统及其顾问在20世纪五六十年代一步一步地陷入了越南战争时，并没有意识到前方有很深的流沙。埃尔斯伯格否认美国的升级决策是源于不切实际的总统愿望或者没有预见到可能的后果。他认为，由约翰逊总统和他的继任者所做出的每一个重大的升级决定，都充满了一种认识，即要么必须实施大型军事作战，要么就撤退，接受共产主义的胜利。据埃尔斯伯格所说，美国政策制定者，没有把采取的措施看作是"最后步骤"，而是将这些措施看作"保持行动，避免在短期内的失败，但是在长期的战斗中只要考虑最终的胜利就好"（Ellsberg，1971：233）。他们根本的目的是"争取时间"，推迟在越南的失败，以及攻击"（民主党）对'共产主义软弱'所有的政治后果以及对个人的影响"（Ellsberg，1971：242）。简而言之,美国的越南政策在很大程度上是由一个基本的政治规则决定的:"对于这个政府而言,这不是一个可以把越南丢给共产主义的好时机。"(Ellsberg, 1971:246)每年都有很重要的项目需要获得国会通过,即使总统大选不是迫在眉睫,国会选举也通常是在一年左右的时间内进行。

埃尔斯伯格认为,这一基本规则的力量来源于一种混合的动力,而这种混合的动力则主要来自一种根深蒂固的挫败的记忆:参议员约瑟夫·麦卡锡(Joseph McCarthy)对杜鲁门政府的指责,以及在朝鲜战争处于僵持阶段时麦克阿瑟将军被解除指挥职务后所受到的右翼共和党人的指责。这些右翼人士"给政治家和官僚打上了鲜活的印象,如果一个在任的自由派政府让红旗在西贡上空飞扬,就可能让人想起这种印象"(Ellsberg, 1971:252)。

埃尔斯伯格补充道,政策制定者心中还有一个次要的规则(也源自朝鲜战争所带来的羞耻感):避免美国的地面部队在亚洲参战。他相信这是第二条规则,解释了政策制定者之所以不愿意使用真正强有力的军事手段对抗北越的原因,除非在一些可怕的危机中避免失败。

在埃尔斯伯格看来,所有主要的升级决策,都是在一种深深的悲观主义中做出的,并且仅仅是希望保持僵局,以推迟共产主义可能的胜利。据说在每一次事件中,总统和他的主要顾问都知道代价是什么,并且愿意付出这种代价,尽管他们在公开的声明中总是说,只需要更多的一小步就可以获得胜利。

埃尔斯伯格声明,他的这种解释可以说明由五位总统——杜鲁门、艾森豪威尔、肯尼迪、约翰逊以及尼克松所做出的关于越南战争的所有决策的原因。诚然,提供一个相对简单的公式化的解释,对于美国政府二十余年间卷入越南战事的惨痛记录来说是很美。但这是否与现存的证据相契合?

尽管埃尔斯伯格认为政策制定者普遍是很现实的,他同时也承认在约翰逊政府中存在"乐观的希望"(Ellsberg, 1971:264)。"美国武装力量从1965年开始大规模入侵越南,1964年年底那种悲观主义迅速让位于乐观的希望,到1967年就会取得关键的局势胜利。"此外,埃尔斯伯格也同意小詹姆斯·汤姆森以及其他约翰逊政府的"内部人员"的观察,他说,是的,存在大量的"自欺欺人""疏忽""漫不经心""缺乏符合实际的计划""为了太大的野心而采取行动"以及"过于乐观的期待"等情况。（Ellsberg，1971：258，261-262，264）他承认所有的这些"缺陷和局限性日益成为政策制定执行过程中的重要特点"（Ellsberg，1971：261）。但是埃尔斯伯格试图去通过解释消除这样的观点，即所有的过度乐观是实行选定政策的结果：对于国会和公众的隐瞒导致政策制定者产生了一种倾向，逐渐转向"最初公众所表达的乐观情绪……最终用真诚无效的乐观主义代替虚假而无用的乐观主义"（Ellsberg，1971：262）。

因此，埃尔斯伯格没有排除那种可能性，即约翰逊总统和他的顾问做出越南政策的错误估计是在1967年或者更早时候的愿景思维的结果，或许更早，"从1965年就开始了"。此外，他认为，在1967年之前，也就是所有的主要升级决策都做出之前，政策制定者坚持基本规则本身就是基于一种误判，即美国从越南撤出可能导致的政治影响："担心……麦肯锡主义在选举中的力量可能会被**透支**……然而，重要的当然是，官员们**相信**他们所要冒的风险是什么。"（Ellsberg，1971：footnote，252，黑体着重号为本书作者所加）

埃尔斯伯格提到，有证据表明，在1965年，无论是否是建立在误判的基础上，那条基本规则成为了一种宣传口号，而社会压力要求总统的行动与这种宣传口号保持一致，用这种方式可以把注意力从其他严重的危险中转移开来：

> 据报道，在1965年的春天，约翰逊总统几乎每天都可以收到来自他最亲密的顾问的电话告诉他（没有人必须要告诉他）："林登，不要成为美国第一位在战争中失败的总统。"事实上，这些顾问遗漏了其他致命错误的警告。（Ellsberg，1971：269）

埃尔斯伯格补充认为，约翰逊的顾问没有让他注意到绕过国会的危险，也没有让他注意到以下这些危险：允许在官方的军事声明说敌军失败了，而在斗争中敌军正在做好准备发动大规模进攻；以及接受五角大楼的建议的危险。五角大楼建议："按照军方的提议……征兵，运用他们，投入战场，容忍一定规模的伤亡。"

简而言之，埃尔斯伯格描述 1965 年的情况时并没有提供一些有说服力的证据来论证。他认为单纯从政治上解释就够了，基于小集团思维假设的解释是不需要的。与他在文中其他地方所做出的更加全面的阐释相比，这些段落当然没有排除那种可能性，即约翰逊顾问团队的成员共同忽略了他们政策建议所带来的最令人不愉快的结果，或者是对此保持了沉默。

一种"巨大的误判"和随后的误算

至于所谓的"1964 年年底的悲观主义"，现有的证据并不在很大程度上支持埃尔斯伯格的假设。其假设认为总统及其顾问对于他们升级政策将要取得的成果有一个现实的认知。在研究五角大楼的文件时，我们发现，与会者并没有谈论战争可能会持续很久的可能性，我们同样也找到了很多与埃尔斯伯格的陈述直接矛盾的地方。他认为 1964 年末和 1965 年初重要的升级决策中的主要原因并不是不现实的希望。这些决策包括接受著名的"滚雷行动"计划，对北越发动大规模空袭。根据国防部的研究，这一计划最初的目的是"摧毁北越的意志"（Sheehan et al., 1971: 468）。国防部的研究同样认为："这种摧毁，或者威胁要摧毁北越工业，将会给河内施加压力使其妥协。回头看，这似乎是一个**巨大的误判**。"（Sheehan et al., 1971: 469，黑体着重号为本书作者所加）根据研究，在 1965 年春天空袭开始时，"官方对'滚雷行动'抱有很高的期待……将会很快让河内相信，他们应该同意与南方和谈，达成协议结束战争。在轰炸之后一个月都没有收到来自北越的任何回应，乐观主义开始衰弱"（Department of Defense, 1971: Book 4, IV. C. 5, 4）。

根据《五角大楼文件》，空中战争的升级是在 1964 年秋天总统竞选时秘密计划的。授权第一阶段的计划是在约翰逊竞选胜利之后的一个月做出的，仅两个月之后就做出了第二阶段的计划。在这一期间，距离下一次的大选还很远，同时政府也不太需要担心他们的计划在国会存在失败的可能。以绝对的优势取得胜利本身就可以体现华盛顿高明的政治头脑。戈德华特（Goldwater）反共产主义的攻击性的失败意味着，至少有一段时间不

第五章 越南战争的升级：如何发生的？

需要担心右翼共和党人能够调动起公众对他们的支持。然而就在大选的胜利还清晰地停留在约翰逊及其顾问的脑海中的那几个月，他们做出了重大的决定，批准了"滚雷行动"。

《纽约时报》的副主编和专栏作家汤姆·威克（Tom Wicker）报道说，在1964年曾经从几个与总统很亲密的官员那里获悉，那种在猪湾失败之前弥漫于肯尼迪核心集团内的高度自信心，在1964年大选胜利之后又重新出现。那个时候，约翰逊和他的顾问们决心升级在越南的空中战争：

> 那时，几个与约翰逊关系密切的官员……回忆起那种绝对**兴高采烈**的氛围。其中一个曾经在肯尼迪时期工作过，他记得在1961年初白宫出现过同样的**无所不能**的感觉……（他说）"我们以为自己有点石成金的本事。就是1964年约翰逊所表现出来的那样"。（Wicker，1968：250，黑体着重号为本书作者所加）

如果这些观察准确的话，表明了当约翰逊和他的主要顾问仔细考虑升级的决策时，他们共享了一种坚定的信念，不管发生了什么，一切都会进展顺利，尽管由他们的下属所准备的情报报告中存在很多令人沮丧的预测。

到了1965年夏天，空中战争的完全失败已经不可否认，特别是当越南共产党成功地发动了一次主要攻击，并且占领了南越的一大片领土。华盛顿开始收到来自美国驻越军事指挥官威斯特摩兰（Westmoreland）将军增加地面部队的请求。6月底，当决定批准大量增加地面力量后，正如埃尔斯伯格所说，华盛顿的官员变得极为悲观。他们意识到战争将会持续很久，并且很艰难，在未来甚至需要更多的军队。但是即使这样，在《五角大楼文件》的描述中，与会者的意图和期望都只是部分与埃尔斯伯格所描述的情况相符合。确实，"决策中的主要参加者……**理解**了后果"（Sheehan et al.，1971：416，黑体着重号为本书作者所加）。然而，我们所看到的最终决定的选择，正如他们所看到的：

> **不是**坚持一段时间还是放手的问题——这是一个**赢得**还是失去南

越的选择……

不是简单地不让敌人胜利，让他相信自己不会赢，相反，主要目的变成了**击败**在南方的敌人。（Sheehan et al.，1971：416-417，黑体着重号为本书作者所加）

国防部的研究表明，在1965年决定增兵越南时，也许"没有人真正预见到在越南需要什么军队"，以及敌军可能"一直被低估了"[Sheehan et al.，1971：459；see alse Department of Defense，1971：Book 5，Ⅳ，C.6（a），41]，这很难被看作是一个决策者明确预见到后果的例子。

在1965年夏秋，打击北越的空中战争持续进行。然而，由于"滚雷行动"没有取得最初的目的，即摧毁北越的意志，它的目的被重新界定了。新的行动目标变成了减少来自北方的人员和供给。目标的第一次改变使政策决定者的内在理由和他们在此前几个月告诉国会与公众的目的一致起来。然而，在决定继续"滚雷行动"去获得这种更温和的目标时，华盛顿的官员仍然做出了其他的错误判断。《五角大楼文件》引用国防部在1966年1月18日的档案说："这个（滚雷）计划到目前为止并没有成功地阻止人员和物资渗透到南越。"（Sheehan et al.，1971：472）

在决定增加地面部队的例子中，我们再一次看到，政策制定者在陷入沮丧的境地时所做的决定不一定不会误判。一般来说，与会者发现他们处于危机之中，并且意识到他们面临着失败的可能性，这样的事实并不排除愿景思维的强烈影响，甚至会对有限的希望变得更加乐观，例如认为可以全身而退，成功地将失败无限推迟，并且在他们的努力下，能够拖得足够长，经过一段休整，可以幸运地扭转乾坤。

当做出升级决策时，在期望和现实之间缺乏一个巨大的鸿沟。埃尔斯伯格坚持自己观点的一个主要原因，是来自中央情报局、国务院以及国防部的情报专家的报告，表现出一种"对于改善（反对共产党军队的长期期望）……的持续怀疑……一种没有得到丝毫缓解的悲观主义，这种悲观主义通常很明显——但是回过头来看，却是真实的、明显和有说服力的"（Ellsberg，1971：234）。《五角大楼文件》证明了埃尔斯伯格的观点，即决策者意识到了他们报告中所包含的至少部分悲观估计。但是没有证据表

第五章　越南战争的升级：如何发生的？

明约翰逊总统和他的主要顾问接受了这种悲观估计，或者在由助理国务卿和其他低级官员为突发计划所做出的准备中严肃考虑未来大规模升级的可能性。《五角大楼文件》表明，在一些重要的场合，这些简单的预测被忽略了。例如，在1964年秋末，约翰逊总统及其主要顾问对实行"滚雷计划"抱有很高的期待，认为这会摧毁北越的意志。显然这一期待没有被情报集团提出的事实所消除。根据国防部的研究，情报机关"倾向于一种悲观主义的观点"（Sheehan et al., 1971: 331; see also Ellsberg, 1971: 329）。大约在一年后，中央情报局反复预测，轰炸北越石油供给设施将不会"使共产党军事行动失去能力"（Sheehan et al., 1971: 459），政策制定者意识到这种预测，然而，却没有接受这种观点，而是接受了来自五角大楼的乐观估计，断言轰炸将会"把敌人带到谈判桌上或者因为没有支持而衰弱"（Sheehan et al., 1971: 462）。因此五角大楼的文件没有支持埃尔斯伯格的观点，相反却证实了内部观察者的说法，约翰逊总统及其顾问核心圈子很少关注来自政府情报机构的悲观预测。

埃尔斯伯格解释的说服力和有效性仍然值得质疑。证据表明，即使他的主要论点是反对沼泽迷思，而且被新的关于政策制定者的深思熟虑的证据证明了，他关于约翰逊政府所做出的主要决策升级的解释仍然留有一定的可能性。总统的顾问小组做出了严重的错误估计，这种错误是由小集团思维假设推论的集团压力所引发的错误。在埃尔斯伯格的这个令人印象深刻的案例中，政策制定者优先考虑的是决策规则，即"这不是可以允许红旗在西贡上空飘扬的一年"，也许会很好地得到证实。但是，证据同样表明，约翰逊的核心圈子运用这一原则，与遭受小集团思维影响的小组运用任何共享的意识形态口号和刻板印象是一样的。更进一步，埃尔斯伯格自己对于沼泽迷思的批评提供了一系列的观察和推论，考虑到了误断、过度乐观以及愿景思维的错误，这些与约翰逊政府时期在白宫（詹姆斯·汤姆森和比尔·莫耶斯）、国防部（J. 汤森·胡普斯）以及国务院（切斯特·库珀）的内部观察家所提供的报告中包含的内容基本上是一样的。然而，由埃尔斯伯格的分析所提出的挑战强调了需要推迟做出一些确定的结论，直到我们有更多的证据表明，政策制定小组成员相信什么，以及当他们在考虑升级决策时，他们相互之间说过什么。

错误的主要来源

小詹姆斯·汤姆森是一个历史学家，并且是白宫麦乔治·邦迪的手下成员之一。他试图解释这次低质量的升级决策，称之为"林登·约翰逊的'猪湾事件'的慢动作"（Thomson，1968：52）。他强调了一个矛盾，即尽管政策制定小组的成员都是非常杰出和谨慎的领导人——具有良好的训练、超强的能力以及博爱的理想——他们实际上一直忽略了所有越南政策决定的重大影响。他们重复屈服于这样一种压力中，即军事比外交或者政治方法更好；他们几乎没有考虑自己的政策对越南人民的破坏性影响，而这些人是他们应该帮助的；他们在很大程度上弄砸或者毁掉了每一个谈判的机会，这些机会原本可以使美国从越南脱身。是什么原因让这些负责任的政策制定者陷入一条道路而不能自拔？这条道路给越南人民造成极大的灾难，也给自己的国家带来了极大的破坏。

在试图回答这一问题时，汤姆森讨论了大量的因素。有一些是历史和政治上的考虑，例如在国务院内存在机构性限制，不支持推行可能被认为是在远东"对共产主义软弱"的政策；这是 20 世纪 50 年代美国亚洲政策的遗产。汤姆森同样指出，政策顾问团队与政府的政治专家互相分离，而且越南决策涉入越来越多的军事专家时，对于政策制定者而言，更多地咨询这些专家很有必要，而他们几乎都是建议升级战争的。然而，受到来自军方的强烈压力并不必然导致管理国家对外政策的高级文官持续地走向军事升级。诚然，约翰逊政府中冷酷的政策决定者可以提出批判性的问题，坚持政治的指示，评价军事升级的不幸后果，并且选择其他方式解决美国卷入越南的问题。

这些批判性评价者、怀疑者和具有不同意见的人怎么了？汤姆森再次根据他的个人观察和在白宫内部的个人经验回答了这一重要的问题。他引用一些心理因素，列出了大约 12 个具体的因素，他相信这些因素影响了美国制定越南政策的团体所做出的决策。这些因素可以被分成六类：（1）过度的时间压力，（2）官僚分歧，（3）对于共产党和东方人的刻板印象，

(4) 击败敌人的过度承诺，(5) 对于异议者的驯化，以及 (6) 避免反对意见。我将要试图表明，汤姆森列出的这些似乎不同的因素如何可以用小集团思维的假设来解读，来形成一个更为综合的解释。

应用小集团思维的假设

对于总统及其核心圈子在 1964 年到 1968 年推行政策的考虑，我们仍然缺乏十分有效的细节。现存的观察主要被用于强调需要回答的新的问题，来决定小集团思维是否可以提供至少是部分的关于这次不幸决策的解释。关于约翰逊内部集团达成越南政策决定的有缺陷的方式，汤姆森的描述很好地被其他内部的观察者（库珀、胡普斯以及莫耶斯）所证实并暗示了小集团思维的过程。然而无论是汤姆森还是其他观察者都没有清楚地讨论小集团动力的任何方面（除了摘自比尔·莫耶斯的一些句子，提到集团倾向于寻求共识而非辩论议题）。汤姆森把他的讨论限制在两种不同的原因，他们在越南升级政策中都扮演了重要的角色。一种包括了大型组织的社会学特点——在政府官僚中引发的社会模式和压力。另一种原因是关于个人心理，关注个人决策者对施加于其身的任务以及压力的反应方式。这两种因素是否讲述了完整的故事？

当引入社会学以及个人心理因素时，小集团思维的假设有助于形成更为完整的解释，帮助我们理解由汤姆森所描述的不同的行为模式是如何成为主导反应的。小集团思维的假设包括了他所讨论的心理因素，但是指出了问题的不同根源，这种解释与仅仅关注了官僚机构和个人有所不同。不是假定每一个政策制定者都会对官僚的要求以及其他压力以自己的方式做出反应，通常的结果是，他们常会意见分歧，产生偏见，对他们的过去政策抱住不放，并且倾向于忽略具有挑战力的情报报告，而是需要探寻这种可能性。关键政策制定者的反应具有共同点，这种共同点可能是来自于他们在一个小集团的互动，这个集团产生了所有的成员都试图坚守的规范。

集团内聚压力的效果

汤姆森分析的第一个因素——过度的时间压力——无论个人行动或是在团体中，都可能影响个人的精神效率。当然，时间压力是在危机时影响一个小组执行力的压力来源，特别是如果成员被要求采取迅速的行动，以及他们遇到来自许多利益集团的矛盾的政治压力时。无论什么时候，当要做出的决定会对国家的安全产生极大的影响时，政策执行者可能会承担多种的沉重压力。他意识到这一决定对于国家以及世界都至关重要，并且对于他的个人事业来说同样也是一个重要的时刻。如果选择了错误的行为，他将会失去自己的地位，面对公众的羞辱，并且承受巨大的自尊心的打击。这些政治和个人的威胁会产生累积的效果，特别是当政策制定者面临持续的时间压力，并且只有很少的机会去研究时，即使问题特别重要。（华盛顿的官僚讥讽说，和其他那些参加白宫会议的人相比，麦克纳马拉看上去很好的原因，是驱车从五角大楼到白宫的时间让他在他的豪华轿车中有多余的八分钟来完成自己的任务。Cooper，1970：255）所有的政策制定团体的成员在做出重要的对外政策决定的时候，都面临着共同的压力。即使只是总统一人正式负责，他的每一个亲密顾问都知道，如果团队犯了一个严重的错误，政府的威望被极大损害时，每一个成员都要或多或少地受到问责。核心圈子中的任何一个成员都有可能成为替罪羊，在调查委员会或者新闻媒体上遭人嘲笑。约翰逊顾问团队的成员遭受不断增长的害怕公众羞辱的压力，慢慢地也就失去了威望。

对步兵排、机务人员以及灾难控制小组的实地研究，证明了由大学生进行的社会心理学实验的发现，即源于外部的压力会产生一种强烈的归属感。（Cartwright and Zander，1968；Janis；Schachter）在危机时刻，在一个提前成立而经常见面交流的团队中疲倦的成员会产生一种自然的倾向，了解其他成员对于他们所面临的危险的认识，就如何最好地解决威胁交换意见，并且取得认可。这种对归属感的强烈需求，导致对一个主要任务集团的更大依赖，并且增加了坚持集团规范的动力，会对道德和压力容忍产生

第五章 越南战争的升级：如何发生的？

有利的影响。但是当它导致集团内聚性增强时，正如小集团思维的假设所预测的，就会导致以牺牲批判性思考为代价去寻求一致，结果增加了负面效应。约翰逊"周二午餐小组"那样的一个执行委员会，在危机时刻将会表现出内聚性的积极和消极影响。

由汤姆森所描述的过多的时间压力，我们可以把它看作是原因之一，在至少两个不同的方面对政策制定者的决定带来不利影响。第一，过度的工作和疲劳通常会削弱决策者的精神效率以及判断力，干扰他集中注意力于复杂讨论、吸收新信息、运用想象去预测其他方式可能带来的影响的能力。（这是一个个人心理的问题，并且是汤姆森强调的一个重要方面。）另外需要考虑的方面是：过度的时间是压力的来源之一，再加上危机时期压力进一步增大，将会使政策制定团队变得更加内聚和更有可能受到小集团思维的影响。因此，为了探究小集团思维的假设，我们需要提出这个问题：当时间有限的时候，约翰逊顾问团队的成员是否表现出了集团内聚性增加的证据，**是否在危机阶段寻求一致的表现也相应有些增加**？我们将会很快回到这个问题。

集团决策之前承诺的影响

官僚的分歧以及对于共产主义和亚洲的刻板印象影响了每次做出新决策前的考虑。从一开始，约翰逊核心圈子的绝大多数成员就似乎在对外政策和国内政治的基本问题上拥有相似的意识形态观点。然而，并非所有人在开始的时候对由战争引发的人道主义灾难都具有同样超然的态度，对世界共产主义和东方人民具有同样复杂的刻板印象。作为一个历史学家，当汤姆森意识到用于宣传口号的那些肤浅的概念成为小集团计划和政策声明中内容的程度时，他感到震惊。他指出，约翰逊的核心圈子不加批判地接受了多米诺理论，简单地认为，所有的亚洲国家的行动都会是类似的，所以，如果允许共产主义控制远东的一个国家，其所有的邻国将会迅速变得脆弱，并被共产主义所统治。至于越南共产党以及北越，主导性刻板印象让这些"作为敌人的共产党人"成为邪恶的化身，让造成大量人民伤亡和烧毁村庄的行为被认为是合法的。在支持汤姆森的分析时,心理学家拉尔夫·K. 怀特(Ralph K. White)证明,约翰逊、腊斯克、麦克纳马拉以及其他"周二午餐小组"的成员的公开声明,如何持续不断地揭露了在政策制定者中间广泛存在对于越南战争黑白分明的印象,这种印象总是形成一种对比,即一个始终道德高尚、国力强大的美国政府与恶魔般的敌人之间的对比。(White,1966:123-124)

当约翰逊的"周二午餐小组"成立之后,可能一些成员的这种观点非常强烈,而其他一些则或多或少有不同的认识。在互动的过程中,前者影响了后者。例如,正如汤姆森所提出的,那些少数成员曾经花费很多年参加五角大楼的军事规划会议,会向团队中的其他成员传递一种对于越南战争的超然的非人化的态度。他们使用一些委婉的词汇如"敌军尸体数量""外科手术式的空袭"以及"平定"。团队中最初拥有更多博爱思维、谈论战争罪恶的成员,后来都追随军方人士的观点。但是为什么那些持有不同态度的人,最后成功地让别人接受了他们不人道的观点,而不是相反?

一个主要的心理学假定加强了小集团思维的假设,**即当一个政策制定团体变得高度内聚时**,就会产生一种同质化的观点,让所有的成员继续支持团体已经承诺的决策,来维持团体的团结。正如这个案例所表明的,当其中一个主要规范是为了维持战争政策时,我们可以看到对这种政策的承诺会得到次要规范的进一步加强,这种次要规范可以减少团体中的争端与不同意见。在这个背景下,对于使用军事手段、战争所带来的非人道的灾难,以及对敌人负面的刻板印象,都会对团体推行军事升级产生极大的影响。大家都持有这样的态度,就会把团体成员通过提出道德和人道主义的考虑挑战小组政策的可能性降到最低,这种挑战可能引发争吵、指责以及不和。根据同样的心理学假设,如果同样的团体推行非暴力和平的行动,一种相反的趋势将会出现:那个从道德和人道主义价值方面考虑的人将不再提出这种考虑,相反,他会带头确立一种新的方式,使用能够加强小集团新规范的人道主义语言。[3]

我们需要更多的历史证据来证明约翰逊"周二午餐小组"对于战争的受害者持有的这种超然态度以及描述北越共产党时的刻板印象,可以被解读为小集团思维的症状。在需要回答的主要问题中,包括那些在决策过程中，什么时候大多数或所有小集团的成员都表现出这样的态度。**在他们第一次决定升级战争的主要决策做出之前，集团内部的成员对于共产党和亚洲的刻板印象，是否表达得不够？在集团讨论中所使用的非人道的语言和刻板印象的用词是否符合次要的集团规范，来接受成员此前已经做出的军事决定？**

过多地承诺要击败敌人——汤姆森所描述的另一个因素——涉及一个众所周知的人类缺点，这种缺点就是任何人都很难改正他之前所犯的错误。根据汤姆森所说，约翰逊核心圈子的成员，最终都让自己相信，越南战争对于美国的未来具有至关重要的意义——这种坚定的信念直接来源于他们自己的解释和证明。对于政策制定者而言，继续这种花费巨大而不受欢迎的战争变得非常必要，汤姆森总结道，因为他们已经**说过**它很有必要。他们不是根据清晰的挫折重新评估他们的政策，而是充满要改变别人信仰的热情愿望，这种愿望让他们"在语言上升级"，这种语言上的升级与军事升级相匹配，让他们更加坚定要取得军事胜利，而不是通过与北越政府进行谈判寻找政治途径解决。约翰逊核心圈子的成员，根据其他的内部观察家，"在确信现有政策的正确性，以及所有于 1964 年开始做出的主要（升级）决策相关的事实上，态度高度一致"（Hoopes, 1969：150）。

我们知道，大多数人在感觉到他们对一个重要决定至少部分地承担责任的时候，他们在坚持这个决定时都会变得非常自我。一旦一个决策者公开宣布他所选择的行动步骤，他会倾向于避免去寻找政策不利后果的证据。他试图将失败解释为胜利，制造一些新的论据来说服自己和别人他做出了正确的决定。在其他每个人都看到需要对政策做出改变后，他对于不成功的政策仍然会固执地坚持很久。每一个政策制定者，无论他是自己做出的重要决策，或者是作为集团中的一个成员，都会因此保持过去的错误——当然，除非有明显的证据证明他是错误的。

像这样超然的态度以及负面刻板印象一样，重新支持以前所做决定的倾向与可能性，被内聚团体内部产生的社会压力极大地增强了。[see Chapters 36–29 (Zimbardo, Kiesler, Gerard, and Aronson) in Abelson et al. and Janis and Mann, Chapter 11] 有时，挫折会让一个政策制定者怀疑过去他所参与决策的智慧。但是，如果一个人是政策制定小组内部的成员，他对于自我的怀疑采取什么样的态度，在很大程度上取决于团体的规范。如果成员同意，对团体及其目标的忠诚的首要义务是需要坚定地支持团队，以开放心态寻求新的证据，并愿意承认错误（就像一个团队在执行它理想的科学研究一样），正常的心理倾向是，在遭受挫折的时候，对旧政策的义务就是认真重新评估他们过去的判断是否明智。在这样的情况下，小集团的规范就会让他们把政策与其他行动步骤进行比较，可能导致他们改变其早期的决策。另一方面，如果成员感到对团队的忠诚要求他坚定不移地支持团队过去的政策决定，通常的心理倾向是对旧政策的承诺将会被加强，这是经常会发生的。在一系列升级决策之后，每一个人都有可能坚持认为旧的军事方式是正确的，迟早每一个在其中发挥作用的人都会与这样的步伐保持一致。

约翰逊总统的政策制定集团是否表现出要坚持这样的集团规范，即要求成员持续支持集团过去做出的升级政策？汤姆森和其他观察者所提到的特点给出了一个肯定的答案。在阐述集团坚持其以前的决定时，汤姆森描述了小组如何发展一系列共同的推理方式去证明越南军事政策的合理性。他提到一个密切相关的症状，这种症状同样也具有显著的小集团思维特点——一致同意用特定的方式修改近代历史，以证明越南升级政策的合理化：

> 关于越南战争决策的另一个后果是对历史的篡改和歪曲。越南、南亚以及远东的历史都被我们的政策制定者及其发言人重新撰写，以符合我们在越南地位的需要。从我们其他经验中引入了没有任何可信度的类比——"慕尼黑"的出卖、在欧洲的"遏制"、马来亚的暴动以及在亚洲的朝鲜战争——用来证明我们行动的合理性。更近的事件则以削足适履的方式来修改以迎合越南局面。最突出的是，1965—1966年在印度尼西亚发生的权力更迭被说成是我们在越南参战的结果；事实上在太平洋地区发生的所有进步——区域主义的兴起、合作新形式的出现以及经济的高速增长等，都被以相似的方式予以解释。对于印度尼西亚的说法毫无疑问是错的（我曾试图去证明这一点，白宫进行了六个月之久的仔细调查，最后不得不承认这是错误的）；有

关这个地区的判断既没有被证明是错误的，也没有被证明是对的。（Thomson，1968：53）

我们不可避免地想起在奥威尔的《1984》中如何重写他们的历史，以便让他们的新版本可以被那些记得真正发生了什么的人所接受，通过要求所有对"老大哥"忠诚的人去追求和实践"双重思想"——知道又同时不了解真相。约翰逊政府的政策制定者如何在他们的队伍内处理这些问题？团队内部不接受这种重新解释东亚历史新版本的人，是否被团队其余成员所压制？

保持一致的压力

同样需要回答的问题是，政策制定者以怎样的方式处理强烈主张通过谈判达成和平协议的"少数反对者"，如政府官员、越南问题专家以及国会议员。约翰逊政策制定团队的成员是否考虑到他们政党中提倡不同政策的知名成员，会成为关于越南问题应该如何解决的潜在重要观点的传送者？**或者说，他们是否表现出强烈的小集团思维的观点，认为在他们的高层中主张通过谈判实现和平的人是不忠诚的，应该被排除在外？他们是否将鸽派的领导人打上了卑鄙的"孤立主义者"的标签，认为他们对美国的安全构成了威胁？**

我们可以从前面提到的问题中看出，从小集团思维阐述的观点，团队坚持先前政策决定的现象还包括汤姆森分析的其他几种类型——对于异议者的驯化和避免来自政府内部和外部的批评者的反对声音。这两者可能都是一个团队进程的表现，包括一种对在内团体的所有成员中维持同质信念和判断的努力，与他们过去的承诺保持一致。努力保持共识，是所有小集团思维症状的心理学基础，这种共识帮助成员实现一种小组的团结和团队精神。

我们从汤姆森处了解到，在约翰逊政府时期，每一个处于等级制度中的人，包括高级官员，都受到保持一致的压力，这种形式让公开质疑越战升级政策的人成为不祥绰号的笑柄："我担心他在失去他的效力。"这种

"有效力陷阱"——害怕被贴上一个"已经"失去效力,或担心失去权力的标签——让受害者压制或减缓他们的批评意见。更微妙的方式是,它使任何开始表达自己忧虑的成员准备退缩,在焦躁不安的同事和上司古怪的面部表情和脆弱的反驳面前表现出默认的态度。

汤姆森还告诉我们,在约翰逊政府时期,无论团队内部的成员什么时候开始表达自己的怀疑——他们当中一些人的确表达过自己的怀疑——他们将会被用一种非常标准的方式对待,通过微妙的社会压力高效地"驯化"他们。如果这些异议者满足两个限制性的条件,他们会感觉到很自在:第一,他没有向外部人员表达他的怀疑,因此就不会栽到反对者的手里;第二,他在可以接受的界限之内表达了他的批评,而不挑战团队先前承诺的任何基本假定。其中一个"被驯化了的异议者"是约翰逊总统的一个亲密顾问,比尔·莫耶斯。当莫耶斯到达会场时,汤姆森告诉我们,总统是这样向他打招呼的:"哦,停止轰炸先生来了。"副国务卿乔治·鲍尔是升级政策的批评者,一度也同样被驯化了,后来他被称为是"家里替越南说话的恶魔"(Thomson, 1968:49)。偶尔他被鼓励"说出他的意见……只会引起极少的不高兴"。结果,据汤姆森所说,"俱乐部保持了完整无缺"。

从这种减少"俱乐部"内部紧张以及培养道德感的观点看来,不管是对于异议者还是对团队的其他成员而言,微妙的驯化过程起到了很好的作用。意见不同的人可以感觉到他仍然是一个声誉良好的成员,却没有意识到在多大程度上他被大多数人所影响。他有一种幻觉,误以为可以自由地表达自己的观点。如果他偶尔走得太远,他的不同意见就会以充满一种感情或者是玩笑的方式得到警告,其他成员也会通过间接的方式提醒他可能面临别人给他贴上标签的危险("停止轰炸先生""我们最喜爱的鸽派")。正如汤姆森所说,小组中的其他成员会对充分考虑反对立场感到满意,甚至会相互拍拍肩膀对自己如此民主、能够容忍公开的反对意见感到满意。然而,这些被驯化的异议者不断得到的信息是,他只能在非常小的范围内提出批评意见才能保证他的安全,并且仍然能被认为是一个声誉良好的成员。他知道如果他不够小心超过了那条界限,他将会冒着被打上失去"效力"烙印的风险。

第五章 越南战争的升级：如何发生的？

联系起来，我们感到很奇怪，为什么约翰逊团队内部的两个被驯服的异议者——乔治·鲍尔以及比尔·莫耶斯——出人意料地在1966年辞职离开华盛顿。一个相似的问题是麦乔治·邦迪在1967年和罗伯特·麦克纳马拉在1968年的离开。这些人的离开单纯是因为个人的原因，而与他们对升级政策的批评毫无关系吗？他们是否被约翰逊总统解除职务——在没有得到其他顾问同意的情况下——因为他对于他们的工作很不满意，或者因为他被他们的批评所冒犯了？**或者说，这些曾经是被驯服的异议者的离开，是不是小集团运作的结果？这个结果牵涉到来自所有或者大多数团队内部成员的压力，因为他们违反了的团队规则——不能挑战团队此前已经承诺实施的战争政策的禁忌。**如果有证据可以对最后一个问题给予肯定的回答，就表明一个或者更多的异议者成为团队压力的牺牲者。我们应该更坚定地支持小集团思维的假设。

约翰逊总统与他的一个亲密助手——比尔·莫耶斯进行商讨，莫耶斯是在约翰逊的核心圈子里就越南战争问题被驯服的异议者之一。

这些并不是夸大其词的问题。几个不同的假设可以解释这些被驯化的异议者离开的原因。小集团思维的假设，尽管是一个看似合理的解释，仍然不能被认为是比其他可能更正当，（例如）总统厌倦了这些人，他不是像领导人那样代表团队行动，而是自己想这样做且并没有得到他大多数亲密顾问的支持。更容易想象的是，核心圈子分裂成几个部分，（例如）一个参谋长联席会议主席和沃尔特·罗斯托的联盟赢得了总统的支持，牺牲了支持减少战争强度和范围的反对派。在获得更公正的观察之前，我们不能评价小集团思维假设对处理约翰逊顾问中的异议者的方式进行分析的适用度，这些观察应该是来自于离开那个团队的人，或者是可以描述在"周二午餐小组"中考虑细节的核心成员。这些会议的记录，特别是谁对于被驯服的异议者提出的每个议题都说了什么，应该更有价值。与此同时，我们必须用我们现有的观察来分析。

违规者的下场：罗伯特·麦克纳马拉被解职

幸运的是，一份关于约翰逊政府的第二号人物，国防部长麦克纳马拉是如何突然被免职的详细叙述已经出版了。这份叙述出自汤森·胡普斯。作为美国空军副部长，他在麦克纳马拉任国防部长的最后几个月与他有频繁的联系。胡普斯所处的位置让他可以得到五角大楼发生事件的第一手资料，然而，遗憾的是，关于麦克纳马拉以及其他人在总统顾问小组高层会议中所说的话，他没有告诉我们他的信息来源，因为作为一个副部长是没有资格参加这些会议的。如果胡普斯的描述是精确的，我们可以得出这样的结论，麦克纳马拉是一个被驯服的异议者，尽管努力保持对约翰逊团队的忠诚，仍然被开除出政府，因为他不断地努力改变降低越南战争程度的方向，这对于胡普斯所说的"同属鹰派团体"（Hoopes, 1969：52）来说是不可容忍的。

在1967年春天，据胡普斯所说，顾问团队内部几乎已经一致支持越南战争政策了，唯一的异议者是麦克纳马拉。根据《纽约时报》所提供的《五角大楼文件》中的大量证据，证明了麦克纳马拉的反对意见：

第五章　越南战争的升级：如何发生的？

麦克纳马拉先生对于战争的醒悟在以前的报道中已经提到，但是他对于已经形成的政策的反对强度是在五角大楼的研究中第一次有文件记录，他委托的时间是 1967 年 6 月 17 日。

这份研究详细地说明了麦克纳马拉先生的转变——最初在 1965 年，他是一个拥护轰炸政策的领导人，相信美国的干预可以促成越南共产党的崩溃——在约翰逊政府中撕开了一条深深的政策鸿沟。

然而，这份研究并没有特别说明，他打破这种既定政策的行为，使得约翰逊总统在 1967 年 11 月 28 日提名他担任世界银行的行长，取代国防部长的职务。（Sheehan et al., 1971：510）

有很多证据表明，1967 年的春天，在麦克纳马拉认识到团队中其他人的错误，即认为北越会因为轰炸而重回谈判桌之后，他经历了激烈的思想斗争。（Hoopes, 1969：86）根据被认为是来源于他的妻子的一些报告的说法，他是在"与自己做斗争"，并且经常在半夜醒来，试图决定自己应该如何去做。

在麦克纳马拉提出很多令人印象深刻的事实表明轰炸是无效的并且告诉参议院调查委员会之后不久，发生了一件非常能说明问题的事。约翰逊总统对于麦克纳马拉的言论很不高兴，对他向参议员提供信息表示愤愤不平。总统向一位参议员抱怨道，"这位军事天才，麦克纳马拉，快把我变成一个鸽派了"（Hoopes, 1969：90）。对于他在白宫的一些下属，总统更加激烈地指责国防部长站在了敌人一边，因为他的言论会增加河内讨价还价的能力。"在向他的下属成员发泄他的烦闷时，总统做了一个类比，一个人准备卖掉他的房子，然而这家的其中一个儿子却跑去和潜在的买主说明房子中存在的问题。"（Hoopes, 1969：90）这种想法强烈地表明了在约翰逊的心中，把他政策顾问的内部团队看作一个家庭，起领导作用的异议成员是一个不负责任的儿子，他在破坏整个家庭的利益。在这种印象之下，似乎存在两个清楚地体现小集团思维的假设：我们是一个好的团队，所以任何我们采取的欺骗行为都是完全合理的；团队中任何不愿意歪曲事实来帮助我们的都是不忠诚的。

胡普斯描述了随着时间的流逝，麦克纳马拉逐渐被解除权力职务的过程。麦克纳马拉发现自己在白宫越来越不受欢迎，直到最后他被总统"迅速地"解除职务，他"有信心自己可以安静地很快度过这段不体面的时光"（Hoopes，1969：91）。胡普斯认为，自从麦克纳马拉被开除出团队，成员们再一次感受到小集团内部彻底团结起来，他们对于战争政策的明智性再也不受打扰。在麦克纳马拉非自愿地离开后几个月，在1968年早期遭到原本认为要被击败的越南共产党的出乎意料的春季攻势后，越来越多的情报专家和其他专家敦促在新证据的基础上重新评估越南政策。然而，根据胡普斯所说，在团队内部临时又形成了一个声音，并没有向他们进行咨询，显然也没有研究那些报告。

成员们的自信感在罗斯托有效的思想保镖的作用下维持了一段时间，罗斯托已经超出了自己的职责范围。胡普斯认为，在约翰逊政府的最后一年，对越南战争的不满情绪在美国蔓延，甚至到了军队官僚内部。罗斯托聪明地审查信息的来源，并且运用自己的权力让持有异议的专家远离了白宫。这样做的目的就是故意阻止总统以及其他顾问完全了解人们对战争有多么不满，以及这种不满的根据。团队成功地降低了来自他们自己政党、甚至是来自以前白宫团队的成员中（例如麦乔治·邦迪）有名望的人的压力，一直到"周二午餐小组"中出现新的成员——取代麦克纳马拉成为国防部长的克拉克·克利福德——意外地相信降低战争的合理性。（克利福德是作为一个可靠的"鹰派"被引进的，他将让团队重新恢复团结。Copper，1970：390－391）相对而言，克利福德没有受到以前对团队的忠诚的人的妨碍，他告诉胡普斯以及他在五角大楼重新任命的手下，在白宫关于越南的日常会议中，他属于8:1的少数派。然而根据胡普斯所说，克利福德奋力地抗争着。在这一期间，其他有力的影响也许也在起作用，使得国务卿腊斯克以及其他的团队成员终于开始考虑那些大量的有说服力的原因来缓和政策，尽管有些为时已晚。[4]这种转变的顶峰发生在1968年3月31日，约翰逊总统含着泪宣布，他将会缩小越南战争的范围和强度，并且不再寻求连任，这是白宫前所未有的讲话。

如果胡普斯所描述的处理麦克纳马拉以及其他反对者的方法可以被此后其他观察者的证词或者档案记录的证据所证实，就有强有力的证据表明,至少在 1967 年的下半年,约翰逊内部团队没有考虑到日益增多的表明越南政策需要重新评估的证据,这是小集团思维的产物。这种假设可以让我们就是否有其他小集团思维的症状进行提问,例如为了保持一致的努力以及在共享坚不可摧幻觉的基础上冒险的意愿。

团队内部的一致

在《五角大楼文件》中,国防部的分析家认为,"从(1964 年)9 月的会议开始,对于是否需要对北越实行军事行动,在负责人(这是在研究中用于指高级政策制定者的术语)之间就很少存在根本性的争议"[Sheehan et al., 310, see also Department of Defense, Book 4, IV, C. 2. (b), v.]。然而,林登·B. 约翰逊在他的回忆录中提到,有时会有一些明显的分歧。但是他所描述的那些例子似乎局限于那段时间,在那个时间内,不止一个团队内部成员提出暂时停止轰炸以推进和平。例如,在 1965 年 12 月 18 日的会议上,当麦克纳马拉、腊斯克以及邦迪主张停止轰炸,应按照苏联大使阿纳托利·F. 多勃雷宁(Dobrynin)的建议,与河内进行外交谈判,军方人员以及其他人给出的反对意见具有"同样的说服力"。根据约翰逊所说,这是"另一个 51 对 49 的决定……这种艰难的决定让(总统)挣扎到半夜也不能入睡"(Johnson, 1971: 327)。相反,约翰逊在他关于重要升级决策的六次会议的描述中,只强调了团队的一致——1964 年 9 月 9 日、1965 年 2 月 6 日和 8 日、1965 年 7 月 27 日、1966 年 1 月 31 日,以及 1967 年 9 月 28 日。(Johnson, 1971: 120, 124 - 125, 128, 148 - 149, 242 - 245, 371)例如,这些事件中的最后一次,在讨论由威斯特摩兰将军提出的关于是否要向越南增军的问题时,约翰逊唯一的评论是,"我的所有顾问都同意,我们应该继续这种升级"(Johnson, 1971: 37)。

当采访"周二午餐小组"的成员时,对他们每个人所不断强调的要保持一致,使亨利·格拉夫印象深刻。当在 1966 年被问及他对于轰炸越南的反对意见时,乔治·鲍尔极力宣称他与团队的其他成员达成了基本的一致。"我们所需要做的一件事,"鲍尔坚决地告诉格拉夫,"就是赢得这次可恶的战争。"他补充道,直到六个月前承诺增派大量军队,其他的意见都是可以提出的,但是现在"不再存在任何有关于现在政策的争论"(Graff,1970:73)。在那个时候,鲍尔似乎已经被驯服,在采访中我们几乎不能相信他仍然是一个异议者。

尽管存在不断的困难以及失败,对于最终的希望充满了信心是采访中的另一个主题。例如,在1968年1月,罗斯托肯定地告诉他的一个历史学家同僚:"历史将会向我们致敬。"(Graff,1970:142)在这一点上,格拉夫的采访证明了比尔·莫耶斯在他辞职离开白宫之后的坦白:"在那里存在着一种信心,"莫耶斯说道,"它从来不是自我吹嘘,它就在那里——或许是古巴导弹对峙中的一种残余——当你把筹码全部压上,其他人就不敢出牌。"(Janeway,1968:29–30)

忽略风险

国防部的研究与埃尔斯伯格的判断存在不一致的地方。埃尔斯伯格认为,当重大的升级决策做出时,政府并不是乐观的,国防部的研究表明政策制定团队的成员在1964年和1965年早期,对于使用轰炸袭击的方式击败北越持有一种过度乐观的态度。在由《纽约时报》所发表的《五角大楼文件》中,尼尔·希恩对于国防部研究的总结说明,在1964年11月,针对北越的空中战争是希望"持续一到六个月,很显然在此期间北越会屈服"(Sheehan et al.,1971:327)。根据切斯特·库珀的观点,尽管对于挫折存在着一段短暂的悲观和惨淡的时期,从1964年开始一直到约翰逊政府的最后几个月,团队成员仍然是表现出了极度的乐观:

> 乐观的预测非常盛行……反映了心中真实的信念。显然,偶然的怀疑划过某些——也许是所有的——高级政策制定者的脑海,但那种洋溢于胸中的对于战争"很快"顺利结束的信念,给他们提供一种强烈的安全感。与之相反的意见并不容易被接受……我们认为我们可以在不对美国经济和社会产生影响的情况下处理越

第五章 越南战争的升级：如何发生的？

南问题……

因为战争有可能"很快"结束，人们就不愿意对官僚机构做出实质性的改变。也没有特别的机构来为战争征招人员，落实决策并制定后续政策。（Copper，1970：424）

当然，我们知道，约翰逊"周二午餐小组"对于越南战争扩大到中国或者苏联会直接招致的危险并不是没有顾忌。在那段时间，特别是在1966年之前，成员们已经很敏锐地察觉到美国军队在越南的脆弱性了，也意识到南越政府可能倒台，但南越政府因其手中讨价还价的能力太少而不愿意进行直接的和平谈判。决策团队成员也一直担心南越与美国反共产党实力合作的努力，危险性可能会存在于整个约翰逊政府时期。因此，也不能确定他们对美国在越南的军事任务总体的安全保持了过于乐观的幻觉。然而，有时可能会存在一种有限的幻觉，让政策制定者倾向于实施一种长期的赌博。许多观察表明，小组在对战争升级的严重的物质、政治以及道德风险的现实认识方面曾存在短时的疏忽。这种疏忽是由于共享的幻觉所引起的，"所有事情都会按我们的方式进展，没有任何严重的危险会真正影响到我们"。

两位著名记者戴维·克拉斯洛（David Kraslow）和斯图亚特·卢里（Stuart Loory）的报告直接证明了1966年约翰逊"周二午餐小组"所做出的有风险的决策，他们对越南战争的公开记录进行了详细研究，并且采访了对内情有所了解的40多位美国官员。从他们对约翰逊"周二午餐小组"做出重大决策时幕后发生的情况描述中，我们可以发现有很多清楚的证据，表明小集团对于小组所选定政策的最终胜利存在一种毫无根据的自满意识。如果后来的历史性分析在内容上能够证明他们描述的内容，就可能提出一系列别的问题，这些问题是关于小集团思维在政策制定者愿意采取极端冒险行为，甚至挑起一场与中国和苏联的全面战争的危险的作用。他们的设想是基于一种共同的假定，所有的事情一定都会按照他们所希望的那样发生。

在1966年，"周二午餐小组"主要考虑的是在北越选择轰炸目标。克拉斯洛和卢里描述了小组如何努力根据以下一些特定的流程去评价提出的每一个目标，成员们感觉这一流程可以使得他们将所有相关的标准都考虑在内：

> 根据五角大楼和国务院所有职员的工作程序，对一个目标获得授权需要把每个目标压缩到一张纸——一张报告卡片——上面，总结性地指出要攻击的对象。每一张单独的卡片中都包含以下四项清单：
> （1）要打击的目标的军事优势。
> （2）在空袭过程中美国飞机和飞行员所冒的风险。
> （3）空袭可能迫使其他国家参与而扩大战争的危险。
> （4）大量平民伤亡的危险。
> 在周二午餐会上，约翰逊总统及其顾问共同研究每一张目标卡片，就像是学校的老师在评阅考试试卷。每个人都在这四个方面评价每一个目标。
> 最后决定的做出是在平均分的基础上……
> 总统及其主要顾问以这样的方式在白宫的午餐饭桌上工作，表明了他们对于远在数千英里之外的一条道路上的各个路口、卡车和建筑结构的高度关切。他们这种明显的关心进一步表明，他们从来没有这么强调一定不能超越有限的战争目标。（Kraslow and Loory，1968：48）

小组在形式上坚持选择目标的标准化流程，是否让成员们感觉他们在对待越南人时选择破坏性的方式是合理的？无论如何，他们的清单已经在考虑美国空袭造成大量人员伤亡是危险的。他们是否根据一般状况而模糊了具体情况？他们主要考虑的都是重视军事目标，而较少考虑人道主义以及可能对美国的国家安全造成影响的政治后果。**小组成员是否共享一种幻觉，即他们对于美国对越政策的所有方面都有所警觉，然而却几乎把努力仅仅局限于选择轰炸目标的路径上？**

当然，他们需要高度的警觉，是因为一场轰炸攻击可能会引发苏联或者中国的参与，把越南战争转变为第三次世界大战。尽管每位成员都注意到这种风险，根据克拉斯洛和卢里的说法，至少有一次，会议只是考虑了要打击的目标可能的好处而没有重视这种风险。（Department of Defense，1971：Book 4，61ff）1966 年春末，"周二午餐小组"第一次批准对河内海

第五章 越南战争的升级：如何发生的？

防地区的大型石油储备仓库进行轰炸，尽管成员们知道苏联的军舰停泊在距离海防地区海港的轰炸目标非常近的危险地方。这一冒险决策的基本逻辑是，轰炸也许可以推动北越政府在对美国有利的条件下开始谈判。在1966年整个春天，美国政府官员一直努力去弄清楚，敌人是否准备采取一个和平的解决方式。洛奇（Lodge）大使从西贡发来的报告说明他有一些证据表明，轰炸突袭以及供给困难已经在河内产生了一种强烈想要和平谈判的愿望。尽管获得这种信息，并清楚地知道苏联的舰队可能被意外击沉的情况下，"周二午餐小组"还是决定，是对敌人主要港口的附近发动更猛烈的进攻的时候了。这一决定肯定与轰炸北越最终会取得军事和政治上成功的愿景思维有关。如果克拉斯洛和卢里的报告是准确的，所有的小组成员都应该知道这样做是非常危险的，并且可能会让美国走向与苏联战争的边缘。编辑《五角大楼文件》的国防部分析家认为，传达给太平洋美军总司令的指令是"一份优秀的文件，详细地论证了攻击的政治敏锐性"。(Sheehan et al.，1971：479)

如果空袭在政治上是敏感的，为什么在第一时间就得到授权？**执行轰炸突袭的决策（尽管存在激发苏联卷入战争的可能）是基于小组成员在协商时都有一种不靠谱的坚不可摧的感觉吗？**

我们无法知道当他们做出决定时，这些团队成员有多么自鸣得意或焦躁不安，然而我们知道的是，当领导成员独处时，他考虑到决策的风险时变得非常不安。在执行突袭的夜晚（1966年6月29日），约翰逊总统由于心烦意乱而无法入眠：

> 之后的几个月，约翰逊总统告诉偶尔的来访者，他那天晚上有多么的焦虑，担心万一出错，或者误炸到苏联在海防海港的军舰，而引发第三次世界大战。
>
> 他很担心，以至于他的女儿露西（Luci）与未婚夫帕特·纽金特（Pat Nugent）约会回来之后，劝说总统去祈祷。她……劝说她的父亲在（天主教）教堂（她信任天主教）中寻求平静……晚上10：30，一位等待中的多米尼加僧人看到两辆黑色豪华轿车开往新哥特式建筑的方向。总统、约翰逊夫人、露西以及纽金特从其中一辆车上走出来，

一群特工人员从另一辆车中走出。

所有人走进一个昏暗、空荡的教堂，跪下并且安静地祈祷。

回到白宫后，那一整晚总统都难以入眠，等待着关于突袭的最后报告。早晨4:30，很满意没有意想不到的灾祸发生，他才进入了梦乡。(Kraslow and Loory, 1968: 12-13)

总统对于危险的担忧是否只是在他独处、小组成员无法让他对他们集体授权的一个危险行动放心时才会产生？在那一天的前后或计划中轰炸的日子前（这个时候轰炸还是可以被取消的），他是否出于对小组此前做出的政策的坚持而忽略了引发第三次世界大战的危险？他是否放弃使用他总统的特权取消危险的任务，或者再一次召开小组会议重新考虑政策？因为他感觉到政策的任何转向都有可能被看作是违反了小集团的禁忌，对小集

1968年3月31日，约翰逊总统面对国人发表了历史性的电视演讲。约翰逊要求立即停止在北越领土内的90%的轰炸，并且向胡志明发出挑战，要他"积极地回应这种通向和平的新的方式"。在演讲的结尾，他宣布他将不会在1968年竞选总统。

第五章 越南战争的升级：如何发生的？

团以前做出的决定表示怀疑。不幸的是，林登·B. 约翰逊在他的回忆录《登高望远》中并不十分坦白。他并没有提及这个片段。也许在以后出版的更能说明问题的自传中会对这些问题做出回答。

破坏了和平的模糊之花

约翰逊在他的回忆录中，确实提到了一系列通过谈判结束越南战争的努力，虽然这些努力都失败了。他的评论提出了一些与"周二午餐小组"是否愿意采取冒险行动有关的问题。这种风险包括破坏和平谈判，在国内和世界范围内使美国失去信誉。约翰逊所说的一个没有成功的努力是"金盏花计划"。这一计划在1966年年底迅速吸引了美国政策制定者的注意力，这个时候他们确信在达成一个协议*之前*，河内不会要求停止轰炸：

> 在1966年夏天，雅努什·莱万多夫斯基（Janusz Lewandowski）在西贡拜访洛奇大使，他是国际监察委员会的波兰籍成员，刚刚访问过河内。谈判开始了。相关的交流在以"金盏花"为密码的秘密信号下汇报，持续了6个月……在得到来自洛奇（关于停战）的保证后……我们批准他在12月3日告诉波兰代表，我们准备于12月6日在华沙会见北越代表，以莱万多夫斯基的草案作为谈判的基础……
> ……（然而）对于这次由波兰人安排的在1966年12月6日的决定性会议，北越代表没有能够出席。(Johnson, 1971: 251)

被指定用于这种潜在的和平进程的密码被称为"金盏花"，由国务院中一位助理国务卿威廉·P. 邦迪（William P. Bundy）负责其进程。他与白宫小组中的政策制定成员保持着紧密的联系。他用花的名字命名密码以嘲讽"花之子"（嬉皮士的一流派。——译者注）以及美国社会中其他声名狼藉的人，这些人持和平立场——这样做也许是为了尊重政策制定者坚持在越南使用一种强硬军事方式的做法。(Kraslow and Loory, 1968: 27)

另一位国防部官员和积极的"金盏花"者是切斯特·库珀，他在回忆录《最后的十字军》（1970）中讲述了一个苦涩的故事。据库珀说，正当由波兰官员作为北越政府的中间人，在华沙举行谈判会议的时候，金盏花和平倡议被约翰逊"周二午餐小组"做出的决定（恢复对河内范围内进行的轰炸）破坏了。（Copper, 1970: 324 – 341; Kraslow and Loory, 1968: 3 – 74）克拉斯洛和卢里在两年前曾经根据他们对不愿透露姓名的政府官员的采访讲述了基本上同样的故事，其中一位受访者很有可能是切斯特·库珀。这个故事中的一小部分得到了约翰逊的承认，他在回忆录中说："波兰人称北越代表无法出席，因为我们在会议召开的两天前轰炸了距离河内很近的目标。"（Johnson, 1971: 251）约翰逊认为波兰人是否有来自河内的明确承诺是无法确定的，轰炸不应该产生影响："如果莱万多夫斯基告诉河内准确的信息，北越就会清楚地知道，在谈判开始之前，轰炸是不会结束的。"（Johnson, 1971: 251）约翰逊没有提到的是，在确定第一次会议时间之后，美国与波兰官员的谈判持续了一周多，而且在这些会议进行期间，美国还发动了两场对河内的空袭。根据《五角大楼文件》所说，"12月2日、4日、13日以及14日对河内附近的突袭的主要结果——所有轰炸都发生在此前在首都附近30英里的范围内建立的难民营里面——'削弱了来自河内的似乎是和平的触觉'"（Sheehan et al., 1971: 523）。

　　约翰逊没有提及他及其政策顾问一次次地收到警告——重新进行轰炸将会破坏金盏花计划的前景。这一警告的信息来自美国驻华沙大使，来自在西贡的波兰外交官（他在倡议和平行动中起到了积极的作用），以及来自驻美国的意大利大使，他同样也是金盏花和平计划中的一个发起者。在那个时候，在美国国务院中一个深深卷入了计划中、对和平谈判有影响力的团队——包括在腊斯克缺席国务卿时暂代他职务的尼古拉斯·卡岑巴赫（Nicholas Katzenbach），以及专门为和平使命而被任命为大使的艾夫利尔·哈里曼——强烈地建议总统及其核心顾问在华沙的谈判进行时停止河内轰炸计划。

　　库珀不相信金盏花计划是由约翰逊及其顾问蓄意破坏的；相反，约翰逊政府在1966年年底寻求摆脱战争出路的态度是真诚的，尽管并不总是"全心全意"，而是"摸着石头过河"。（Copper, 1970: 324）库珀认为，

第五章　越南战争的升级：如何发生的？

摸索和平倡议以及之后谈判的其他主要原因，是约翰逊团队内部坚持的一种规范，即无论达成政治妥协的机会什么时候出现，对于敌人都要强硬并随时做好战斗准备，保持一种坚定的立场：

> 停止或者缓和轰炸，即使是暂时的，抑或是作为外交倡议符合逻辑上或必要的陪衬，都会被认为是美国承认软弱和失败的表现……尽管美国的声明倾向于政治的方案，而非是军事的策略，而北越却是谨慎而充满疑虑的，这并不奇怪。为了减少他们的怀疑，出于现实的考虑，华盛顿的许多"政治解决"的计划，就是通过谈判实现北越的投降。（Copper, 1970: 432 – 433）

也许团队内避免采取缓和性行动的规范，能够解释金盏花计划出台的那段时间的行为，因为缓和的行动可能被认为是软弱的表现。"谈判的议题在总统的'周二午餐小组'时期是一个次要的问题；事实上是军事路线，特别是轰炸目标主导了讨论"（Copper, 1970: 336）。

不管美国政策制定者在 1966 年 12 月开始和平谈判的努力是否真诚，他们忽略了在那个特定时间做出轰炸河内的决定的可能后果。当时许多国家的外交官都知道和平行动马上就要开始了。一批努力把这两个敌对国家带到华沙的谈判桌上的有影响力的外国外交官都感到震惊。他们群情激奋地告诉联合国秘书长吴丹以及其他联合国官员，美国粗暴地破坏了脆弱的金盏花计划，而为了这一计划他们准备了六个月之久。况且，事实上在意大利和波兰政府的所有高级官员都知道，秘密的金盏花计划的第一步已经开始行动了，因为他们的大使都充当了协调者的角色。在每一次轰炸河内之后，双方政府的代表都表达了他们的震惊，并且毫不犹豫地公开质询美国代表，他们政府所声称的寻求和平解决的态度是否真诚。因此，河内的轰炸引发了不信任，不必要地引起与其盟友意大利的关系紧张，并且让波兰政府因被疏远而感到难堪，也消除了美国长期以来一直将波兰从苏联的影响下吸引过来的努力。

与担任调停工作的外国外交官相比，也许不那么难受但是士气受到同样打击的是他们在美国国务院的同行，这些官员都曾经受命追求和平之花。他们要求暂时停止对北越的空袭，以便让认真筹划的和平谈判能够进行下去，当这些建议被完全无视的时候，很难再期待他们继续努力工作，去安排和平谈判。

1966年12月，恢复对河内的轰炸引发了全世界媒体对美国行为的强烈抗议和谴责，尽管那时媒体对和平倡议还一无所知。在英格兰和美国的其他盟友国家都爆发了群众示威聚会。许多负责任的美国评论家第一次开始批评美国在越南的战争努力愚蠢至极。仅仅一个月之前，约翰逊总统在其所谓"和平宣言"中还信誓旦旦地承诺，将尽力安排美国军队从越南撤军。这再一次让我们想起奥威尔《1984》所使用的"双重思想"一词，即"战争就是和平"。约翰逊11月的"和平宣言"还历历在目，对越南的空中打击战争一个月后就恢复了，约翰逊政府的信誉鸿沟更大了，在总统的剩余任期内一直影响着他。

如果美国政策制定者们真诚地想要追求和平谈判，那么他们没有能够停止对河内地区的轰炸导致了一个彻底的失败。因为轰炸让所有能够实现这种意图的机会破灭。我们必须等到所有相关档案解密之后，才能知道小组成员是否都相信他们自己真心追求和平谈判的机会，是否否认他们以军国主义的方式轰炸北越的决定会破坏和平谈判。

即使接下来的历史研究表明，美国政策制定者并非是真诚的——例如，他们有意拖延战争，期望后来可能取得一个有利的谈判协定——他们忽略那些警告的决定，仍然会被评价为是愚蠢的，因为成员们忽略了那种不受欢迎的政治后果。他们本可以看到，所有那些了解"金盏花计划"的人都认为美国的领导者是达成和平协定之期望的破坏者，因为他们不合时宜地决定轰炸。如果政策制定者是为了欺骗，他们应该认识到，除非他们在短时间内推迟对河内的突袭，否则就会彻底暴露他们延长战争的不可告人的图谋，直到有很明显的迹象表明，那些希望推行"金盏花和平计划"的与会者无法达成协议。**约翰逊顾问团队的成员是否忽略了这些明显的风险，因为他们对于自己所采取军事政策的过度自信，共同产生了一种过度乐观的想法，认为恢复对河内的轰炸最终会成功地迫使一个虚弱的敌人按照美国的条件寻求和平？**

如果我们根据小集团思维假设来考虑这种信誉鸿沟，我们会产生以下额外的问题：**总统及其团队的其他成员是否错误地粉碎了公众对他们关于战争声明的信心，因为他们相互支持，忽视了逐步增加的证明他们此前所执行的军事政策失败的证据？** 胡普斯的判断给予这个问题肯定性答复的可信性。他说约翰逊总统重复地对媒体发表一种没有根据的乐观声明，不仅仅是因为他天性好吹嘘自己的政策，同时也是由于他不断地被"来自其顾问的乐观的浪潮所鼓动"（Hoopes，1969：113）。胡普斯说，总统在他任期的最后一年，变成了：

> 两种情形的受害者：（1）罗斯托的"有选择简报"——强调节省时间的技术，在大量的资料中，只强调那些想要让忙碌的领导人给予特别关注的项目；（2）一种惬意的氛围，小圈子的成员就越南问题进行讨论的时候，在关键问题上长期形成了含糊的协议，却从未听取过让人泄气的话。（Hoopes，1969：218）

如果对于约翰逊政府的历史研究能证明胡普斯是正确的，我们就会有足够的证据表明，总统与其核心圈子里的其他成员一样，是小集团思维的受害者。但是任何明确的判断，无论正确与否，都需要等待更多来自政府秘密档案的解密以及公开出版的回忆录来提供可靠的回答。

小集团思维假设的限制

如果历史证据支持小集团思维的假设，我们是否可以得出这样的结论：仅仅避免小集团思维，就能避免约翰逊政府对于东南亚的外交政策的错误？当然不能。即使政策制定者并没有受到小集团思维的影响，越南战争政策也可能在本质上与此并无二致，因为在美国政府中掌握权力的人的政治和经济的价值观。然而，很有可能，如果他们沉溺于小集团思维，他们就不能让自己充分意识到构想拙劣的升级政策是无用功，也不能及时改正他们非常错误的一些设想，以便重新考虑当时存在的其他可能性。可以想象，小组动力因素在他们考虑决策的过程中对他们产生了如此大的影响，如果约翰逊政府能够创造一些适当的条件避免小集团思维的影响，政策制定者也许会放弃一些他们最初的战争意图，即使不是更早，至少也愿意在1966年当"金盏花计划"开始时，谈判一个和平协定。

对美国政府档案以及回忆录进行仔细的历史分析，迟早会对本章中提出的问题给出一些确切的答案。答案可能是肯定的，也可能是否定的。当然，用小集团思维对这个案例中约翰逊政府在越南战争政策中的错误所做出的解读也许会被抛弃。例如，决策也许在很大程度上只反映了一个人的影响，即总统自己。然而，若说他的顾问没有对其施加任何影响，说他们对总统的升级政策阳奉阴违，这不可能。具有才干的人，像麦克纳马拉、腊斯克、罗斯托以及邦迪都不太可能是谄媚者，他们不像那些独裁者身边的人一样。如果库珀、胡普斯、莫耶斯、汤姆森以及其他观察家所阐述的事实基本上是正确的，更可能的解释是，小组动力对于越南战争升级政策的制定者有着极大的影响。

尽管目前没有确定性的证据来评价其他解读，但越南案例显得比其他案例更能证明小集团思维假设的潜在相关性。它也表明当历史记录变得更为完整以检验小集团思维的效力时，需要进行哪一种研究的类型。这一章所提出的问题并不是历史学家和政治分析家通常所提出的。也许，如果社会科学家认真地考虑小组动力对于高层政策制定者的影响，他们将会搜集到回答这些问题所需要的证据。

第二编
相反的案例

第六章　古巴导弹危机[1]

1962 年 10 月，古巴导弹危机的那历史性的 13 天，美国政府所做出的一系列至关重要的政策决定，与入侵猪湾的决定完全不同。这场危机被认为是"我们国家历史上最危险的时刻"（Sorensen，1966：328），"核时代以来有可能爆发灾难性战争的最大危险"（Kennedy，1969：13）。古巴导弹危机的政策制定团队，涵盖了大部分曾参与猪湾决策的关键人物，但是这一次，他们运作得非常有效，没有表现出任何小集团思维的症状，这一次，这些症状消除了。

危机的背景

在试图入侵猪湾大约一年以后，苏联与卡斯特罗政权达成了在古巴建设导弹设施的协议，据说可以携带核弹头。有超过两万名装备了精良战术武器的俄国军队被派往古巴以保护那些导弹设施。（Sorensen，1966，813）在发现部署于古巴各地的导弹基地之后，美国军方的情报专家估计，这些导弹设施大约占到苏联所有可用核弹头的三分之一左右。如果用这些导弹攻击美国城市，将会造成大约 8000 万美国人丧生。

在这场危机之前的几个月里，中央情报局就已经收到了来自古巴的特工的报告，说除了那些苏联已公开承认的防御性常规武器以外，俄国人正在那里安装进攻性的核武器。但是，这一消息并不十分肯定。美国的情报专家，以及政府中的其他人员依旧认为，苏联新近运往古巴的人员和设备，只不过是为了加强古巴的防空系统而已，正如苏联领导人反复宣称的那样。这一被广泛认可的共识——正如在入侵猪湾之前毫无根据地认为卡

这幅照片是 1962 年 10 月由一架 U-2 飞机在侦察古巴时拍摄的。照片中显示，在圣·克里斯托瓦尔（San Cristobel），有为弹道导弹建造的房屋、燃料罐拖车，以及一个导弹装置机。诸多车辙印以及在控制区架设的电缆线说明，苏联的行动非常迅速。

斯特罗非常脆弱的共识一样——显然让肯尼迪政府没有认真对待那些最初的警告迹象。但是，白宫的无所作为在 1962 年 10 月 16 日被彻底打破了。那一天，总统从中央情报局解读照片的人员那里获悉，在对 U-2 飞机侦察古巴时所拍摄的照片进行例行检查时，在圣·克里斯托瓦尔（San Cristobel）发现了为弹道导弹新修建的建筑物。在这幅令人震惊的照片中，专家们可以清晰地辨认出一个发射台，以及一枚被放在地上的进攻性导弹。

执行委员会的使命

当消息传到肯尼迪总统那里时，他立刻将高层顾问们召集在一起，组成一个团队，这就是后来的国家安全委员会（National Security Council）执行委员会。这个团队，与支持猪湾入侵计划的那个决策团队，在成员构成上基本是重叠的。事实上，执行委员会中有五位关键成员都参与了这两项

第六章 古巴导弹危机

决策中的绝大部分会议：他们是，总统肯尼迪、国务卿腊斯克、国防部长麦克纳马拉、助理国务卿保罗·尼采，以及白宫对外政策协调员麦乔治·邦迪。另外一位关键成员是首席检察官罗伯特·肯尼迪，他参加了猪湾计划最初的介绍会议，并且后来在加强执行猪湾计划的共识中发挥了作用。在古巴导弹危机期间，执行委员会的其他主要成员还有马克斯维尔·泰勒将军（他是新任命的参谋长联席会议主席）、副总统林登·B. 约翰逊，以及约翰·麦科恩（他接替了艾伦·杜勒斯出任中央情报局局长）。还有一些其他的专家和官员实际上也出席了全部会议，因为总统希望把他们的判断也纳入到自己的考虑之中。这些人包括罗斯维尔·吉尔帕特里克、乔治·比尔，以及卢埃林·汤普森。

  当成员们在危机的第一天被召集到一起的时候，"总统明确表示，不可能默许既成事实"（Schlesinger，1965：803），小组需要制定一个在导弹可用之前将其运出古巴的行动步骤。委员会的部分成员认为，通过外交途径，或者直接与赫鲁晓夫打交道，或者通过联合国这种间接的方式，都是可以考虑的，但是，"总统从一开始就排除了这个方案"（Schlesinger，1965：770）。约翰·肯尼迪，以及美国政府的其他不少官员都表示，苏联的导弹坚决不能留在古巴，因为这不仅仅只是一个军事威胁，而且还会从政治上对美国的国际地位造成损害。政府中的主要成员们也认为，如果无视那些导弹的话，不仅会削弱肯尼迪的个人威望，而且还会危害他实施对内和对外政策的努力。一些主要的共和党成员，如戈德华特参议员和基廷（Keating）参议员，已经对肯尼迪强烈施压，要求他动用美国的军事力量来制止在古巴部署导弹的行为。然而就在一个月以前，为了回应这些政治压力，总统已经公开表示，他相信在古巴的所有导弹都仅仅只是防御性的武器而已。他许诺，一旦进攻性导弹被运抵古巴，他一定会采取行动。正如一位政治分析家所指出的，"如果艾森豪威尔在1960年对U-2飞机事件的笨拙处理不小心让赫鲁晓夫在个人和政治上蒙羞的话，那么，赫鲁晓夫必将在更危险的环境中对肯尼迪进行十倍的愚蠢报复"（George，1971：90）。

国家安全委员会执行委员会于古巴导弹危机期间在白宫开会。与会者们——以右边正伏在会议桌上的肯尼迪总统为基准,从顺时针的方向来看——分别是国务卿迪恩·腊斯克、国防部长罗伯特·麦克纳马拉、国防部副部长罗斯维尔·吉尔帕特里克、参谋长联席会议主席马克斯韦尔·泰勒将军、国防部副部长保罗·尼采、美国新闻署副主任唐·威尔逊(被遮住)、总统的律师西奥多·索伦森和汤利·史密斯(坐在书架旁)、白宫对外政策协调人麦乔治·邦迪、财政部部长道格拉斯·狄龙、副总统约翰逊、俄国事务顾问卢埃林·汤普森和威廉·C. 福斯特、中央情报局主任约翰·麦科恩(被遮住),以及副国务卿乔治·鲍尔(也被遮住)。首席检察官罗伯特·F. 肯尼迪站在最左边。

肯尼迪总统最初的决定(在执行委员会召开第一次会议之前)是采取某种形式的强制行动,以消除导弹的威胁。他的这一判断被不少政治批评家所抨击。他们认为,肯尼迪并不需要通过制造一场危机来维护他的声望,而且他是在进行一场残酷的赌博,赌克里姆林宫是否会决定为了维持和平而撤回导弹。但是,也有一些批评家认为,肯尼迪之所以在最初就决定诉诸强制行动,是基于他对环境的准确把握。

总统所确定的目标是否正确,其实与团队决策的讨论没有什么关系。真正与之有关的,是总统让执行委员会来决定如何消除导弹的威胁这一事实。我们所关心的，是这个团队的决策活动。如果与会者在会议上所做的报告，是对于已发生事情的正确描述的话，那么我们就可以得出这样的结论，即政策制定团队符合合理决策过程的所有主要标准。① 那么对于政策制定者来说，他们应当：（1）全面详尽地讨论各种备选行动步骤；（2）对所涉及的目标与价值进行调查分析；（3）仔细权衡最初看上去是最优的行动方案可能带来的负面后果的成本、劣势以及隐含的风险，及其可能带来的积极后果；（4）要不断搜寻相关信息，以对备选政策进行评估；（5）谨慎考虑获取的信息和专家提供的判断，尤其是当信息和判断不支持最初所偏好的行动方案时，更应如此；（6）在最终决定之前，要再次分析所有主要备选方案的正面和负面后果，包括那些最初被认为是无法接受的选择；（7）对选择执行的行动步骤要做一个详尽的预期，尤其需要特别关注的是，如果各种已知的风险突然出现时，需要采取哪些应急方案。

这些标准是为判断决策过程的质量而设立的，它们并不针对结果（在这个案例中，结果如何在很大程度上需要取决于克里姆林宫的反应）是否成功。高质量的对外政策决策——需要满足七项标准——一般来说和低质量的决策相比，在中长期取得成功的机会更大。但是，用上述所给定的标准来衡量，一项决策最终有一个好的结果，并不必然意味着它会被列入"高质量"决策的范畴之中。虽然这个定义具有相当大的不明确含义，但是为了说明为什么与"猪湾事件"和其他重大失败的案例相比，古巴导弹危机却是成功的，就需要把这个定义说清楚。这并不是因为它的结果被证明是成功的。假如苏联领导人选择以战争回应美国海军的封锁，假如在灾难之后，仍旧有一位客观的分析家健在，而且他能够得到与现在一样的证据来进行评估的话，那位分析家也一定会被迫承认，仅以这七项标准为基础而不考虑那可怕的结果的话，执行委员会在古巴导弹危机期间的决策过程，也堪称是"高质量的"。

肯尼迪总统最初希望通过采取某种方式的强制行动以消除古巴导弹的威胁，这一决策可能就无法满足这些标准。如果肯尼迪总统没有排除通过传统的外交途径以及与苏联和卡斯特罗政府进行沟通的方式以实现和解这

---

① 关于合理决策的主要标准，参见第一章中对有缺陷决策的讨论，第9—10页（指英文原版页码，即本书边码——编者注）。

一选择的话，他很有可能会成功地找到既消除导弹的威胁而且还能拆散古巴与苏联的军事同盟的方法。有些社会科学家现在认为，肯尼迪处理两个超级大国军事关系的政策是一个严重的错误。比如，欧文·霍罗威茨（Irving Horowitz）就认为，肯尼迪对导弹危机的看法过于受到博弈论模型的影响，这使得他在应对那些对美国安全相对较小的威胁时，就采用了不必要且危险的"懦夫博弈"（或"斗鸡博弈"）（Horowitz，1970：284-287），这使得世界上的两个主要的大国，在全面爆发核战争的危险边缘，进行了毫无道理的对决。

肯尼迪是否从一开始就排除通过外交途径解决问题的这一决定可以被视为一项边缘政策行动，执行委员会可以被批评为太轻易支持总统对其使命的判断。如果这个团队中的那些政府领导人认为，总统排除外交途径的做法是错误的，他们就可以影响总统，使其改变最初的判断。不过，除了上述这一点可能做得不足以外，执行委员会在分析和评估总统要他们回答的关于强制行动备选方案的政策问题时，总的来说表现得还是很不错的。即使像霍罗威茨这样最尖锐的批评者也承认，执行委员会的最终建议"产生于一个讨价还价的政治过程，它不仅包含了军事因素与战略分析，而且还将道义……与国际政治的后果考虑其中"（Horowitz，1970：284-287）。

在 13 天的危机中做出的决定

自 1962 年 10 月 16 日起之后的五天里，为达成一项战略计划，执行委员会的成员们频繁会面，经常每天要举行若干次正式会议。起初，最佳的方案似乎更倾向于威胁进行外科手术式的大规模空中打击，以期通过口头威胁就可以迫使苏联撤回导弹。但是，团队其实从一开始就意识到，苏联领导人可能对美国的这一威胁并不买账，他们的不买账可能导致局势迅速且不可控地升级，这可能会引发一场核战争。在经过对备选方案日复一日的讨论之后，团队中的大多数成员在 10 月 20 日都认可，通过海军进行封锁是最佳的选择。他们认为，由麦克纳马拉提出的这一选择的优点在于，其低水平的行动可以发出一个非羞辱性的警告，并且还"留有余地"

(Kennedy，1969：34；Abel，1966：81），而且一旦之后有需要的话，它也能够保证局势逐步、可控地升级。

这场危机后来又持续了八天，这个小组坚持每天碰头，直到赫鲁晓夫提出撤回导弹使得危机最终得以解决时才终止。在10月22日那天，肯尼迪总统发表了令世界震惊的讲话，他向全世界披露了古巴存在进攻性导弹基地的详尽证据，并正式宣布美国政府将对古巴进行隔离的决定。赫鲁晓夫随即将封锁行动斥责为"海盗行径"。18艘苏联船只——它们中的一部分已经基本确定载有核武器——仍旧按照其原定航线徐徐向隔离区行驶。在随后那扣人心弦的几天，美国不断威胁将会登上苏联船只，并强迫若干艘苏联的潜水艇在靠近隔离区时浮出水面，甚至登上了一艘由苏联雇佣的黎巴嫩船只。这些行动不但能够延缓直接的军事对抗，而且还表明美国政府要求消除在古巴部署导弹的坚定决心。在随后的10月24日和25日，就在苏联船只即将进入隔离区之时，大部分苏联船只（包括那些被认为载有核导弹的大舱口船）掉头行驶，然后返回了俄国港口。

虽然封锁政策是成功的，但是局势实际上还是相当危险，因为苏联在古巴的导弹基地仍在紧锣密鼓的建设当中，并且很快就可以交付使用。执行委员会开始考虑制定使应急计划可以付诸实施的应对举措。这些计划包括进一步采取某种更直接的军事行动，可能是通过空中打击来对付那些导弹基地，甚至直接入侵古巴。不过，在采取进一步行动之前，委员会决定，还是要先把警告信息——而非正式的最后通牒——传递到苏联领导人那里，力促他们为避免爆发战争而尽快将导弹撤回。正当这场危机到达高潮之际，赫鲁晓夫表示，如果美国愿意做出某些让步的话，他将愿意做出回应。这场危机在10月28日被最终解决，在这一天，苏联领导人同意将其导弹撤离，而作为交换，美国要保证不会入侵古巴。

小组内的分歧

通过对这13天里焦灼的商议过程的各种描述可以很容易看出，执行委员会的成员们虽然面临着要求达成共识的巨大压力，却不断产生不同意见。举例来说，索伦森回忆，在第四天的会议中："总统已经表现得相当不耐烦和沮丧，他对首席检察官和我十分依赖，他说，要赶快把团队整合起来——否则他的任何决定都会受到越来越多的分歧和拖延的干扰。他想要尽快采取行动。"（Sorensen，1966：780）当在接下来的会议中，仍旧没有达成任何共识之时，索伦森放弃了他在之前会议中的一贯举动，并促使成员们尽快达成一个统一的应对方案，他告诉他们："我们没有对总统提供很好的帮助，我急得满嘴长泡。"（Sorensen，1966：780）这是一种在被小集团思维趋势主导下的团体内经常能够看到的情况，即在强大的压力下，要求团体成员达成一致意见的例子。但是，执行委员会中的成员们还是抵制住了这个压力。虽然他们的不一致会造成急躁和其他弊端，但是他们还是对备选方案展开了活跃的讨论。

第二天，大多数人同意把海军封锁作为最初的行动方案。不过，团队成员们并没有产生基于坚不可摧幻觉的共识。相反，大部分成员认为，就算是最佳的可行方案，也存在着导致美苏相互摧毁的核浩劫的巨大危险。尽管随着时间的推移，出现了引起刻板印象与促使一致的压力，但是成员们并没有表现出小集团思维的持续症状。在很大程度上，虽然在这13天的危机中充满了紧张与压力，但是团队成员在作为独立思考者提出批评意见方面，表现得格外成功。

执行委员会这一次没有成为小集团思维受害者的这一情况，能够使我们从中学到什么？部分答案与之前惨败所造成的创伤影响有关，执行委员会中的大多数主要成员，都曾涉足之前的那次惨败。一年半前猪湾入侵那令人耻辱的失败所产生的苦涩回忆仍旧萦绕在心头没有消散。肯尼迪的团队不再幼稚地看待那些貌似权威的军事简报，也不会漠视因过分简化对外政策议题而产生的危险。但是，这些变化并不仅仅是简单地让每一个人在下一次做得更好的问题。重要的是在程序上的重大改变，它被引入到组织决策的过程之中——这些改变可以防止决策者们接受那些未加任何批判却又被说得天花乱坠的观点，这些观点往往是那些热情建议者提出的设计有缺陷的方案。在进一步深入分析执行委员会在古巴导弹危机期间是如何运作的之前，我们必须先稍微回过头，去考虑那个被认为是肯尼迪总统在其整个职业生涯中"最惨痛的失败"发生之后的几个月里，白宫所出现的转

第六章 古巴导弹危机

变。在这段期间里，困扰他的问题由最初的"我们怎么会如此愚蠢"转变为"我们怎么做才能避免如此愚蠢的事情再次发生"。

"猪湾事件"的遗产

在出现令人震惊的失败之时，相互尊重与群体认同感在保持士气上有着重要的作用。一个内聚的团队可以在做出了灾难性的错误决定之后存活下来，不断在辛酸的教训中吸取经验，并在下一次做出更好的决定。这一成功的故事，似乎与肯尼迪政府在面临"猪湾事件"失败后的困境时所做的努力非常吻合。尽管对他们的攻击接二连三，但是总统与其政府中的主要成员，在面对那场令人震惊的失败之时，并没有表现出士气低落或是无能为力。

肯尼迪在入侵古巴计划失败之后，首先采取的行动之一，就是向媒体宣布，他将对此次失败承担全部责任。（Sorensen，1966：345；Schlesinger，1965：285）他强烈反对将责任归到其他参与商议的成员身上。那些在他身边工作的人发现，虽然肯尼迪在外边看上去似乎很沉着，但其实他的内心深处已经十分烦躁。正是在强大的自制力的作用下，他才控制住了自己的情绪，没有对理查德·比斯尔与艾伦·杜勒斯——正是这两位中央情报局的局长虚构了愚蠢的计划，并误导总统相信他们的计划有效——大发脾气。（不过，他也悄然接受了他们的辞呈。）肯尼迪有时也会对别人发脾气，不过这只针对那些不属于他的团队的人。比如，他抨击那些报纸的记者和编辑，在即将入侵古巴之前没有对新闻报道进行审查。他认为，这些人应该以国家利益为重，应该进行审查。肯尼迪的传记作者认为，肯尼迪的这一抨击毫无疑问是一个错误，它使总统陷入到与新闻界长期的不和之中。

尽管国内外对他们的嘲笑不断增加，肯尼迪团队的主要成员仍然相互支持，这种相互支持让他们避免泄气。他们能够采取建设性的措施，修复所遭受的损害，应对发生在老挝、越南、刚果和柏林的危机。在大失败后，他们的行为所表现出来的，是内聚的小集团在临时出现失败后的积极的后果。这与消极的后果形成鲜明的对比。消极的后果，是对认为他们的政策会取得成功的乐观情绪无所作为，会导致糟糕的决策。

一个内聚团队的领导人所面临的问题在于，如何在维持内聚团队士气的同时，却又不会因小集团思维而遭受损失。肯尼迪总统似乎意识到了这个问题，虽然总统和他的同事们都没有明确提出来。总统在这次惨败之后首先采取的另一项行动，就是成立了一个调查委员会，以准确找出到底什么地方做得不正确。之后，部分地根据顾问们的建议，部分地根据个人直觉，肯尼迪在其团队的决策过程中进行了一系列全面的改变，以确保不会再犯像"猪湾事件"那样的错误。为了分析这些改变，就有必要关注它们是如何提高了政府部门在解决问题上的效率。肯尼迪所倡导的不少革新措施避免了传统官僚政治中那些常见的弊端，比如严守秘密以至于向决策机构提供的信息都受到限制。总统在程序上所做的改变，同样也为促进独立思考创造了条件，并且减少了小集团思维趋势的消极影响。对程序所做的以下四项主要改变（George, 1974；Schlesinger, 1965：296 – 297），在政府随后需要做出可能与国家安全有关的重大决策时，比如说在古巴导弹危机中，都得到认真的贯彻。

重新界定参与者的角色

决策团队的成员们被赋予一个新的和更广泛的角色：即希望每一位参与者都能够扮演具有怀疑精神的"通才"角色。从那以后，当来自政府各个部门的顾问们在参与政策讨论时，他们被要求不再主要把自己当作所代表机构的发言人，而是要作为批判性的思考者。他们被要求把政策问题作为一个整体进行分析，而不是按照传统的官僚方式来处理问题。在传统的官僚方式中，每个人只在自己擅长的特定领域发表评论，而对那些其他与会者比自己具有更多专业知识的问题不发表意见。此外，总统最信任的两个人——他的弟弟罗伯特·肯尼迪与西奥多·索伦森（他们二人都没有参加制订猪湾计划初期的几次会议）——被要求扮演一个特殊的角色。他们二人被告知，作为明智的监督者，为了避免因对议题研究得过于肤浅而导致出现错误，他们需要不断寻找每一个可能产生争论的问题。罗伯特·肯

第六章　古巴导弹危机

尼迪非常愿意扮演这一角色,但是由于需要时常提出一些尖锐和粗暴的问题,他也需要付出在自己同事中不受欢迎的代价。他经常要故意唱反调。索伦森也认为,自己在防止出现错误上的责任非常重大,以至于他会花几个晚上的时间反复思量那些正在讨论的、会影响国家安全的计划中可能存在的瑕疵。

团队氛围的变化

这一次,政府的政策制定者们以一种完全不同的方式召开小组会议。根据团队规则的要求,会议应当进行坦诚和无约束的讨论,而那种惯常处理问题的礼节性规则被暂时搁置了。团队没有正式的议事日程。为了扩大核心决策团队获取信息的范围,部门发言人和外部的专业人士也被邀请来陈述他们的看法。之后,团队还会就他们所得结论的根据,仔细进行提问。为了能够保证不断获取新的观点,他们也会定期邀请新的顾问参会。由于意识到来访者一般都会倾向于保持沉默,团队成员在参与讨论时,会刻意要求他们主动表达自己的看法。

次级小组会议

作为一项有助于产生批判性思考的特殊设计,执行委员会有时会被分成两个次级小组。被分开的次级委员会为制定一项政策会单独开会,之后又会被重新集合起来,以进行辩论和交叉分析。另外,白宫的工作人员也会参与到临时决策团队的会议中,他们会与总统分别见面,"这改变了不允许显贵人物进入内阁会议室的惯例"(Schlesinger, 1965:297)。

无领导会议

肯尼迪总统偶尔会故意缺席决策团队的会议,特别是在各种备选方案第一次被广泛讨论的初期阶段。他之所以缺席的原因之一,就是为了避免在顾问们对问题的性质进行讨论的时候就施加过度的影响。罗伯特·肯尼迪坚决支持自己哥哥提出的召开一些无领导会议的决定,他说:"我觉得总统在场时,交换意见的可能性不太大,因为存在着就按照他的观点与认识行事的危险,他会使其他人感觉只要与他保持一致就可以了。"(Abel,1966:60)当总统不在场时,国务卿腊斯克或者罗伯特·肯尼迪都有可能来主持会议,但是他们都意识到,自己不应该对团队进行指导,或尝试取代总统成为团队中最有影响力的人物。

导弹危机期间表现出的新的团队规范

由于这四项新的程序和领导方式上的相关改变,不断鼓励进行开放性(open-minded)质询与讨论,执行委员会的成员们没有陷入到小集团思维之中,虽然他们在产生一致集体规范的社会压力下,还是形成了一个内聚的团队。实际上,在对备选方案进行评估时,争取对其进行彻底的讨论成为一种新的规范。这一规范在处理古巴导弹危机的初期会议中就已经被确立了。自那时起,小组成员似乎都意识到过早结束讨论的危险性,就算是他们中有人——比如肯尼迪总统——有时会对长期无法达成共识而感到不悦或者不耐烦时。

起初,肯尼迪总统与政府中的多数官员一样,都对在古巴发现进攻性导弹这一出乎意料的消息感到震惊和愤怒,尤其是发现赫鲁晓夫明显是在撒谎之时更是如此。因为就在不久之前,赫鲁晓夫还信誓旦旦地向美国政府保证,苏联向古巴提供的所有武器都只是防御性的。阿德莱·史蒂文森在危机第一天与总统的交谈中,就对总统的话感到深深的不安。总统告诉他:"我们必须马上采取行动。我认为可以选择通过空中打击来清除它们,或采取其他方式使这些武器无法使用。"(Abel,1966:36)如果总统强烈坚持自己最初立场的话,那么团队成员就会按照到底使用哪种方式的空中打击——是总统倾向的有限的外科手术式的打击,还是参谋长联席会议支持的大规模空中打击——来对他们的任务进行定性,而不会对那些不那么激烈或者不那么危险的选项进行考虑了。不过,肯尼迪总统没有在会议一开始就把团队引向他所偏好的空中打击,他强调需要详细研究所有的备选方案。他的原话是"必须采取行动"(Sorensen,1966:761),但是他希望成员们要尽力对"危险以及所有可能的行动方案进行迅速且细致的调查"

(Sorensen, 1966: 761)。团队在当天就着手对大部分显而易见方案的利弊进行分析。罗伯特·肯尼迪则充当明智把门人的惯常角色，他力促团队尽可能多地增加备选方案，他断言："在轰炸与什么都不做之间，必然还存在着其他的选择。"（Schlesinger, 1978: 803）

为了对首席检察官的这一指示进行回应，小组在相当大的程度上扩展了可供考虑的备选方案的范围。在第一天会议结束的时候，委员会认真讨论了至少十种备选方案：(1) 什么也不做；(2) 通过在联合国的呼吁对苏联施加外交压力，或者在美洲国家组织中成立一个检查组；(3) 安排肯尼迪总统与赫鲁晓夫进行直接沟通，这可以在即将召开的峰会中进行安排；(4) 秘密与卡斯特罗进行接触，警告他美国将采取激烈的行动，并将其与苏联拆分开；(5) 采用低水平的军事行动——海军封锁，以阻止苏联船只将导弹武器运进古巴；(6) 用小型炸弹轰炸导弹基地，使那些导弹无法使用，但空中打击不引发任何伤亡；(7) 进行有限的外科手术式的空中打击，但要事先对古巴和苏联进行警告，以使他们的人员能够离开而免于在导弹装置被破坏时出现伤亡；(8) 进行有限的外科手术式的空中打击，但不事先警告；(9) 对古巴所有的军事目标进行大规模打击，防止那些还没有被发现的导弹基地中还存在可用的防空火炮，以及可能出现的对美国目标的报复；(10) 全面入侵，"把古巴从卡斯特罗手中夺回来"。

小组对每一个备选方案的优势和劣势都进行了讨论，包括在一开始就已经被总统否决的前两个。麦乔治·邦迪在第一天还强烈坚持使用传统外交方式，但是他很快就改变了这一立场，并随后赞成进行空中打击。麦克纳马拉也无视总统已经排除了非强制回应的动议，他认为，不需要采取任何强制行动，因为在他看来，不管导弹是从古巴发射还是从苏联发射，"导弹终究还是导弹"。不过，尼采和其他成员很快让麦克纳马拉接受了总统对形势所做的判断，即认为需要对此进行强制回应。他们的主要论据是，由于在离美国如此之近的地方出现了一个巨大的核导弹储存库，苏联发动核打击的能力①将倍增，预警时间也会从 15 分钟骤减至两三分钟。或

---

① 关于苏联发动核打击能力的争论，参见 Abel, 1966: 59 – 60; Allison, 1971: 200 – 202; and Hilsman, 1967: 195。

许，邦迪和麦克纳马拉被团队中的其他成员说服，而放弃了他们最初的立场，并认可了领导人所做的限制，似乎就是出现小集团思维趋势的一种体现。不过，就算是起初真的有这一趋势的话，它也很快就消失了。在第一天之后，所有的迹象都表明，团队在寻求一致方面还是比较缺乏的。团队中的成员们酣畅淋漓地辩论着各种强制行动的备选方案，自由地表达他们的担忧，而不顾忌那种惯常处理问题方式的约束，当总统不在场时他们表现得更加明显。[2] 索伦森回忆到：

> 这些会议的一个明显特征就是能感受到完全平等……我们15个是代表总统，而非代表不同部门的独立个体。助理部长与部长之间分歧巨大；与我参加国家安全委员会的会议相比，感受到更大的自由；总统的缺席则鼓励我们每个人都表达出自己的看法。

当总统出席会议时，他改变了之前的习惯，怀疑并无视参谋长联席会议在军事方面的观点，这同样有助于进行客观调查和讨论的氛围形成。比如，他没有接受空军参谋长柯蒂斯·勒梅（Curtis Le May）将军提出的，应当进行大规模空中打击而非封锁的观点，虽然他向总统保证，他确信俄国人不会进行报复。肯尼迪总统对他的观点深表怀疑，他说："他们同我们一样，绝不会允许事态继续发展而不采取任何行动。他们不可能坐视我们清除他们的导弹，又造成大量俄国人死亡，却只发表一纸声明，此外什么也不做。"（Kennedy，1969：36）而对参谋长联席会议所强烈主张的采用大规模空中打击的方案进行的进一步询问，则动摇了总统和其他人对这一方案的信心。在对询问的答复中，军事专家们承认，就算是进行大规模空袭，也不能保证清除所有的导弹。另外，他们也不能保证，在没有完全摧毁导弹基地之前，基地中的核导弹不会发动针对美国的城市袭击。

不过，柯蒂斯·勒梅将军可能是故意给总统和他的文职顾问们制造了一种印象，即空袭不可能仅限于外科手术式的。他与参谋长联席会议的其他成员希望采用对古巴进行大规模攻击的决定。他们坚信，那就是解决导弹危机唯一合适的方式。在格雷厄姆·艾利森看来，在这个案例中，执行委员会的参与者们一开始搜集到的信息其实很不全面，这种情况大概持续了一周。但是，在第二周开始的时候，那些从文职专家中独立请来的非军方与会者认为，就算是采用外科手术式的空袭也是很可怕的，因此，他们把如果封锁失败了之后应该做些什么，也列入议事日程之中。[3]

当总统主持会议时，他会不辞劳苦地要求职位低一些的人员如尼采、鲍尔和汤普森等人，保持他们自己独立的看法，因为他意识到，低等级的官员们"不愿意在总统面前与他们的上级产生不一致，而像麦克纳马拉那样说服力强的顾问，则无意识地会压制那些很少表达自己意见的人"（Sorensen，1966：766）。有时，肯尼迪总统也会邀请驻联合国代表阿德莱·史蒂文森、政府中其他机构的代表，以及一些知名的局外人——如前国务卿迪恩·艾奇逊、前国防部长罗伯特·洛维特以及前驻德高级专员约翰·麦克洛伊等人，参与到会议讨论中。总统与团队中的其他成员们，鼓励这些局外人采用与局内人相同的程序规范——坦率地表达他们自己的看法，提出刁钻的问题，并让他们为自己的想法辩护。这一不寻常的举动，一定会在这些局外人士中造成某种程度的惊恐。其中一位对此不为所动的人就是迪恩·艾奇逊，他明显更怀念那种传统的规范，即由一个领导人统领全局，在强有力的团队中达成相互支持的共识。他习惯于另一种完全不同的、以杜鲁门总统为首的决策团队所具有的风格。艾奇逊不耐烦地抱怨道："在我看来，执行委员会召开的几个会议所讨论的内容根本就是在不断重复，他们群龙无首，简直就是在浪费时间。"（Acheson，1969b：76）

不过，与艾奇逊对团队会议的恼怒评价相反的是，团队中的成员们还是在尽力制定一份详尽的行动方案。在对风险和弊端进行了探索性讨论的基础上，团队成员们能够对在封锁决定做出之后可能出现的一系列备选方案进行清晰的阐述。这些方案可以使政策制定者确定一系列强硬军事行动的等级，它们可以被用来应对苏联领导人可能采取的对抗行动。比如说，如果俄国人拒绝对苏联船只进行检查时应该怎么办；如果苏联船只在试图打破封锁时有一艘或多艘沉没了，为了对此进行报复，他们通过潜艇对美国船只进行攻击时又该怎么做。对于这些情况，小组都制订了多个应急计划来加以应对。

幸运的是，这些可怕的意外事故都没有出现，而且任何使局势升级的步骤也没有被采用。尽管如此，事实是，封锁计划被如此仔细的规划，而不是将它们模糊地定义为：如果苏联人顽强抵抗的话，它将只会成为一个临时的方案。小组制定的封锁方案，可以在很大程度上降低因激动导致误判而造成局势意外升级的可能。实际上，有很多次苏联看上去似乎都要无视封锁，并且欲使美国海军与苏联的船只和潜艇发生武装冲突。所以，为了防止出现小组所预演的最可怕的情景，细致且可行的处理方案就成为必需。

在对所有弊端全面进行重新探讨之后，在团队递交给总统的建议中所包含的内容，就不仅仅局限于战略军事上的指导原则那么简单了。团队制定了相当细致的方案，以处理政治、法律和外交方面可能产生的各种问题，因为如果将这些方面忽略的话，也将会导致封锁努力的失败。为了消除来自那些"被军事观念充斥了头脑"的国会议员的政治压力，总统及其顾问们事先就计划，应该与那些国会领袖们开一个简要的会议，这些国会议员与总统第一次得知关于核导弹信息时的反应一样，都表现出无比的愤怒。就连之前在入侵古巴时坚决反对诉诸军事手段（正与之后他在越南战争中所做的一样）的富布莱特参议员，在这一特殊时刻，也强烈要求采取一项强硬的"军事行动，而非无力的封锁"（Kennedy，1969：54），因为在他看来，在古巴的导弹是对美国安全的空前威胁。肯尼迪总统不得不在与国会议员的那些令人痛苦的会议中，详细说明各种紧急军事计划，并提醒那些愤怒的国会议员，就连团队所决定的封锁方案其实也面临着巨大的风险。

法律方面的问题，也被团队中的那些律师们煞费苦心地坚持着。他们认为，迪恩·艾奇逊所强烈建议的，当处于涉及国家安全的紧急关头时可以无视法律这一主张，是一个严重的错误。在花费了大量时间和精力成本的情况下，执行委员会的下级委员会制订了一个成功的计划，它获得了美洲国家组织三分之二的支持，这促成了一个合法的、在一个半球范围内进行的封锁。因为执行委员会中的成员意识到，如果没有这些支持的话，封锁行动将会被贴上违反国际法的战争行为的标签。避免出现这一情况是极其重要的，因为他们认为，苏联领导人会在这一问题上认真对待法律程序，而一旦美国人登上俄国船只的话，就有正当理由来指控美国方面的海盗行径。

由于认识到获得主要欧洲国家和世界其他国家的支持也是很必要的，执行委员会的成员们于是花费了大量时间来讨论，美国采取强制行动将会带来的外交反应。比如对于土耳其,就需要准备应对来自苏联的压力,甚至应对可能出现的空袭,因为美国在那里的导弹基地可能与苏联在古巴的导弹装置基本相匹敌。在远期计划中,非洲国家也被涉及了,因为委员会意识到,如果俄国人可以在西非地区给他们的飞机补充燃料的话,他们就可以绕开海军封锁而用飞机将核弹头运进古巴。正因如此,就需要派美国的大使去拜见几内亚和塞内加尔的总统,以阻止这一可选的线路成为现实。在后来对整个事情进行回顾的时候,罗伯特·肯尼迪就可以与公共事务评论员一致断言,因为小组在深思熟虑的基础上进行了精心的准备,使得"没有任何事情被忽略,无论是大事还是小事"(Kennedy, 1969: 54)。

主观不适

执行委员会在经历了相当程度的主观不适、失眠以及拖延的混乱之后,才制订出了如此精心设计的计划。当然,很多不适是由当时的现实威胁所引起的,即危机可能会升级,进而导致全面的热核战争,不过,它也有可能被团队的讨论所放大。那些参与者敏锐地意识到,他们所面临的风险是如此巨大;他们不断对可能因与苏联出现军事冲突而产生的所有不确定性和可怕的意外事件进行认识。这一次,在白宫小组中,没有出现在制订猪湾入侵计划时出现的那种安全的幻觉,没有出现将危险最小化的舒适合理化,也没有出现那种认为团队或国家坚不可摧的假象。

因为意识到,走错一步就会陷入到毁灭性的核战争之中,成员们亟须从团队中获得情感支持是毫无疑问的。但是在大多数情况下,缺乏共识使这一需求遭受挫折,剥夺了能够让成员们对成功结果更加自信的团结感。索伦森非常生动地描述了自己对这场危机的痛苦反应:

> 在白宫供职的整个时期,我都没有像这段时期那样会在半夜醒来,去回顾当天晚上商议的内容,并尝试理清一套行动方案。我们中的所有人都无时无刻不认为,我们所做的任何选择,如果不是在延长危险,就是在导致战争。(Sorensen, 1966: 767)

迪恩·腊斯克冷酷地谈到"被核战争烧成灰"的可能，他表露出自己不安的看法，称如果在肯尼迪总统宣布美国将对苏联船只进行封锁的第二天早上，发现自己"还活着"（Abel，1966：110）的话，那才是最令人感到吃惊的。罗伯特·麦克纳马拉以冷静并拥有像电脑一样处理难题的能力而著称，他也承认，这是他个人经历过的"需要立刻进行处理的最紧急的时刻"（McNamara，1969：13）。他对此时因面临的危险而产生的团队内聚力评价称："人与人之间建立的情谊与理解，要比数十年的紧密联系更强大。"（McNamara，1969：16）

所有的会议内容都充斥着不愉快的争执和苦恼的煽动。罗伯特·肯尼迪对古巴导弹危机的回忆也突出了这一点。其中曾多次提到，对每个人提出的任何行动方案都充满了面红耳赤的争辩，激起的激动情绪令人感到不愉快。例如：

> 我们就这样在争吵，我们就这样达不成协议——所有专注且明智的人，在对关系到他们的国家甚至整个人类未来的问题上相互否定和斗争。在这期间，时间就慢慢流逝了。（Kennedy，1969：35）
>
> * * * * * *
>
> 第二天早上，我们在国务院开会时，再次出现了尖锐的争执。过度疲劳与长时间缺乏睡眠开始让大家感到力不从心了……人的这些弱点——急躁和发怒——都变得可以理解了。（Kennedy，1969：44）

这里所出现的情况，与一年半之前决策小组赞成入侵古巴时，所表现出的平静的共识和都认为自己具有无限力量的感觉，是迥然不同的。

谨慎的评估：作为小集团思维的对立面

由于一直存在着强大的不安全感与主观的恼怒，执行委员会还表现出了一些不寻常的客观特征。所有对古巴导弹危机的描述都能显示出，谨慎的评估所具有的以下四个特征。这与在商议猪湾入侵时所表现出的那种寻求一致的努力完全不同。

意识到即使做出决定之后,仍旧存在着重大的危险

在古巴导弹危机期间召开的所有会议中,参与者都坦然承认,他们思考的任何行动方案都有可能存在着重大的风险。苏联的导弹无论是从古巴的新基地还是从苏联的潜艇或飞机发射,都会对美国造成灾难性破坏的威胁,这是小组一致最关心的问题,尤其是成员们在讨论因使用军事力量可能引发局势升级的应急方案时更是如此。小组没有获得对于安全的满足感,而这种感觉在被小集团思维主导下的团体中是经常达成的共识。其实,就算是成员们决定选择直接对古巴进行空中打击,或比全面入侵风险更低的封锁方案,他们还继续讨论,如果封锁失败,苏联完成了在古巴的导弹基地建设,将使美国更容易受到攻击。(Abel,1966:89;Sorensen,1966:767-768)为了对风险进行谨慎评估,团队在重新讨论中,还为封锁计划制定了一整套后续应急方案,它确保如果有需要的话,将可以采取进一步强硬的军事行动。但是,这些额外的应急方案在某种程度上增加了小组对封锁决定信心的同时,却仍旧没有打消对"一旦开始,局势升级将很难停止"(Sorensen,1966:768)的严重关切。

对于其他潜在的可能会对美国造成损害的结果,同样也进行了谨慎的周密审查。如果延长封锁时间,将会让俄国人有制造"反威胁"和煽动国际舆论的时间与机会,这可能会导致大规模的抗议,甚至可能使一些拉丁美洲国家的政府被推翻。卡斯特罗也可能在进行封锁之时,采取每天处决猪湾囚犯这一反威胁措施。在国内,美国的军方领导人可能也会感觉非常沮丧,如果紧张局势没有缓解的话,他们就会倾向于要求采取进一步的军事行动。执行委员会的成员们都深感不安,总统也认为,即使是被推荐的行动方案其实也具有不稳定的特征。他在向团队成员们表示他也是很不情愿地决定接受方案时总结道:"没有其他更好的解决办法了。无论我选择哪个方案,其方案没有被选中的那些人就是幸运儿——他们就可以宣称:'我早在一两周之前就告诉过你这样做有问题。'但是这个方案似乎是争议最小的。"(Sorensen,1966:783)

在执行封锁方案的第一天早上，小组获悉，俄国的船只正平稳地朝着美国海军船只所设立的拦截线驶去。这是与会者都公开承认的另一种风险情形。根据罗伯特·肯尼迪的回忆，总统说，"危险和忧虑就像一片乌云笼罩在我们头顶"，并问道："难道真的没有别的办法能够让我们避免与俄国潜艇的第一次交火吗——除此之外就真的没有别的办法了吗？"就在几分钟之前，团队接到了海军传来的那令人痛苦的消息。一艘苏联潜艇正在朝美国海军船只和两艘苏联货船之间的海域驶去，海军预计将会在一小时之内登船。当总统正在对此进行询问的时候，罗伯特·肯尼迪的脑海中浮现出一个令人沮丧的想法——他认为自己的哥哥也正在思考这样一个令人不安的问题："世界真的正处在一场浩劫的边缘吗？"（Kennedy，1969：70）他注意到自己的哥哥情绪特别紧张：他的脸看上去憔悴而枯槁，没有任何光彩；他把手拿到脸上然后捂住嘴。兄弟二人隔着会议桌相互凝视。在那一刻，罗伯特·肯尼迪有了一种奇特的游离之感，因为他的头脑已经被他们曾经经历过的、最惨痛事情的记忆完全占据了：

> 在转瞬即逝的几秒钟里，房间里好像除了他，就没有别的人似的，他也似乎不再是总统了……我模糊地想到了过去他曾病重时的情况；想到了他失去自己孩子的时刻；想到了当我们得知自己大哥死亡时的情景；还想到了我个人经历过的那些紧张和痛苦的岁月。单调而沉闷的啰唆声仍在继续，而我仿佛什么也没听到。（Kennedy，1969：70）

这一短暂的游离，出现在罗伯特·肯尼迪对他和他哥哥所承受的巨大压力的生动回忆之中，它是一种在巨大压力情况下的典型焦虑反应。（Janis，1958：179-188）类似的反应经常可以在交战中的士兵和手术中的病人身上，在他们意识到真的危险即将到来，他们一度不堪重负时，被观察到。

总统不断提及面临的巨大风险并提醒团队，当两国处于战争边缘之时，不要出现因误判而产生不可容忍的结果。总统明确表示，他不希望承担这样的角色，这种角色是当一个团队在一场严重危机中陷入困境时，团队成员们通常都希望他们的领导所承担的角色——即出现一个令人宽慰的权威人物来尝试打消属下们的怀疑和焦虑。

在私人谈话中，肯尼迪总统提到了《八月的枪声》（*The Guns of August*）——在这本书中，芭芭拉·塔奇曼（Barbara Tuchman）对欧洲的政治和军事领导人如何接二连三地犯下匪夷所思的愚蠢错误，而最终导致"一战"的爆发，进行了生动的描述——对我们所处的拥有核武器时代提出的警告。他暗示，执行委员会的商议内容，将会为继《八月的枪声》之后的"十月的导弹"，提供历史性的素材。他一定已经意识到了，如果之后出现的事情有类似结局的话，可能也就再也不会有读者了。

对道德问题的明确讨论

在猪湾入侵发生前的讨论过程中，富布莱特参议员的演讲和阿瑟·施莱辛格的备忘录中所提出的道德问题，都没有被涉及。结果，团队根本没有对中央情报局计划中那令人不快的道德问题进行分析，进而卷入一场毫无道理的、针对弱小邻国的军事打击，并要求政府为了编造一个貌似合理的掩盖故事而在公众面前撒谎。相反，在古巴导弹危机期间，执行委员会的成员们明确表示，他们对正在考虑的备选方案的道德问题非常关注，严防出现欺骗的秘密行动。他们对待道德风险与对待军事风险一样，都保持了谨慎的态度。比如在危机的第二天，乔治·鲍尔就强烈反对空袭方案。他认为，不管空袭在军事上是否能够成功，但是这种搞突然袭击的做法违背了美国最优良的传统，并会损害国家在道义上的位置。让团队中不少成员感到惊讶的是，罗伯特·肯尼迪也赞同这一观点，他呼吁大家关注可能导致出现大量无辜人员伤亡的情况。由于在人道方面给予了适当考虑，首席检察官指出，搞突然空袭会葬送美国人道主义的光辉遗产和理念，进而在国内和国际削弱美国的地位。他强调，基于这一道德立场，他个人反对采用类似日本人1941年所做的"珍珠港预备方案"。

不过，迪恩·艾奇逊反对罗伯特·肯尼迪观点，他认为，根据门罗主义以及之前政府的警告，美国政府完全有理由通过任何手段消除古巴导弹对美国安全所构成的威胁。对这些道义问题以及其他国家是否会认为美国的行为具有合法性问题的讨论,在团队其他成员的影响和坚持之下进行了一整天,并在随后的几天里继续。其间有一次,道格拉斯·狄龙对团队其他成员说,起初他觉得空袭是正当的,因为俄国人欺骗了我们,但是从道德角度进行论证的话,他就不再坚持这一立场了。他进而坦言:"正是鲍比·肯尼迪的观点改变了我的看法,他说作为美国人,我们要让自己问心无愧,搞突然袭击那一套不是我们的传统。坦率地说,在鲍比没有如此雄辩地提出这些考虑之前,我根本没有想过这些。"(Abel, 1966: 80 - 81)

麦克纳马拉与首席检察官的意见一致。他补充说,最初行动方案的选择应当是权宜的,它应当给美国政府"留有余地",以"使我们可以控制事态的发展"(Kennedy, 1969: 34)。他在事后自己的评论中明确提到了罗伯特·肯尼迪在道德争论方面对团队决定所做的贡献:"他的贡献远不仅体现在行政工作领域……他反对一个大国对一个小国进行大规模的突然袭击,因为他认为,这样一种袭击是不人道的,它违背了我们的传统和理想,而且全世界都不会原谅我们采用这样一种残暴的行动。"(McNamara, 1969: 14 -15)

根据罗伯特·肯尼迪自己对商议内容的叙述来看,直到成员们就这一准军事行动中风险最小的封锁方案达成共识之时,道德议题一直是一个核心关切:"我们前五天在道德问题上花费的时间,比任何其他单个问题的时间都多……我们每个人不但相互之间,而且还与我们自己的良心斗争,因为这是一个深深困扰我们所有人的问题。"(Kennedy, 1969: 39)

改变判断

白宫小组在支持猪湾入侵计划时出现的那种平静的、一致同意的现象,在古巴导弹危机期间的执行委员会中就没有再出现过。在团队每日的冲突和争吵过程中,不少成员改变了他们之前对某些重大议题的看法。举例来说,在危机第三天的时候,"腊斯克的发言一开始像鸽派,之后又像鹰派,但最终自己也不确定了"(Allison, 1971: 199)。在很多情况下,单个成员在听到团队中的其他成员对军事、政治和道义方面的风险进行的评估之后,会完全改变他们的立场。道格拉斯·狄龙在听完罗伯特·肯尼迪对道德问题的观点之后，由赞成空中打击转变成支持封锁，只是众多例证中被引用的一个罢了。那些表现出观点逆转的人当中还包括肯尼迪总统。在听完麦克纳马拉和执行委员会中其他成员的观点之后，他也不再赞成外科手术式的空中打击，而是支持进行封锁。

对执行委员会会议内容的记录表明，小组商议的一个突出特点，就是当成员们冥思苦想出可接受的策略来解决危机时，他们的立场就会经常发生改变：

亚伯（Abel）："实际就是，几乎在场的每个人都至少有一次改变了他们的立场——有些人不止一次——就在这一周集思广益的大讨论中。"（Abel，1966：6）

索伦森："在这一周里，我们每个人对于哪一种行动方案是最好的这一问题，都不止一次改变立场。"（Sorensen，1966：767）

施莱辛格："大胆思考，倾听新观点，接纳新意见，他们发现自己几乎都改变了立场。"（Schlesinger，1965：803）

罗伯特·肯尼迪："从一开始到结束，没有一个人坚持己见……有些人可能只出现了小的改变，或许是一个观点的不同方面。而其他人的观点每天都在不断发生变化。"（Kennedy，1969：31）

对敌人非刻板的看法

将敌人看作是邪恶、软弱和愚蠢的这种刻板印象，在白宫讨论关于猪湾的决定时非常明显，而这一次，如果要说有的话，也仅在执行委员会最初召开的会议上因为愤怒而表现出来。绝大部分成员并没有将他们在克里姆林宫的对手看得在理性上比他们有所欠缺。他们认为，可以在一个广泛的范围内选择自己的行动方案，从和解到交战都可以，这在很大程度上要取决于美国政府的语言和行动。团队中的成员们经常为自己布置任务，他们特意假设自己就处在苏联领导人的位置上，尝试去预测对手可能会如何采取行动。此外，与紧急商议"猪湾事件"时把绝大多数可供咨询的专家排除在外的做法不同的是，在导弹危机期间，政策制定者们的商议则十分依赖那些来自不同机构的苏联政体研究专家的判断，并给予那些在之前的危机中曾成功预测苏联行为的专家以优先权。

在第一次会议中,执行委员会花了相当长的时间,试图从苏联的角度去理解,苏联为什么要采取在离美国海岸只有90英里的地方建设导弹基地,这样一个激烈和危险的举动。成员们分析了诸多可能合理的解释,包括一种不那么邪恶的可能,即俄国人或许仅仅是为了增加他们在交涉时的讨价还价能力,即在要求撤回位于苏联附近的美国导弹时增加谈判砝码罢了。对苏联意图的所有可能解释进行讨论的结果是,成员们默认没有一个确切的结论可以说明为什么苏联领导人要在古巴安装导弹。因此,与典型的小集团思维的设想——即认为对手威胁举动背后唯一的意图必然是为了削弱和毁灭我们——所不同的是,执行委员会中的绝大多数成员,对于苏联领导人的目的可能是什么都保持了灵活和开放的看法。这能够使他们认真对待他们制订出来的那些避免局势升级的计划。

在苏联的强烈挑衅激起了怨恨,而且美国准备对此进行报复的情况下,保持这样开放的看法其实是相当困难的。赫鲁晓夫的确撒谎了,他愚弄了肯尼迪总统,因为他信誓旦旦地对美国政府说,他保证不会将任何进攻性武器运往古巴。尽管总统和他的顾问们对此感到相当愤怒,但是,他们还是把苏联领导人看作是基本理性的人,因而有可能说服他们撤回其导弹。团队并不否认苏联领导人的狡诈和欺骗,但是他们调整了他们的工作设想,认为除非是过分挑衅,否则苏联也不愿意发动一场战争。

腊斯克和执行委员会中的其他一些成员,则建议团队选择一个能够让苏联领导人明确意识到给他们台阶下的回应。他们基本上都承认,空袭方案的一个问题在于,无论外科手术式的打击多么精确地瞄准了那些导弹装置,它始终都是一项挑衅性的军事行动,尤其是如果有苏联和古巴的士兵在空袭中丧生的话,更是如此。团队意识到,海军封锁比其他任何精确的备选军事应对措施都要谨慎的一个重要原因是,它是一个低水平行动,既能明确无误地表明美国清除导弹基地这一强烈意图,却又不会让苏联领导人感到他们面对的是一项"突然或羞辱的"战争行动。

非羞辱的主题

非羞辱的主题对肯尼迪总统产生了极大的吸引力。当执行委员会面对

第六章 古巴导弹危机

如何实施海军封锁计划这一问题的时候，他对此反复提醒，尤其是在苏联对海军封锁进行宣传性谴责，并出现过激的挑衅举动时更强调应当注意。执行委员会中的大多数人支持这样一种战略，即避免出现任何突然或令人震惊的进攻行动，因为这可能会迫使苏联做出一个冲动的决定，以对此进行报复。当消息传来称，苏联的船只在马上就要到达设立在离古巴 800 英里远的拦截线时暂时停了下来，海军代表认为，这很有可能是苏联将船只聚集在潜艇护卫舰周围的邪恶举动。但是，总统和执行委员会中的其他成员却认为，更合理的解释恐怕还是苏联政府也在尝试延缓出现一场军事冲突，正如美国政府所预料的那样。不顾海军方面的反对，总统决定将拦截线向古巴方向缩近 300 英里，以再给克里姆林宫的领导层更多的时间来评估这场危机。不过，他也没有做其他任何可能使美国政府看上去正在退缩的改变；海军继续在加勒比海地区跟踪并骚扰苏联的潜艇，以表示实施封锁的强烈决心。

海军首次登船行动的时间也被故意拖延，直到封锁开始后的第三天才登上了一艘非苏联船只，这艘船是由苏联人雇佣的黎巴嫩货船，而且估计船上也没有装载武器。根据罗伯特·肯尼迪的回忆，之所以选择这艘船其实是经过精心选择的，这是为了表明"我们将坚决进行隔离，但是由于它并不是苏联船只，所以也就不意味着对苏联人的直接冒犯而需要他们做出回应了"（Kennedy, 1969: 82）。正如罗杰·希尔斯曼所观察到的，这样就给苏联领导人权衡每一步行动的后果留下了充裕的时间。（Hilsman, 1967: 213）

但是在 10 月 26 日，局势突然紧张，执行委员会接到一份新的情报称，古巴的导弹基地正在开足马力全面建设。不过就在同一天，执行委员会中的其他成员还在为工作设想进行辩护，因为有事实明确表明，如果能够有一种体面的方式可以脱身的话，苏联人的确希望能够和平地解决问题。苏联人建议，通过一个非正式的途径，来达成一个解决危机的可接受的办法：苏联可以撤回这些进攻性导弹，美国可以派出检查小组来对撤离进行核实。苏联愿意保证不会再将导弹运进古巴，不过作为交换，美国也要保证不会再入侵古巴。这一提议被附在赫鲁晓夫的一封冗长的、充满情绪化语言的电报之后，其要点是，为了避免出现一场可怕的核战争的风险，双方必须达成一致。

153

出现令人满意的解决方案的希望在第二天被一条来自赫鲁晓夫的新消息打破了，这条由莫斯科广播电台发出的消息提出了令美国不能接受的新条件：赫鲁晓夫要求用苏联在古巴的导弹，与美国在土耳其的导弹进行交易。更糟糕的是，一架美国的U-2飞机在飞临古巴的导弹基地时被击落，飞行员丧生。这一公然的进攻行动似乎使局势更加险恶了，因为现在已经十分清楚的是，这是苏联第一次命令它在古巴的军队动用其高效的地对空导弹。希尔斯曼那天正在白宫，他说"那是整个危机过程中最黑暗的时刻"（Hilsman，1967：220）。

危机突然恶化，事态似乎正在朝着开战的方向发展，执行委员会的成员们制订了一项新的军事应急计划，以应对如果再有一架U-2飞机被击落的情况出现。不过他们还是没有屈从于恢复对对方政府刻板看法的诱惑。相反，他们改变了只从军事方面进行应对的商议内容——军事应对应当在对手采取了破坏性行动之时，才应占据主导位置——他们仔细考虑那些进攻性不那么强的步骤，以对苏联的动向进行应对。

尽管来自克里姆林宫的强硬消息让小组成员们感到有些挫败，但是，他们还是坚持认为，军事冲突和爆发第三次世界大战还是可以避免，只要他们能够通过某种方式与苏联领导人进行沟通，向他们表明，除了要求苏联将导弹撤离古巴这一点是不能谈的以外，美国人保证他们所说的话肯定算数。他们自问，如何才能以一种积极的、有利于和平的方式进行沟通，而不是成为一个威胁。特别是关于这个问题：美国可以做些什么来增强苏联领导层中那些以赫鲁晓夫的个人信件为代表的、赞成和解倾向的人的力量；而不做有利于那些以苏联外交部后来发出的官方消息为代表的、赞成局势升级的强硬派的事情？如果执行委员会中的成员对苏联领导层有一个刻板印象，即认为领导层是由一群共谋犯罪的人组成的，就根本不会提出这种问题，他们只会认为，只有通过毁灭的威胁才能阻止这一同质的小团体。

在那一周早期的时候，肯尼迪总统调侃道："我猜这一周我该领薪水了。"（Schlesinger，1978：818）在这周结束之前，首席检察官也领到了他的薪水。在10月27号的商议过程中，罗伯特·肯尼迪提出了一个绝妙的建议，他建议美国政府应该忽视昨天收到的那个官方消息，就假装它不存在，然后只回复前天收到的那个可接受的、带有和平倾向的消息。在执行

第六章 古巴导弹危机

委员会经过一场精疲力竭的激辩之后，这一建议被团队一致赞成，并被总统采纳。总统在回信中的语言明显表达出执行委员会的成员们对苏联领导人的移情观点，这反映出他们设身处地为他们在莫斯科的对手考虑的努力。回信充满了和解的内容：

> 我已经在10月26日只字不落地读完了您的来信，并对您寻求尽快解决问题的意愿表示欢迎……我们没有任何理由不在随后的几天里完成这些安排，并将其公之于众。这一缓解世界紧张局势的解决方案的效果，将能够使我们朝着有关"其他武器"的更全面的安排而努力。……美国对于缓解紧张局势和停止军备竞赛非常感兴趣。（U.S. Department of States，Bulletin，Vol. 47，No. 1220，November 12，1962：742－743）

但是，在华盛顿也存在着一种紧迫感，要求在古巴的导弹能够使用之前，尽快将这个问题解决掉，所以，总统也没有打算仅依靠那个发给苏联领导人的低压力的消息来解决问题。那封正式的回信小心地避免了触及那些一旦提议被拒绝将可能出现的威胁。不过，在没有咨询执行委员会的情况下，总统决定让他的弟弟向苏联大使口头传达一个比较强硬的信息，其中间接提到了在正式回信中被故意略去的威胁。根据罗伯特·肯尼迪自己的叙述，他对多勃雷宁大使说，这虽**不是**一个最后通牒，**但是**"如果你们不将这些基地移走的话，那么我们来帮你们移……（而且）我们在明天必须要（一个答复）"（Kennedy，1969：109）。实际上，正如亚历山大·乔治所指出的，这就是一个心照不宣的最后通牒（Geoage，1971：105，125），它具备正式的最后通牒所拥有的两个要素：当要求没有被接受时提到将进行惩罚威胁，以及对接受要求在时间上进行限定。不过，它还是进行了一些尝试，以避免让它听上去像是一个好战的或羞辱的最后通牒，尤其是因为它需要接受那个最初由赫鲁晓夫提出的交易。此外，肯尼迪"不但提出有条件地保证不入侵古巴——根据他兄弟死后出版的报告现已能够明确——他还私下向赫鲁晓夫保证，将会很快把位于土耳其的朱庇特导弹撤走"（George，1971：101）。

总统和其他与会者在最后一场起草正式回信的关键会议中意识到，苏联领导人可能已经在军事冲突这条路上走得太远，而难以回头了。罗伯特·肯尼迪断言，小组中的主导情绪是一种"不祥和忧郁"（Kennedy, 1969：94）；很多成员认为，最终的可能或许与他们最后一分钟的和解努力背道而驰。让事情变得更糟糕的是，他们突然得知，一架基地位于阿拉斯加的 U-2 飞机，在从北极返回的途中意外飞临苏联上空。实际上，美国的战斗机在被派去护送迷路的 U-2 飞机时也侵入了苏联的领空。这就是后来被广泛知晓的"奇爱博士"事件（"Dr. Strangelove" Incident），因为它与那部黑色喜剧电影非常类似，这部电影讲述了一场意外的、针对苏联的、先发制人的空袭。在如此紧急的关头发生的这样一起事件，很容易引发一场核空袭，正如赫鲁晓夫之后所说的，这件事可能会迫使苏联采取"致命的一步"（Hilsman, 1967：221）。要不是美国政府在危机之前的那几天一直小心避免出现任何令人耻辱的进攻性举动的话，苏联人将会草率地得出这样一个可怕的结论。

为什么执行委员会的决定是成功的？

我们不知道为什么克里姆林宫里的人最终决定接受美国提出的心照不宣的最后通牒。美国政府肯定做了某些正确的事情，但是，我们手头上并没有历史性的证据来告诉我们这些事情究竟是什么。一个可能的因素是，在危机中传递给苏联领导人的警告信息都使用了节制和不那么挑衅的语言。这是希尔斯曼所挑选出的要素之一，他仔细回顾了发生在 1962 年 10 月的那一系列历史性事件，进而解释美国是如何促使苏联进行退让的。希尔斯曼以苏联人知道他们所面对的是远远强于他们的美国军事力量为前提，美国不但拥有巨大的传统军事力量，而且还有潜在的毁灭性核力量。不过，在希尔斯曼看来，正是美国运用了其压倒性的力量，才确保这场危机在没有出现军事冲突的境况下得以"完美地解决……美国的地面和空中部队能够袭击苏联安装在发射台上的核导弹，而配备了战术核武器的苏联地面战斗部队只能对此进行防御"（Hilsman, 1967：227）。希尔斯曼断言,"灵活与自制"是美国政府处理这场危机的基调。反过来,通过外交途径,能够使苏联"明智且克制"地进行反应。(Hilsman,1967:227)希尔斯曼用这种观点解释了这场导弹危机的悖论,它将两个超级大国带到了相互摧毁的边缘,却最终制造了冷战中明显的缓和效果,其高潮就是十个月之后由两国签署的禁止在大气层进行核试验的条约。

亚历山大·乔治指出,执行委员会中的大多数成员抵制住了参谋长联席会议提出的,要求立刻下达进行军事对抗威胁的最后通牒的压力;作为替代,他们采用了一种被称为"强制外交"的混合战略,它"包括讨价还价、交涉、妥协以及强制威胁"(George,1971:132)。如果总统及其执行委员会还是按照惯常的方式,对敌方的领导人持一种刻板看法,而不会去换位思考对方将如何反应的话,那么,必要的克制也就不会出现了。这也正是罗伯特·肯尼迪得出的本质结论,他说,"古巴导弹危机的最终教训就是,我们设身处地为他国考虑是很重要的"(Kennedy,1969:124)。

当然,赫鲁晓夫被迫对美国政府强制性要求的让步的确是一个耻辱,不过,为了保持对敌人不刻板的看法,肯尼迪总统尽量避免提及此事。危机过后,美国政府中一些高级官员的得意之情溢于言表,比如国务卿腊斯克,当他向一位新闻通讯记者评论此事时曾说道:"当你报道这件事的时候,记住——当时双方剑拔弩张,怒目而视,最后他们先眨眼。"不过,肯尼迪总统随后就明确要求执行委员会中的成员和其他政府官员,要避免出现任何可能被理解为这是美国胜利的公开讲话。因此,几乎所有美国政府官员之后的声明中,都表达了对赫鲁晓夫的敬意,因为他在处理"关系到自己国家利益和全人类利益的事情上",扮演了有政治家风度的角色。(Kennedy,1969:128)

结 论

执行委员会进行商议的主要特征,与小集团思维的症状处于完全相反的一极。如果执行委员会在古巴导弹危机期间那痛苦的日子里屈从于小集团思维的自然趋势的话,我们可以很容易想到结果会是如何。如果没有经历相当程度的思想压力的话,委员会的成员们不可能在经过了五天的危机之后才提出解决方案,也不可能在之后八天进行具体决定的建议时保持克制。总统和委员会中的其他人时常会感到沮丧,有时候也会被小组成员不断对风险进行谨慎评估而无法达成稳定的共识所激怒。他们不得不去忍受将他们的幼稚想法批判得体无完肤的不愉快经历,尤其是当他们被提醒说,他们的集体判断可能是错误的时候,他们会感到极度的痛苦。除了上面所说的那些以外,由于意识到核战争的可怕威胁,他们在持续的紧张状态中度过了13天,因为他们意识到,这很有可能是他们生命中最后的几天。不过,他们并没有因此而去寻求安全的舒适感,他们抵制住了产生一套共享信念的诱惑,这种信念可能会使他们确信,自己所在的一方注定会胜利,而邪恶的敌人终将会屈服或必然会对他们所做的事情感到悔恨。或许核战争显而易见的重大威胁,是阻止小集团思维出现的主要因素,再加上执行委员会所采用的那种被改善的政策制定过程,共同阻止了小集团思维的出现。[4] 如果小集团思维的趋势占据上风的话,团队很有可能会选择一个更具有军国主义色彩的行动方案,而且还会以一种更具有挑衅性的方式将其付诸行动,或许就真的把两个超级大国带到战争的边缘了。

执行委员会中的核心成员们成功地避免了陷入到小集团思维的趋势中——总统、首席检察官、白宫协调人、国务卿、国防部长,以及其他若干高级别的官员——这些相同的个体组成了那个18个月前计划猪湾入侵、表现出所有小集团思维症状的团队的核心成员。执行委员会中没有参与猪湾决定的成员,在智力、经验、视野以及个性等方面,与被他们替代的那些人也没有什么差别。这说明,小集团思维并不只是某一个团队的固定属性,它也不是一个碰巧主导了某个团队的个性类型的问题。如果相同的委员会成员在某一次决策中表现出小集团思维的趋势,而在另一次却没有的话,那么,决定因素一定在他们进行商议的环境之中,而不在组成团队的个人所具有的固定属性上。因此,这个决定因素可能是一个变量,它会发生改变,并会导致新的和更有成效的规范产生。

第七章　制订马歇尔计划[1]

战后经济危机

在整个1947年，杜鲁门政府中的几个意志坚定的团队都面临着这个世纪最严重的危机之一——被战争破坏的满目疮痍的欧洲正遭受经济完全崩溃的威胁。它们所做的努力在马歇尔计划那里达到了顶点，这是一个通过提供美国的资金帮助欧洲恢复的全面且精细的方案。这一计划是以乔治·C. 马歇尔将军为首的国务院制订的，马歇尔将军力促美国政府寻找一个建设性的解决方案，以应对战后欧洲的经济困境。

历史学家们基本上会公正地认为，马歇尔计划是成功的，因为它被如此仔细地设计和执行。这项计划不仅阻止了危机进一步恶化和蔓延，而且还使英国、法国、意大利、西德以及其他的西方国家重建了它们的工厂，重新开发了它们的自然资源，恢复了它们经济生活中其他那些下滑的指标。或许，对马歇尔计划所具有的那些非凡品质的评价中，最令人印象深刻的称赞就来自温斯顿·丘吉尔了，他曾积极参与到塑造现代历史的进程之中，这使他敏锐地意识到，一个主要大国因为利他主义的原因而向另一个国家提供帮助的可能性，只能是为了掩盖其卑鄙的意图罢了。不过对于马歇尔计划，丘吉尔也认为它是"历史上最高尚的行动"（Johns，1955：256）。

甚至那些喜欢强调美国在冷战时期的对外政策具有卑鄙经济动机——对国际市场的获取、阻止可能会推翻资本主义制度的国家革命，以及干涉苏联的双边贸易协定——的"修正主义"历史学家们（See Williams，

1962；Bernstein，1970）也承认，马歇尔计划具有极大的利他成分在其中。比如说，威廉·A. 威廉斯就写道："毫无疑问，它（马歇尔计划）代表了美国帮助西欧人民的慷慨愿望，而且它的确在该地区的复兴过程中扮演了至关重要的角色。"（Williams，1962：176）他还写道，对于那些生活在欧洲的男人、女人，以及儿童来说，马歇尔计划"毫不夸张地在生与死之间进行了明确的区分"。（Williams，1962：199）

政策规划小组的成功

与冷战期间的其他许多对外政策决定一样，援助欧洲复兴的计划也是在一系列恶化的危机，以及共产主义似乎将要控制欧洲这一巨大威胁的情况下制订出来的。但是，杜鲁门政府在设计方案时所采用的程序，与那些被小集团思维主导的政府领导人的决策过程，在基本方面就存在着很大的差异。在被小集团思维所主导的决策中，其政策细节是由高级别官员所组成的单一小组制定的，他们基本上与那些能够提出不同意见但却更富有洞察力观点的其他政府官员相隔绝。相反，马歇尔计划至少是由六个相对独立的政策规划小组共同制订出来的，它借鉴了众多来自政府中不同部门的个人的才智。

在马歇尔国务卿领导之下的国务院中，成立了三个委员会，来处理战后欧洲的经济危机（Johns，1955：199；Acheson，1969a：226）：

1. 1947 年 3 月，设立了一个特别委员会，其目的是为了研究因向所有需要援助的外国政府增加援助所产生的问题。

2. 1947 年 4 月，成立了以乔治·凯南为首的国务院政策设计室（Policy Planning Staff），负责起草长期计划的大纲。

3. 1947 年 5 月下旬，召集一个由国务院高级官员组成的小组，其作用是评估凯南委员会的报告。此外，还将评估由威廉·克莱顿（William Clayton）副国务卿独立准备的一份备忘录。

1947 年 6 月 5 日，马歇尔国务卿在哈佛大学的演讲中，公开阐述了这一新的计划。两周以后，杜鲁门总统宣布，他已经任命了三个顾问委员会，来设计欧洲复兴计划进一步的细节。三个委员会中的一个，是由埃夫里尔·哈里曼领导的，它的主要职责是制定一整套能够使计划有效运转的具体政策。哈里曼委员会连同其他委员会的建议，以及政府各部门关于国内经济和其他相关议题的报告，被内阁成员、总统以及其他高级别的官员，在之后的会议上讨论和批准。最终，这些商定的政策，被包含在一个全面的计划中，提交给国会以期批准。

凯南委员会的任务

在1947年的整个冬天，马歇尔国务卿不断接到来自友邦领导人、外交官，以及对外事务专家的紧急警告称：欧洲正陷于可怕的经济困难之中，由内部共产主义运动所推动的苏联扩张主义——他们已经接管了波兰和若干波罗的海沿岸国家的政权——似乎正在采取攻势。美国的政策制定者们逐渐开始担忧，由于没有剩下什么能够有效进行军事防御的资源，欧洲的那些非共产主义国家，很有可能会被吞并到苏联的势力范围里。

在1947年3月，杜鲁门总统宣布，美国将会向希腊和土耳其提供大量财政援助，并以"支持自由的人民抵抗企图征服他们的掌握武装的少数人或外来的压力"这一全新学说命名。（Johns, 1955: 12）这一新"杜鲁门主义"承诺，美国政府将积极参与到解决西欧出现的政治、经济和军事问题之中——在不少批评家看来，它管得有点太多了。[2] 但是无论如何，国务院的工作人员很快就意识到，欧洲经济失败这一严重的问题，是不可能采用处理希腊和土耳其问题时所采取的临时措施来解决的，它需要制定一个更全面、更具有想象力的解决方案。约瑟夫·M.琼斯（Joseph M. Jones）曾参与到制订马歇尔计划的那15周建言献计之中，他描述称，这几周的时间，是美国国务院相当沉闷的历史过程中唯一活跃的时期：

> 杜鲁门主义的决定，第一次为国务院的工作人员打开了创造性努力的大门……当想法涌现的时候，强烈的情感就会显现在脸上。虽然负责任的领导人已经进行了突破，但是，正是由于国务院工作人员的

努力，才能顺利地通过由杜鲁门主义打开的缺口，并在很大程度上推动了马歇尔计划。(Jones, 1955: 117)

国务院中有影响力的领导们——迪恩·艾奇逊、威廉·克莱顿、查尔斯·波仑（Charles Bohlen）、乔治·凯南，以及国务卿马歇尔——都意识到，在即将到来的冬天里将会伴随着饥饿与不满，摆在他们面前的是"国家在和平时期里所面临的最紧迫的国际局势"（Jones, 1955: 9）。数以百万计生活在欧洲大城市的人将要面临饥饿的困扰。英国在其帝国分崩离析之际，会继续减少扮演欧洲经济稳定者的角色。法国的粮食产量已经告急，而且预计近期也不会有所改善。绝大多数生活在法国、意大利和德国的人的生活标准，将会很快降到最低限度的水平以下。毫无疑问，这将导致政治崩溃，并对美国和整个欧洲的经济产生灾难性的影响。由于在头脑中有了一个如此可怕的分析，国务院的工作人员意识到，只采取缓解性和零散的处理措施是远远不够的；一定要找到某种能够标本兼治的解决方案。

当尝试与苏联合作以缓解欧洲出现的困难的方案失败之后，马歇尔在1947年4月28日的一次广播演说中称，欧洲正处于如此严重的经济困难之中，已经到了刻不容缓的时刻而必须采取行动了。他说："病人马上就要死了，但是医生却还在那里仔细研讨而不采取措施。"（Jones, 1955: 223）马歇尔要求乔治·凯南负责在两周的时间里迅速制订一个关于欧洲经济复兴的计划。凯南与他亲自挑选的政策规划成员们共同努力，提供了一套详尽、完整的政策建议。在凯南看来，他的小组"一开始是想通过从各个复杂的方面，对欧洲复兴所面临的所有重大问题进行评审，并且利用那些所有可以利用的外部建议资源，然后再起草方案，之后再告诉国务卿"应该为欧洲做些什么。（Kennan, 1969: 343）马歇尔告诉凯南，时间非常紧迫，他希望国务院能够把握主动权，而不要等着国会来"给我当头一棒"（Price, 1955: 21）。

第七章 制订马歇尔计划

避免琐事

对于给委员会什么工作建议,马歇尔只对凯南说了两个词:"避免琐事。"(Kennan,1969:343)凯南认为,他既没有时间也缺乏意愿,来安排政府之外的那些有名的权威人士成为小组的工作人员,所以他只将自己的选择限定在国务院的范围之内。他所挑选的那些人,最后都被证明是"在理智方面头脑非常冷静的人,他们对部门事务足够熟悉,这使得他们在很多要点问题上,都可以利用机构中层级较低的、那些经常容易被忽视的专家和智慧(它们往往没有,或很少被利用)"(Kennan,1969:13)。

这个六人小组,也就是后来广为人知的国务院政策设计室,里面的成员中有一位经济学家雅克·莱因斯坦(Jacqnes Reinstein)、一位正规军陆军上校查尔斯·H. 博恩斯蒂尔三世(Charles H. Bonestee)、一位国务院驻外事务处的官员韦尔·亚当斯(Ware Adams),以及两位经验丰富的国务院官员约瑟夫·E. 约翰逊(Joseph E. Johnson)和卡尔顿·萨维奇(Carleton Savage)。成员们有时会在一天里碰头超过三次。而在有些时候,他们会分开工作,只有在需要完成他们所独立研究的工作时,才会见一面。他们频繁地咨询政府中各个领域的专家,并且相互间进行了无数次非正式的讨论。在这三周夜以继日的奋战中(他们要求截止时间再宽限一周),凯南的规划小组的成员们考虑了许多备选方案,然后对它们展开辩论,进而做出了一系列的决定,这些决定最终被包含在所建议的欧洲经济重建计划之中。规划小组成员递交给马歇尔的报告概要内容如下:

虽然在最终的分析中,我们不得不按照我们自己的观点来理解他们所提供的有价值的见解,但是,我们还是从他们深刻的见解中受益匪浅。我们提出的原则包括:

a. 应该确立如下原则,即欧洲人自己应当掌握制定方案的主动权,他们在这一过程中应当负主要责任;

b. 应该根据他们的反应,而不是根据我们的提议,坚持向所有欧洲国家提供援助——如果有人要分裂欧洲大陆的话，那应该也只有俄国人了；

c. 应该果断强调复苏德国的经济，并提出德国的复兴是欧洲整体复兴的重要组成部分的观念。

任何关于政策设计室在马歇尔计划的产生过程中所扮演角色的评判，需要取决于上述三个特征的相对重要性。[3]（Kennan，1969：361）

小组报告明显偏离了国务院那种传统的思维方式，这种思维方式通常只重视行政部门、国会以及美国民众所支持的行动方案。这一次，小组制订的这个全面且长期的计划需要将数十亿美元的资金转移到其他国家，这些国家都没有寻求这种帮助，可能他们也并没打算这样做。此外，这项计划建议，欧洲人应当在制定一个相互协调的恢复方案时，自己掌握主动权，而不是通过一系列由每一个单独的国家提出的孤立的呼吁。因此，这

由乔治·凯南（坐在左侧）领导的国务院政策设计室正在开会。在马歇尔计划的制订与规划过程中，团队成员们正在听取外部咨询专家的意见。

第七章 制订马歇尔计划

项计划也为欧洲统一提供了推动力量,它将为欧洲领导人在制定他们所共同面临的问题的解决办法时,建立一种基本的责任感。

小组一开始就考虑到遭到国会精心设计的强力政治反对以及遭到那些直言不讳的公共部门谴责的风险。这项计划将要耗费纳税人上缴的巨额资金,但对于那些倾向于共产主义的国家没有做出任何的保证,它们可能会借此利用美国的慷慨之心。由于没有受到陈旧的民族主义辞藻的束缚,在凯南小组的报告中,并没有提及任何流行的反共口号,而这些口号通常会被用在支持某一项新的对外政策的集会上。而在进行分析的时候,规划小组的成员们也没有陷入到惯常的刻板看法之中,即把共产主义的阴谋作为欧洲出现困难的根源,或以必须"遏制苏联共产主义的扩张"为理由,来论证其计划的巨额开支。而且这份报告还公正地指出,这场危机的原因是"第二次世界大战对欧洲经济、政治和社会结构所造成的破坏性影响",其结果就是"将物质设施与精力都统统耗尽"。(Kennan,1969:353)凯南的小组仔细区分了造成欧洲困境的基本经济原因,以及苏联利用这一困境的尝试。政策规划小组意识到,伴随着经济困难的不见起色以及持续的饥饿威胁而来的,将会是生活在受到重创的欧洲国家的那些人民,对共产主义运动做出的各种许诺予以积极的响应。国务卿马歇尔在他的公开讲话中,也不断提及这一并不刻板的观点。他主张,这项政策"不针对任何一个国家或任何一种主义,它所针对的是饥饿、贫困、绝望,以及混乱"(Johns,1955:34)。[4]

凯南的小组——正如在古巴导弹危机期间白宫小组所做的那样——将苏联及其卫星国会如何反应的各种可能,都进行了考虑,并做了现实的评估。成员们并没有以那种宣传口号式的偏见为基础,即认为共产主义集团中的所有国家都将以相同的方式采取行动,并且会愚蠢地破坏美国帮助欧洲人民的努力。让那些习惯于用美国政治家通常带有偏见的方式进行思考的内部人士感到吃惊的是,这项计划开放地邀请所有的欧洲国家,包括那些共产主义制度的国家,全部参与到这一恢复方案中。[5]

这是战后德国出现的一幕场景,它反映出在 1947 年马歇尔计划被实施的前夕,战争所造成破坏的严重程度,以及对欧洲经济和社会结构所产生的其他后果。

对批评性评估的"极度不适"

这一被提出的计划,直到花费了相当程度的人力资本,经历了巨大的心理压力之后,才变得成熟。有很多次,它几乎使得政策规划小组的情谊被耗尽而濒于破裂的边缘。凯南告诉我们,小组中的成员们在整个三周持续的"辛苦努力"中,都表现得意志坚强,"勇于争论"。(Kennan, 1969: 345–346)他们认真地履行他们作为批判性思考者的角色,而不是为了使别人不感到窘困或丢脸,去听那些应该被一针见血地批评或应该被彻底否定的幼稚想法。

第七章 制订马歇尔计划

凯南通过一个综合的例子来告诉我们接下来会发生的事情,这个例子是"在制订马歇尔计划之前,在政府中各部门之间进行争论的一种"(Kennan,1969:368)。

> 你会说:"这应该没什么困难的。为什么我们不告诉这些人,让他们自己为他们经济生活的重建制订一项计划,然后把它交给我们,我们再看是否能够支持这项计划呢?"
>
> 争论就这样开始了。有人就会说:"这听上去不太好。他们已经太疲惫,可能已经没有多少精力来制订计划了。我们需要帮助他们来制订计划。"
>
> 又有人说:"就算是他们能够制订计划,但是他们也缺乏执行计划的内部经济训练。那些共产党人会阻止计划执行的。"
>
> 还有人说:"哦,可能不是共产党人要阻止它——而是那些当地商业圈里的人要阻止它。"
>
> 之后有人会说:"或许我们并不需要制订一项计划。可能只是我们之前给他们的还不够。如果我们现在再多给他们一些,问题也就都会迎刃而解了。"
>
> 另一个人就会说道:"可能你说得对,不过我们还没有计算出这会花费多少钱。国会是不会向那些无底洞里投钱的。"
>
> 有人会接着说:"你说得对;我们需要一个计划。不过,我们现在连这些钱应该被用来做些什么还没有弄清楚,这一次,我们应该确保它会有效。"
>
> 对此,有人回应道:"啊,是的,但是,如果完全是由我们自己来制订计划的话,这是错误的。那些共产党人会对其肆意抨击,那些欧洲国家的政府也会推卸责任的。"
>
> 之后有人说:"完全正确。我们需要做的事情,就是告诉那些欧洲人自己制订一项计划,然后把它交给我们,我们再看是否能够支持这项计划。"
>
> 接着你会问:"之前不是已经有人说过了吗?"我们又重新来了一遍。(Kennan,1969:367-368)

作为小组的领导，凯南让成员们明确他们应该做的事情，准确地说，就是要他们进行思想开放，无约束、不受限制的讨论。每个人都被鼓励表达任何可能会包含有用建议的观点，要求他们帮助弄清楚所有的弊端以及可能的好的结果。其中一个主要的团队规范，就是要对每个人的观点进行全面的评判。小组成员们对凯南所提出的那看上去充满了智慧的建议，也运用了这一规范，而其中有些建议是凯南在小组商议之前，经过几个月的时间才煞费苦心思索出来的："（他们）使我不断颠簸起伏，将我头脑中一系列的陈腔滥调和过度简化的东西都剔除了，使我的建议中不存在任何多余和累赘的东西。"（Kennan，1969：345）

凯南在他的《回忆录（1925—1950）》[*Memories（1925 - 1950）*] 中称这是一段格外痛苦的团队经历。他说，团队成员们能"让我遭受比我之前经历过的任何事情都要强烈的智力上的**痛苦**"（Kennan，1969：345，黑体着重号为本书作者所加）。他举了一个特别的例子："在那些折磨人的日日夜夜，我们小团体内的辩论非常认真和激烈，让我回想起一个场景来，那是一个深夜，我为了镇静下来，离开了房间，绕着整栋建筑行走，期间不断抽泣。"（Kennan，1969：345 footnote）在这里所遇到的这种环境氛围，与那种被小集团思维渗透的、会导致惨败，但却友善、没有什么争论的会议中的氛围，是完全不同的。

更多的小组，更多的折磨

凯南受到的折磨，并不仅局限于他自己的政策规划小组中的批评性细查和无休止的争论。当小组完成了任务，并且提交了报告之后，凯南发现，他自己成了另一个顽固的小组中的一员。这个小组是以国务卿马歇尔为首的一个临时审查委员会。小组成员包括迪恩·艾奇逊、查尔斯·波仑、威廉·克莱顿，以及本杰明·科恩——他们都是国务院的高级官员。在进行关键的会议之前，成员们除了需要对凯南的报告进行研究以外，还要研究威廉·克莱顿对同一问题单独准备的备忘录。

在会议中，马歇尔国务卿让小组成员们坦率地说出他们的判断，却避

第七章 制订马歇尔计划

免表达任何自己的看法。审查委员会的成员们提出了特别的批评，他们对于那些潜在的、不受欢迎的结果是否能够被避免而表达了疑虑。毫无疑问，凯南在经历了来自自己政策规划小组竭尽全力争论的折磨之后，对那些批评性审查成员所提出的问题，已经做好了充分的准备。审查委员会最终接受了他所有的主要建议。

马歇尔国务卿将凯南小组所制订的计划中的主要原则，与克莱顿备忘录中的一些建议和构想进行了合并，融进他1947年在哈佛大学毕业典礼上的那篇演讲。这篇演讲原封不动地摘录了凯南报告中的若干关键章节。由于马歇尔国务卿既没有在审查委员会的会议上，也没有在会后，表达过自己的看法，所以，当凯南在1947年6月6日上午看到有关在哈佛演讲内容的报纸，并最终得知了国务卿所赞成的决定时，大大出乎意料。

大约两周之后，杜鲁门总统任命了以商务部部长埃夫里尔·哈里曼为首的对外援助委员会。哈里曼委员会是一个由19人组成的顾问团，其中涵盖了来自工业企业、银行、劳工联合会、农业组织以及教育机构的多位杰出领袖。就在任命该委员会的同时，杜鲁门总统和他的顾问们还安排成立了两个独立的补充委员会——一个委员会由内政部部长朱利叶斯·A.克鲁格（Julius A. Krug）任主席，另一个委员会以经济委员会的主席埃德温·G.诺斯（Edwin G. Nourse）为首。克鲁格委员会的任务，是独立调查美国能够用来提供经济援助的资源和物质能力。诺斯的小组需要研究对外援助计划对美国国内的生产、消费和价格可能会产生的经济影响。这两个小组得出的结论将会被哈里曼委员会进行审阅和协调。而最终由哈里曼委员会准备的报告会把那些不同且时常冲突的利益全都包含在内，进行全面复审，而且它还会把那些预期来自国会的主要形式的反对意见都考虑在内。

从一开始在哈里曼委员会中就存在着支持不同经济政策的公开分歧。在许多议题中都产生了异议，最显著地体现在下面这个敏感问题中，即美国的经济是否能支撑国务院在计划中所构想的如此巨大的援助计划。根据一位委员会成员的看法，"最白热化的激辩"是，美国可以提供多少天然钢铁资源。（Jones, 1955: 45）在经历了这些"激辩"之后，委员会最终达成了共识，形成了具体的建议。除了保留国务院计划方案的主要创新内容之外，还提出需要在欧洲内部减少经济壁垒，为执行计划而设定一系列指导原则等补充要点。

在琼斯看来，正是这一最基础的工作让整个计划迅速被实施，以满足那些处于崩溃边缘国家的迫切需要。琼斯认为，哈里曼委员会同时得到了其他政府官员所执行的广泛规划的帮助，正是这样，才出现了"一个坚实的筹备工作的实体，如果缺少了它的话，马歇尔计划就无法被合理保证能够开展下去"（Jones，1955：46-47）。[6]

一个松散的委员会中的苦与乐

当一个委员会中的成员是由来自不同领域的专家和不同政治选区的人所组成的时候，该小组面临的矛盾议题，在达成共识之前就出现相互激辩的可能性将会直接增加。这个由19名成员组成的哈里曼委员会，代表了美国经济中相互冲突的利益，因而也就必然会内在地具有相互竞争的特征。尽管如此，那些松散的委员会自身也会存在不少问题，这些问题在决策中所造成的失误，与那些沉溺于小集团思维的内聚集团所犯的错误相比，同样严重。通常，这种由目标不同的人员组成的大团队，只有当存在强大的政治压力的情况下才能够达成共识，而这只是为了满足强有力的领导（或一个强有力的由少数人组成的派系）的需要，而达成的表面一致罢了。在一个松散的小组中，相互没有什么影响的成员可能会故意假装同意领导的提议，并且由于担心遭到来自政治或经济方面的报复，而故意保留他们的反对意见。这种故意保持一致与小集团思维是不同的，因为后者中包含着对于虚幻信念的真正共享。在一个由小集团思维趋势所主导的内聚集团中，成员们意识不到，他们其实是遵从了集团规范的。

当像哈里曼委员会这样的松散团队陷入激烈的辩论，并且避免了迅速达成一致的压力时，它就会走向另外一个风险：由于相互竞争的人被不可调和的立场所羁绊，而陷入达不成任何成果的冲突之中。这种团队时常会受到内部政治斗争的困扰，他们对于任何问题，无论大小，都要进行争论。

哈里曼委员会似乎成功避免了来自这两个方面的困难。委员会相对高质量的商议，可能得益于将委员会的成员分成小的次级工作委员会这一管理实践。这样，议题就可以被那些持不同观点且有资格的人进行讨论。而且在整个委员会努力达成共识之前，就已经达成了合理的妥协。不过，我们还是应该意识到，尽管哈里曼委员会做得相当出色，但是它并不是一个具有创造力的团队。在很大程度上，它只不过是对凯南的政策规划小组、对威廉·克莱顿的备忘录，以及对国务院其他建议的回应和支持，它仅在落实政策方面增加了一些建议。这可能也是对由效忠不同方面和拥有各自利益的人所组成的大团队的最高期许了。

没有小集团思维的团队内聚力

如果任务是需要进行全面的分析，为一个大问题找到包括有说服力的概念、假设和证据的解决办法，那么一个小的、有内聚力的团队可能就是必需的了。凯南的国务院政策设计室由六位来自相同部门的人组成，他们一起集中工作，看上去像是一个有效率的问题解决小组。成员们知道，他们在为期三周的对欧洲重建的调查结束之后，还会在一些其他问题上一起工作。他们互相尊敬彼此的能力，并且表现出一种强烈的团队精神。一些推动小集团思维的主要条件在此时就表现出来了。那么，凯南的政策规划小组又是如何避免陷入那种会引起小集团思维各种征兆的、强烈寻求一致的趋势的呢？

我们只能对产生这种差异的重要条件做一些尝试性的推测。这样的条件包括设定一种团队规范，它对批评性的评估给予了最高的优先权。负责批准猪湾入侵计划的政策评估委员会的领导可能并没有意识到，他自己其实对团队成员们进行了引导，为了避免使他们对中央情报局的计划提出尖锐批评，他最优先考虑的是保持小组的统一。在我们已经分析过的其他每一个重大失败的案例中，这种相同类型的规范都可以被发现。但是，在处理古巴导弹危机的执行委员会中，这种规范就没有出现；相反，它的规范是，对每一种可选行动方案的所有质疑都进行公开的讨论。很明显，在凯南的政策规划团队中，也存在这样一个公开批评和仔细检查的类似规范。而坚持这一规范，就需要在相互怀疑和相互信任之间维持精妙的平衡——对每个人的论点基础进行怀疑，但同时也要有一个基本的信任态度，即批评别人的看法，而不会被认为是对这个人的侮辱，也不会导致报复。

领导人的角色

某些领导方式可能有助于制造一种恰当的社会氛围，它会形成一种健康的怀疑态度，对矛盾议题进行公开的批评性讨论。一个主要原因可能是，领导人要避免强推自己的观点，限制运用自己的影响力；相反，他应该鼓励开展真正的讨论。如果领导人不断要求进行公开讨论的话，他也没有必要对自己所偏好的主张一直保持沉默，马歇尔将军就是这么做的。凯南在向小组陈述自己所推荐的政策时没有丝毫的犹豫，但是，他让成员们知道，他们要扮演的角色是批评性评估者，不管这些建议是由他还是由其他人提出的。从他的回忆中可以看出，凯南树立了一个很好的榜样，他将自己显得幼稚的看法摆出来作为牺牲品。他接受了所有的"纠纷""碰撞"以及"极度的痛苦"，却没有对这些批评做任何的反驳，这一定给与会者留下了深刻的印象，它减少了小组在将所有的弊端都陈述出来之前就接受政策建议的可能性。

另一个重要因素可能是，政策规划小组所隶属的组织或机构所鼓励的那种领导方式。如果马歇尔国务卿事先已经告知他所希望政策规划小组制定的建议，凯南或许就不会如此轻松地去鼓励进行公开的讨论了。当一个委员会的主席知道他的上司对一项特殊政策心仪的时候，他将很难避免带领小组对上司所偏爱的选择给予赞成的考虑。在任何规模较大的组织中，来自于这种约束的自由可能都会比较少，尤其是在面临高度政治压力的政府等级制度中经常能感觉到，部门领导人在部门中的生存才是至关重要的。为了不表现得独断专行，在提供对外援助这一重大问题的政策建议时，国务卿就得暂时搁置这些考虑了，并声明在国务院的工作人员进行政策思考的过程中，他会放弃施加个人影响这一传统特权。在凯南的规划小组成员的报告被国务院审查委员会评估之前，马歇尔一直保持沉默，避免对表达批评意见施加任何公开的限制。因为在一个组织机构内，如果成员知道了他们上级官员的判断的话，所有的成员都需要表现出对上级判断的顺从。

马歇尔处理事务的方式，可能体现了他个人领导风格的特点。[在邀请艾奇逊担任副国务卿的时候，马歇尔告诉他，自己希望他能够做到"完全甚至残酷的坦诚"，而不要考虑他个人的感受。"我没有任何感情，"马歇尔说道，"除了对马歇尔夫人保留的那些外。"（Acheson，1969：213）] 不过，在询问委员会建议的时候，为了避免给某一偏爱的政策以强烈的暗示，一位负责的国务卿反过来也应免于受到他的上司，也就是总统的特别约束。因此，对于备选方案全面和公正的探索，需要一个组织机构中首席执行官以下的所有等级的主要人员，都愿意保留他们最初的判断，避免通过对他们施加压力的方式来确保他们保持最初的偏好。

让更多小组介入以避免隔绝

一个特殊的管理设计可能会在相当大的程度上，帮助政策规划小组提高其决策程序的质量——也就是杜鲁门政府在制订马歇尔计划时所采用的多小组结构。设立如此众多的不同委员会，自然有重要的政治原因。杜鲁门需要将获得的所有主要政府官员的支持整合起来，他"不失时机地扩大自己内阁参与这个事业的机会"（Neustadt，1976：59）。不管是不是有意为之，这一多小组结构的确阻止了决策落入一个单独的、隔绝的小组之手，而后者往往无法获得那些能够改正小组错误假设和误判的反馈意见。而在多个小组之中，那些毫无根据的刻板印象和口号不受挑战的机会就会减少。如果这些建议是由另一个小组做出的话，那么成员们因对此前政策建议的承诺感而产生的心理惯性也将随之减少。

执行欧洲复兴计划初步工作的那个小组（凯南的政策规划人员），不是后来评估它的那个小组（国务院审查委员会）。而计划下一步细节工作的，则是另一个完全不同的小组（哈里曼委员会），它需要综合考虑来自另外两个独立政策规划小组（克鲁格委员会和诺斯委员会）、国会议员以及政府各部门代表的信息和建议。哈里曼委员会的政策建议，需要由以总统为首的白宫小组进行复审。所以，杜鲁门的白宫小组，在对对外援助计划的具体细节进行最终决定的时候，得益于政府中的主要专家和来自不同选区的代表为敲定各种备选方案而做的仔细评估。这与杜鲁门政府升级朝鲜战争的决定相比，是一个完全不同的故事，后者从缘起到最终确定，都是由被隔绝的白宫小组所决定的，它牢牢地把政策制定的各个方面都把持在自己手中，从来不允许政府中其他任何政策规划小组对于应该做些什么进行独立的判断。

我所抽象概括出的，可能会抵消小集团思维趋势的若干暂时性推论，可以从以下三个方面进行总结：

1. 政策制定小组的领导人，可要求每一个成员都扮演起批评性评估者的角色，并给每个人以高度优先权，鼓励他们公开表达自己的反对和怀疑。这一实践可能需要通过领导人接受对他自己意见的批评的方式来进行强化，以阻止成员们虽然不同意，但却默不做声的情况出现。

2. 一个组织等级结构中的主要领导人在向组织中的任何一个团队分配政策规划任务的时候，可能需要采取一种公正的立场，而非从一开始就表明自己的偏好和预期。这一实践需要每一位领导人限制自己对情况的说明，并对问题的范围以及可获取资源的限制进行不偏不倚的叙述，而不是支持他所希望看到的任何特定的建议。这样，就可以为与会者制造出一种在广泛的范围内对备选政策方案进行公开调查和公正探索的氛围。

3. 每一个组织应当对它所设立的若干独立的、在同一政策问题上开展工作的政策规划和评估小组的管理实践进行日常跟踪，每一个小组都应该在不同领导的管理下进行商议。这样可以避免那种由一个被隔绝的小组完全把持对备选方案评估的情况出现。这种情况正是因寻求一致而促成误判的一个主要条件。

第三编
理论、含义及其运用

第八章　小集团思维综合征

小集团思维的症状

为了提出一个关于小集团思维起因和结果的理论，第一步需要通过描述它所表现出的症状，来获取可观察到的变量，以确定小集团思维的概念。有八个主要的特征贯穿于历史上出现的那些重大失败的案例研究之中（第二至五章），但是它们却几乎没有表现在那些没有受到小集团思维影响的决策案例研究之中（第六至七章）。每一种症状，都可通过一系列的指标进行识别，这些指标来自历史记录、观察者的谈话记录以及参与者的回忆录。小集团思维的这八种症状包括了能够相互强化的小集团决策结果和过程，它们在猪湾入侵计划的案例研究中表现得最为明显。这些症状可以被分为三种主要的类型，它们与群体动力研究中所观察到的许多（但不是全部）内聚团体具有相似的特征。

类型一：对小组的高估——既包括实力也包括道德

1. 存在一种由大多数或所有成员所共享的坚不可摧的假象，容易导致过分的乐观，并会鼓励采取极端冒险的行动。
2. 对小组所具有的内在美德本质深信不疑，倾向于使成员们忽视自己决定的伦理或道德后果。

类型二：封闭保守

3. 为了忽视警告或其他信息而共同努力辩解，这些警告和信息有可能让小组成员在重新对他们的假设进行思考的时候，继续坚持他们以前所做的决定。

4. 对对方领导人持有刻板印象，或者认为他们太邪恶，不能保证可以尝试与他们进行谈判；或者认为他们过于软弱和愚蠢，对任何意图击败他们目标的冒险尝试都不会做出任何反应。

类型三：寻求一致的压力

5. 对小组共识的任何偏离进行自我审查，这反映出每一个成员都倾向于将自己的疑惑和不同意见的重要性最小化。

6. 在与大多数观点都一致的判断中共享全体一致的错觉，即服从大多数人观点的判断（这部分地来自对偏离的自我审查，并被沉默即代表同意这一错误假设所放大）。

7. 任何对小组的刻板印象、错觉和承诺表达出强烈反对的成员，被直接施压，并被明确告知，这种不同意见是与对忠诚的成员的期许相背离的。

8. 出现了自任的思想保镖——即保护小组免受某些负面信息的影响，这些信息可能会对他们自己所偏好决定的有效性和道义产生不利影响。①

后　果

当一个政策制定小组表现出这三种类型中之一种的大部分或全部症状

---

① 内聚小组的这些相似特征——对小组的高估、封闭思考，以及寻求一致的压力——在涉及群体动力学的案例观察或者实证结果（或两者都有）的诸多书籍中都有所讨论。比如，可以参见拜昂（Bion）、卡特赖特和赞德（Cartwright and Zander）、德·里维拉（De Rivera）、埃尔姆斯（Elms）、黑尔（Hare）、雷文和鲁宾（Raven and Rubin）、萧（Shaw）以及西伦（Thelen）的著作。

时，其成员们在集体任务上就会表现得低效，而且为了寻求一致还可能会出现无法实现他们共同目标的情况。在少数几个案例中，寻求一致的努力可能会对他们的成员和他们的任务产生积极影响。比如说，在一场挫败之后对于维持士气，或者在成功前景渺茫的危机中蒙混敷衍时，它可能就会发挥至关重要的作用。但是，那些积极的影响往往会被团体决策的低质量所掩盖。我的假设是，一般来说，如果一个小组越是频繁地表现出这些特征，它的决策质量也就越糟糕。就算是在某些症状缺失的情况下，其他症状往往表现得非常显著，也可能会出现因小集团思维所造成的所有不幸结果。

更具体地说，无论政策制定团体在什么时候表现出了小集团思维的大部分症状，我们都可以预料团体也会表现出来在决策上有缺陷的症状。在先前对政府、企业，以及其他大型组织决策研究的基础上，（第一章的结尾部分）已经列举了七种这样的症状：

1. 对于备选方案的不全面调查
2. 对于目标的不全面调查
3. 没有分析所偏好的选择会带来的风险
4. 没有对一开始排除的备选方案进行再评估
5. 信息搜索欠缺
6. 在处理已有信息时的选择性偏见
7. 没有制定应急方案

菲利普·泰特洛克（Philip Tetlock）的一项研究表明，与政治有关的后果之一是，国家领导人在发表公共演讲，并解释受到小集团思维影响的政策时，会表现得缺乏理性。泰特洛克对受到小集团思维影响和不受小集团思维影响的决策进行了比较研究，他运用系统内容分析法对美国总统和国务卿公开演讲的理性程度进行了评估。他发现，在受到小集团思维影响的决策过程中，认知复杂性（cognitive complexity）的得分明显低于那些没有受小集团思维影响的决策，这表明小集团思维在思考问题的时候更简单。[1]

前提条件

除了要说明预期可观察到的那些结果之外，一个关于小集团思维的充分理论，还必须对那些可观察到的原因——即这些症状产生、诱发、或有助于其出现的前提条件进行具体分析。其中不少的前提条件其实已经在之前章节的案例研究的推论中被单独列出来了，这些内容是先前对群体动力学研究所得出的研究结论。其中一个我已经多次提及的主要条件，与小组的内聚程度有关。如果小组中的成员相互厌恶，不珍惜他们之间情谊的话，也就不会预期发现小集团思维的症状。任何缺乏内聚力的集团都会表现出决策的缺陷，尤其是当成员们陷入内部纷争的时候。但是，小集团思维从来不是做出低质量决策的原因。只有在一个政策制定团体适度或高度内聚的情况下，我们才会看到小集团思维的症状会在成员们集体对一个或若干个重要政策的决定中出现。虽然如此，**除非某些特定的额外前提条件也同时出现**，小集团思维的症状不会达到那种程度，以至于会对有效决策产生影响。

这些额外的条件有哪些？其中有两个在之前章节的结尾部分已经进行了描述，它们与决策者组织在管理或者结构上的特征有关。其中的一个特征，是政策制定小组的**封闭**，这使得成员们根本没有机会获得来自组织中其他小组的专家信息或批判性评估。第二个特征，是缺乏一种**不偏不倚领导方式的传统**。由于这种合适的领导方式传统的缺失，政策制定小组的领导人将会很容易利用自己的权力和威望，以影响小组中的成员支持他或她所偏好的政策备选方案，而不是鼓励他们参与到公开的调查和批判性的评估之中。第三个在管理或者结构上的因素，在对存在小集团思维的决策（第二至五章）与不受小集团思维影响的决策（第六至七章）的条件进行比较的时候，可以推断出来的：**在处理决策任务的时候缺乏方法程序上的规范**。（在第十章中，将对这一前提条件以及在第九章的案例研究中提到的包括心理压力在内的另一个额外条件，结合之前对小集团思维动力进行的研究予以更详细的讨论。）

所有这三个管理或结构方面的条件都可以看作导致小集团思维症状出现的因素，它们缺乏对集体非批判性思考的限制。只要政策制定团队长期具有这些特征，它的成员在对任何研究中的政策进行调查**之前**，这三个条件中的每一个肯定都会出现。我之所以提出这一点，是因为这与小集团思维的症状是否可以被事先预测这一问题有关。我对这个问题的回答是，只要确信这三个条件中的一个或三个在结构方面所表现出的条件，再加上政策制定小组的凝聚程度（这一点在对政策进行评估前就可以看出），就可以进行这样的预测。如果这种预测被随后对政策制定小组的研究所证实的话，我们就可以得出这样的结论：此前对导致小集团思维症状的原因分析能够被经验证据充分证实。

小集团思维症状有多普遍？

究竟有多少比例的重大失败是小集团思维所造成的，到目前为止我们仍然不得而知。一些被证明是惨败的低质量决策可能主要是因为某个人犯了错误，即最主要的行政领导的问题。其他一些有缺陷的政策是由某个行政小组的错误造成的，这些错误与小集团思维只有很少或没有任何关系。举例来说，一个由激烈争斗的派系组成的缺乏内聚力的委员会，官僚机构中不同派别为了争夺政治权力而相互争吵，这些参与者对于他们所讨论的对外政策问题的核心议题根本不感兴趣；他们可能会达成妥协，但这些妥协不会考虑对自己政治派别以外的人所产生的负面影响。

到目前为止，我所做的那些历史案例研究分析能够证实的一点是，有些时候，小集团思维的症状是造成一个大规模失败的主要原因。为了估算不同类型的决策小组造成失败的百分比，我们就需要研究大量的政策决定，这些决定是那些对所选择的行动路线可能造成的严重负面后果进行错误判断的团体做出的。这种调查应该也能够提供有价值的比较结果，以帮助识别到底哪些条件会促使小集团思维的出现。

尼克松、福特、卡特以及里根政府
时期误判的备选案例

　　为了对小集团思维主导的决策的发生率和条件进行进一步的研究，可供选择的美国政府决策中的那些主要和重大的、包括失败以及基本失败的案例，可以从约翰逊政府时期算起，包括一些处理国内问题的政策，而并非仅局限于对外政策领域。一个极其典型的备选案例，莫过于掩盖"水门事件"失败的案例了，它直接导致了尼克松总统下台。这个备选案例是我所挑选的需要进行详细研究的案例之一，在第九章中会对它进行阐述。它可以作为下面这个问题的测试性案例：即对小集团思维症状（在本章前面所述）的起因和结果所做的理论分析，能不能帮助我们去理解新的有缺陷决策在很多方面与最初分析所依据的那些对外政策的区别？

　　第二个备选案例是由福特总统和他的核心顾问们在1975年5月达成的攻击柬埔寨、营救马亚圭斯号轮船及其船员的决定。① 大多数人并不将这一相对较重大的"小事"视为一个失败的案例，尤其是这一军事任务实际上算是成功的。但是一些熟悉情况的政治分析家们对此却并不认可。他们指出，这次成功的营救行动解救了40名船员，代价却是41名美军士兵的阵亡以及50名美军士兵受伤。此外，就在美国做出发动突然袭击前的几分钟，柬埔寨政府已经宣布将会释放船只和船员。（*New York Times*，May 16，1975，14）美国政府审计总署在1976年10月披露的一份报告中（*New York Times*，October 10，1976，40；*Time*，October 18，1976，18）认为，福特政府犯了一个相当严重的错误，整个营救任务可能并不必要，因为与柬埔寨通过外交交涉可以实现相同的结果，而不必付出流血的代价。

---

　　① 本书研究中从细节入手对马亚圭斯决定与小集团思维假设进行的分析，最初是我在耶鲁大学之前开设的一门与社会心理学有关的课上，由一些本科生进行的小组讨论中产生的。杰伊·威尼克（Jay Winik）是其中的一名学生，他对材料进行了总结，并且增加了对马亚圭斯决定的案例研究，以作为他学期论文的一部分。

第八章 小集团思维综合征

尽管不少支持者高度评价福特,说他最终还是证明了他具备男子汉的必要气魄,但是,他的政敌们却抨击他实际上是陷入到武夫外交(Editorial, *Nation*, May 31, 1975, 642)之中而无法自拔。审计总署的这份重要报告在竞选时达到高潮,也就是福特与卡特就对外政策进行电视实况辩论的前夕被发表和公布出来。它可能导致福特失去了很小一部分的选票,但是,可能就是这很小的一部分,就足以对几周之后的选举日他以微小的差距惜败这一事实产生关键性的影响。

罗杰·莫里斯(Roger Morris)曾在亨利·基辛格麾下的国家安全委员会任职。根据他的进一步分析,马亚圭斯援救其实远不及它最开始所表现得那样成功,他断言:"马亚圭斯危机期间的整个运作都是混乱无序的,冲动的决策标志着美国上一个十年在东南亚地区最糟糕与最无效的干涉。"

这是小集团思维吗?总统福特、国务卿亨利·基辛格以及两名白宫助手唐纳德·拉姆斯菲尔德(Donald Rumsfeld)与布伦特·斯考克罗夫特(Brent Scowcroft),正在庆祝他们的胜利——成功营救了马亚圭斯号轮船以及40名美国船员。它的代价却是41名美军士兵死亡,50人受伤。

在莫里斯所提供的不少观察与推测中，下面一段话能够支持他关于马亚圭斯决定是混乱与冲动的论断：

> 华盛顿在处理马亚圭斯号被扣留这一事件时，基本上没有意向与柬埔寨新政府通过外交智慧来解决问题。国务院中那些层级虽低却对柬埔寨事务拥有丰富经验的官员被排除在危机管理的核心圈子之外，就像约翰逊总统和尼克松总统在越战时，将为数不多的能够分析河内政权与越南共产党的官员排除在关键决定之外的情形一样。杰拉德·福特在1975年的时候，就像他的前任们经常做的一样，似乎并没有将对东南亚的干涉作为外交手段已经穷竭之后再需要采取的最后手段，也并非真的是在对对手意图进行有根据的演算之后做出的决定，而是在很大程度上依据自己的直觉判断，认为一定要做点什么，除此之外他已经别无他选。
>
> 无论进行突袭的时机和动机是什么，战术上的军事计划后来被证明与外交一样是存在问题的。
>
> 这些都应该被公正地考量。当然，这与当局对这场危机的看法是有出入的。总统和他的顾问们毫无疑问受到了普埃布罗悲剧（Pueblo tragedy）的控制，而不管这两个事例之间有多么大的差异。他们十分焦虑，因而极力避免在印度支那被进一步"打败"。（Morris，1975）

如果莫里斯的分析是正确的，那么，通过军事手段来营救马亚圭斯号船员的决定，就是分析小集团思维的一个强有力的备选案例。

另一个是由总统卡特及其顾问们在1980年4月做出的决定，该决定直接导致了一次不幸的冒险行动，使用军事手段解救美国在伊朗的人质。新闻媒体认为这次失败堪比猪湾入侵。政府发言人声称，这都是因为不可预见的事故以及运气欠佳的原因才导致直升机失效，并迫使军事指挥官终止了在德黑兰数百英里之外沙漠中进行的整个任务。但是，知情的批评者却称，如果这一冒险任务在其早期阶段，也就是在只有八名美国人丧生的时候就被叫停，可能还是一件幸事。因为就算是到了德黑兰，营救行动还是会遭到惨败，损失也将会更为惨重。

德鲁·米德尔顿（Drew Middleton）在《纽约时报》上发表的军事分析文章就指出：

> 就算制伏了伊朗的军队，人质被解救了，但是行动所产生的响动肯定会把周围的人吵醒。伊朗方面的援军会用火力控制住人质以及救援人员，而且他们会攻击从达玛万德（Damavand）飞来的直升机，这将使该项行动计划的关键部分无法实现。(Middleton, 1981)

1980年6月，一份由参议院军事委员会成员起草的报告发布，报告中指出，在进行计划和执行军事行动时，都存在着"重大的失误"(New York Times, June 6, 1980, 1)。糟糕的应急计划与情报的不足尤其应当被诟病。一个高级军事审查小组为参谋长联席会议所做的一份报告得出观点基本一致的结论。这份在1980年8月公布的报告认为，尽管小规模秘密行动的概念是可靠的，但是，在计划中却存在着过多的瑕疵和误判，至少在某种程度上要归咎于过分保密：参谋长联席会议根本没有获得一个书面计划，以便"在他们保密的办公室进行研究和审查"，"人质解救计划也根本没有被提交给有资格的独立观察家进行严格的测试与评估"。①

对军事计划更多基本方面的批评来自国务卿塞勒斯·万斯（Cyrus Vance）。他认为，军事计划本身就"考虑不周"(New York Times, April 29, 1980, A14)，当该项计划最终被达成之后，他也随即辞职以示抗议。万斯反对的理由之一是，就算是军事行动成功地解救了被关在美国大使馆的50名人质，以及另外3名远一些的被关在外交部的人质，伊朗的好战分子们还是可以通过抓捕并伤害两百多名仍旧留在伊朗的美国人以进行报复。他的另一个主要关切是，秘密军事行动不仅会严重损害美国与伊斯兰国家的关系，也会损害美国与它的欧洲盟国们的关系，它们刚刚同意参与对伊朗的抵制，避免美国通过诉诸危险的军事手段解决问题进而威胁世界和平。

---

① 引自提交给参谋长联席会议的一份报告，载 Los Angeles Time, August 24, 1980, 2。

总统吉米·卡特与国务卿塞勒斯·万斯正在离开白宫。他们二人在 1980 年 4 月通过军事手段解救美国在伊朗人质的行动惨败之后，都陷入深深的烦躁不安之中。在总统的所有顾问中，除了万斯之外，其他人都一致同意进行军事援救任务——而万斯则赞成通过交涉这一外交途径解决问题——但这时他却不在华盛顿。等万斯回来之后，他反对这项"考虑不周的"决定，但是，没有人认真理会他那些具有说服力的观点，因而最后，他辞职以示抗议。

万斯反对采用军事手段，他提倡尝试运用外交方式，通过交涉（事实上，这后来被证明是更加可行的）来解决问题。罗杰·费希尔（Roger Fisher）是一位研究国际冲突的专家，他发表在《纽约时报》上的分析文章指出，如果卡特总统认为，通过外交方式解决问题的可能性已经消失殆尽的话，那么他的假设完全是"错误的"。(Fisher, 1980)

但很明显的是，除了国务卿万斯以外，总统的其他顾问都一致同意采用军事援救方案。决定在万斯不知情的会议上达成一致，而那一天，万斯已经离开华盛顿去进行计划已久的休假。在最终的决定早已做出之后，万斯返回华盛顿，他被允许在总统及其国家安全顾问们举行的会议上陈述自己的反对意见。"当他说完之后，迎接他的是'震耳欲聋的沉默'。但是一切都已经太迟了，有些与会者私下里承认，万斯的确提出了很多值得认真对待的问题。"（Wicker，1980）

国务卿万斯被排除在做出最终决定的关键会议之外，是不是因为他作为一个孤独的异议者而不妥协，被当作"一个偏离了集团规范的离经叛道之人呢"（Janis，1980）？那些认可——尽管已经太迟了——他所提出的重要反对意见的人，是否也被压制了自己产生的怀疑，就像一个小组内作为一名忠诚的成员经常做的那样，过早地寻求一致，而没有对可行的选择进行批判性的评估呢？小集团思维的其他症状在这里是不是也能够被证明是存在的呢？这并不是为了进行华丽的修饰，而是提出了一些真正的问题。这些问题是一些关键问题，有助于通过进行细致的案例研究对小集团思维的假设进行完整的分析。

第四个备选案例是一个较小且不是很激烈的决策，它对里根总统执政的头几个月产生了不利影响。这个案例具有严重误判的所有特征。这项决定是政府在 1981 年 3 月向国会提交的一份关于大幅削减社会保障福利的决定，它将影响 1982 年 1 月 1 日之后参与这个系统中的每一个人。这项计划的内容包括，大量削减对残疾人、65 岁以前退休的人员、退休的联邦雇员以及退休人员仍健在的配偶的福利。

政府当时面临的财政问题十分严峻。"每个人都认为必须要采取一些措施，如果国会没有任何作为的话，养老信托基金将会在明年（1982 年）的秋季耗尽。"（*New York Times*，"The Nation: In Summary，" May 17，1981）但是，里根政府在提出这一激进解决方案的时候没有充分应对由国会与公众发起的大规模抗议浪潮，这项方案最终在参议院中"完败"（96 比 0）。就连不少共和党人也承认，突然将这样一个计划摆在国家面前，是一个"严重的错误"（Hedrick Smiths，*New York Times*，May 30，1981，1）。直到数月之后，共和党的国会议员们仍旧担心，总统里根大幅削减社会保障福利的计划会对 1982 年的国会选举产生负面影响（Will，1981），尽管总统为了应对政治压力，已经决定不强推这些计划。公众民意调查的结果也反映出，里根总统"曾经一度稳固的民众支持开始出现松动"。1981 年 9 月，《纽约时报》刊登的一项来自哥伦比亚广播公司的新闻民意调查也将支持率"下滑"（支持里根继续当总统的比率下降了 6%）的情况部分地归咎于"对里根先生处理社会保障问题的不悦"（*New York Time* Service，1981）。

这是另一个分析小集团思维的潜在备选案例吗？总统罗纳德·里根与他的核心经济顾问小组在白宫——在他右边的是经济顾问委员会的主席默里·韦登鲍姆（Murray Weidenbaum），在他左边的是财政部长唐纳德·T. 雷根（Donald T. Regan）和预算执行官大卫·斯托克曼（David Stockman）。1981 年 5 月，里根和他的顾问们决定向国会提交一份计划，要求国会大幅削减社会保障福利。该计划引发了大规模抗议浪潮，并以压倒性的全体一致的投票在参议院流产。这项决策被政治评论家们认为是由于过分自信，且没有充分考虑国会的反应，以及错误地考虑其结果所具有的广泛影响，而导致的一个重大失败。

第八章 小集团思维综合征

关于这项决定究竟是如何达成的，其中的一些必要因素还是无法获得。但是，如果《纽约时报》《华盛顿邮报》以及《新闻周刊》上刊登的报道和分析被证实大致属实的话，这项关于社会保障计划的失败就可以被看作是一个小规模的政治失败。正如休·赛迪（Hugh Sidey）所言，之所以会失败，是因为它是一个"不成熟且欠考虑"（Sidey，1981）的方案。

在1981年5月25日的《华盛顿邮报》上，刊登了一篇由阿特·潘恩（Art Pine）撰写的新闻报道，表达了一种相对赞成的观点。文章推测，或许从长期来看，这次"社会保障震动"对里根是有利的，因为这使他能够"在社会保障领域进行比别人所相信的更大规模的削减"。但是同时他也指出，"列举一些负面内容也是很容易的"。潘恩在文章中所详述的那些负面内容，是媒体如何描述该决定"考虑不周"的代表：

> 罗纳德·里根在他的总统任期内，犯的第一个严重的政治**错误**明显就是提议大幅削减社会保障支出……
>
> 刚刚在预算问题上取得胜利的白宫**过分自信**。这项方案被**仓促**地推出。这些战略家们的头脑完全被缓和金融市场的想法所占据，他们**很少考虑**国会可能会出现的反应。里根先生失去了势头；民主党人现在可以开始重新部署了……
>
> 正如里根先生的首席经济学家默里·L. 韦登鲍姆后来承认的，"回过头来看，如果当时能多花点时间与国会讨论我们的观点，我们应该可以做得更好"。
>
> 在政治上被认为是如此精明的政府，怎么会陷入这样一个窘境之中？
>
> 简言之——根据对白宫官员和其他战略家进行的一系列访问所得到的信息——答案就是，就算是再精明的政府也会陷入到麻烦之中，尤其是当它们被卷入到其他问题而**没有现实地对待那些议题的计划时**。(*Washing Post* Service，1981，黑体着重号为本书作者所加)

除了这类由白宫的决策制定者所犯的政治错误之外，用来分析小集团思维的潜在备选案例的样本，也包括最高层之下的由国内和地方政府的行政小集团所做的决策案例——可以进行比较的，就是基梅尔海军中将的海军集团 1941 年在夏威夷所做的那些决策。由商业公司和公共福利机构所做的严重误判，也可以用来进行分析，它们可以用来调查政府官僚机构以外的组织中小集团思维的趋势。①

只出现在美国吗？

小集团思维在本质上来说是不是只是一种美国现象呢？众所周知，美国的公共管理者与公司的管理层有一种特殊的渴望，把时间和金钱投入到集思广益的小组、训练小组，以及相互关联的行政培训小组之中。是不是国家特性中的某些独一无二的国民特性，使美国的管理者们会格外地依赖团队的支持？如果真是这样的话，小集团思维的趋势可能就只会在美国的政策制定者那里被发现了。有理由相信小集团思维就真的仅仅只限于一个国家吗？

事实上，之前所述的这些关于小集团思维的例子都与美国的政治和军事领导人有关，只是一个偶然。如果我对于欧洲、亚洲以及非洲的历史更熟悉的话，或者如果一开始我所咨询的那些专家不是研究美国问题的政治学家的话，我可能就会选取一些非美国的决策来揭示小集团思维的症状。根据近来我与研究欧洲史的专家所进行的讨论，我产生了一种强烈的印象，认为我能够在很多时间和场合找到非常合适的备选案例，来分析小集团思维的趋势——在古罗马和文艺复兴时期意大利的城邦国家，以及后文艺复兴时期欧洲国家的首都——前提是如果能够获得决策过程的会议记录、当事人的记忆、有关日记，以及其他关于商议过程和参与者相互交流的证据。

对于国家间差异的研究可能终将有一天会证明，美国的管理者们，比其他国家的更倾向于依赖团队的判断，并且更容易沉迷于小集团思维。

---

① 一些知名的在商业方面有缺陷的决策，可以用作小集团思维分析的潜在备选案例，可参见 Wilensky, 1967。

第八章 小集团思维综合征

在众多的美国政府的各委员会所做出的政策决定中，小集团思维的倾向足以对三分之一的决策的质量产生显著的负面影响；而在欧洲国家平均比例可能只有美国的一半，即每六个决策中有一个。不过，尽管欧洲的比率相对要低一些，但是也还远没有达到能够将其忽略不计的程度，而且当一项政策决定影响到数以百万计人身家性命的时候，它仍旧是一个重大的关切。当然，我们距离将其进行可靠的量化估计还任重道远。不过，就目前的情况来看，我们应该对以下这个简单问题所提供答案的高质量证据感到满意：能否找到一个欧洲的失败案例以使我们假设，除了美国之外，其他国家的决策委员会至少偶尔也会受到小集团思维症状的困扰呢？

欧洲失败的备选案例

在考虑 1914 年欧洲大国是如何卷入第一次世界大战时（Buchan，1922；Holsti，1965；Joffre，1932；North，1967；Tuchman，1963，1966），我看到一些非常熟悉的团队过程发挥作用的标志，也注意到若干非常适合的备选案例来进行案例分析。这些备选案例可以被证明是主要受到了小集团思维影响的例子。比如说，法国的军事高层指挥官在 1914 年的时候，屡次无视德国已经采用了施里芬计划的警告，该项计划旨在通过发动突然攻击，借道比利时然后南下巴黎，从侧面包抄法国在西部地区的防御力量。在高度的团队精神之下，法国的政府官员和军队领导人相互支持，无视被迂回包围的危险。他们所依赖的就只不过是一些关于法国力量的虚诞口号罢了，他们所共享的关于法国坚不可摧的幻觉支持他们采用一项不现实的军事计划，在德国防守最严密的西部边境地区直接发动正面攻击。显然，他们一直无视那些关于法国相当脆弱的警告，直到德国人在战争开始的最初几周迅速突破了法国与比利时边境虚弱的防线，并且到达巴黎的门户之地之后，这种幻觉才最终破灭。

在对第二次世界大战的缘起进行历史分析的时候，另一个用来研究欧洲失败的备选案例出也浮出了水面，而且这个案例似乎比其他小集团思维的案例更具有指导意义：英国政府在整个1938年和1939年年初都一直在尝试绥靖纳粹德国，这段时期被称为"英国近代历史上最丢脸的一页"（Trevor-Roper，1965：153）。这个尝试是由一群反战的英国决策者组成的小组所执行的——内维尔·张伯伦的"核心圈子"。他们用不现实的政策来绥靖贪得无厌的纳粹，无意中却又导致第二次世界大战的爆发。对英国之所以会采用绥靖政策的权威性解释，也具有暗示性迹象，即虽然小组决策的意图是为了避免战争的发生，但是小集团思维的假设在这种情况下也同样适用，它并非仅局限于我之前所讨论过的那些都是推动战争的小集团思维的例子。

在那些流行的对导致第二次世界大战原因的解释中，都会把张伯伦描述成一个把自己置于英国政府之上、拿着一把雨伞的孤独老人。但是那些了解他的人，以及研究过他的个人日记、他的信件以及他的政治行为的人，会得出这样的结论：他的决策实际上持续不断地受到他的核心圈子里的那些关系密切助手的影响——包括首相在对外事务上最依仗的顾问贺拉斯·威尔逊爵士（Sir Horace Wilson）、财政大臣约翰·西蒙爵士（Sir John Simon）、内政大臣塞缪尔·霍尔爵士（Sir Samuel Hoare），在1938年2月成为英国外交大臣的怀康特·哈利法克斯［Viscount Halifax，他在安东尼·艾登（Anthony Eden）因抗议英国政府默许墨索里尼的要求而辞职之后接任了该职位］，以及英国驻德国大使内维尔·亨德森爵士（Sir Neville Henderson）。

威廉·R. 罗克（William R. Rock）在一部详细记录了对这个核心圈子绥靖政策的政治后果的研究中断言道，良好的意愿与不适当的实践之间的鸿沟是巨大的。罗克认为，尽管在一开始还表现出了某种高尚的努力以纠正有根据的不满，但是后来，英国政府却逐渐堕落到消极被动地向"具有侵略性和无所顾忌的国家投降，之所以会这样做，主要的动机就是恐惧、懒惰，或者仅仅就是因为事不关己而已，总是以牺牲某些弱小国家为代价而不断让步妥协"（Rock，1966：338）。

核心圈子里的所有成员都支持张伯伦的主张，他的特殊使命就是要拯救欧洲以避免其陷入战争之中。他们向他施压，避免与俄国、捷克斯洛伐克以及其他反对纳粹的国家结成一个集体安全同盟。他们反复力促他向希特勒对邻国领土的要求进行让步，以换取希特勒在未来不会有进一步要求的空洞承诺。实际上，正是贺拉斯·威尔逊爵士，这位张伯伦核心圈子里最紧密助手中的一位，建议他在没有询问任何一个英国的军事盟友的情况下，于1938年9月单独飞到德国，与希特勒举行峰会以解决捷克斯洛伐克危机。（Moseley，1969）尽管一开始，首相对该方案也是存有疑虑的，但是在他公开宣布他将安排一场与希特勒的个人会晤之前，他还是越过了外交部以及政府中其他部门的专家，仅咨询了自己核心圈子里的人。张伯伦及其支持绥靖政策的同事们从媒体那里得知，出访德国的决定在公布以后得到了广泛的支持，他们对此感到欢欣鼓舞。他们根本没有考虑，实际的情况却是，"来自媒体方面的不少支持是因为他们认为，张伯伦的出访可以提供一个机会，以向希特勒表明英国坚定地反对德国野心的决心"（Rock，1966：118）。

这个核心圈子的成员们在追求他们的荒谬政策时，表现出了令人瞠目结舌的顽固，他们允许纳粹德国从1937年到1939年实现了一场又一场兵不血刃的征服，在对此进行评价时，罗克是这样描述这一历史困惑的：

> 历史学家需要思考，在其他国家面临明显且紧迫的危险时，一个政府，一个国家怎么能故意把眼睛闭上。德国准备战争的程度之充分，向前推进的速度之迅猛，以及其野心之巨大，所有在位的领导人都是很清楚的；但是他们却让政府对此无动于衷。（Rock，1966：33－34）

小集团思维的症状或许可以在很大程度上为这一谜题提供答案。有很多迹象能够说明，这个团队制造出了一种共享的坚不可摧的错觉。绝大多数历史学家和政治分析家都讨论了张伯伦及其密切顾问所做的重大误判，他们过分强调了他们的乐观情绪，对来自他们政府内部和外部的那些警告熟视无睹，反应迟钝。张伯伦在他的私人信件和日记中经常提到他对于绥靖政策的极端自信，认为它会使英国避免陷入战争的危险之中。就算是在极少数他曾表示过怀疑的场合下，他也会接二连三地获得来自他核心圈子的保证，而最终打消这些怀疑。[2]

这些绥靖者们的安心是建立在他们如下的假设基础之上的，即英国可以扮演整个欧洲仲裁人的角色（Rock，1966：331；Feiling，1946：360－361），即使一旦被迫开战的话，英国也必然会取得胜利。张伯伦核心圈子里的成员们承认，有时出于宣传的目的他们也会夸大英国在军事方面的不足，但是他们显然确信他们自己有能力，可以通过政治上的精明以及道德上的影响来取得外交上的胜利。他们对于那些可能会动摇他们假设中稳定的信息都丝毫不感兴趣。他们鼓励张伯伦越过外交部，并且无视政府中的

内维尔·张伯伦的战争内阁的成员，以及其他几名在前排就座的部长，组成了他的"核心圈子"。从左到右，就座的分别是：外交大臣怀康特·哈利法克斯、财政大臣约翰·西蒙爵士、英国首相内维尔·张伯伦、内政大臣塞缪尔·霍尔爵士。同样就座的，在最右边的那位是国防协调部部长查特菲尔德勋爵。站着的人，从左到右分别是：国内安全部部长约翰·安德森爵士、政务委员洛德·汉基、战争部部长莱斯利·霍尔·贝里沙、海军大臣温斯顿·丘吉尔、航空部部长金斯利·伍德爵士、自治领部长安东尼·艾登，以及常任秘书兼战争内阁秘书爱德华·布里奇斯爵士。张伯伦核心圈子中的两名成员并不是内阁的成员，他们是：常任秘书（在民政机关任职）以及首相在对外事务上最倚仗的顾问贺拉斯·威尔逊爵士，还有英国驻德国大使内维尔·亨德森爵士。

那些意识到向希特勒的野心屈服会带来的风险的专家们。罗克说："早在1938年1月，张伯伦就给外交部与独裁者所进行的接触贴上了'不真诚'的标签，外交部的那些专业知识也就被抛在了一边了，因为那些知识似乎与张伯伦所希望看到的相抵触"（Rock，1966：332）。如果政府中的任何一位政治或军事分析家，呼吁关注绥靖者们方案中的缺陷的话，就会被这个核心圈子贴上有偏见的抵抗纳粹（biased anti-Nazi）的标签，并认为他们是不值得信任的。

在战争之后，根据获取的德国方面的文件显示，组成一支联合的军事力量以保护每一个受希特勒威胁的国家的独立，是一个可行的备选政策。这项政策也会得到不少指挥德国军队的德国将军的强烈支持，因为他们中的很多人强烈反对与英国、法国以及捷克斯洛伐克的军队进行冒险的战争。他们意识到，如果这些国家的军事力量联合起来的话，要远比德国强大得多。我们可以试想一下，要是张伯伦的小集团知道了德国内部存在反对希特勒的战争举动的话，小集团的成员们至少也会对是否要支持一项修改后的政策的优劣进行讨论，将妥协让步与坚决威慑的政策结合起来，以实现他们阻止世界大战爆发的目标。但事实却是，张伯伦和小集团中的主要成员们都不止一次地被告知希特勒的战争计划，以及德国的将军们对这项计划的反对。有记录的证据显示，德国的将军们至少三次分别向英国政府传递消息，力促他们坚定地反对希特勒。① 但是核心圈子中收到这些信息的成员，只醉心于依靠他们的同事内维尔·亨德森告诉他们柏林发生的情况。而扮演起思想保镖角色的亨德森，不断告诫他的同事们不要理睬他们收到的那些来自德国总参谋部间谍所发送的内部消息，因为他们既不值得信任，也与此不相干。

尽管存在大量与预期恰恰相反的证据，张伯伦核心圈子中的所有成员还是认为，可以把希特勒视为一个真诚的民族主义者，将他争取过来，他可以从维持欧洲和平的事业中获益——前提是如果他被恰当地绥靖的话。

---

① 这些德国将军们传递信息的证据主要来自于截获的德国外交部的备忘录，以及德国军方的文件，它们被吉尔伯特和戈特（Gilbert and Gott，1963：139）、希勒（Shirer，1963：515－518），以及其他一些作者所引用。

对他们来说,真正的祸根是共产主义者,是反对采取绥靖方式的人,包括温斯顿·丘吉尔以及那些甘冒战争风险而反对希特勒野心的国内政治家们。在整场捷克斯洛伐克危机中,捷克人都被斥责为是在威胁和平,因为他们拒绝接受英国的政策制定者准备让他们做出的让步,以绥靖希特勒。亨德森在给他的一名支持绥靖政策的同事的信中写道:"那群捷克人真是一群无可救药的蠢货。"他在另一封信中提醒道:"强迫这些固执的日耳曼少数群体(生活在苏台德地区的人)留在一个向布拉格效忠的斯拉夫中央政府中,从道义上讲是站不住脚的。"他在另一封信中断言称:"布拉格扭转其错误的时刻终于来到了。"(Gilbert, 1966: 109 – 110)

不知这个核心圈子中的所有成员是否都赞同亨德森对捷克斯洛伐克政府领导人所抱有的极端看法,但是,他们都同意将捷克斯洛伐克领导人排除在与希特勒的谈判之外,并且同意让捷克人"改变错误",让他们接受慕尼黑协定的苛刻条件。在慕尼黑协定签订之前的五周,根据一份从前任纳粹德国驻英国大使的文件中找出的材料,贺拉斯·威尔逊曾向一名德国外交官保证:"如果我们英国和你们德国能够在解决捷克问题上达成一致的话,我们就可以完全无视法国或者捷克斯洛伐克对该项决定的抵制了。"(Gilbert and Gott, 1963: 133)这其实也就是威尔逊和他核心圈子里的助手们真实所做的。

许多历史学家和政治科学家都尝试从个性品质的视角,来解释张伯伦及其支持绥靖的同事们所做的严重误判。比如,特雷弗-罗珀(Trevor-Roper)就是其中的一位。他突出强调了张伯伦在个性上的缺陷——他虚荣自负,对于能够战胜任何对手感到非常自信,他时常自欺欺人,并且无法容忍不同的意见。吉尔伯特在他的《绥靖政策的根源》一书中,也把这些类似的负面个性放到张伯伦身上,并且还提到他那些主要的同事也具有做事优柔寡断、头脑混乱以及其他个人方面的缺点。

小集团思维的假设并不必然与这种解释相冲突。但是,除了将问题都归于政策制定者的个人缺陷之外,小集团思维的假设还补充认为,当一个领导者参与到这样一个内聚的决策小组,这些缺陷将会被放大,因为在这样一个小组,对于忠诚这一集团规范的要求,超过了对于独立以及批判性判断的要求。张伯伦可能长期以来一直自信且固执;他可能很享受在国会中展示他舌战那些批评者的才能，以及在政治游戏中得分的机会。但是尽管如此，有时候，当他的小集团中有成员提出反对意见，或建议他改变计划的时候，他在其影响下也可以改变看法。小集团思维的假设强调获得那些关系密切的同事支持的重要性。这样的支持会加强那些个性品质，使得领导人忽视他不成熟方案中的不利结果，促使他按照自己所偏好的方式做事。这个案例中涉及张伯伦及其核心圈子成员的材料能够说明，在对所有可获取的历史记录进行细致的分析之后，可以证明，他们所做出的政策决定，同样也会受到小集团思维的严重损害，正如美国政府中的那些政策制定小组的情况一样。这一个例子就已经足够说明，小集团思维并不只是一种美国独有的现象。

1938年9月，慕尼黑，希特勒总理与张伯伦首相在实现了"慕尼黑和平"之后正在握手。在张伯伦旁边的是内维尔·亨德森爵士，他是英国驻德国大使。

对于是不是"只出现在美国"这个问题，可以通过对大量出现在欧洲国家、其他外国政府的那些设计有缺陷的决定做进一步的分析来解释，其中有些案例甚至来自几个世纪之前。在最近几十年中出现的重大失败中，值得考虑的案例包括因纳赛尔政府在1967年的挑衅而导致的以色列和阿拉伯国家爆发的"六日战争"、因巴基斯坦政府在1971年的挑衅而导致印度和巴基斯坦爆发的"十三日战争",以及以色列政府在1973年的"赎罪日战争"刚开始的时候,对埃及的入侵完全没有做任何准备一事,等等。

在对这些决策中小集团思维的症状进行观察之前,我们首先还必须从细节上对这些事实进行检查,以确保研究样本中的每一项决定都是集体影响的产物,而不仅仅依赖某一个强有力的领导人的判断,确保在他的引导之下有不少追随他的人,不管他们认为他的决定究竟是好,是坏,还是他的决定无所谓。基于上述考虑,我舍弃了备选案例中不少来自极权主义政府的失败例子——比如1940年,在根本没有做好准备的情况下,墨索里尼决定让意大利加入战争;尽管纳粹德国与苏联在1941年签订了条约,但是斯大林对德国的入侵还是做了错误的预期;希特勒在1941年做出入侵苏联这一致命的决定——虽然能够想象到,这些独裁者的顾问们在很多决策中真的是作为政策制定者参与其中,而并非只是去拍马屁逢迎。

小集团思维与其他导致误判的原因

当决定对那些有缺陷的政策进行分析的时候——包括掩盖"水门事件",以及我在本章中提到的其他那些备选案例——需要对每一个有价值的证据进行仔细调查,以在得出关于小集团思维的症状是否至少能部分地解释错误的决定是如何做出的任何结论之前,先回答一系列的关键问题。显然不会有人去假设,小集团思维是导致政策误判和政策失败的所有原因所在。任何人在准备进行案例研究时如果只依赖这一个天真的假设,而在事后纯粹进行分析的话,都是白费力气。在用小集团思维对掩盖"水门事件"以及其他被证明是失败的政策进行分析的时候,可以因为以下这个尖锐批评所动摇:因为事先已经知道了结果是多么的糟糕,所以作者只需要简单地假设,这一定是由于政策制定者没有做好才造成的;而且他只需要假设,那些做出的低质量决定(只要有不止一个人参与决定)肯定是由小集团思维导致的即可。于是,作者就会有选择性地搜寻一些能够被用来说明小集团思维症状的趣闻轶事。你就看吧！——他最后也一定会查明，小集团思维就是导致政策失败的原因。

不过，在进行案例分析的时候，真的会存在这样一种"事后诸葛亮"的问题。根据巴鲁·菲施霍夫（Baruch Fischhoff）以及其他一些人的研究显示，"人们一旦知道了事情的结果会是怎么样的话，他们就会不断对之前所发生事情的可预见性进行过高估计"（Fischhoff and Beyth-Marom，1976：391）。正如陀思妥耶夫斯基所指出的那样，当一个人回顾过去发生的失败案例之时，"只要失败了，与之相关的每一件事情似乎都是愚蠢的"（Fyodor Dostoyevskey, quoted by Will, 1981）。这也就是为什么我坚持一定要对与每一起失败案例有关的所有有价值的证据进行仔细的检查，以确定它是不是真的是由愚蠢导致的；如果是的话，小集团思维的趋势是否又加剧了它。

为了将"事后诸葛亮"的心理趋势最小化，并寻找到在案例研究材料中所需要的东西，我建议研究者们在进行调查之时，还是多少应该经历一些枯燥的过程。这一过程需要对有关事实进行仔细的检查，在得出小集团思维是导致失败的原因这一结论之前，先回答下列四组关键问题：

1. 决定是由谁做出的？基本上是由领导人单独决定，还是**团体**成员在很大程度上也参与了？如果团体成员们也参与的话，他们是一个**内聚**的团体吗？
2. 这项政策在多大程度上是由**有缺陷的决策过程**所导致的，谁应该对此负责？
3. 在小组商议的过程中能够看到**小集团思维的症状**吗？（那些主要的症状是不是贯穿于决策过程的始终呢？）
4. 存在导致**小集团思维**出现的条件吗？

还有另外一个问题，这个问题的目的，是看能否学到一些新的东西：如果决策是由内聚的团队做出的，团队又是导致决策过程缺陷的原因，而且对后面两组问题的回答都是肯定的，那么是否可以检测到一些线索，说明存在某些条件能够推动小集团思维出现的新假设呢？

为了回答这些关键问题，在对案例材料进行分析时，需要找到证据将实际情况与决定是如何做出的迷思区分开来。在美国，根据传统的政治学说，总统应当对行政机构做出的每一项决定全权负责，但是，这一点经常被错误地理解为，所有问题都是由总统做出的。基于这条政治学说，艾森豪威尔总统需要对向苏联派出U-2间谍飞机进行侦察这一错误的决定负责，尽管五角大楼在总统公开否认没有派出过类似飞机之前，根本就没有告知他。根据这一条政治学说，杜鲁门总统需要对朝鲜战争的决定全权负责，虽然他只是对他的顾问们所提出的建议积极响应，而且至少有一个重要的决定曾让他完全改变了看法。（这件事情就是杜鲁门当时想接受蒋介石的提议，派中国国民党的军队到朝鲜去，但是被他核心圈子里的成员否定了。）约翰·F.肯尼迪由于公开表示对"猪湾事件"负全责而进一步加强了这一传统的学说。虽然如此，他的顾问们其实也都知道，他们应该对此共同承担责任，而且其中的某些人也承认这使得他们个人蒙羞。关于这些决定何以做出的已知事实，自然与基于负责任的传统学说的迷思是不相符的。

相反的情况也必须加以考虑，此种情况或许更为常见：当一个团体的全体成员，包括领导与他的幕僚们，都参与到一个会议中以达成一项决定，事实上决定是由领导一个人来做出的时候，这一迷思可能会被进一步加强。不管领导人是否名义上要对组织的政策负责，问题的关键就在于需要识别出，那些顾问们是否是以政策制定者的身份参与到任何政府、公司企业、教育机构，以及其他大型组织的重大决策之中。只有那些在决定政策时扮演了至关重要角色的稳定的团体，其所做出的一致决定，才与对小集团思维假设所做的调查有关。因此，就需要从本章之前所列的那些潜在的备选案例中，剔除那些不能被视为是团体决策的案例。

对第二个和第三个问题的解答需要做的工作最多，要在第二至七章的案例研究中寻找证据，并对他们进行重新评估。纵览全书，我总是在不断强调（在此我再次强调），**不能仅仅因为一项政策结果是糟糕的，我们就得出结论，认为这个制定政策的团队做得不好。**一个灾难性的结果，可能是由于不可预见的破坏导致的，也可能是政策制定团队以外的人执行不力导致的，还有可能是因为一些不可预见的事故超出了政策制定者们的预期而导致的，甚至有可能就是简单地因为运气不好所导致的。同样还存在这样一种情况，就是决策的质量很糟，但是由于格外幸运的原因，却获得了不相匹配的成功。不过，与其他许多社会科学家一样，我也认为，在制定决策的过程中出现的问题越多（在本章前面所列的那七条标准可以用来说明），那些未预期到的阻碍出现的概率也就越大，而且远期结果无法实现政策制定者目标的可能性也会越高。

就算是政策制定团队的成员们由于他们自己的误判，而选择了有缺陷的行动方案，他们之所以出现错误的主要原因还可能是因为，他们相信了来自看似可靠的专家所提供的错误信息，或者采纳了来自其情报机构似乎可信的支持性证据，这些都有可能导致最警觉的政策制定者得出错误的结论。不好的结果可能是由于这些错误造成的，就算是那些政策制定者们进行了细致且无偏的信息搜寻，恐怕对此也是无法避免。在这种情况的案例中，误判的产生并不源于有缺陷的决策过程，所以也就不能算作解释小集团思维的备选案例。它们也不能算作通过心理因素进行解释的备选案例，这种心理因素包括一些情感反应，如内疚、愤怒，或者焦虑，这些情感反应会降低政策制定团队成员们的认知效率（cognitive efficiency）。

此外，正如我与利昂·曼（Leon Mann）合著的《决策》（*Decision Making*）一书中所指出的那样：

> 在人类的信息处理过程中，存在着（各种各样的）缺陷与限制，比如，决策制定者被方案中的不相关方面分散注意力的倾向，将会导致对结果不准确的预测（Ableson，1976），以及决策制定者被风险信息的组合形式与呈现形式所动摇的趋势（Slovic et al.，1976）；如果他们依赖了错误的分类和刻板的印象，将会导致做出与社会团体或少数族群有关的错误决定（Hamilton，1976）；他们关于能够控制的错觉，将会使他们对于结果过于乐观估计，并且认为这就是一个关于机遇或者运气的事情。
>
> 特沃斯基和卡内曼（Tversky and Kahnemann，1974）还描述了各种其他类型的错觉，有一些是人们都知道的，还有一些人们可能还不是很了解。这些错觉产生于对可能性的直觉评估，这最有可能使得绝大多数偏好复杂统计的政策制定者，在使用可供选择的行动方案的证据时，做出偏颇的判断。（Janis and Mann，1977：16）

各种类型的人，包括接受过统计学训练的专家们，在根据他们所获得的信息做出推论进行重大决策时，也会犯不少错误——"过分乐观估计那些能够被简单和生动想象的事情出现的可能性，过多关注那些有代表性的信息，忽视那些基础比例的信息，过度依赖来自小样本的证据，以及没有将来自有偏见样本的证据剔除"①。即使这些会造成误判的原因都不存在，也会出现如下事实：由于无法在仅诉诸简单的决策规则时，将问题所有的复杂性都考虑在内，为了引导那些竞争且高效的政策制定者们做出最佳的选择，制造了大量复杂的过载信息。除此以外，同样还会出现的，是自我保护的趋势和各种各样的利己偏向，这将促使一个人陷入愿景思维之中，而不是去付出努力以获取最有价值的现实信息，并且对其进行批判的评估。

我所提到的这些错误产生的根源，大多数会进入一种与小集团思维有关的"反馈循环"之中。举例来说，信息的过度承载会导致小集团思维的趋势，反过来，它又会极大地加重过度承载对决策制定者脑力效率的负面影响。但是，问题主要的症结在于，存在各种各样导致错误的原因——有的是因为信息过度承载，并被小集团思维所放大；其他的可能就是因为缺乏胜任能力或者无知，仅此而已，这与小集团思维并没有任何的关系。当人们在对任何设计有缺陷的决定进行研究以发现小集团思维的症状是不是一个可能的原因之时，就有必要对那些证据进行仔细的分析，以确定是否还存在着其他可能的因果关系，甚至包括一些已知的错误来源，能够对决策制定者的失败进行适当解释。

现在，让我们再回到这个还没有回答的问题上来：小集团思维的分布到底有多广泛呢？尽管那些不是因小集团思维而导致的错误的原因，能够解释大多数可以被看作是失败的案例，但是我还是认为，对重大议题的各种群体决策进行调查之后将会证明，在所有错误估计的行政决策中的很大一部分——不管是政府的还是非政府的，美国的还是美国以外的——都会清晰地表现出小集团思维的症状。经常出现的情况是，小集团思维只是一

---

① 见 Wheeler and Janis, 1980：93，这是尼斯比特和罗斯（Nisbett and Ross, 1980）对主要类型错误所做的推论的总结。

第八章 小集团思维综合征

个促进因素，它会放大其他错误原因的影响。比如，最典型的就是对于威胁可能性的过高估计，以及对于可能结果的错误推论。不过，小集团思维有时也可能会被诊断证明是一个主要的原因，我们在下一章中对掩盖"水门事件"这一案例的研究将会证明这一点。当存在众多的迹象说明小集团思维扮演了关键角色的时候，就需要对此进行诊断。从这个意义上说，如果团体成员在团体内减少寻求一致的意图，他们就有可能会修改一开始做出的错误判断，抑制集体的愿景思维，并最终制定出一个更加合理的政策。

第九章　掩盖"水门事件":聪明的操控者缘何陷入一个本可避免的困境[1]

本案例研究的独有特点

　　本章介绍的案例研究与前几章的案例研究有一个本质上的区别。前述的所有案例研究是我在形成小集团思维理论的过程中所准备的,这个理论在前面几章中都有简要的概括。在形成了小集团思维的理论后,我认识到,为了确定小集团思维的假设是否可以用于解释特定的大失败,需要回答几种问题。仅仅发现是否存在小集团思维症状是不够的,有必要找出其先决条件和预期后果是否存在。因此,与前面几个案例研究有所不同的是,在对掩盖"水门事件"案例的研究中,从理论分析中得出的每一个关键问题我都进行系统的考虑。

　　幸运的是,尼克松及其白宫的主要助手们掩盖事实真相计划的每一个阶段到底说了什么,都有客观的证据。和前面小集团思维的案例研究相比,这个案例提供了大量让我们感到为难的丰富材料。这个案例的独有特点是,我们有每一次关键会议的逐字记录,关键的政策问题都是在这些会议上讨论和决定的。

　　除了尼克松的录音记录外,还有主要成员的大量宣誓证言。在国会和法庭就他们在掩盖"水门事件"过程中做伪证或其他犯罪事实进行调查和审判的时候,除了尼克松以外,他们都需要对调查的问题做出回答,并发誓说真话。三个主要的参与者[尼克松、霍尔德曼(Bob Haldeman)和迪恩(Hohn Dean)]刚刚出版他们的回忆录。他们的回忆录让人耳目一新,

第九章 掩盖"水门事件":聪明的操控者缘何陷入一个本可避免的困境

但是关于他们相互之间到底说了什么的记录已经公开,自我辩白的动机在很大程度上受到限制。最为重要的是,参与调查的记者们已经发表了一大堆他们对与掩盖"水门事件"有关的所有人的采访记录。

这个时候重复五个关键的问题是有用的,因为它们对这一章的案例研究提供了基本的轮廓:

1. 谁是决策者?决策基本上是由领导一个人单独做出的?还是**团队成员**在很大程度上参与了决策?如果团队成员也参与了决策,这个团队是一个**内聚**的团队吗?

2. 从负有责任的那些人的角度看,这个政策在多大程度上是由**有缺陷的决策程序**造成的?

3. 在这个团队的考虑过程中能看到**小集团思维症状**吗?

4. 是否存在前面所观察到的形成小集团思维症状的前提条件?

5. 如果决策是由内聚的团队做出的,团队又是导致决策过程缺陷的原因,而且对后面的两个问题都能做出有把握的回答,都是肯定的,能否找到一些新的渠道,让我们能对形成小集团思维的条件提出一些新的假设?

在早前的每一个小集团思维的案例研究中(第二至五章),我对这些问题中的前三个都进行了回答,虽然并不系统。现在我打算把这五个问题作为行动指南,只要有理由猜想小集团思维的假设可能帮助我们解释政策制定者为什么做出了本可以避免的错误,这个指南就可以指导对任何案例进行系统性研究的每一步骤。问题提出的先后顺序是为了让调查者尽可能早地找出不可能的候选案例,避免在错误的道路上浪费时间。为了能够以适当的顺序回答这些问题,就有必要重复。同样重要的会议,有时候对于记录中的同一引文,需要从不同的角度考虑再三以决定:首先,谁需要对这次掩盖的决定负责;其次,如果有错误的话,那么做出决定的方式错在什么地方;再次,有无可帮助解释任何错误的小集团思维的表现;最后,是否可以找到促成小集团思维的先验条件。

授权潜入水门大厦的决定

前两个关键问题从某种意义上说是初步的,因为,为了决定某一大失败是不是小集团思维分析的**候选案例**，需要根据对这两个问题的回答来决定。在投入时间和精力来寻找小集团思维症状是否存在之前，明智的做法是，先弄清楚让一个内聚的团队追求一致的环境和条件是否可以帮助我们解释能力强的领导人犯下本可以避免的错误的原因之一。

我们先从这个角度审视一个或更多的共和党领导人所做出的这个注定倒霉的决定。他们授权一个由窃贼组成的团队潜入水门大厦，在民主党全国委员会安装电子窃听器。（这是尼克松总统和他的助手后来试图掩盖的罪行。）如果我们从第一个问题开始讨论，我们很快就会发现，从并不清晰的证据中得出的答案表明，授权潜入水门大厦的决定并**不像**一个可以用小集团思维来解释的候选案例。

国会的质询告诉我们，他们曾经召开了三次会议［有两次是在司法部长约翰·米切尔（John Mitchel）位于华盛顿的办公室开的，另一次是在佛罗里达的比斯坎湾（Key Biscayne）开的］①，讨论拟议中的非法监听民主党的计划，这个计划的炮制者戈登·利迪（Gorden Liddy）被一个知识渊博的政治记者称作一个"喜欢枪……有暴力倾向……（还有一点）扭曲的爱国主义"的不择手段的律师。（White，1975：156-157）据总统在白宫的律师约翰·迪恩说，拟议中的这项计划不仅包括"安装窃听器"，还包括"秘密暗箱操作、挟持妓女来削弱对手的立场……（和）绑架等"②。参加这些会议的人都是尼克松政府内处于竞争地位的不同部门的代表——约翰·米切尔、戈登·利迪、约翰·迪恩、杰布·马格鲁德（Jeb Magruder）、弗雷德·拉昌（Fred LaRue）等。其中只有两个人参加了所有的三次会议。可以确信的是，他们相互之间并不信任，他们显然不是一个内聚的团队。马格鲁德发誓做证的时候说，他和拉昌参加了在佛罗里达的会议，在这次会议上，米切尔刚刚因担任总统竞选连任委员会主席的新职务的要求很多，在和他们一起审议了30项其他议程后，匆忙且并不热心地批准了

---

① 约翰·米切尔召开了三次会议来讨论利迪监听民主党的计划，国会对这三次会议询问的详细情况及其与参会者在听证会上证词不一致的地方收录于 *Final Report of the Committee on the Judiciary, U. S. House of Representatives* (1974), 56, ff.

② 迪恩告诉尼克松·米切尔关于办公室召开会议之事的记录，1973年3月21日。

这个计划。[2]

潜入水门的任务是由霍华德·亨特（Howard Hunt）和戈登·利迪组织的一队前中央情报局特工实施的。这个计划实施得如此糟糕，最可信的解释是一种较为普遍的观点，认为其中有一两个窃入者故意采取了破坏行动（至少有一个人承认在潜入水门的时候，他还是现役的中央情报局特工），产生了一系列非同寻常的错误，导致这些人在水门犯罪的时候被逮个正着。（Chester, et. al., 1973：186；Haldeman, 1978：184）他们难以置信的笨拙让华盛顿特区的警察拿到了证据，逮捕了霍华德·亨特和戈登·利迪。他们是这次入侵的组织者，他们并不是在现场被逮捕的。根据从潜入水门的那些人身上发现的按顺序排列的100美元的钞票，联邦调查局在很短的时间内就把线索追踪到总统竞选连任委员会，有人以如此糟糕的方式落实政策，不需要决策多么不高明就注定要失败。

因此，在窃入水门大厦过程中的错误可能是由于各种不同的原因造成的：由地下组织准备的一个冒险计划，由单个决策者负责批准，再由党羽不负责任地落实。他们可能是故意的，也可能是不经意地破坏了整个计划。我们也就没有理由再从小集团思维或其他团队动力的角度去试图解释为什么水门入侵大失败发生了。

但是，从1972年6月1日，也就是潜入者被逮捕的那一天，白宫开始掩盖"水门事件"就是一个完全不同的故事了。尽管尼克松和白宫的主要助手，包括鲍勃·霍尔德曼和约翰·埃利希曼（John Ehrlichman），除了承认在整个掩盖事实方面他们是并非无辜的旁观者外，一直拒绝对整个窃入水门的事件承担任何责任。

对形成掩盖失败政策的解释

在数以百万计的关于"水门事件"的出版物中，只有很小比例的文件提出了这个基本的心理学问题：一群精明且政治上机敏、已在白宫到达权力顶峰的人，怎么会犯这么多判断上的错误，没有能预见到他们非法掩盖行为所具有的潜在的灾难性后果？水门掩盖中主要人物都已经承认，他们做出了一系列浮躁的决定。如，总统的白宫办公厅主任鲍勃·霍尔德曼，在他关于"水门事件"一书的开头写道："我们白宫卷入"水门事件"的所有人做了很多错事。有些是犯罪的，有些是无害的，有些是故意的，有些则是无意的，有些是经过精明算计的，有些是愚蠢浮躁的，但每一件都错了。"（Haldeman，1978：14-15）在书的后面，他还补充说："**没能面对不可辩驳的事实**，尽管有些是绝对清楚不可辩驳的，是我们在应对'水门事件'的每一个阶段所犯下的致命错误。"（Haldeman，1978：62，黑体着重号为本书作者所加）

约翰·埃利希曼，白宫的一个高级助手，是尼克松总统国内事务的主要顾问。他也承认他们做出了错误的决定。在判决他犯有刑事罪行的审判过程中和审判之后，他自我辩护说，在白宫，"好多事情条块分割"，他真的不知道发生了什么与掩盖相关的事情。尽管如此，他这样谈他自己所犯的错误，"有必要对没有说出本应该改变历史发展轨迹的话表示遗憾。形势中可能充满地标，但我却没有看到"①。

尽管为了拒绝承认作为总统有不合法行为而继续否认一些不可辩驳的事实，理查德·尼克松本人还是在不体面地离开白宫后承认，他"彻底搞砸了"，他在处理"水门事件"的过程中"弄得很糟"，"做出了许多错误的判断"。"我让美国人失望了，"他总结说，"我的余生都要承担这一巨大的负担。"②

对水门掩盖的承认太晚了。直到1974年8月，尼克松才最终承认他在1972年6月水门入侵发生后的第一周就了解白宫官员们在串供。这个故事以这样的方式结束——他只是在最高法院一致决定，要求他公布一个"证据确凿"的录音后他才承认。这个录音带包含清楚无疑的证据证明他有罪。在他最终承认后不久，他辞职了，避免了基本上可以肯定的被众议院弹劾和被参议院宣布有罪的结局。

---

① 《时代》周刊对埃利希曼的采访，载 *Time*，December 1，1975，21。
② 戴维·弗罗斯特（David Frost）对尼克松的电视采访，载 *New York Times*，May 5，1977。

第九章 掩盖"水门事件":聪明的操控者缘何陷入一个本可避免的困境

1974年8月8日,理查德·M.尼克松宣布辞去总统职务。这是在他被迫公布"证据确凿"的录音带三天之后发生的。这个录音带证明他在掩盖"水门事件"中有罪。他知道众议院正在准备弹劾他,参议院很有可能宣布他有罪。

在尼克松辞职后的几个月,全世界的媒体都充斥着推测性的评论。这些评论试图理解为什么让自己卷入一系列构想拙劣的妨碍司法的活动,为什么他知道已经很晚、已经没有机会的情况下,才认识到他不得不交出证明他有罪的白宫录音带。其中,1974年10月《哈珀斯》(Harpers)有关"水门事件"的专刊中的评论最有见地。该刊的编辑让著名的历史学家、社会学家和政治评论家来解释为什么尼克松看错了事实,误判可能的选项,冒险犯下了如此巨大的错误。在接受采访的10个人中,有尤金·麦卡锡(Eugene McCarthy)参议员、马修·B.李奇微(Matthew B. Ridgway)

将军、小阿瑟·施莱辛格、西奥多·索伦森等。[3] 在这十篇短论中的解释基本都不一致，但作为一个整体，他们从传统观点对"水门事件"的教训都提供了相当好的分析。

被挑出来的主要原因包括：尼克松本人的缺点——他有缺陷的道德标准，他缺乏承诺的责任，他喜欢隐居、偷偷摸摸和秘密，在那些阿谀奉承者的声音之外他是孤立的；社会环境的一些基本特点也被提到，诸如复杂且麻烦的官僚机构让总统得不到有说服力的信息，美国人价值观的下降使其领导人滥用职权；不管是在美国还是在其他任何地方拥有巨大政治权力的人甚至是一个国家的头号政治明星都不可避免地腐败等。

在我看来，除了其中一个外，其他的说法都具有真实性（他的高级助手都不是阿谀奉承之人，随后可以看到这一点）。尼克松在处理与"水门事件"有关的道德和政治问题的时候的严重缺陷毫无疑问是由很多原因造成的。但是，在我看来最显著的是，除了有一处不经意地（我认为是错误地）提及阿谀奉承之人外，这 10 篇文章没有一篇提到团队动力，而这就意味着尼克松周围都是唯唯诺诺的人。

这个丑闻爆发已经好多年了，我仍然对"水门事件"有浓厚的兴趣，在公共媒体对尼克松致命的错误进行分析的时候，我注意到很少提到有类似小集团思维的概念。[4] 我因此推断，强调环境因素的小集团思维的假设，目前并不是对主要的大失败进行解释的一部分。这种环境因素促成大家对团结一致的追求，即使在头脑冷静的总统顾问中间也是如此。

小集团思维的假设并没有被社会心理学家完全忽视。已经有三个利用可以得到的文献进行的心理学研究。其中，伯特伦·H. 雷文（Bertram H. Raven）的研究发表在一个专业杂志上并被收录于心理学的教科书。另外两个——一个是杜安·格林（Duane Green）和爱德华·康诺利（Edward Conolley）的研究，另一个是威廉·皇-麦卡锡（William Wong-McCarthy）的研究——还没有出版。三个研究都注意到，尼克松和他的核心圈子在掩盖"水门事件"的方式上有明确无误的小集团思维症状。本章既利用他们的研究，也利用我自己根据一手材料进行的详细分析。如果小集团思维假设有助于解释尼克松政府灾难性的行动步骤，它就可以提供一个新的视

第九章 掩盖"水门事件":聪明的操控者缘何陷入一个本可避免的困境

角,防止在政府内、私营企业或社会福利组织中再次出现像"水门事件"这样的大失败。

大事记:掩盖"水门事件"的主要事件

为了记住主要事件发生的先后顺序,查阅以下大事记是必要的。这些事件构成了随后要讨论的在白宫召开的各种各样会议的背景。①

1972 年

6月17日,警察在华盛顿特区逮捕了总统竞选连任委员会的安全官詹姆斯·麦科德(James McCord),以及其他四名潜入水门大厦,在民主党全国委员会办公室安装电子窃听设备的人。

6月17日,联邦调查局的特工发现窃贼手中有一张霍华德·亨特开出的支票和一个通讯录,通讯录中有亨特在白宫的电话号码,电话旁边还写有亨特名字的首写字母。

6月20日,总统顾问约翰·迪恩打开亨特的保险柜,阻止联邦调查局的特工没收他参与潜入水门大厦,以及他参与其中的白宫"管道工"执行其他非法活动的证据。根据迪恩后来的证词,总统国内事务首席顾问约翰·埃利希曼告诉他,将一个装满犯罪证据的手提箱"埋藏起来"。

6月20日,在与尼克松总统谈话的时候,白宫高级助手查尔斯·科尔森(Charles Colson)建议,"水门事件"中的"犯罪行为"应属于窃贼自己的行动,不应当对政府内部参与其中的更高级别的人进行指责。总统同意并说:"该死的……我就把它隔离起来。"(Transcript June 20, 1972)

---

① "水门事件"大事记是根据 *Congressional Quarterly's Watergate*: *Chronology of a Crisis*, 1973; *Time*, "Watergate Retrospective," August 19, 1974, 54; *Washington Post*, "Outlook: The Year of Watergate," June 17, 1973, C1 – C4; *New York Times*, "The Continuation of Doar Summary of the Impeachment Inquiry," July 23, 1974, C14 – C24; *London Sunday Times* team, *Watergate*: *The Full Inside Story*, 1973; and T. H. White's *Breach of Faith*: *The Fall of Richard Nixon*, 1975 等整理的。

6月23日，尼克松总统指示其白宫办公厅主任霍尔德曼，让中央情报局阻止联邦调查局调查。对窃入水门大厦的窃贼手中的钱展开的调查正在将线索追踪到总统竞选连任委员会。

6月23日，尼克松总统的两个主要助手埃利希曼和霍尔德曼见到中央情报局局长理查德·赫尔姆斯和副局长弗农·沃尔特斯（Vernon Walters），向他们转达了"总统的愿望"。

6月23日，总统私人律师赫伯特·卡姆巴克（Herbert Kalmbach）根据迪恩和埃利希曼的要求，从总统竞选连任财政委员会得到一笔资金，这笔资金将分发给潜入水门的窃贼和他们的律师。（第一笔是7.5万美元，是最终要付给他们的超过40万美元总额中的一小部分。）

6月28日，米切尔宣布，他已经解雇了戈登·利迪，因为后者拒绝配合联邦调查局的调查。从这个时候开始的随后几个月内，白宫发言人坚称，利迪和亨特过于热情，未经任何更高层次的批准，完全是自己策划了潜入水门大厦的活动。

8月29日，尼克松在一个新闻发布会上称："本政府没有任何人，任何仍然任职的人，介入这个荒唐的事件。"他说这是对迪恩彻底调查的结果。（迪恩后来的证词说，根本就没有任何调查。）

9月15日，"水门事件"大陪审团宣布了他们的诉状。控诉的对象局限于利迪、亨特和在水门大厦内部逮捕的另外五个窃贼。

10月10日，《华盛顿邮报》发表了卡尔·伯恩斯坦和鲍勃·伍德沃德（Carl Bernstein and Bob Woodward）让人震惊的报道，这份报道一部分是根据"深喉"披露的信息。报道说，联邦调查局对水门窃入事件的调查，追踪到由白宫官员直接指导的总统竞选连任委员会所实施的政治间谍和破坏活动。

11月7日，尼克松以压倒性的优势再次当选（赢得了61%的投票）。"'水门事件'并没有被遗忘。"（*Time*, Watergate Retrospective, August 19, 1974, 54）

1973年

2月2日，主持对利迪、亨特、麦科德和因"水门事件"被起诉的另

第九章　掩盖"水门事件"：聪明的操控者缘何陷入一个本可避免的困境

外四个人进行审判的约翰·西里卡（John Sirica）法官宣布，他并不认为整个事件已经被弄清楚了。

2月7日，根据约翰·西里卡的话和一系列新闻报道的一些证据，参议院投票一致决定成立一个特别委员会对这些证据进行调查。这些证据暗示，白宫的助手介入了对"水门事件"的掩盖和其他不适当的活动。

2月28日，L. 帕特里克·格雷（L. Patrick Gray）在参议院司法委员会确认提名他为联邦调查局局长的听证会上承认，他让约翰·迪恩和白宫的其他人接触了联邦调查局对"水门事件"调查的报告。他还披露，有证据表明，与白宫有联系的德怀特·查宾（Dwight Chapin）和赫伯特·卡姆巴克也参与了非法活动。

3月13日，参议院司法委员会表决，一致要求迪恩作为证人出席格雷任命的听证会。该委员会拒绝了尼克松在前一天做出的关于行政特权的声明。这个声明说，总统及其成员行使其总统行政权力的方式"不受政府另一个部门的质问"。

3月21日，迪安所说的"总统职位内部的癌症"这次会议上，迪安对总统说：霍尔德曼、埃利希曼和迪安可能因为妨碍司法而被关进监狱。在谈到亨特最近要求得到一大笔钱的"敲诈"时，尼克松说："看在上帝的面上，就给他吧！"

3月22日，在参议院对他确认的听证会上，格雷说，迪恩"可能撒了谎"，对联邦调查局的工作人员说亨特与白宫没有关系。

3月23日，约翰·西里卡法官向法庭宣读了一封麦科德的信，信中称他和"水门事件"中的其他被告遭受很大的压力，被要求保持沉默。在对他们审判的过程中，他们犯了妨碍司法罪。

3月28日，根据存在已久"隔离起来"的政策，埃利希曼告诉司法部部长理查德·克兰丁斯特（Richard Kleindienst）说，此前白宫对潜入水门大厦一事一无所知。

4月8日，迪恩开始与司法部调查"水门事件"的检察官配合。在他随后几周与他们的多次见面期间，他都暗示霍尔德曼、埃利希曼还有他自己都妨碍了司法。

4月13日，在潜入水门大厦事件发生之时担任总统竞选连任委员会第二把手的马格鲁德,向调查"水门事件"的检察官承认,他在审判"水门事件"嫌疑人的过程中犯了伪证罪。

4月15日,迪恩向调查"水门事件"的检察官披露,1971年白宫的"管道工"、利迪和亨特等非法潜入了精神病医生埃尔斯伯格(Ellsberg)的办公室。

4月15日,调查"水门事件"的检察官通知尼克松,霍尔德曼、埃利希曼、迪恩,以及白宫的其他职员与水门掩盖有关联。司法部敦请尼克松解雇他们。

4月30日,尼克松总统宣布霍尔德曼和埃利希曼——"我有幸认识的最好的两个公务员"——辞职。他还宣布迪恩和司法部部长克兰丁斯特辞职。

5月22日,在山姆·欧文(Sam Ervin)参议员主持的参议院"水门事件"委员会上,破坏性的新闻开始曝光。作为反应,尼克松总统首次承认,白宫的一些官员参与了掩盖过程。但是,他说他没有参与。他坚称他1972年6月限制对"水门事件"的调查完全是为了保护"国家机密"。总统撤销了他在3月12日发出的维护行政特权的指示,从而允许其助手在"水门事件"和相关问题上发誓做证。

6月25—29日,迪恩在电视转播的参议院"水门事件"委员会听证中证实,到1972年9月15日,尼克松知道掩盖一事,而且还鼓励掩盖。

7月16日,亚历山大·巴特菲尔德(Alexander Butterfield),白宫的一个助手告诉参议院"水门事件"委员会,尼克松对他的谈话有秘密的录音。

7月23日,尼克松拒绝了特别检察官阿奇博尔德·考克斯(Archibald Cox)和参议员欧文委员会提出的,要他交出在此前13个月有关"水门事件"谈话的录音带的要求。

10月20日,特别检察官考克斯拒绝了尼克松的妥协建议。尼克松提出只提供这些录音带的概要,而不是交出传审的录音带,这些录音带的概要将由约翰·斯滕尼斯(John Stennis)参议员来核实。

10月20日,"周六晚上大屠杀":尼克松解雇了考克斯。司法部部长埃利奥特·理查森辞职以示抗议。在司法部位居第二的司法部副部长威廉·D. 拉克尔肖斯(William D. Ruckelshaus)同样辞职。

10月21—23日,一场抗议"大风暴"席卷国会和全国的媒体,最后

第九章　掩盖"水门事件"：聪明的操控者缘何陷入一个本可避免的困境

达到高潮，要求尼克松辞职，否则就要面临弹劾。

11月21日，白宫特别顾问J. 弗雷德·布兹哈特（J. Fred Buzhardt）告诉西里卡法官，总统和霍尔德曼在1972年6月20日的谈话中有18分半的录音莫名其妙地丢了。

1974年

3月1日，"水门事件"大陪审团依妨碍司法罪，对霍尔德曼、埃利希曼、科尔森、米切尔和尼克松任命的其他三名官员提出诉讼。

4月30日，白宫公布了特别法官利昂·贾沃斯基（Leon Jaworski）和众议员司法委员会传唤的大量录音的编辑版。众议院司法委员会对尼克松在履行公职过程中的不端行为进行调查。厚达1254页的会谈记录专辑被媒体广泛解读为证明了迪恩的说法，即总统在1973年3月21日前就知道掩盖一事，而且他还让他的助手支付了一大笔钱给亨特，让他不要说。

7月24日，最高法院一致裁定，总统必须交出特别检察官贾沃斯基所传审的所有录音带。

8月5日，尼克松承认从1972年6月底开始，他参与了掩盖一事。新公布的6月23日的录音带中有5分钟长的内容事实上被所有国会议员和新闻评论者认为是确定尼克松有罪的"确凿证据"。这部分录音带告诉人们，尼克松指示霍尔德曼利用中央情报局来限制联邦调查局。

8月8日，在了解到众议院在准备弹劾他、参议院也完全可能确定他有罪后，尼克松宣布他从第二天起正式辞去总统职务。

尼克松的助手们是与总统一起参与掩盖真相的决策，还是唯唯诺诺的人？

在我看来，任何对"水门事件"中录音记录和其他公开文献进行认真研究的人都会发现，从第一份新闻对1972年6月潜入水门大厦事件开始报道，到 1973 年 3 月底，掩盖事件是总统和他的主要助手——H. R. 霍尔德曼（办公厅主任）、约翰·埃利希曼（总统国内事务助理）、约翰·迪恩（总统顾问）等——共同决策的结果。在最初的几周，查尔斯·科尔森（总统特别助理）、约翰·米切尔（前司法部部长和总统竞选连任委员会主席）有时候在某种程度上也参与了决策。到 1973 年 3 月底，随着掩盖一事慢慢被揭开，约翰·迪恩开始有点不满意了。用霍尔德曼的话来说，"迪恩的角色发生了从总统的保护者到自己的维护者的转变——这是一个具有重大历史后果的转变"（Haldeman，1978：317）。在随后的几周，随着媒体披露一枚枚"重磅炸弹"，核心圈子开始解体了。1973 年 4 月 29 日，尼克松在费尽周折后决定解雇霍尔德曼和埃利希曼，这些人像迪恩一样，成了自己的保护者。

理查德·M. 尼克松与白宫办公厅主任、也是他的主要共谋者霍尔德曼在商谈。他们是白宫参与掩盖"水门事件"计划团队的主要领导人。这个团队包括约翰·埃利希曼、约翰·迪恩、查尔斯·科尔森。尼克松和霍尔德曼对臭名昭著的白宫 1972 年到 1973 年录音和保存这些录音材料承担责任。这些材料中有导致霍尔德曼入狱和尼克松被迫辞职的定罪证据。

第九章 掩盖"水门事件":聪明的操控者缘何陷入一个本可避免的困境

　　随后,尼克松任命了新的白宫助手——亚历山大·黑格(Alexander Haig)、梅尔文·莱尔德(Melvin Laird)、伦纳德·加门特(Leonard Garment)和 J. 弗雷德·布兹哈特——这些人对尼克松并不忠诚,而且相互之间都保持着警觉。(White,1975:221,241-245)从这时开始,应对不断增长的"水门事件"所引发的危机的决策过程所显现出来的规律,与事件发生最初的几个月掩盖所显示出来的规律显然完全不同,这是本案例研究所关注的。例如,考虑一下发生在 1973 年 10 月 20 日的那个臭名昭著的"周六晚上大屠杀"吧,尽管尼克松知道即将发生的司法部部长埃利奥特·理查森的辞职方式会对自己已经遭到削弱的政府产生极大的危害,他还是决定解除特别检察官阿奇博尔德·考克斯的职务。① 这个决定很可能是尼克松自己做出的。通过挑起考克斯的敌视,对其成员们隐瞒关键的信息,尼克松很可能在寻求他在白宫周围的人的意见的时候,听到了他想听的。在那个特定的时候,总统同时受到两场危机的困扰。一个是在近东由"赎罪日战争"(也叫"斋月战争",1973 年 10 月 6 日埃及、叙利亚和巴勒斯坦游击队反击以色列的第四次中东战争。——译者注)引发的危机,这场战争有导致美苏军事对峙的危险;另一个则是国内要求他交出录音带的传票所引发的危机,这个危机有可能导致对他的弹劾。他焦躁不安,难以入眠。尼克松可能是在心烦意乱和高度警觉引发的恐惧状态下做出的决定。这与作为小集团思维受害者中领导人因为过度乐观所表现出来的冷静状态完全相反。(在决策过程中,过度警觉可能比小集团思维导致更严重的错误。)②

　　现在回头看一下 1972 年的后半年,在掩盖事实决策形成阶段,尼克松在白宫的会议和电话记录表明,他的助手,如霍尔德曼、埃利希曼、迪恩和科尔森等都绝非唯唯诺诺之辈。1974 年 6 月《国会季刊》发表了一份对总统记录的特别评论。这份评论说:"霍尔德曼和埃利希曼……从记录中

---

　　① 对于尼克松在"周六晚上大屠杀"后所做决定的细节,可参见 White,1975:257-268。

　　② 对这种过于警觉状态下所做出的决策的描述,可以参见 Janis and Mann,1977:59-61;245-146。

看好像是与尼克松平起平坐，而不像是下属，总是告诉总统而非建议总统该做什么。"(*Congressional Quarterly*, 341)《新闻周刊》发表了对1974年5月总统记录的一份评论，也强调，这些证据并不支持尼克松盛气凌人的形象。"在幕后的办公室，他好像……一个优柔寡断的行政领导人，不是一个主持这些关键讨论的总统，倒像总是顺从其下属的总统……（在）许多谈话中，总统看起来像是……一个旁观者，像一个好好先生，让别人来领导。"(*Newsweek*, May 13, 1974, 10)

看来尼克松还经常把责任委托给他的助手，让他们根据自己的判断用他们认为合适的方式来落实所谓的"遏制政策"（他们用来指掩盖一事的用语）。[5]霍尔德曼、埃利希曼和迪恩经常发起一些新的掩盖事实的行动，然后再与尼克松讨论如何才能把他们已经开始的行动做得更好。他们鼓励尼克松将应对水门丑闻的计划进行修改。在每一个阶段，新问题出现的时候他们都会对他的策略予以指导。例如，1972年6月23日，霍尔德曼告诉尼克松说，联邦调查局对水门潜入事件的调查所产生的影响得不到控制，"我们"应当让中央情报局介入，终止对其调查。霍尔德曼说："能够解决这个问题的唯一方式……是让沃尔特（中央情报局副局长）给帕特里克·格雷（联邦调查局执行局长）打个电话，就说：'别插手——我们不想让你过多干预这个事，而且我们就是专门干这一行的。'"(*Transcript*, June 23, 1972)尼克松接受了霍尔德曼的计划，并在最后做了补充以便使计划更加有效。在几乎所有的国会议员眼中，正是录音带对这段对话的记录，成为确定尼克松可以被弹劾的罪行的"确凿证据"，即错误利用中央情报局和联邦调查局为自己的个人政治利益服务。

类似的例子还包括尼克松与其内团体成员在掩盖事实的计划上的合作。尼克松毫不犹豫地告诉他核心圈子的成员们应该做什么，怎么做；但也有无数次，在面对一两个主要成员的反对意见的时候，他会突然收回他的建议。从记录中的大量证据可以看出，尼克松很可能反复受到他的主要助手提出的建议或反对意见的影响，而且他不断征询他们的意见。**可以确信，掩盖政策的决策并不是由总统单独做出的，他的主要助手显然也绝非唯唯诺诺的人。**

第九章 掩盖"水门事件":聪明的操控者缘何陷入一个本可避免的困境

决策团队是一个内聚的团队吗?

这是一个很难回答的问题。如果我们分析一下尼克松顾问团队的所有人,包括白宫内的和白宫外的,显然它**不是**一个内聚的团队。对尼克松政府进行过详细研究的伯特伦·H. 雷文的结论是,"至少有两个主要的互相竞争的派别,每一个派别内部的成员之间也争权夺利,互不喜欢"(Raven, 1974:310)。在谈到团队不和谐的权力斗争和相互之间的反感的时候,雷文尤其特指米切尔和霍尔德曼以及他们各自的追随者之间长期存在的敌意。雷文准备了一个社会关系图(见图 9-1)来代表尼克松在国内政治中高度依赖的 12 个人的关系。这个图显示,哪些人是友好的同伴,哪些人是有敌意的竞争者。这个图中的核心是白宫关系密切的三人组:尼克松、霍尔德曼、埃利希曼。正是这个相互融洽的三巨头再加上他们的两个助手——迪恩和科尔森——构成的决策团队,应该对整个掩盖"水门事件"的决策负责。

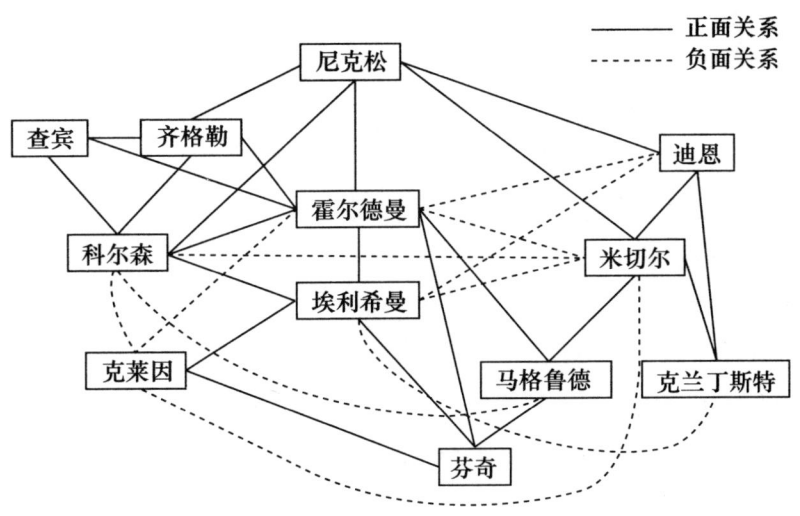

图 9-1 尼克松及其核心圈子的社交图

注:总统尼克松基本上与图中的所有人都具有正面关系。图中所标注的只是那些最重要的关系。引自 Bertram H. Raven, "The Nixon Group," *Journal of Social Issues*, 1974, No. 30, Plenum Publishing Corporation, pp. 297–320。

在雷文的图解中，像其他所有人一样，约翰·迪恩与总统具有良好的关系。但是，迪恩与霍尔德曼和埃利希曼的关系并不好。在我看来，在我所关注的九个月时间里——从 1972 年 6 月到 1973 年 3 月，这种关系并不准确。迪恩初到白宫的时候是这样的，尼克松的两个主要助手对他充满怀疑，因为他曾经是竞争对手米切尔在司法部帮派的一个成员。但是，在他工作的最初几个月，迪恩给他们留下了很好的印象，霍尔德曼和埃利希曼给了他越来越多的责任，事实上让他成为核心团队的一个至少是边缘的成员。

1972 年 9 月 15 日，霍尔德曼强烈建议尼克松相信迪恩，因为他在处理水门丑闻所引发的众多问题上所表现出高超的能力。"约翰属于能够不露声息就可以将事情办完的那种人，"霍尔德曼对尼克松说，"他比我想象的要更坚强。"用尼克松内团体的话来说，这显然是一个非常高的评价。(Transcript, September 15, 1972) 即使在迪恩叛节并将整个"白宫令人可怕"的事情揭发后，霍尔德曼也承认，在他"改变角色以前"，迪恩是"保护总统的人之一"。我在前文已经提到这一点。（Haldeman, 1978: 317)

关于霍尔德曼对迪恩的支持，尼克松是积极回应的。在 1972 年 9 月 15 日的日记中，尼克松热情地提到迪恩。他说他"对迪恩留下了非常深刻的印象"，说他告诉霍尔德曼说，迪恩"拥有我们所需要的那种钢铁般的意志和真正**出色**的本能"①。对尼克松来说，这可能是他用来评价他刚刚招入的新成员最好的用词了。在随后的六周，他的领导们一直认为迪恩具有很好的素质。

1973 年 2 月，尼克松、霍尔德曼和埃利希曼一致同意，迪恩应当与总统有更多直接的接触。最初这是为了保持记录，把事实掩盖起来：能让迪恩以律师与代理人关系的理由拒绝回答将来所有的调查问题。迪恩这个工作做得是如此出色，深受信任，他得以利用这样的机会获得更高的地位。尼克松的报告说："埃利希曼和我决定，不经过霍尔德曼，我直接与迪恩

---

① 1972 年 9 月 15 日的尼克松日记，引自 Nixon, 1978: 682，黑体着重号为本书作者所加。

联系。"（Nixon，1978：779）从此以后，在霍尔德曼的完全同意下，迪恩不仅能频繁面对面地与总统交往，而且还多次参加总统与霍尔德曼和埃利希曼的会议。即使在迪恩开始偏离团队的规范，促请团队放弃掩盖而公开承认白宫共谋后，尼克松把他当作团队有价值的成员而对他的强烈好感仍然持续了一段时间。尼克松在他的日记中写道，1973 年 3 月 25 日是"难挨的一日"（因潜入水门大厦而被判有罪的人之一——詹姆斯·麦科德指责迪恩和其他官员事先知道潜入水门大厦的计划），并补充说："迪恩……是真正值得重点考虑的人，因为他总是扮演一个顾问的角色，提供了他最好的建议。"①

在与尼克松、霍尔德曼和埃利希曼讨论与"水门事件"有关事项的时候，约翰·迪恩融入了非正式的社会环境，这种社会环境一直是关系融洽的三巨头召开会议的显著特点。在 1974 年白宫提交给众议院司法委员会的那份被删去部分内容的白宫记录中，含有大量迪恩骂人的话，全部被删除。这也是一个标志，说明迪恩作为一个内团体成员的身份在发生变化。

迪恩觉得，他成功地"灭火"让他"最终至少可以成为第一梯队的成员"（Dean，1976：88），而且他珍惜与总统"很亲密的关系并感到自我陶醉"（Dean，1976：1977）。他报告说，尽管他仍然喜欢他的前老板约翰·米切尔，但他已经将忠诚转移到尼克松—霍尔德曼团队，他不会将白宫发生的什么事都告诉米切尔。（Dean，1976：106）1972 年 6 月底，当霍尔德曼和埃利希曼主张应当将他们的竞争对手米切尔撤职时，迪恩对此予以支持。在《盲目的雄心》（*Blind Ambition*）中，迪恩关于自己在"水门事件"中的角色的描述是这本书的一个主题，他对自己作为白宫最高决策团队成员的身份非常在意，他将抑制自己的疑虑，做他应该做的事情，不管是否违反了他应该遵守的道德和法律标准。他说："我具有一种强大的勇气，我想象将军们为了整体的目标需要牺牲数个师或数个营的兵力时所需要的那种勇气。"（Dean，1976：126）

迪恩第一次见到尼克松和霍尔德曼是在 1972 年 9 月，后两者与迪恩的关系像老朋友一样，完全没有刻意营造一种他所期待的椭圆形办公室内的

---

① 1973 年 3 月 25 日的尼克松日记，引自 Nixon，1978：807。

那种高贵礼仪气氛，他对这种关系感到吃惊。

> 我对我看到的一切毫无准备。霍尔德曼萎靡不振地坐在总统办公桌对面的椅子上，一个黄色的便笺簿从手里奔拉下来，不是平常做记录的样子。总统斜躺在他的转椅上，倾斜的角度有点就要倒下一样危险，两只脚跷在办公桌上，能看见他的脚后跟。总统通过他两只脚在办公桌上形成的"V"字形状中间懒洋洋地看着我。我在门口迟疑了一下，感觉好像一个闯入者，想等总统和霍尔德曼快点恢复正常坐姿。但是，他们并没有，我犹豫不决地走到一个椅子前。即使看见他们身着女装我也不可能更加吃惊了。我受到这样友好方式的接待，让我受宠若惊。(Dean, 1976: 134–135)

迪恩后来加入到这个"第一团队"轻松、友好的交流中，不仅体现在他和其他人一样在谈话中使用粗俗的语言，而且还体现在他时不时地可以随时公开表达他个人对正在发生事件的看法。他可以随意发言。一个例子是，1973年3月22日，这个团队在尼克松办公室的一次会议上讨论如何应对媒体披露的新"炸弹"时他们的一段对话。被认为对尼克松是"百分之百忠诚"（Haldeman, 1978: 300）的联邦调查局执行局长帕特里克·格雷，在参议院确认其提名的听证会上做证时说，约翰·迪恩对联邦调查局"可能撒谎"。霍尔德曼对尼克松挖苦性地评论说，格雷已经变成一个"智慧的符号"，因为"他指责您的顾问是一个骗子"。埃利希曼评论说，就国会的听证会而言，格雷可能已经"死了"。在获悉这个"让人愤怒的消息"后，迪恩接着埃利希曼非常形象的说法，对格雷对他的指控做出了自己非常情绪化的反应。(Dean, 1976: 212)"他可能死了，"迪恩说，"因为我可能毙了他。"① 其他人以大笑的方式回应他的话。在对格雷被执行死刑这个并不可笑的事开玩笑时，迪恩可能在重复他心目中很形象的对叛徒执行死刑的意象。此前，当埃利希曼对整个"水门事件"做出一个最值得记忆的评论的时候，他曾在电话中提到这种意象。

---

① 1973年3月22日的记录。

第九章 掩盖"水门事件":聪明的操控者缘何陷入一个本可避免的困境

埃利希曼:喂,刚刚接到你最喜欢的证人的一个电话。

迪恩:谁?

埃利希曼:帕特里克·格雷。

迪恩:哦,是吗?

埃利希曼:而且他还说要确保老约翰·迪恩非常非常坚定地保持他的立场……

迪恩:是的,他很坚强。你应当读读记录,他让我呕吐。

埃利希曼:就让他挂在那里……让他慢慢被扭曲,在风中慢慢被扭曲。①

图9-1中所显示的尼克松与霍尔德曼和埃利希曼之间的密切关系早在掩盖"水门事件"之前就已经建立起来了。他们在白宫共事几乎已经四年了,而且他们在这之前已经形成了密切的关系。尼克松入住白宫的时候,霍尔德曼一直是与他关系密切的顾问——"从专业上讲比任何人都更加密切。"霍尔德曼说。而且他接受亚历山大·巴特菲尔德把他描述成"尼克松的延展、他的另一个自我"的说法。(Haldeman,1978:99)

从大学时代开始就是霍尔德曼关系密切的私人朋友的埃利希曼,也深受尼克松的尊重。尼克松欣赏他坚定不移的忠诚和不断地对总统提供的保护。尼克松在国内事务上把埃利希曼当作主要顾问,对他高度依赖。

根据我概括出来的各种各样的迹象,好像可以安全地得出这样的结论,白宫决策团队的核心——尼克松、霍尔德曼、埃利希曼——是高度内聚的三巨头,他们相互之间拥有很强的忠诚和团队精神。尽管霍尔德曼和埃利希曼有时候在如何与决策团队中两个级别相对低的成员迪恩和科尔森打交道的问题上有摩擦,这两个人在形成掩盖"水门事件"决策期间总的来说还是被看作忠诚和有价值的成员。一般情况下,在记录中很难找到证据证明,策划掩盖决策的白宫团队这五个人之间有互相反驳、争吵或任何形式的冲突。直到1973年4月掩盖一事被揭穿,约翰·迪恩脱离这个团队

---

① 1972年3月第一周最后一天的电话记录,引自Chester et al.,1973:233-234。

之前，这个团队没有任何内斗的迹象。到那个时候为止，记录中被删去的内容都是针对外部政治对手的困惑和反对他们的用词，从未有团队内部相互之间使用这样的用语。会议记录充斥着友好的闲侃、笑话、在与手中需要处理的各种各样事情有关的话题上共同的情感等——都是在具有共同的价值观和目标的内聚团队内人们期待能够看到的那些状况。

有缺陷的决策在导致这个大失败的过程中发挥了重要作用吗？

就像前几章对每一场大失败所做的分析一样，一个关键的步骤是要弄清楚，内团体决策的失败至少部分是因为决策的失误而非别的原因，比如没有预想到的事故。就水门掩盖决策这个例子而言，事实上所有知识渊博的评论家，以及所有的参与者自己都承认，尼克松和他的内团体在决策方面做得极差。尼克松自己也曾承认，所谓的遏制政策考虑不周："我有时候在想，如果我们在开始的时候花些时间来思考，我们是否会在处理的时候就会不那么愚蠢。"（Nixon，1978：464）

霍尔德曼除了说他和其他决策者的决策方式有些"愚蠢"外，也没有把责任推卸给别人。

> 掩盖失败了，因为从一开始它就注定要失败……太多人都不了解情况。有很多非常愚蠢的风险。在每一个阶段都很少对潜在的危险和收益进行评估……（Haldeman，1978：402）

* * *

> ……事先没有计划……大家都以为是以最好的方式维护总统的利益，在每一个问题产生的时候才采取每一具体的步骤。我个人今天最大的懊悔源于我认识到我的错误帮助了这个决策过程的形成。（Haldeman，1978：408）

对白宫会议记录的研究，证明了霍尔德曼对做出关键决定的危险方式的说法。在潜入水门大厦的事件发生后的最初八个月内,除了掩盖以外,几乎没有考虑任何其他决策选项。后来,在遏制政策因每天都有新的事件被媒体披露出来而不怎么成功后的几个月,各种各样的修正方案和其他选项在团队会议上被提出来,但是对这些方案的讨论是非常肤浅的——例如,组织一个新的大陪审团,或者建立一个由约翰·迪恩或其他助手主持的总统调查委员会等,这些可能是他们承认共谋的证据。但是这些选项都没有从有利或不利的角度认真地考虑。

有很多证据可以用来印证第一章接近结尾部分所提出的七个有缺陷决策的标准。一些典型的例子将会在我阐述干预有效决策的小集团思维的主要症状的时候提出来。在七种类型的缺陷中,有一个缺陷在整个会议期间最经常发生,那就是决策团队没有能对非法掩盖活动的长远后果进行评估。几乎同样突出的是,他们没有提出一个应对可预见且有可能成为现实的风险的应急计划。正如经济学家默里·N. 罗斯巴德(Murray N. Rothbard)所说的那样,许多被认为是富有经验的人认为,白宫制订的计划都是高效的,这种看法被尼克松的记录所彻底粉碎了。

> 传统的政治科学家……认为,普通公民经常会局限于肮脏的考虑,关注短效的事情,政府领导人高高在上,能够而且的确考虑得很远,非常精明地制订计划。没有什么比尼克松的记录里得出的结论更清楚,最高层的行政官僚会难以置信地短视。他们感兴趣的不仅仅是下一次大选,而且还有六个小时后的电视新闻。(Harper's, Oct. 1974, 80)

只需要广泛地阅读一下会议记录,人们就能体会到在多大程度上掩盖的决定是白宫小集团有缺陷决策的结果。用这个国家以信息灵通著称的杂志中的政治评论来说,这次掩盖是一个"完全可以避免的困境"①。

现在到了我们研究的关键一步,就是决定小集团思维的假设,是否能对尼克松的白宫小集团让自己深陷这个困境的原因至少提出部分解释。团

---

① 1974 年 10 月《哈珀斯》对"水门事件"专刊的编者按。

队成员们为何能够在如此长时间内犯这么多错误？他们为什么没能对显而易见的困难有所准备？这些困难是他们在一次次粗心大意地做出承诺的、充满风险的掩盖政策后注定要产生的。他们为什么连续对不受欢迎的警告做出充满偏见的评估？而这些警告提醒他们，他们是不可能溜之大吉的。

能看到小集团思维的症状吗？

只有在得出这个大失败有可能是一个内聚的小集团有缺陷的决策的结果时，才值得去探索小集团思维是否是失败的主要原因之一。为了进一步调查这个假设，即小集团思维可能是制定政策掩盖"水门事件"的决策团队出现重大错误的原因之一，我们现在必须考虑在尼克松政府制定政策的记录中，是否存在清晰的迹象，表明在这个团队做出有缺陷决策的会议上，寻求一致的倾向是否发挥了作用。同时我们需要明白，是否可以保证排除其他解释，特别是那些和小集团思维假设所对立的解释。这些相反的解释包括，心理状态与小集团思维所表现出的小集团平静状态——如小集团成员在应对有危险的事件时，是否有过度警觉和心烦意乱的恐惧状态，这些都会大大降低他们认知的有效性。

对与掩盖"水门事件"有关的证据进行过研究的少数几个社会心理学家得出的结论是，在白宫团队决策过程中，可以清楚地看到小集团思维的症状。在可以获得总统记录和其他记录之前，在一份对新闻报道进行初步回顾的文件中，杜安·格林和爱德华·康诺利提供了大量的例证，证明小集团成员都有坚不可摧的错觉、集体自我辩解和其他小集团思维症状。后来伯特伦·H. 雷文（Bertram H. Raven）利用尼克松录音带的记录，参议院和众议院听证会上的证词，以及其他可以得到的资料所做的更加全面的研究得出的结论是："贾尼斯所描述的小集团思维现象……在尼克松团队内是非常明显的。"（Raven, 1974: 297）

威廉·皇-麦卡锡对众议院司法委员会和"水门事件"审判法官根据尼克松的秘密录音整理出来、尚未编辑的文字进行了最详细的研究。和前两项研究一样，他发现在白宫内团体实施掩盖策略的过程中，有大量的小

第九章 掩盖"水门事件":聪明的操控者缘何陷入一个本可避免的困境

集团思维的痕迹。威廉·皇-麦卡锡的文本研究,是建立在对白宫会议逐字记录的文献基础上的。他得出的结论是,小集团思维让尼克松、霍尔德曼和埃利希曼在处理"水门事件"过程中没有能做出客观理性的决策。

在另外一项采取内容分析方法进行的研究中,威廉·皇-麦卡锡提供了相关的量化数据,证明尼克松在白宫的主要助手霍尔德曼、埃利希曼和迪恩等的确在寻求一致。为了测量每一次会议上对一致追求的程度,皇-麦卡锡设计了一套方法,对团队的每一个成员对任何有关说法所表现出的一致和不一致,如团队每一个成员的诊断性和预测性猜测,或者提出的可行性建议等,进行编码。在他的编码方案中,清楚地表达以下主张的陈述就是同意,如"这是对的",或者以肯定的方式阐述前一个发言者提出的建议。然后,他对所有与白宫内团体利益有关的陈述中表示同意和不同意的数量进行统计。(在这些陈述中常会提到,这些对**我们**有什么意义,**我们**应该怎么办,或为**我们**的计划等。)

皇-麦卡锡对一致性的测量包括一个总体同意的百分比,可用于对单独的一次会议的测量,也可以用于对一系列会议的测量。皇-麦卡锡用这种方式来比较关键的两个月内小集团的一致程度,在两个月内小集团由团结走向解体。从1973年2月的最后一周到1973年3月最后一周的开始,这一段时间的特点是,内聚的白宫团队协调一致地应对被揭露的危险,尤其是当参议院一致投票授权成立一个专家组(欧文委员会)来调查"水门事件"所引发的危险。随后的一个月,约翰·迪恩叛节了,用卢卡斯(Lukas)在他关于"水门事件"一书中的话说,"一直很好地团结在一起的尼克松的'团队'一天天地在分崩离析"(Lukas, 1976: 306)。到1973年4月中旬,尼克松告诉霍尔德曼和埃利希曼说,为了保护"总统",他们可能得离开。他们拒绝了这个要求,认为这样的行动会被广泛地解读为证明他们的确有罪——此外,尼克松也需要他们的帮助来避免被弹劾。(Haldeman, 1978: 324 - 367)不出所料,在团队以内聚的状态发挥作用的最初几个月,**衡量团队一致性的分值相对比较高,这可以被推测为是小集团思维的标志**。在随后的几个月,当他们不再是一个内聚的团队时,一致性的分值就大幅度下降。[7]

我自己在阅读从1972年6月到1973年3月这段时间的会议记录时发

现，这一段时间相对很少出现不一致的情况，很少对该最先做什么有争论。这与皇-麦卡锡的内容分析方法所显示的结果是一致的。团队任何人提出一个建议后，其他人会立即接受并进一步阐述它。如果团队中有某一个助手对尼克松提出的一个计划表达了质疑，他通常会立即撤回自己的建议，甚至不会问一下具体的反对意见是什么。同样，如果尼克松或团队的其他成员对一个助手的建议有点迟疑，这个助手也会马上撤回自己的建议。这样，不同观点的表达很快就会被忽略，产生一种单一的明显一致的氛围，分歧会保持在最低程度。很少有冷静的争论，很少出现团队内的一个成员支持一种立场、另一个成员支持另外一种立场的情况。团队在讨论一个非常棘手的问题时，如在对潜入水门者进行审判的时候，麦科德指责政府官员做伪证，如何应对这个问题，一个又一个建议被取消了，最后一切都悬而未决。1973年3月，随着媒体披露的信息越来越多，对团队掩盖的有效性提出挑战的时候，这种优柔寡断进一步增加。到1973年4月初，已经能听到公开的分歧，表面一致的氛围再也维持不下去了。

现在来看看小集团思维的特别症状。在这个过程中，我吸收了格林和康诺、雷文和威廉·皇-麦卡锡的研究成果，也利用我对尚未编辑的录音记录详细的分析。

在小集团决策过程中是否一直存在共同的坚不可摧的感觉？

小集团思维的首要症状——团队共同拥有一种坚不可摧的感觉——至少可以通过两种方式在成员中表现出来：只要一有问题就对团队或团队领导人控制形势的能力表现出**过于乐观的看法**；对提醒团队应该注意继续坚持现有行动路线可能产生危险的**警告充耳不闻**。从1972年6月开始，掩盖到接近1973年3月底，这两种坚不可摧的迹象不断出现。即使在媒体的"炸弹"粉碎了他们的防守，导致他们解体的情况下，成员好像还是尽力通过在相互之间传达一种过多的乐观情绪来维持团队坚不可摧的感觉。

最初，当听到烦人的消息说白宫人员与"水门事件"有关联的时候，

第九章 掩盖"水门事件":聪明的操控者缘何陷入一个本可避免的困境

尼克松内团体的成员非常自信地认为,白宫有强大的权力克服任何困难。霍尔德曼说他的态度是这样的。

> 不管问题是什么,如果真有问题,我觉得我能处理好……即使我出了点差错,这个国家最机敏的政治家——理查德·尼克松就会挺身而出。那个时候,我认为尼克松无所不能……没有什么可以伤害他。(Haldeman,1978:29-30)

霍尔德曼说,有好几个月,他仍然"**自信地认为……任何将它("水门事件")与白宫联系起来的政治企图都将失败**"。他感觉他完全可以让"像迪恩这样的其他白宫成员"来应付这件事情。他从来没有想到,掩盖的后果可能把他送入监狱,或者导致对尼克松的弹劾。同尼克松、埃利希曼、迪恩和科尔森一样,他完全低估了掩盖一事会被揭露出来的危险,揭发者可能是白宫内部心怀不满的人,或众多秘书中对发生的事情有所耳闻的一个,或是勤奋的司法部调查人员。1972年秋,白宫团队唯一的担心是,"水门事件"可能导致对尼克松的负面宣传,让尼克松在选举中流失一些选票。即使这个有限的威胁,他们也觉得是安全的,可以通过强大的公共关系能力采取反制措施来抵消它。

西奥多·H. 怀特是这样描述团队坚不可摧的感觉对掩盖后果的影响:

> 在夏天发生的掩盖事实的情况有一个不真实的地方——好像名义上拥有权力的一帮人能够智胜外部实际上非常强大的美国制度:检察官办公室、不起眼的忠诚的公务员、媒体的好奇和欲望等。他们好像**被白宫权力所陶醉**,真的认为他们能够欺骗200年美国文明所建立起来的政治制度。他们可能没有想到,用他们手中的权力来抹掉(轻微的)罪行能彻底擦去尼克松已经取得的所有成就。(White,1975:168)

作为团队资历较浅的新成员,迪恩在处理令人心烦的掩盖问题时并不像他的上司一样自信,尤其是在他认识到需要向"水门事件"中的几个被告支付越来越多的封口钱以后。尽管如此，根据他回忆录所说，有好几个月他的态度和霍尔德曼以及其他人一样，认为他们的领导人是无所不能和无所不知的。迪恩说，他"深信总统拥有无穷的权力和智慧，能渡过水门丑闻这个难关"（Dean，1976：186）。

迪恩在筹集更多的封口钱，引诱掌握内部消息的官员承诺在大陪审团、法庭审判和国会听证会上做伪证的过程中，遇到越来越多的问题。他日益依赖尼克松团队的成员在谈论"水门事件"时所表现出来的高涨的乐观情绪。在1972年9月15日迪恩第一次和尼克松、霍尔德曼一起开会的时候，尼克松告诉迪恩，他干得很好，把"水门事件"中受指控的人仅仅局限于潜入者，他们或者什么也不说，或者在法庭明确做证说没有更高的官员参与其中。尼克松说："你，你处理这个问题的方式，在我看来是非常高明的，因为你——能在某一个地方出现漏洞并开始泄露的时候用手指把它给堵上"①。这话听起来，感觉好像所有的麻烦很快就要结束了。尼克松谈到，大选后他们将对在"水门事件"中进行负面报道的那些政治敌人进行报复。尼克松对迪恩说："我现在不想站在另一边，你呢？"迪恩迫不及待地表示顺从，非常强调地说："不，绝不！"②

那个时候，尼克松自己也对他坚不可摧的能力深信不疑。尽管知道米切尔、科尔森、迪恩和他团队的其他人与掩盖"水门事件"有密切的关联，但他觉得除了有负面报道外没有什么可以担心的，即使这些负面报道，也是可以被驳倒的。"我深信，"他后来回顾说，"这只是一个需要用公共关系来解决的公共关系问题。"（Nixon，1978：733）

1972年9月15日的那次"安抚性"的会议，显然对迪恩产生了预期效果。从这次会议开始，迪恩被领导人和第二把手所流露出来的自信所感染了。"随后的规律是，"迪恩后来说，"从霍尔德曼和总统本人那里得到支持后，我感到非常坚强和充满希望。但是离开他们以后，令人不安的消息不断出现，让我对掩盖最终能够取得成功感到更加怀疑。"（Dean，1976：139）迪恩说，有时候，令人不安的事"让我失去信心，但是霍尔

---

① 1972年9月15日的记录。
② 1972年9月15日的记录。

第九章 掩盖"水门事件":聪明的操控者缘何陷入一个本可避免的困境

德曼给我打气,让我恢复信心……那个秋天鲍勃变得非常友好和更加开放"(Dean,1976:141)。根据迪恩的叙述,有几个月他期待能见到尼克松、霍尔德曼和埃利希曼,因为"他们给我信心"(Dean,1976:186)。后来,当他认识到掩盖将要失败的时候,他对总统是无所不能的说法"开始失去信心"(Dean,1976:186),每天晚上在家借酒浇愁。(Dean,1976:173,185)直到这个时候,一直有人帮助他相信总统有无限的权力来维持一个"乐观的统一战线"(Dean,1976:183),与此同时尽力将掩盖维持下去。

迪恩的反应给我们提供了一些线索,让我们了解一个内团体成员是如何处理一些明显不可否认的危险的。尽管他的担忧在不断增加,但他显然被卷入了一个团队高度自信的氛围中,这种自信足以让他不断向其他人表达一种美好的前景。例如,1973年2月28日,尼克松对欧文委员会的调查提出了几个问题,然后表达了一种非常乐观的看法,认为仅仅一个礼拜以后公众对整个事件的兴趣就会下降。随着讨论持续下去,对不断谈到的一个个潜在的危险点,迪恩彻底不担心了。他说,公众已经对"水门事件"的报道厌烦了,国会成员也人手不够,科尔森说要控诉媒体诽谤罪的威胁正在让媒体冷静下来,卡姆巴克是一个'坚强的'证人,已经'被说服'……因此,我一点也不担心赫布"。尼克松政府内不会有任何人受到国会的伤害,"他们可能会给人一种是完全出于党派考虑的印象,所有指控都是没有任何根据的"。在尽量减小所有危险的发展后,迪恩总结说:"到目前为止,我们做得很好,我相信我们会处理好一切,把这件事放、放、放到,哦,放到滑稽的历史书中,没有任何大不了的。"①

三周后,迪恩开始相信,掩盖计划在快速破碎,除非采取巨大的新举措,他和尼克松的其他主要助手都有可能被判有罪,并被判重刑入狱。在1973年3月21日那次"总统职位内部的癌症"的会议上,他促请把计划全部公开,以减轻他们的损失。他不再轻视掩盖政策的消极后果了,他提醒尼克松注意可怕的后果:"水门事件"的被告之一(亨特)在对白宫进行讹诈,霍尔德曼、埃利希曼和迪恩都有可能因为妨碍司法而入狱。尼克

---

① 1973年2月28日的记录。

松好像已经知道这个不幸的消息。他一提出怀疑性的问题，迪恩就会回复到习惯性的顺从式答复。"为了让他相信，我仍然表现得非常自信。"（Dean，1976：200）在回答尼克松的问题时，迪恩最开始一五一十地讲了霍尔德曼如何给潜入水门的人提供封嘴钱，以及科尔森让人相信总统对亨特是多么仁慈。"这些正是，"迪恩告诉尼克松说，"参议院要寻找的那些证据。"但是，尼克松随后补充的非常乐观的话彻底抵消了他的反对意见，"说实话，他们发现不了这些证据"①。

在后来的谈话中，尼克松暗示应该把钱给亨特："赶快……让他闭嘴。"② 迪恩立即就彻底放弃了他的立场。"这是对的，这是对的。"他回答说。根据迪恩回忆录的说法，那个时候迪恩自忖："也许他**是**对的……不管怎么说，处理这类事情，他是老手。"（Dean，1976：207）如果迪恩对他在这次会议上的想法的记忆是正确的，他的反应是忠诚的团队成员典型的反应：他再一次让自己的想法与领导人的希望保持一致。当尼克松后来问他"对这个选项**你**是如何想的"的时候，迪恩原本打算强烈地提出他的不同观点，结果却给出了轻描淡写的回答，只是暗示"一些软肋"让他"对是否能渡过难关不怎么自信"。③ 在这样说的时候，迪恩在他的回忆录中告诉我们，他有一种负罪感，在怀疑自己是否忠诚，还担心失去领导人的支持。（Dean，1976：207）

会议快要结束的时候，霍尔德曼也来了。得知迪恩一直给尼克松提出令人印象深刻的警告，说"癌症"应该被切除，霍尔德曼对迪恩的立场提出了一些支持，并告诉总统说："约翰的观点很对，感染已经朝你（尼克松）那里发展了，我们应当不惜一切代价让这件事停下来。"④ 虽然如此，在当天晚些时候的另外一次会议上，迪恩和霍尔德曼实际上放弃了他们所建议的全部公开"水门事件"决策的选项。尼克松让迪恩重复了他所提出的警告，即有各种各样的可能致使掩盖一事很快就会被彻底揭穿。但是在

---

① 1973 年 3 月 21 日的记录。

② 同上。

③ 1973 年 3 月 21 日的记录，黑体着重号为本书作者所加。

④ 1973 年 3 月 21 日的记录。

第九章 掩盖"水门事件":聪明的操控者缘何陷入一个本可避免的困境

埃利希曼的坚持下,话题不久又转到了小集团一直使用的应对这些威胁的公共关系策略。

尼克松在回忆录中说,对于1973年3月21日与迪恩的那次关键会议,他相当冷静。他指出,就是这次会议,"后来证明是我总统职位一个灾难性的转折点"(Nixon,1978:799)。

> 我离开会议的时候只是对他所描述的新局面感到有点烦恼,我们所面临的局势的紧迫性和危险性引起我的警觉,让我采取行动……更多的是不安而不是震惊,更多的是焦虑而不是惊恐。我没有能够理解我所知道的所有信息的实际后果,是我固执地坚持我在谈话前就坚持的路线。我所考虑的问题仍然集中在谁可能因为此前知道潜入水门一事而最容易受到攻击,并寻求一些办法来改变我们在公共关系上的姿态,以免让白宫显得过于被动。(Nixon,1978:800-801)

在这最关键的一天,最后只剩他一个人在办公室的时候,他写下了当天的日记。根据当天的日记来看,如果尼克松真的感到有点焦虑,那是对别人而不是对自己的。这天日记开头的一句话平淡无奇:"就今天而言,除了与迪恩的谈话外,这是相对**平静**的一天。"① 其余的部分主要是描述迪恩的沮丧情绪,猜测可能是什么让迪恩如此不高兴,表达自己对迪恩和其他助手的同情。没有一个字提到自己的弱点。也许他是把自己的焦虑放在了给他带来坏消息的人身上。无论如何,第二天他又尽力来维持自己的小集团是不会受到伤害的形象,霍尔德曼和他一起努力。在他们1973年3月22日早上的谈话中,霍尔德曼不再偏离维护小集团的规范,尽力维持乐观表象。两个人显然再次依赖总统所拥有的巨大权力来消除对他们违法的指责。他们两个一致认为,迪恩完全没有必要为会因为妨碍司法而担心遭到指控,霍尔德曼也不需要因为授权从他掌控的35万美元的贿赂基金中支付封嘴费而担心。他们给"水门事件"中被告者的所有资金可以被解释为

---

① 1973年3月21日根据录音记录下来的日记,引自White,1975:201-202,黑体着重号为本书作者所加。当天日记的其他内容引自Nixon,1978:799-800。

"出于同情"的捐赠，除此之外，迪恩（和霍尔德曼）并没有亲自支付这笔钱。①

然而，有一次霍尔德曼在补充自己想法以鼓励大家的时候明显地说漏了嘴："迪恩又看到了可能是最糟糕的事，**它可能还不是最糟糕的。**"② 这个无意间流露出来的悲观情绪立即引发大家一阵大笑。接着，霍尔德曼说了一句富有哲学意义的话来缓和气氛。"实际上，通常发生的事情要远远超过你认为是糟糕的情况。"③ 紧接着的交流包括直接承认目前的危险，尼克松提到把防线设在白宫周围，牺牲一些白宫以外可以牺牲的人："放弃谁呢？放弃马格鲁德吗？"霍尔德曼的意思是肯定的，他坚称白宫的确没有掩盖，仅有的掩盖也只是为了保护总统竞选连任委员会的马格鲁德和其他人。他说，现在能够也应该"切断"他们与白宫的联系。恢复到完全乐观的立场后，他干脆直接说："白宫在'水门事件'中没有罪。"尼克松表示同意。④

在后来的谈话中，霍尔德曼提议放弃米切尔，而不是让他"隐藏在白宫的大毯子下面"⑤。在说明这个牺牲有必要时，霍尔德曼敦请尼克松保护白宫团队的成员。"他和你关系很近……（但是）他与你关系的密切程度不像埃利希曼……迪恩和霍尔德曼。"霍尔德曼仍然苦药甜喝，表现出常有的乐观："米切尔会找到一个脱身的办法……他们可能没有办法（对马格鲁德）判刑……马格鲁德被起诉，最后胜出，啊，被赦免可能是一个很好的出路。"⑥

在这次谈话中，他们相互之间的鼓励都有点防御的性质。霍尔德曼和尼克松始终在承认现实中存在危险和尽力否认这种危险存在的感觉之间摇摆。尽管他们同意现在需要刑法专家的建议，但最后还是一起形成一个让人放心的看法，即一旦"我们"中有任何人需要做证，就尽量控制危险。

---

① 1973年3月22日上午的记录。
② 同上，黑体着重号为本书作者所加。
③ 1973年3月22日上午的记录。
④ 同上。
⑤ 同上。
⑥ 同上。

第九章 掩盖"水门事件":聪明的操控者缘何陷入一个本可避免的困境

霍尔德曼:……我们的规则是讲证据的,而且,而且……

尼克松:对。

霍尔德曼:……哦,而且证据必须确凿。

尼克松:有律师反对,在法庭上可以找到关联性。

霍尔德曼:是的,他们只能……

尼克松:只能找出关联性,这没有问题。

霍尔德曼:但是他们不能钓鱼执法……①

当天(1973年3月22日)晚些时候,当他们两个人同迪恩、埃利希曼和米切尔等一起开会的时候,他们在埃利希曼一致主张的建议上达成了一致——让迪恩准备一份报告,重新为白宫辩护。在谈话中他们不断回到早先以乐观的方式控制局面的做法——他们面临的唯一真正的问题是,对媒体对他们的负面报道采取反制措施。"我们现在展开的战争,"尼克松严肃地说,"是一场公共关系的战争。"② 这可能是在最后几次会议中的一次上,他或者这个小集团的其他成员可以否认他们可能被判刑,但有罪的危险是实实在在的。不到一周后,迪恩就决定进行一场完全不同的战争,用他的律师在他们私下交谈过程中的话说,为了拯救"自己"。(Dean, 229–233)

尼克松、霍尔德曼和埃利希曼没有能根据迪恩对他们的弱点所提出的清楚警告来修正他们的掩盖策略,这后来被证明是一个致命的错误。在所有被他们所忽视的危险中,最重要的是,尼克松和他的两个主要助手没有看到如果迪恩叛变,可能会对他们造成的潜在伤害。他们自己有能力对任何危险采取反制措施的想法是错误的,这种想法明显地让他们有足够的自信,他们被亨特讹诈了更多的钱,他们要迪恩准备一份充满谎言的报告,让他不可避免地在压力下代表白宫犯下了妨碍司法的罪行。这些都让迪恩警告中所说的"癌症"变得更严重。迪恩对他们团队处理每一次危机的策

---

① 1973年3月22日上午的记录。

② 同上。

略了如指掌，那就是找一个失势的人，放弃他。（Dean，214–220）因为他与团队其他人的关系，让他觉得他自己可能就是下一个被放弃的人。后文会更详细地谈到迪恩立场的变化，三个人在处理迪恩立场变化时所犯下的巨大错误，显然是建立在他们对控制迪恩和遏制迪恩所担心的危险方面所拥有能力的信心。由于有一种坚不可摧的感觉而产生的过于乐观的期待被粗暴地粉碎了，迪恩在失去了对小集团和他们的领导人的信心后，向调查"水门事件"的检察官提供了所有他所知道的白宫人员授权他做的一切不合法的事情。这是彻底毁掉尼克松、霍尔德曼、埃利希曼的最大的一步。但是，我刚刚查阅的文献证据表明，从1972年6月"水门事件"爆发到1973年3月底，**尼克松和由参与掩盖"水门事件"的白宫助手组成的内团体一再表现出清晰的迹象，表明他们在讨论掩盖活动过程中始终存在着一种坚不可摧的共同错觉。**

有无潜在的不同意见被压制的迹象？

迪恩最后一次试图提醒大家注意"癌症"的警报，让白宫在1973年3月的最后10天进行了热烈的讨论。在这个过程中，除了否认危险的存在，相互让对方放心的保证等增加团队坚不可摧的感觉外，还能看到其他小集团思维的表现。我们刚刚看到，在团队形成决议继续进行公共关系战斗的过程中，有一种明显的全体团结一致的幻觉，尽管小集团的成员——如果不是总统自己——被判有罪的危险已经非常接近了。迪恩一定经常进行**自我审查**，霍尔德曼有时可能也是如此。在强大的压力面前，他们避免把自己的忧虑和反对意见和盘端出。例如，他们赞同埃利希曼的意见，继续执行并不成功的公共关系的战略，又准备另外一份掩盖事实的报告。

还有其他的证据表明，团队的团结一致是一种错觉。在他的回忆录中，尼克松回顾1973年3月21日召开的这次会议时这样说："现在回头来看，我可以看出，我们都是根据对事情的不同了解和对我们弱点的不同看法来采取行动的。"（Nixon，1978：799）他所引用的例子包括，虽然很少说出来，霍尔德曼的主要担心，是被指控很早就知道水门潜入事件；相对而言，迪恩的主要恐惧，是担心因对"水门事件"潜入者付封口费而被判有罪。尼克松说："在我们的总体理解上，这些不同的观点和分歧现在看来很清楚，而在当时，只是觉得问题有些复杂，我们每一次会议的策略只是围绕着问题而进行的一些令人困惑和无效的小舞曲。"（Nixon，1978：799）

尽管尼克松对这些事情的说法现在并不一定可信，但是研究一下会议的记录可以看出，他把这些会议比作围绕严重问题召开的舞会，看起来是很贴切的。参加会议的人在如何应对潜在的危险方面高度不一致，摇摆不定。这些表明他们并没有把他们的主要担心说出来。这种来回的摇摆符合一种解释，这种解释假定小集团的成员自我压抑——压抑自己的焦虑，以免与团队其他成员不一致，或违反领导人所确立的规范，或干扰团队强大的自我感觉；担心提出一些不同意见会破坏团队和谐的氛围。消除不和谐的潜在根源，保持团结一致的集体幻觉，当然是小集团思维的一种典型特点。

有集体自我辩解的表现吗？

小集团思维各种各样的症状中，在白宫会议记录里最频繁出现的，是白宫成员用以支撑他们对掩盖行为成功预期的集体自我辩解。前文对1973年3月22日霍尔德曼和尼克松的谈话的引文就是一个典型的例证。他们在谈话中一致认为，给潜入水门大厦的人提供一些封嘴钱是完全合法的。他们当时的确是这样认为的。

其中一个被领导持续不断提出且得到成员支持的自我辩解，是媒体对他们不端行为的指责与他们的错误没有任何关系，而仅仅是他们政敌煽动的"公共关系战争"的一部分。这种自我辩解的方式在1973年3月13日尼克松与迪恩的谈话中表现得淋漓尽致。他们谈到新闻报道准确地指责白宫雇佣唐纳德·塞格雷蒂（Donald Segrettito）在最近一次大选中实施了一项卑鄙的计划。"屁话，"尼克松说，"这不是什么累累大罪，没有一点是邪恶的。"迪恩回答说："事实上事情还很滑稽。"① 然后尼克松明确地引用

---

① 1973年3月13日的记录。

了一个经典的自我辩解的方式，说整个事情只不过是为了对付我们强大的政治团队的一个虚弱而卑鄙的宣传攻击："是来自敌对党派的……最后喘息。他们总是找点事情大声炒作。"迪恩加强了尼克松一厢情愿的想法，补充说："这是他们可以炒作的**唯一**的事。"①

尼克松及其团队的其他人真诚地相信他们对眼前困难的这种解释，这与他们有意编造大量的否认他们错误或为他们错误行径辩护的新闻稿和公共演讲形成了鲜明对比。只要提到政治对手的宣传机器，并指责政治对手是给他们造成眼前麻烦的原因，他的行为方式给人的印象就好像是，他们真的认为找到了他们之所以遇到麻烦的原因。于是他们就不再讨论处理这个问题任何其他的政策选项，并一如既往地采用公共关系的方式，通过发布更多的假声明来扩大对事实的掩盖。

让他们坚持同一旧行动路线的自我辩解，以及没有任何根据地感到乐观，这两种现象最清晰的例子，与给尼克松定罪的那些录音带有关。霍尔德曼说，正是这些录音带"毁了他"。（Haldeman，1978：267）在最后阶段主持对尼克松和他的助手们的指控的政府特别检察官利昂·贾沃斯基经过审慎判断后，提出的看法是，如果尼克松在这些录音带被法院传唤之前就销毁它们，他就能经受住对他批评的风暴，完成他的总统任期。（Jaworski，1977：328-329）在这些录音带开始毁掉他之前，尼克松为什么不把它们毁掉呢？

贾沃斯基的回答与其他对录音进行认真研究的人的回答是一致的。

> 尼克松没有把录音带毁掉，因为他从来没有想到会有法律行动逼迫他把它们交出去。1972 年，可能在 1973 年部分时间内，他一直认为这些录音带有很大的金钱价值……我很自信地认为，他觉得当天称他有行政特权的时候他的感觉是安全的。当这种说法被特别检察官办公室所威胁的时候，就已经太晚了。（Jaworski，1977：329）

从一开始，尼克松和霍尔德曼就认为——后来在埃利希曼知道尼克松在 1973 年 3 月 21 日与迪恩的会议被录音后也认为——这些录音带永远都

---

① 1973 年 3 月 13 日的记录。

第九章 掩盖"水门事件":聪明的操控者缘何陷入一个本可避免的困境

会在尼克松的掌控之下。他们相信,在可以预见的任何情况下,这些录音带都不会在公开审判或国会调查中被用作证据。这三个人之所以能够维持这种一厢情愿的想法,是因为,直到这个问题已经成为公共争议的时候,他们从来没有得到任何的法律信息和建议。

尼克松至少是含含糊糊地认识到潜在危险。因为参议院"水门事件"调查委员会在1973年7月举行听证会公布这些录音带存在的三个月之前,他曾建议霍尔德曼毁掉它们。霍尔德曼说,应该保留这些录音带。没有进行任何讨论,尼克松就同意了。他再也没有向霍尔德曼提起过这件事。(Haldeman,1978:260-261)他们主要的自我辩解方式是,这些录音带可能是尼克松的宝贵财富,而没有想到它们会成为其政治对手的宝贵财富。这让他们没有考虑到保留这些证明他有罪的证据的危险。1973年4月中旬,当迪恩开始告诉司法部调查"水门事件"的检察官,他与尼克松的这次谈话后,按照霍尔德曼的说法,尼克松和霍尔德曼认为,"总统可能用这些录音带把迪恩拿下"(Haldeman,1978:261)。

十天后,尼克松和他的两个主要助手一致认为,利用他们秘密资源的时间到了。埃利希曼向尼克松建言道,由他或者霍尔德曼听听录音带,看看1973年3月21日的那次会议上具体都说了些什么,因为迪恩在他具有破坏力的证言中专门提到了这次会议。霍尔德曼强烈支持这个想法。尼克松接受这个建议,并让霍尔德曼来听这些有问题的录音带,以便准备最好的防御措施。总是神速、高效和忠诚的霍尔德曼当天就非常好地完成了这项任务,后来证明是非常不幸的(他因在参议院听证会上做证的时候称他听到了什么,而被判做伪证关入大牢)。霍尔德曼的结论是,这些录音带并不支持迪恩的指控。(可能部分是因为记错他们谈话的日期和其中的一些重要细节。)[8]当天晚上,在尼克松与霍尔德曼打电话的时候,他再次谈到他们的巨大资源。"我总是在想那个录音设施,"尼克松说,"但是,**我很高兴我们有这个录音,你不高兴吗?**"霍尔德曼表示同意,说是的,录音的确很有帮助。①

---

① 1973年4月25日两次会议和电话谈话的记录,又见 Haldeman,1978:345-349。对尼克松电话中的话的黑体着重号为本书作者所加。

刚才所列举尼克松和他的高级助手们证明自己非法行为合法、忽视自己错误的行为，以及证明他们有罪的录音带所揭露的危险，是尚未被编辑的录音记录一再证明的典型**集体自我辩解**。这是小集团思维的另一个显著症状，这种症状在尼克松小集团中无处不在。

有无表明团队相信自己天生就道德高尚的迹象？

在白宫讨论支持掩盖"水门事件"过程中，并没有直接的证据证明尼克松和他主要的助手共同相信他们团队在道德上是高尚的。实际上，除了为公共关系的目的而准备论据，这个小集团从没有从伦理的或道德的方面谈到他们正在实施或者已经实施的妨碍司法或滥用总统权力等做法。每次他们仅有的担忧好像是，他们能否不受惩罚。结果，对这个问题唯一合理的答复是，并**没有**观察到小集团思维的这一特定症状。[9]

团队是否依赖赤裸裸的刻板印象？

记录里面充斥着含有对手绰号和贬低对手的语言，证明小集团成员连续使用负面的刻板印象来概括那些反对他们任何目标的人。毫无疑问，这种小集团思维的症状不断地在他们的谈话中表现出来。在表明团队有坚不可摧的错觉和集体自我辩解现象的白宫谈话中，还有无数的例子证明他们在谈到民主党、媒体、政府内的检察官，甚至是胆敢要求公开全部内容的支持者的时候，使用粗俗刻板印象。几个典型的例子就足以证明尼克松和他的主要助手们依赖赤裸裸的刻板印象，这些印象是前面几个小集团思维案例研究中不断出现的。

1973年3月13日，随着更多有关"水门事件"的新闻被披露出来，报纸和杂志在讨论"对总统的信任危机时"，尼克松焦躁不安。在与迪恩的谈话中，尼克松使用了一个刻板印象对反对派媒体不予理会。他说："这主要是上层知识分子、白痴们感到是危机……普通老百姓不会认为这

第九章 掩盖"水门事件":聪明的操控者缘何陷入一个本可避免的困境

是一个多大的危机,除非他们受到了影响。"①

在同一时期内,在谈到如何与刚刚建立的参议院"水门事件"委员会打交道的时候,迪恩首先将这个委员会说成是他们政治对手的一个阴谋,坚称该委员会的主席欧文参议员、该委员会的首席顾问萨姆·达什(Sam Dash)都只不过是爱德华·肯尼迪的傀儡。尼克松表示同意,"是的,我猜肯尼迪那帮懦夫藏在暗处,蠢蠢欲动"②。他们还以此想法制订了与该委员会打交道的计划。在使用这些刻板印象的时候,尼克松和他的主要助手们把媒体对他们的批评和国会对他们进行调查所提出的要求完全说成是他们敌人的政治阴谋,而绝不是因为他们自己的错误判断和不端行为。

白宫团队还用刻板印象来描述原来支持他们,但后来违背团队规范、意见不同的人。当他们知道迪恩把掩盖的真实情况告诉调查"水门事件"的检察官后,白宫的"三驾马车"谈论迪恩的方式的转变很好地说明了这一点。到1973年4月末,迪恩不再是一个受宠的马上要担任政府高级职位的帅哥,而被指为一个虚弱和卑鄙的人。三个人在1973年4月15日,星期天——司法部长克兰丁斯特将军和"水门事件"首席检察官亨利·彼得森(Henry Petersen)告诉尼克松,迪恩已经向司法部提供信息,说尼克松的主要助手参与了对"水门事件"的掩盖——晚上召开的一次紧急会议上,迪恩立即被埃利希曼说成是卑鄙的叛徒。他主张应该尽快把迪恩解雇,"你肯定不能让他在这里蹦来蹦去,玩他的小把戏,在我们的文件中间蹑手蹑脚搜集弹药"③。

尼克松多次表达他对迪恩变节行为挥之不去的恼恨(Haldeman,1978:358,388),4月25日下午就是其中的一次。他说:"我只想知道这个杂种身上是否带了录音机。"(指3月21日那次关键的会议上)④霍尔德曼说,"简直难以想象",并争论说,在迪恩向尼克松建议需要用不同的方式来解决问题的时候,他毫无疑问是真诚的。当天晚上尼克松再次用贬

---

① 1973年3月13日的记录。
② 1973年4月15日的记录,引自Hlademen,1978:334。
③ 同上。
④ 1973年4月25日下午的记录。

义、刻板印象的词描述迪恩。他把迪恩最近揭发白宫在非法潜入精神病医生埃尔斯伯格办公室的作用说成是"基本上说是一个小小的**讹诈**"①。这一次，霍尔德曼表示同意。霍尔德曼并没有同意尼克松接着说的以下这番话："他只想救他自己……他是……一个绝望的人，还想把总统拉下马。但在这种情况下，鲍伯，没有，没有别的选择，只有拼命了。啊，这是，啊，这是一个**魔鬼**，你知道。他知道这（遏制政策）是（我们）应该和正在做的合法的事，他卷入很深。"在后来的谈话中，尼克松说，必须很巧妙地控制迪恩，不让他把最危险的信息透露出来。他说，有必要"这样处理这件事，不要让他变成，嗯，（一个）完全无法安抚的敌人……我，至少，待他不薄。啊，实际上他得到了比他应该得到的更体面的待遇"②。但是，尼克松在"拼命"的过程中处理这个"魔鬼"的方式如此之糟，迪恩不久就的确变成完全无法安抚的敌人，揭发了他所知道的尼克松和他的助手们所有的违法行为。

尽管那个时候霍尔德曼并不赞同尼克松和埃利希曼对迪恩的极端刻板印象，后来他还是接受了他们的观点，认为迪恩的目的是可鄙的。在他的回忆录中，霍尔德曼说，迪恩"处于绝望之中……把总统也卷了进去"，把掩盖"水门事件"的真相和盘端了出来，仅仅是因为他在知道他不能免于被起诉后"惊慌失措"，愚蠢地让"水门事件"检察官把自己"扭转过来"。（Haldeman，1978：330－331）

在把迪恩说成是可鄙的恶人，使用"讹诈"等贬低用语的时候，陷入困境的"三驾马车"没有能够反思如何换一种方式来解读迪恩背离行为的影响。他们谈话记录中的证据表明，尼克松、霍尔德曼和埃利希曼并没有考虑到，迪恩是在失去说服他们停止掩盖策略的希望后，才开始采取步骤做一些他真心认为可以帮助减少自己的内疚感、或者避免被判处长期徒刑、或者两者兼顾的事情。这种思路可能帮助他们重新思考他们的弱点，或者接受这样的想法，即迪恩选择的道路是值得认真研究的，也许在太晚

---

① 1973年4月15日下午的记录。
② 1973年4月25日尼克松和霍尔德曼电话交谈的记录。黑体着重号为本书作者所加。

之前也可以成为他们选择的道路。当小集团的成员用极端消极的刻板印象来解释意见不同的人不遵守规范的行为，也许能帮助他们保持士气，但这可能阻止他们思考这样的可能性，即对团队其他人来说，在面对新的客观威胁，而且这种威胁已经被证明足以引起至少一个关系密切的成员不守小集团规范的时候，最好的选择就是不要总是抱着旧策略不放。这使我们思考小集团思维的其他典型症状。

团队是否对持不同意见的人施加压力并表现出与小集团思维有关的症状？

对内聚的决策团体的研究表明，在一个成员脱离原有的路线，主张执行一项与团队领导人和其他成员所喜欢的不一样的策略时，并不是总会发生对他不忠诚的指责，或对他使用贬低性的绰号。小集团思维主导的决策团队功能失常的特点之一，是任何对执行现有政策的明智性表示怀疑的人都会面临压力，来抑制自己的焦虑。如果不遵从，持不同意见的人就不会再被看作是声誉良好的成员，甚至会被谴责为叛徒。

我已经引用了白宫"三驾马车"在 1973 年 3 月底 4 月初的一些谈话。从他们对迪恩说的话和他们相互之间谈到迪恩的话中，不难发现我刚才描述的那些不正常的待遇。早在 1973 年 3 月 17 日，尼克松就开始对迪恩施加压力，让他不要制订任何应对指控他犯法的计划。尼克松说，其他人有可能"受到潜在的刑事责任的指控……而你不会"。他强调说，"**你没有任何问题**"①。

大约一个月后，在尼克松准备解雇迪恩的时候，他尽力按照他自己提出的不要让持不同意见者成为不可安抚的敌人这个决心行动，再次开了一次"安抚性"的会议。在这次会上，尼克松好像是非常同情地听迪恩解释，他为什么决定将霍尔德曼和埃利希曼参与掩盖"水门事件"的真相告诉检察官。迪恩的解释清楚地提到，他曾经敦促他们采取将事实真相公开

---

① 1973 年 3 月 17 日的记录，黑体着重号为本书作者所加。

的立场，但尼克松团队的其他成员对他施加强大的压力，让他放弃这种立场："我说遏制理论不再有效了，你们最好也忘掉它……最后，我开始来见你们……**然后所有人都告诉我**……说我是在谈投降。我不是在谈投降，我在谈现实。"①

在迪恩开始公开表达对遏制策略的怀疑之前，可能是早在1972年11月，他就开始担忧，他或者团队的其他成员会被抓到，被审判，会有因妨碍司法而被判有罪的可能性。但是，除了与霍尔德曼几次简短的谈话外，在1973年3月之前，他没有与白宫团队的任何其他人谈到过这些忧虑。（Dean，1976：152－171）在长达几个月的时间内他没有在白宫的会议上向尼克松和其他人详细讨论他符合实际的担忧，这说明了小集团思维的另一个症状，我已经提到这种症状导致了团结一致的错觉——**自我审查与小集团规范不一致的观点**。

迪恩并非这个团队中唯一进行自我审查的人。作为一个律师，埃利希曼认识到，1973年3月和4月要求对尼克松进行弹劾的国会议员和报纸评论的作者，并不是在装腔作势地说一些空洞的宣传语言。但是，不管是他自己还是霍尔德曼都没有向总统提到这个威胁，直到有一天尼克松通知两个人说，他们两个人都得被迫离开政府时，他们才大吃一惊。这也彻底摧毁了"三驾马车"间的凝聚力。（Haldeman，1978：342－343）（直到这个时候，埃利希曼都是非常乐观地认为："他将渡过难关，继续担任原职。"霍尔德曼虽然在这残酷的几周内没有如此乐观，但也没有想到他会被要求辞职，而是期待在对他的案子调查之后，会发现他"是无辜的"。）霍尔德曼对这个剧烈的场景的报告包含有从1973年4月22日会议记录中的精确引文。

总统说他再次与检察官谈过了，他们认为："为了总统，嗯啊，嗯啊，你应该暂时离开……"埃利希曼接着给他提了一个针锋相对的问题："现在让我把一些事情给您说清楚……我认为，如果迪恩完全失去了控制，如果处理得不灵巧，国会可能通过决议弹劾您，这完全

---

① 1973年4月16日的记录，黑体着重号为本书是作者所加。

是可以想象的。"

总统看起来惊呆了。这是我们谈话中第一提到冷酷的"弹劾"一词。埃利希曼继续讲着……"如果你犯了罪……除了弹劾外,美国人没有别的法律程序可以利用……"

我敢说尼克松从来没有从这句话中恢复过来。我们和他在一起的最后几天,他做的每一件事,说的每一句话都让他回想起埃利希曼关于遭到弹劾这句预言性的话。他一再地提到这个词,难以想象的事终于被提出来了。(Haldeman, 1978: 344-345)

设想一下,在气头上说出"弹劾"之前的五至六周,埃利希曼如果就像与总统谈到其他敏感问题一样提到弹劾的威胁——冷静地、充满感情地和恭顺地提出来,会是什么样的一种情况。完全可以想象的是,尼克松肯定不会这么吃惊,而且会根据迪恩在1972年3月21日所提的建议,客观地研究一下其他行动路线的可能性。那个时候迪恩的建议短时间内还得到霍尔德曼的支持——不再继续掩盖,而是公开真相的主要内容,并提供可信的解释,尽管会受到公众的责难,尼克松和他的人还可以继续留在其位置。埃利希曼和霍尔德曼从来都没有提到过弹劾的威胁,发挥了**思想保镖**的功能;他们在保护领导人不受他不喜欢的沮丧想法的打扰,因为这样做可能损害他们与总统的关系,导致小集团内部的意见不合。

概括起来说,有清晰证据证明,负责掩盖政策的白宫小集团卷入了**思想保镖的行为**和对于小集团规范不一致的思想**自我审查**活动。他们还对其中不再进行自我审查而且持不同意见的人施加**直接压力**。我们看到,除了小集团思维的这三种症状外,在尚未编辑的记录中还有大量**共同拥有一种坚不可摧的错觉、集体的自我辩解和对外团体的刻板印象**等证据。此外,还可以观察到一些暗示性的**团结一致错觉**的证据。除了为公共关系方面的目的准备理由外,并没有提到道德方面的原因,因此没有显著的证据表明团队共同拥有他们道德高尚的与生俱来的证据。简单地说,在尼克松白宫团队决策记录里可以观察到构成小集团思维综合征的八种症状中的六种。因此,小集团思维综合征很可能是导致该团队掩盖决策出现瑕疵的原因。

形成小集团思维的条件存在吗？

导致小集团思维的一个基本条件在本章前面已经详细讨论过——即决策团队的内聚性。我们也看到有证据表明，在制订掩盖"水门事件"的计划前和计划中，尼克松决策团队的"三驾马车"，尼克松、霍尔德曼和埃利希曼，因为共同的纽带和致力于共同的目标而明显地联系在一起，这些让他们之间产生一种强烈的相互忠诚感和对共同规范的坚持。迪恩和科尔森在制定掩盖策略的时候是资历较浅的内团体成员，他们对白宫团队有同样的忠诚感。他们同样参与了"第一团队"，具有团队精神，遵循他们领导人所确立的规范。从我前面引用的文献证据中得出的结论是，**在潜入水门大厦事件发生后的六个月内，负责制定掩盖策略的团队如果不是一个高度内聚的团队，至少也是一个温和的内聚团队。**

但是，团队的内聚性好像只是小集团思维必要而非充分的条件。在本书前面提供的比较案例研究和此前对小集团动力研究的其他证据的基础上，我假定单独的小集团思维并不会强大到能降低团队决策活动的质量，除非除了内聚性外，一些其他特定的条件也存在。这些额外条件包括那些有助于集体形成不加批判的思维方式的因素，在成员处理决策问题的时候，让内聚的团队保持一致的压力处于主导地位。

在此前小集团思维决策的案例研究中都清楚地出现了三个因素。一是把团队成员和外部的信息来源**隔绝**起来，这些信息源能提供新的信息，引发对他们早先的设想和对不同选项的批评性审查，纠正他们处理问题单一的帮派方式。第二个因素是，在确定搜集信息和对他们可选择的政策选项进行客观评估的时候**缺乏程序上有条不紊的规范**。组织内部长期存在的有条不紊地搜集信息和评估后果的规范，可以避免成员们对领导提出的任何建议提不出任何不同意见就表示同意，也可以避免在没有对所涉及的问题进行全面评估的情况下就对大多数成员最初所赞成的选项表示同意。第三个因素是，在组织内部**缺乏公正领导的传统**。这种结构缺陷的结果之一是，不管团队在讨论任何问题，领导人都会不受限制地推行他自己喜欢的

第九章 掩盖"水门事件":聪明的操控者缘何陷入一个本可避免的困境

解决方案,而不阻止成员不动脑筋就赞同领导人碰巧喜欢的任何行动路线。

我们现在要思考的问题与这三个管理上或结构上的条件有关。考虑到手中的证据,推动一个内聚的团队形成小集团思维的三个结构性的先验条件,在尼克松及其亲密助手决策过程中都是存在的,并且施加了其应有的影响,这样说合理吗?

第一个问题是,这个团队是否与外界隔绝。在对相关的观察进行概括后,伯特伦·H. 雷文得出这样的结论。从"水门事件"前很早开始,尼克松和他的内团体就与外部相反的意见隔离。

> ……有很多隔离的证据……赫伯特·克莱恩(Herbert Klein, 1974)详细描述了总统是如何逐步与持有相反意见的"局外人"隔离起来的……内阁成员和其他高官见不到他。国会的共和党和民主党成员也被排斥在外。甚至记者招待会也受到严格的限制。希望见到总统的任何人……首先得提出一个具体的议程,获得霍尔德曼批准,他们被劝告不能脱离这些议题。(Mollenhoff, 1974)这样的隔绝一部分是办公室的要求,部分则是总统的个性和只希望与一部分人接触的愿望所决定的,还有一部分是对于安全的过度担心所决定的。为了尽力避免信息外泄,所谓的"柏林墙"(由霍尔德曼和其他有德语名字的助手组成)也限制相反信息进来的可能,不仅尼克松接触不到,尼克松核心团队的其他人也接触不到。(Raven, 1974:311)

要求有条不紊的程序规范又是怎么样的呢?根据霍尔德曼的说法,有那么一次,尼克松以非常有条理的方式主持会议,他准备了一个需要讨论的问题清单,"纪律严明、有律师的风格"(Haldeman, 1978:321)。但是,并没有证据表明这种训练有素的方法或者其他有条不紊的程序是其团队讨论决策问题的规范。相反,白宫团队的记录中找不到任何这种标准操作程序的证据。人们发现,在由他的内团体成员参加的每一次会议上,尼克松实际上总是鼓励随意的交谈,其他成员也就直接遵循这种完全没有结构的方式。

在对尼克松、霍尔德曼和埃利希曼于 1973 年 4 月中旬召开的计划会议进行评论的时候，西奥多·H. 怀特说："如果研究一下他们的工作顺序就会发现，会议记录……很难理解。"（White，1975：211）在比较笼统地谈到危机爆发的那一周的时候，怀特用以下文字刻画了"三驾马车"杂乱无章的计划会议：

不管你想怎么阅读，这些会议记录都没有任何连贯性。谈话录音东拉西扯，胡搅蛮缠，说了一半就改变思路。他们一会儿谈到总统的良心，一会儿又不谈这些；谈他对忠于他的人的忠诚、他的责任、他的弱点、他们的弱点、行政特权的优点、欧文听证会的政治含义等。

如果要说这些记录有任何一条线索贯穿其中的话，那么这条线就是不可理解和他始终认为他是清白的。（White，1975：209）

在此前几个月的会议记录并非如此没有连贯性，虽然也有差不多同样多东拉西扯的情况。在这个团队 1973 年 2 月至 3 月的一些会议上，团队以非常随意的方式，一而再、再而三地讨论那些在早期会议上已经非常肤浅地讨论过而仍然没有结论的问题，从来没有想过如何组织他们的计划。当一个成员提出一项计划的时候，其他人要么就不加鉴别地接受，要么就因为另外一个成员提出别的问题而被搁置。在与掩盖决策有关的记录中，不管是尼克松还是其他成员，都没有有效地组织讨论，以便研究其他主要的决策选项。也没有人提到有条不紊决策程序的愿望。

就公平领导的传统而言，尼克松的白宫没有任何这样的迹象。在会议记录中，尼克松一次又一次地让其团队的每一个人都知道他喜欢哪一个政策，他不鼓励公开的质询。当然也**没有**证据表明他意识到需要肯尼迪总统在猪湾大失败以后所采取的那种规范和惯例，避免利用他作为领导人的权力，诱导决策团队在没有对其他决策选项的相对优点进行客观研究的基础上就批准他喜好的政策。

命令式的领导方式走向极端一定会变成一人统治，在这种条件下，领导人所谓的顾问只不过是唯唯诺诺的人。考虑到大量的文献证据中没有发现一人统治的情况。作为与小集团思维假设不同之处，本章前面对一人统

第九章 掩盖"水门事件"：聪明的操控者缘何陷入一个本可避免的困境

治的假设进行过讨论。我们已经看到，尼克松对其内团体成员的建议和反对意见是非常重视的。特别是霍尔德曼和埃利希曼，他们经常带头告诉尼克松应该做什么。如果把这些证据和我将要讨论的尼克松所确立的规范联系起来，就可以看出他的命令性的领导方式受到了某种程度的限制。尽管如此，他命令式的领导方式也足以阻止公开讨论其他决策可能，从而促成对一致的追求。

尼克松是个颇具指令性的领导人，因为他一开始就确立了处理水门潜入事件的方向。当他第一次知道他的助手为了掩盖"水门事件"采取紧急措施的时候，尼克松立即批准了已经采取的行动，而且在与他们谈话的时候明确表示，他希望他们继续采取任何需要采取的步骤，避免可能影响他争取连任的竞选活动的任何负面报道。霍尔德曼说，在潜入水门者被逮捕后的三天内，尼克松就"确立了基本的模式"。霍尔德曼称，他有一份1972年6月20日的电话记录，在这份记录里，尼克松提出了为"水门事件"的被告筹集资金的想法。（Haldeman，1978：50-52）霍尔德曼说，他立即接受了尼克松提出的掩盖方式。后来，迪恩问他是否可以问问尼克松的个人律师卡姆巴克给被告筹集资金的事，"我从来没有想到对这个基本的概念提出疑问"（Haldeman，1978：51）。从此以后，霍尔德曼在提出或采取进一步的举措进行掩盖的时候从不犹豫，例如他建议尼克松应该用所谓保护国家安全的理由，劝诱中央情报局缩短联邦调查局对"水门事件"的调查。霍尔德曼一直以白宫团队忠诚成员的身份参与掩盖活动，他真诚地相信他和其他人在做正确的事情，"自认为总统希望这样做，或为了保护争取连任的竞选，除此以外没有任何个人的目的"（Haldeman，1978：402）。

尽管我们还不知道霍尔德曼的说法在多大程度上是为了服务自己的目的，尽量缩小自己在参与非法掩盖活动中所发挥的作用，这种说法应该打多大的折扣，但我们还有从其他方面获得的进一步证据来证明尼克松的立场。

霍尔德曼所说的尼克松确立的模式，在"水门事件"爆发前讨论其他非法行为的时候也很明显。埃利希曼写道："当我1972年将我所知道的（较早时期）潜入（精神病医生埃尔斯伯格的办公室）事件告诉尼克松的时候，他立即就表示说，他支持。"①

在他的回忆录中，尼克松承认，从一开始他就对潜入水门大厦持一种玩世不恭的看法，忽视了为了服务自己的政治目所犯罪行的所有道义和法律方面的问题。

> 我对潜入水门大厦的反应完全是实用主义的。如果还有一点玩世不恭的话，那是一种从经验中得到的玩世不恭。我在政界摸爬滚打的时间已经很长了，从肮脏的诡计到选举中的欺骗行为，我什么都见过。我对于一个政治上的窃听并没有觉得从道德上有多么不合适而感到愤怒。
>
> 实际上，我相信民主党全国委员会愚蠢的窃听比其不合法性对总统竞选连任委员会的打击更大。（Nixon, 1978: 628-629）

在潜入水门大厦几天后，当霍尔德曼告诉尼克松，他和埃利希曼怀疑约翰·米切尔可能卷入其中，因为对于他们的问题他总是闪烁其词。尼克松清楚地表示，他不希望再问米切尔更多的问题，对这件事也不要再追究下去了。（Nixon, 1978: 636）尼克松承认，他有十个月一直怀疑米切尔是有罪的，但是他没有向米切尔问起过内部消息，因为他"不想知道真相，以免它最终成为一件不愉快的事"（Nixon, 1978: 809）。

尼克松不想了解真相，不仅仅是因为他想避免因发现一个朋友和政治上忠诚的支持者犯了法而引起感情上的不愉快，在更大意义上好像是为了保护总统，不想因错误行为而承担法律责任。在一个近期对美国政治的研究中，布兰查德描述了早在潜入水门大厦事件发生前，尼克松就确立的"推诿不知情"的规范：

> 正如约翰·迪恩所评论的，总统肯定有"推诿不知情的本领"。他必须与有问题的指示保持至少一步之遥，以便他的名字不会与任何不合法或不道德的事情联系起来。早在约翰·迪恩接受其职位之前，

---

① 埃利希曼在《时代》周刊对霍尔德曼的书评，见 *Times*, March 1, 1976, 26。

第九章　掩盖"水门事件"：聪明的操控者缘何陷入一个本可避免的困境

保护这种"推诿不知情的本领"在尼克松的白宫就已经是一个普遍的实践了。

总统有意设计了一个决策体制，在这种体制下，他的愿望能够在他没有"意识到"细节的情况下被落实。（Blanchard，1979：228）

在1973年4月16日与尼克松的一次见面时，迪恩清楚地提到的这个规范。他向尼克松解释，为什么他没有向尼克松提供白宫早先犯罪的某些细节。"我，我一直尽力，嗯啊，确保经我手到您手中的事都不会给您带来任何个人问题。"①

除了想保持"推诿不知情的本领"，尼克松还希望能在没有任何反驳的情况下说一些更积极的东西——他所信任的助手已经向他保证，白宫没有任何人卷入"水门事件"——而他自己在秘密地鼓励他们实施掩盖计划。下面是布兰查德对记录中证据的归纳：

……潜入水门大厦的人被逮捕后（1972年6月），总统的谈话让人毫不怀疑他介入了对"水门事件"的掩盖……

从尼克松先生与迪恩、霍尔德曼和埃利希曼的谈话中可以清楚地看出，他**不想知道**白宫班子的成员介入后是否发产生了不合法的行为，他**想**让别人告诉他白宫成员没有介入。不用多说，他就让别人告诉他，他和他的职员没有介入肮脏的"水门事件"的细节。（Blanchard，1979：228）

刚才谈到的受到限制的命令式领导方式有这样的效果，即禁止公开讨论其他行动路线。这部分是因为成员感觉到，他们不应该在领导面前对正在考虑的秘密行动路线的具体细节进行研究。更糟的是，一旦领导人表明了他希望他们选择的方向后，每一个成员都觉得没有希望让其他人都支持一项政策发生变化，让伟大人物不高兴，尽管他们并非唯唯诺诺的人，领导人肯定会对他们的建议有所反应。当团队成员有这样的感觉时，他们对

---

① 1973年4月16日上午的记录。

任何危机最有可能的反应——就像在1973年2月至3月间"炸弹"不断降落的时候，深陷困境的白宫团队所面临的危机——是抑制他们与领导不同的意见，不管领导人支持的行动路线是什么。这种自我抑制在每一个成员都严重依赖团队来寻求心理支持，而且领导人又不是不偏不倚的环境下，最为强烈。

综上所述，从前几章的案例研究得出的重要推论之一，明显地得到本案例研究的支持。这个推论就是，当决策者形成一个内聚的团队，而且形成小集团思维趋势的其他条件也存在，这种倾向对有效的情报搜集和对政策选项评估的干预，在很大程度上取决于领导人是奋力推动他最初喜欢的政策，还是推动公开质询和批判性的思考。为了探讨如何避免小集团思维，我将在最后一章重新回到这个基本的推理上来。

是否有启发性的新线索？

既然对作为本案例研究框架的指导性问题的回答都确定无疑，最后还有一个问题需要思考：从水门掩盖案例研究中能否提炼出促成小集团思维形成的有启发性的新线索？换句话说，这个案例研究是否提出额外的因素？这些因素让内聚的白宫团队在做出关键的掩盖决定时被对一致的追求所主导。我想说的是那些早前案例研究中没有注意到，但在其他小集团思维案例中仍然施加了一些影响的因素，尽管其影响方式也许是比较含糊的。

其中有一个线索在尼克松的团体中表现得非常突出。它与核心成员的共同政治背景和意识形态有关。西奥多·H. 怀特强调，他们的想法和制订计划的方式受到尼克松、霍尔德曼和埃利希曼所受熏陶的政治方式的很大影响。基于他们所接受的"硬式棒球"（即强硬的。——译者注）般的政治训练，他们早在晋升到白宫之前就坚信，一个成功的竞选需要对竞争对手进行攻击，卑鄙的手段可能是有用的，"PR——公共关系就是这场游戏的名字"（White，1975：55）。在进入白宫之前，科尔森也是在类似的"硬式棒球"政治中接受教育的。作为一个"为争当白领而奋斗的人"和"纵容者"（White，1975：142），迪恩对白宫这种政治意识形态接受得很

第九章 掩盖"水门事件":聪明的操控者缘何陷入一个本可避免的困境

快,很快就成为一个热心"硬式棒球"的政客,尽管他还在等待成为第一团队成员的机会。

1981年9月,新公开的一个录音带首次披露,尼克松团队的成员愿意利用最极端的暴力手段来应付反对他们政策的美国同胞。如果这个时间标明为1971年5月5日的总统录音带是真的,其中的对话包括以下几项:霍尔德曼赞许地与尼克松谈到科尔森正在对民主党实施的肮脏花招。① 他提到科尔森正在计划通过他与工会组织和其他团体的关系,"通过保守人士和退伍军人协会"在民主党内煽动是非。正在为华盛顿爆发的反对越战抗议示威所苦恼的尼克松建议,可以立即利用卡车司机工会中的"暴徒们""混入游行队伍并敲掉他们的脑袋"。霍尔德曼非常同意。"没问题。"霍尔德曼说。"都是杀人犯……都是经常搞游行示威的那类人,"他补充说,"他们将要让其中的一些人放弃他们的(猥亵行为)。而且……希望他们真正能伤害他们一些人,你知道……粉碎他们的鼻子。"[10]

当一个内聚的团队是由拥有相同背景和意识形态的人组成的时候,那么就缺了一个阻止小集团思维发生的制止物。也就是说,内聚团队成员的背景和价值观的不同,会减少成员对社会压力妥协的机会,这些社会压力会让他们追求一致和产生不成熟的共识。这种差异可以防止不经认真思考就形成的共识,采取不道德或犯罪的行动。因为,即使团队是高度内聚的,得到多数人支持的一个计划,在忽视少数人认为是适当的行为标准时,个别成员就会感到担心,特别是在他们对不同的外部团体忠诚的时候。只要团队内有一个在伦理上比较敏感的人对政策抱有强烈的态度,他或者是她就会诱导多数派中不怎么敏感的人重新考虑。

从水门掩盖的案例研究中还能推断出另外一个相对并不显著的线索。小集团思维的症状好像在1973年2月到3月间明显增加,这个阶段是危机不断爆发的初期。然而,后来随着危机的性质在1973年3月发生变化,小

---

① 参见 Hersh,1981。这个新闻报道称,没有证据证明使用"暴徒"的计划被付诸实施。这份报道援引尼克松先生的律师莫顿森(R. Stan Mortinson)的话说,《纽约时报》拿到的记录好像是"水门事件"特别检查团队或者另外一个调查团队准备的,与专门为正式法庭所准备的记录不一致。

集团思维的表现开始减少；最后，在随后的几个月，团队就解体了。看起来，在小集团思维不断增强的危机爆发初期，与后一个阶段有所不同，尽管主要成员们因遏制政策的明显失败而处在高度的压力下，他们仍然对领导人保持高度的信心。他们显然仍指望领导能找出一条解决这个困境的出路，而不让他们中间的任何人遭受严重损失，如被解雇或者被打入大牢。这些观察表明，促使一个内聚的团队形成小集团思维的原因还需要补充一个因素，即**外部威胁所施加的巨大压力，除了领导人喜欢的方法外，没有希望找到其他更好的方法。**

为了评估这些暗示性假设的可行性，有必要利用掩盖"水门事件"这一案例中的材料和前面案例研究的材料，观察一下团队应对危机的细节。有必要考虑一下这个假设与有关小集团思维决定因素的其他观察相一致的情况，包括以前对团队动力的研究中所得到的那些观察。这些研究对内聚的团队在如何应对危机方面给我们提供不少信息。因此，对这个新线索的进一步讨论将被推迟到下一章。下一章将诊查所有这些案例研究的理论意义。

结　论

就像所有主要的大失败一样，这个失败也可以说是多种不同原因结合的产物。本章的前面，我列举了大众媒体经常提到的那些原因，其中大部分都与尼克松的个性有关——他具有玩世不恭、多疑、喜欢秘密行事以及其他个性方面的弱点。社会科学家和政治评论家已经强调了额外的原因，如与尼克松和他周围的人的次文化背景和意识形态有关。这些很容易让他们说谎、欺骗、操控他人，违反白宫官员应有的标准，做一些见不得人之事。前面已经提到这些原因。在此基础上，本章所提供文献证据可以增加另外一个原因——小集团思维——它帮助我们解释内团体在授权掩盖"水门事件"决策过程中所犯下的严重错误。[11]所引用的文献证据表明，小集团思维综合征中的大部分症状在尚未编辑的记录里广泛存在。在本案例研究的不同地方分散的证据表明，小集团思维增加了其他原因的影响——最

第九章 掩盖"水门事件":聪明的操控者缘何陷入一个本可避免的困境

显著的是,增加了尼克松个性中"消极方面"的影响,这些消极方面使他对政治对手高度怀疑,也加强了他和他的助手赖以存在的价值观。这些价值观使他们所有人都相对不受限制地采取违法的行动。尼克松的个性和他的政治习惯,以及他和他的主要助手共同的意识形态,足以解释他们为什么随时都采取狡猾的不当行为。但是,如果没有额外增加的小集团思维的广泛影响,这些老于世故的人不会一起促成所有这些本可以避免的掩盖"水门事件"的蠢事,这些蠢事最终导致了他们自己的毁灭。

第十章 归纳：什么时候，谁，为何会陷入小集团思维？

一个工作假设：谁容易受到影响？

谁容易受到小集团思维的影响？正如我已经（在第八章）论述过的，这不仅仅与政策制定者的国籍有关，而且与他们的个人倾向有着密切的联系。例如一些主要的行政领导人，与其他人相比可能会更加依靠顾问团的小圈子，给团队确立一些增强一致性的团队规范。（Berkowitz, 1969; Janis, 1982; Marlowe and Gergen）心理学研究已经表明，在应对社会压力时，个人反应有很大的不同。一些人总是屈从于大多数意见，而另一些人则坚持自我的判断。个性研究表明，一些害怕受到排斥和拒绝的人保持一致性的趋向更为明显。具有强烈的归属需要的人喜欢与好朋友成为工作伙伴，即使这些朋友能力并不强。在完成团队工作时，这样的人会把维持友好的关系放在首位，即使是要牺牲成功的结果作为代价。

然而，大多数得出这些结论的系统研究，都只是分析了在一个由陌生人组成的团队中形成的表面的一致，他们也许只见过一次并且不会再次相聚。为了了解容易产生小集团思维的倾向，我们需要研究那种长期的团队，他们共同工作，执行每个成员都需要支持的决定。这样的研究需要分析除了个体的性格因素不同外，团队成员的其他不同特点，这对于分析容易受到小集团思维影响的差异是至关重要的——例如，社会阶层、族群来源、职业训练以及此前参与集团决策的经验。

个人组成的集团表明，个体表现出特定个性主导和社会特性的团队可

第十章 归纳：什么时候，谁，为何会陷入小集团思维？

能更容易受到小集团思维的影响。和这种个性特点截然相反的人很难在职业奋斗中达到高级别的行政职位。然而，根据我的观察，那些成功或者不成功的行政领导人在参与长达两周的工作团队训练之后的反应，没有人可以免受小集团思维的影响。即使有着很强的自尊心，在依赖和顺从别人方面程度很低的人也可能经常被拖入集体的疯狂，产生小集团思维的症状。在很可能产生小集团思维的特定环境中，每一个政策制定团队的成员，无论他们个人倾向是否强烈，都会受到小集团思维的影响。我提出一个工作假设，当环境产生了寻求一致的倾向时，所有的政策制定者都是脆弱的。根据这一假定，我认为，在多年后重新仔细审视（在政府、公司、医药、法律、教育或者任何领域）一个单一政策制定团队做出的一系列决策，经过几年的认真研究，如果这个团队是温和的或者是高度内聚的，会证明有很高百分比团队的错误是由小集团思维造成的。我初步认为，每一个行政领导人在参与团队决策时都有可能被小集团思维所影响。

即使不考虑组成政策制定团队成员的个性特征和其他倾向，只要情势环境有利，小集团思维的症状就会出现。这一章主要从总体上详细讨论这些条件的细节，以便于更好地理解小集团思维的决定因素，以及它们对于避免小集团思维的影响（避免之法于第十一章详述）。

理论模型概览

当我们检验每一个先决条件时，了解小集团思维的理论模型的框架是有益的。通过总结先行条件（板块 A、B-1、B-2）以及形成小集团思维的症状（C），图 10-1 提供了一个框架。它表明了与低质量团队决策制定程序相关的其他结果（D），以及其决策中可能存在的不成功的结果。[1] 所有在第八章简要讨论过的理论要素都包括在图中。此外，图中包括了两个其他的部分，即可以从"水门事件"案例分析中推断出来（板块 B-1 的第 4 条和板块 B-2 的第 1 条）的一系列新的要素。这些是从自尊机制理论推断出来的，将在本章的末尾提到（板块 B-2 的第 2a 条、第 b 条和第 c 条）。

根据图 10-1 所呈现的理论性分析，激发的情境性因素（板块 B-2）与

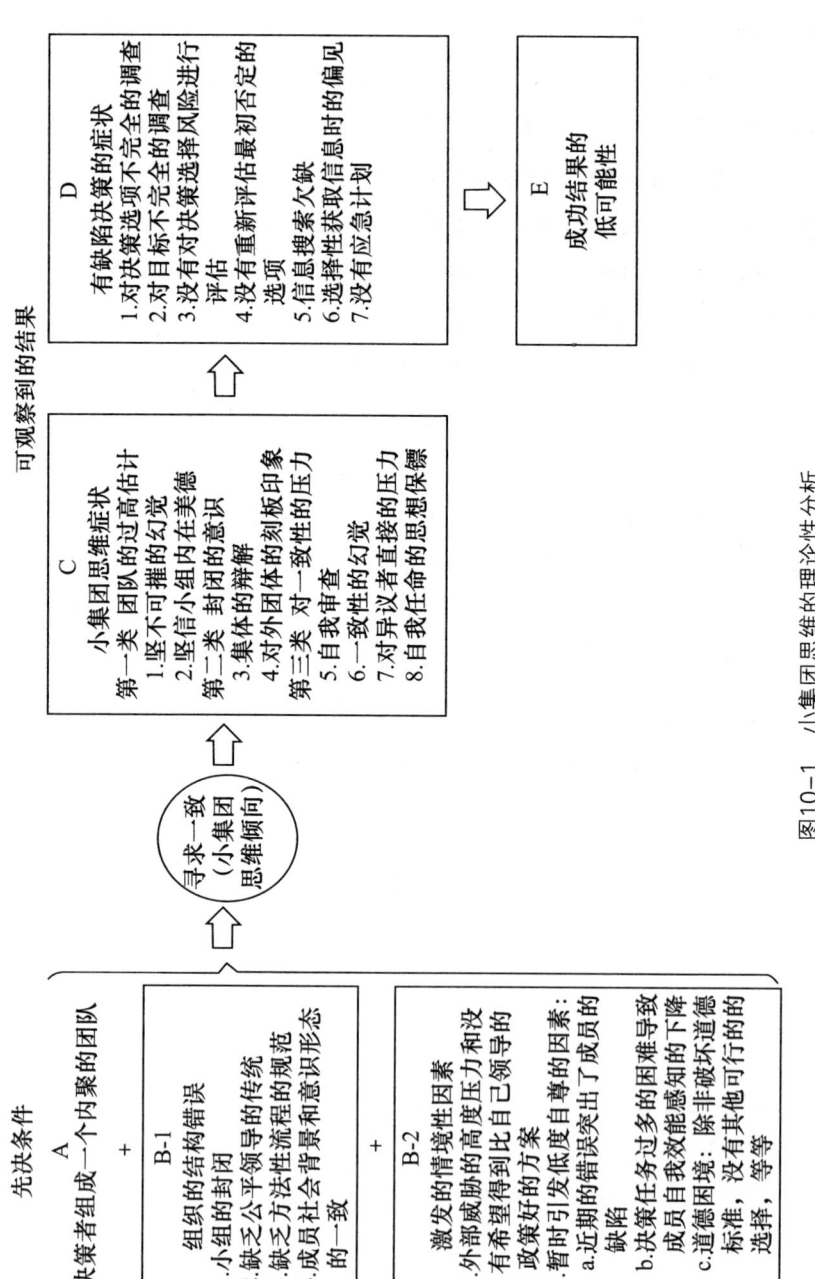

图10-1 小集团思维的理论性分析

注：根据Janis, I. L., Mann, L., *Decision Making*, The Free Press, A Division of Macmillan Publishing Co., Inc.,1977。

组织的结构错误（板块 B-1），以及内聚的程度（板块 A）一起，是决定小集团思维症状将会在多大程度上发生的可能性的先行条件，并导致决策的缺陷（板块 D）。第一栏中的先行条件可以这样理解：当一个团队是温和的或是高度内聚时（板块 A），**出现于板块 B-1 和 B-2 中所列的先行条件越多，越有可能出现小集团思维所导致的决策缺陷**。当然，为了验证这个概括，在所做的研究设计中，考虑对团队在开始思考是否采取一个新的政策**之前**的先行条件进行分析是很有必要的——例如，在团队成员简要地了解了政策问题的性质之后，在他们表现出任何小集团思维的症状，或者是在特定政策选择中出现有缺陷的决策现象之前。

内聚的团队注定会成为牺牲者吗？

在本书中，政策制定团队的内聚性（图 10-1 中的板块 A）是一个重点强调的先决条件。在第一章，我已经阐述过以下这一核心主题：在一个政策制定团队内部，存在越高的亲和度和团队精神，小集团思维可能就越有取代独立的批判性思考的危险，有可能导致针对外团体的非理性和不人道的行为。但是当我们回顾古巴导弹危机和马歇尔计划的案例时，我们认为需要谨慎使用这一概括。高度的"集团成员中亲和度与团队精神"表现了成员珍惜其在团队中的成员资格以及希望延续归属感的程度——也就是团队的内聚性。然而，正如我在前面的章节中已经论述过的，团队的内聚性并不一定导致小集团思维的症状。它是一个必要非充分条件，而不是充分条件。考虑到这一点，我在归纳用词上使用了一个清楚的限制性词语，表明团队的内聚性越高，形成小集团思维那样决策的"危险就越大"。然而危险并不总会变成现实，有的时候可以通过预警的措施来避免。团队结构性特征和情境性的因素（表现为图 10-1 中的板块 B-1 和 B-2）在决定一个中度或是高度内聚的团队是否会表现出小集团思维时具有重要地位。内聚性和小集团思维中存在的正相关不能被视作一个铁律，不是每一个内聚团队的成员在做出集体决定时都注定会成为小集团思维的牺牲者。相反，我们应该看到，只有在特定的附加条件存在时，高度的内聚性才会导致小集团思维的产生,而在其他条件下,例如当采取了特别的预警,建立谨慎搜索和评估的规范以对抗集体的盲目思考和不成熟的共识时,小集团思维是可以避免的。

当采取了适当的预警措施时,一个中度或是高度内聚的团队在决策中可以比一直没有内聚性的团队表现得更好。当在团队成员中存在很少或几乎没有团结时,由于担心相互指责,就会在团队中产生服从。(Argyris, 1962, 1965; McGregor, 1960) 为了克服这种恐惧,在团队决策中的每一个成员都需要保持信心,相信自己是有良好信誉的成员,无论自己是否与别人在讨论中争执,其他人都会尊重自己在团队中的地位。社会心理学研究表明,一个团队成员越感觉到被其他成员接受——一种通常与增强的团队内聚性有关的特征——他越容易感到可以自由阐述自己真正的观点。例如,迪特斯(Dittes)和凯利(Kelley)在一次社会心理学实验中发现,当一个团队中的成员知道自己被其他成员高度接受之后,他们就更愿意表达自己与团队共识所不同的观点。而感觉自己不被同事所接受的成员则会变得克制。当得知自己被接受程度很低时,他们参与团队讨论的次数只有之前的一半,并且当他们开口时,他们比其他成员更容易表现出与团队共识的一致。然而,这些保持一致的人内心会产生一种与团队分离的情绪。在他们回答一个要他们私下表达其个人观点的问题时,就会透露出他与团队共识很少一致,对团队成员身份看得并不重要。对于他们而言,表面的一致只是受到了恐惧的驱使,害怕被开除出团队而感到羞愧。

在迪特斯和凯利的研究中,那些不被接受的成员的行为,可能与大多数地位很高、彼此都不熟悉的人组成的团队中的大多数成员,在形成内聚性和安全感之前的行为是类似的。被高度认可的成员与一个内聚团队中对自身地位感觉安全的人表现一致。在迪特斯和凯利的研究中,在面对可能会打破团队最初假设的新的信息时,那些被接受的成员比不被接受的人更能自由地表达与团队共识所不同的观点。在一个相互之间已经彼此接受、关系良好的团队中,每一个成员都认为别人希望听到自己真实的观点,无论自己说出什么,都会被团队接受。这种相对独立的思考模式是这类团队的特点。

当一个团队存在很低的内聚性时,除了出于对相互指责的担忧而产生

第十章 归纳：什么时候，谁，为何会陷入小集团思维？

的刻意的一致之外，在决策中还会存在一些其他的错误来源。（Argyris，1962，1965）其中最有可能存在困扰的是政治家或行政人员组成的团队，在零和竞争状态下，每一个参与者都为了个人的观点（或是自己机构的观点）去竞争，而不会考虑处于危机中的问题。当非志同道合的政见不同者被迫组成一个团队，他们就会表现得和那些强制婚姻所形成的旧式夫妻一样。这些出于妥协而实不相容的成员常常会陷入一种痛苦的反复辩论中，通常恶言相向，相互嘲弄，并且在为了权利而持续的争斗中玩弄伎俩，而非为了高质量的决策。因此，对于缺乏亲和度和团队精神的政策制定团队，即使不容易产生小集团思维的症状，也会表现出有缺陷的决策的征兆，并且导致比中度或者高度内聚团队更严重的错误。当我们考虑到非内聚团队的这两种主要错误来源——出于对相互指责的恐惧而产生的刻意一致，以及一种零和状态——我们发现，如果避免小集团思维占据主导地位的话，内聚的团队在决策中会更有优势。

当决策团队的成员之间产生友谊和团队精神时，他们会减少竞争性，并且开始彼此信任，容忍分歧。他们更少可能使用欺骗性的观点或者索然无味的、常规的评语去绕圈子。我们希望一个团队变得越发内聚，成员就越不会因为担心领导或者同伴的反对而受到的惩罚来刻意审核自己的观点。但是结果却是复杂的，因为一个团队变得越内聚，每一个成员就越发容易审核自己的观点，因为存在新的动力去维持团队的团结和坚持其规范。因此，尽管一个高度内聚的团队中的成员在偏离多数时更加自由，在所有的重要问题上，他们对实现真正一致的渴望——彼此之间观点的契合以及自身行为与他人愿望之间的和谐——常常使得他们不愿意行使这份自由。在一个政策制定者组成的内聚团队中，存在的危险并不是个人无法表达自己对大多数人所偏好的提议的强烈反对，而是他将会认为这是一个好的提议，不会试图使用批判性的分析，这种批判性分析是让他产生强烈反对意见的依据。当小集团思维占主导地位时，对异议观点的压制表现为，每个人都认为自己的担忧是不相关的，不应该带来对团队共识的任何怀疑。一个内聚团队的成员，很少会受到来自大多数人的直接压力，因为他/她通常不会采取损害团队团结的立场。

之前关于团队动力的研究表明，至少存在三种不同类型的社会奖励倾向于增加团队的内聚性——友谊、威望以及增强的能力。（Back，1951；Hare 1976，1976；Raven and Rubin，1977）当高度的内聚力主要是基于一种友好的"俱乐部"氛围或者是为精英团队成员的荣耀而形成的，而不是在与高效的合作者完成工作任务的机会中形成的，寻求一致的倾向就会增强。在后一种类型的内聚的政策制定团队中，对政策选项的仔细评估更有可能成为成员都刻意坚持的团队规范；这有助于防范小集团思维。但是，即使在一个运行良好的团队中，以任务为取向的价值增强，形成高度内聚力的基础，成员充分信任彼此，容忍分歧，还是会存在着小集团思维可能会成为主导趋势的危险。每一个成员都有强烈的动力去维持团队的团结，形成一种内在的驱动以避免制造冲突，这导致他/她相信，由领导人或者大多数成员所提出的建议是明智的。

某些情况下会受到小集团思维危害的一个内聚团队，在另外一些情况下则会获得极高的士气，发挥可以自由表达异议的优势，这取决于是否存在产生小集团思维的特别条件。这种内聚力的双重性可以解释在团队效力中一些不一致的研究结果。例如，马文肖（Marvin Shaw）在其著作《团体动力学》（*Group Dynamics*）中提出了一个有道理的假设，"相对于较低度内聚的团体，高度内聚的团体更容易实现其目标"，但是他同时也承认，也"并不总是这样"。（Shaw，1971：229）这种不确定性的一个主要来源是寻求一致的倾向：有时当高度内聚的团队成员讨论某些特定的决策时，小集团思维就会产生，这会降低团队的有效性；当处理其他一些决策时（或者与决策无关的一些任务时），高度内聚的团队的有效性则会增强。这就是我所阐述的，由同样的领导人所带领的几乎相同内聚的团队在"猪湾事件"决策的无效与古巴导弹危机决策的有效中存在的不同。

对于大多数的团队，在执行决策任务时理想的状态是处于一个温和的内聚水平，避免由于内聚性过低，出于对相互指责的害怕而形成的一致；也避免内聚性过高而带来的强烈寻求一致的倾向。然而，如果后一种不利影响可以通过行政手段降到最低的话，就可以避免小集团思维趋势成为主导，那么有利于有效决策所需要的理想内聚程度就会更高。[2]

第十章 归纳：什么时候，谁，为何会陷入小集团思维？

什么时候出现小集团思维的其他假设：组织的结构错误

什么时候小集团思维最有可能发生，与团队或者组织的结构特征以及情景环境有关，这些结构特征和情景环境容易让小集团思维症状成为主导。除了团队的内聚性，在之前的案例研究的基础上，第八章讨论了其他三个先决条件。这一假设认为，在团队考虑政策制定之前或者开始时，伴随着组织的结构缺陷，决策过程中的小集团思维会增强，即使在这个过程中，领导人并不希望成员完全顺从，个体也试图抵抗一致性：（1）内聚的决策团队与组织机构内部有资格的成员的判断被隔绝，一直到最后的决策做出之前，这些"外人"不能了解正在讨论的新政策；（2）在内聚团队开始讨论时，领导人不会感觉被任何组织传统所束缚而避免提出自己偏好的政策，而是要鼓励开放、公正地探讨其他的选项；（3）内聚的决策团队所属的组织对成员在搜取和评估信息的方法和流程（例如针对不同的选择建立表格，分别填上优点和劣势）规范没有既定的要求。认为这三种组织结构特点在一个内聚的政策制定团队中鼓励小集团思维形成，这种看法是可信的。部分的原因是，其中的任何一种情况都会导致这种状况，即在内聚团队刚开始考虑而尚未调查和仔细评价所有可能的选择之前，成员就产生了一种印象，认为已存或即将出现一种**团队规范**，倾向于某一类特定的行动（或不采取行动的）步骤，所有的成员都要遵守这种规范。也许这样说更准确：每一个先决条件都代表了对组织进行**限制的一种潜在缺失**，这种限制有助于防止一个内聚政策制定团队的成员陷入不加批判的一致性的规范中。

当团队的内聚力从较低程度增加到中等或很高的程度，每一个成员都会在心理上增加对集团的依赖，并且更容易坚持团队的规范。如果成员没有或者有很少的机会在团队外讨论特定的政策议题，那么他们就会在这些议题上表现出对团队判断更多的依赖，并把它当作规范。这种……方法上的程序缺乏搜索和评估方式，更容易导致团队内形成一种肆无忌惮地追求一致的趋势，因为难以在程序上预防对政策议题的草率和偏见。这种……（缺少公正领导的传统）导致领导微妙地或公然地使用其权力，诱使其他成员顺从其决定的可能性增加。当指示性的领导人明确表达他的政策偏好时——不管这种偏好是推迟决策，把责任推给组织中其他团队，或选择一个特定的选项作为最佳政策——一个内聚团队的成员都会倾向于不加批判地接受他的选择，就像这种选择是团队规范一样。(Janis and Mann, 1977: 131)

另一个假设是在"水门事件"案例研究（第九章）的最后提到的，即组织的结构性错误的不同类型。它与一种同质因素有关：一个内聚团队的成员中缺乏社会背景和意识形态的差异，导致他们很容易同意领导人提出的用于处理其所面临政策问题的方案。这种结构性的错误减少了在团队中提出和产生不同观点的可能。如果成员的社会背景和意识形态差异不大（不是极端情况下），他们更有可能提出**建设性的多种主张**（constructive multiple advocacy），即团队会审慎地考虑两个或更多不同选择的优缺点，而不是仅仅关注一种可能的选项，死死地抱住早已形成的共识不放。正如亚历山大·乔治所提出的，多种主张的系统——包括了为每一个政策制定团队选择成员，在组织内部表达不同的立场，给予他们充分的机会以阐述自己的观点——即使是上述三种结构性错误都存在，也会对减少小集团思维的发生很有帮助。尽管采用多种主张系统可能会在平均水平上降低政策制定团队的内聚程度，它也有可能为这样的团队建立起合适的环境，以形成一种可以充分利用中等水平内聚力团队的优点。

压力作为激发情境性因素的作用

从"水门事件"案例研究（第九章末尾）得出的另一个假设，与两个情境性因素相关：当团队开始讨论时，成员承受着来自外部的**高度压力**，即无论怎么样的选择都会有失败的威胁；同时，除了领导中意的方案外，找到更好解决方案的**希望很低**。如果是这样的情况，小集团思维倾向就会增加。这两种因素的影响如下：

第十章　归纳：什么时候，谁，为何会陷入小集团思维？

（这一对条件）指出了形成防御性回避的首要条件。当领导人说出其偏好的特定政策选项之后，其他成员就陷入了一种困境，几乎没有希望可以找到一个更好方案。（因为提出不同的选项就会导致团队中最受尊重的领导和所有不加批评就对他表示支持的人的反对。）他们将会通过支持领导人的选择，减少在决策冲突所带来的高度压力。(Janis and Mann, 1977: 131)

这两种因素的假设很复杂，需要更多的讨论。就一点而言，当一个人快速浏览完本书的案例分析后就可以发现，仅仅只有高度的压力并不是小集团思维的充分或必要条件。肯尼迪政府的古巴导弹决策，是在前所未有的危机环境中，面临着即将发生的核战争，在高强度的压力环境下做出的，但是却几乎没有受到小集团思维的影响。一些由小集团思维主导的决策则是在外部压力相对弱的条件下做出的——例如，由基梅尔上将及其内聚团队在1941年夏秋之交（在11月战争信号来临之前）所做出的选择忽略珍珠港遭突袭危险的决策。而"猪湾事件"并不是一个危机决策，尽管由于肯尼迪总统及其顾问与中情局的入侵计划存在争论，因此在某些会议中，成员在一个相对高度的压力环境下工作，但是总体来自外部的压力程度并不高。他们并不希望美国公开入侵古巴引发一个国际事件。然而同时，他们又想避免被贴上对共产主义软弱的标签，以及受到支持这项计划的中情局高官的反对。

越南战争升级决策的案例研究表明，当来自外部威胁的压力增加时，有的时候会导致小集团思维的降低和相应的政策制定团队成员之间的批判性思考增加。在继续越南战争的争论中（美国内部的反对声音越来越强，导致麦克纳马拉和高官只要发表公开演讲就会遭受责备和起哄），麦克纳马拉变得更加谨慎——他采取了一个彻底的信息搜查，包括对在越南的空袭以及地面行动的军事效力的数据分析。在仔细分析了这些数据之后，麦克纳马拉得出结论，他以及"周二午餐小组"的其他成员所做出的升级政策不仅会引发国内的政治动荡，而且在军事上将会失败。由于受到了更强的压力，他在小组中表达了反对战争政策的观点。当他变成异议者之后，他很快就被解除了国防部长的职务。麦克纳马拉的继任者克拉克·克利福德，面临解密的国防部档案中所披露的同样的证据，很快就确信麦克纳马拉是正确的。他强调了麦克纳马拉在"周二午餐小组"成员中曾经说过的观点，并且说服了足够多的人，以使小组中顽固的领导人约翰逊总统，被迫放弃他的鹰派政策。在这个案例中，由于战争政策争论的增加而引发的压力，导致了一些成员在解决问题时取得了一个改进，同时也使得小组内聚力降低。

尼克松总统和他的核心团队在约翰·迪恩最终叛节的消息被揭发出来后所面临的压力增加与此类似。这个案例是值得重新研究的，因为它表明压力的程度可能与其他因素互动，形成一个影响因素，既可以增加也可以减少小集团思维趋势。

我们从1972年6月下旬到1973年3月下旬的这九个月中可以发现，只要团队成员对由"水门事件"泄密所引发的问题很少有机会能找到任何比领导所喜欢的"封闭政策"（stonewalling）更好的办法，那么无论压力大小，寻求一致的倾向总是占据主导地位。在掩盖事件发生的最初几个月，大约到1972年12月底，团队压力似乎比较小。白宫团队的成员相信，与"水门事件"相关的决策所引发的危险被控制得很好。由于考虑到没有太多至关重要的事，无论发生什么事情，他们都可以在短时间内迅速找到权宜之计，而不会考虑长远的影响。在1972年6月21日的会议上那次"铁证如山"的重要谈话——当霍尔德曼建议用中情局阻挠联邦调查局调查给窃入者的钱的来源时，尼克松同意了这一提议——持续了**不到五分钟**。这是在来自外部威胁的压力不大的条件下，因为自满而达成一致，过早得出结论的一个典型例子。在那几分钟，白宫团队的两位领导者采取了一项非法的决策，这成为了他们被弹劾的基础——滥用政府机构和阻碍司法。当埃利希曼得知这一危险决定时，他并没有让他们重新考虑要采取的行动。当他们要求埃利希曼去会见中情局的官员时，他就悄悄地去落实了，并没有对这种做法是否合法、适当以及从长远来看掩盖行为是否合适等方面提出任何让人思考的问题，尽管他曾经是一个律师，作为总统国内事务的主要顾问应该发挥其作用。

几个月之后就不再有自鸣得意的感觉了。在1973年2月到3月之间，随着他们试图去构建的脆弱的防御体系中出现越来越多的漏洞，白宫团队

第十章 归纳：什么时候，谁，为何会陷入小集团思维？

的成员所承担的压力不断增加。随着形势的发展，白宫团队的成员面临着**高度的压力**。大量关于掩盖事实的零碎的信息披露出来，他们面临着巨大的令人不安的矛盾，如果他们继续这种封锁政策，一旦他们自己的违法行为被揭露出来，将会有更大的危险。正如尼克松和他的高级助手短暂地考虑让迪恩和米切尔披露掩盖事件一些真相的可能性时所说："他到底要公开什么了不起的东西？"① 在这段高压期间，他们花费了大量的时间讨论该怎么办，然而这些杂乱的谈话总是以重申继续掩盖政策而结束。这些谈话表明了集体的不加批判的思考：在每一个"爆炸性事件"之后，团队成员总是决定继续原有的政策，对其选择的结果不加分析，特别是那些带有潜在的法律和政治负面效果在不断增加，因为官方很多新的调查就要传唤更多了解情况的证人发誓做证。

直到迪恩查阅了法律图书并且确信现在阻止事情的发展已经为时过晚，一直没有人提到过"我们也许会有牢狱之灾"这种简单的想法。在他们的谈话中，很小心地避免了**"被弹劾"**这个词语，直到弹劾变成了迫在眉睫的危险。在1973年年初的会议中，尼克松核心团队的成员再次重申坚持同样的掩盖政策，比以前更鲜明地表现出的小集团思维的症状。

很明显，在高压环境下，团队成员为获得社会支持对团队变得高度依赖——通过他们与总统的联系来维系他们的士气，保护他们免遭指责。虽然如此，在同样的高压条件下，约翰·迪恩彻底崩溃了，每晚借酒浇愁，寻求安慰，对领导人的幻想逐渐破灭，开始要求政策调整。最后，迪恩不愿再与团队规范保持一致。他的脱离很快导致了团队内部的争论，每一个成员采取了人人为己的立场，团队的内聚力不复存在。所有的变化都在迪恩不再相信团队会为他提供庇护之后。随着这种信念的失去，警觉性在增加：他认真研究法律后意识到，总统是没有权力让他免遭起诉和被判刑的。他还注意到有多种信号表明，总统已经准备把他当作下一个替罪羊，以保护自己。

当埃利希曼的名字以非法行为的煽动者出现在头版的大标题中，司法部的官员要求对他免职的时候，他同样经历了那种幻想破灭以及压力增加

---

① （尼克松）1973年3月21日的记录。

的情况下的相似转变。他也不再愿意坚持由领导人所设置的规范；到了这个时候无所顾忌地谈论尼克松可能被弹劾，让尼克松感到震惊，说明到这个时候，埃利希曼和迪恩一样，相信领导人已经准备"弃车保帅"了。从那时起，集团内聚力降到了很低的水平。但是一直到他们的幻想破灭的时候，迪恩和埃利希曼都和尼克松、霍尔德曼站在一起，不仅全心全意地参与了掩盖政策，而且表现出小集团思维综合征中所有的顺从行为和幻觉意识。

我认为，这种来自外部威胁的高压环境，通常引发团队成员为了获得社会支持而对团队高度依赖，只有当成员仍然坚持对其领导人智慧的信任，并且认为几乎不可能找到领导人偏好之外更好的方式时，才会导致寻求一致倾向增加。相反的，在危机中，如果领导人看起来不再明智或者不再值得信赖，寻求一致的倾向将会极大地降低，因为成员不再把希望寄托在领导人的方案上。当这一先决条件不复存在时，成员就不太可能表现出小集团思维的症状，即使他们增加的压力增强了他们对归属和社会支持的需要，如果他们对领导人的信赖没有受到损害，可能会使得他们比以前更加顺从。

如果我的假设是正确的，我们可以发现，当这些假设明确指出的两个因素存在时，小集团思维的症状就会非常明显地表现出来——来自外部威胁的压力很高，而找到比领导人偏好的政策更好的解决方案可能性很低的情况下。这两个假设的后果是，高压力并不必然产生对寻求一致的追求。**如果领导人以相对公平的方式思考，确立对广泛领域的政策选项公开讨论的规范**，那么在高压的危机期间产生的小集团思维的几率将会极大地降低，即便成员比在压力小的时候更加依赖领导人。这基本上就是肯尼迪总统在古巴导弹危机中的做法，然而在讨论猪湾计划所引发的争议问题时，他却没有这么做。

解释理论的基本原理

小集团思维**为什么**会发生，**比谁**，**什么时候**容易陷入小集团思维更难

第十章 归纳：什么时候，谁，为何会陷入小集团思维？

研究。但是，如果我们想要解释那些寻求一致的现象，"为什么"是这个问题的核心。一个充分的解释需要明确导致构成小集团思维综合征这类行为的主要驱动力。它可以解释那些推动寻求一致倾向的已知条件，并且帮助我们预测这些条件的影响。

为了寻求解释，我们在面对人类动机这一未知领域时，需要穿过复杂的理论问题的困境。很多年以来，心理学家试图找出普遍的心理学原理，用于解释可以观察到的集团动力的现象，但是没有一个被行为学家普遍接受的确定理论。然而，从最近社会心理学研究中得出的结论也许可以为小集团思维综合征的解释指出一条明路。

我所考虑到的核心解释概念是，基于所有团队成员都具有强烈的处理决策过程所面临的外部和内部压力的愿望，他们根据这种愿望把寻求一致看作争取相互支持的一种形式。当压力来源是**外部**威胁时，例如被竞争对手所击败，或者由于做了违法的事情而被抓到，并受到惩罚，只要成员几乎没有希望找到比领导人所喜好的政策更好的方式解决这一迫在眉睫的危险，正如我们所看到的，寻求一致的倾向就会增加。在这样的外部高压条件下，成员主要的动力是依赖领导人的智慧，维持团队和谐，以缓解由凸显的外部威胁所引发的焦虑。

即使成员不特别关注自己或组织所面临的物质损失的风险，当外部压力很低时，他们仍然会陷入**内部**的压力中，而这是不能用同样的方式解决的。这种压力来源（参见图10-1 板块 B-2 中第 2 条的 a、b、c）包括了由于情境刺激所导致的暂时降低自尊的程度。最常见的刺激包括：（1）近期的失败，例如由于先前的决策带来的预想不到的恶劣结果，政策制定团队成员认为需要对此负责，使得他们敏感地意识到自己存在个人缺陷；（2）当前复杂和令人困惑的选择需要政策制定团队的成员做出极为艰难的决策，而他们认为这个决策超出了自己的能力范围，导致他们自信心降低；（3）当政策制定团队的成员面临一个道德上的困境，认为除了一个会破坏他们道德感的行为准则之外没有其他选择，却又必须做出一个重要的决定。第三种刺激类型最常发生，特别是当政策制定者不仅仅是因为他们的能力和智慧，而且因为他们是自己认定的基本人道和道德价值领袖，从而成为高层决策者时，这样的政策制定者比其他人更容易面临道德困境。这种困境导致一方面是伦理价值，另一方面是国家或者组织目标，实际上通常是政治或经济的利益，它们之间存在紧张冲突。参与者可能用陈词滥调维持自己的信心，例如"有失才有得"。尽管如此，每当他们意识到自己必须牺牲道德价值以实现可行的政策，他们就会受到必然存在的愧疚、羞耻感以及自我贬损带来的相关情绪的煎熬，导致自信心降低。即使这些政策制定者很自豪，自己有能力玩转"强硬"政治而不会产生不安，有时候他们还是得应对预料之中的羞耻和内疚，这种羞耻和内疚是由自我与超我的斗争引起的，而他们并不一定能意识到这一点。问题的关键在于，当遭受这三种情境因素中任何一种的刺激时，一个人不太可能不面对短暂的自信心降低。面临所有来自内部压力，在一个志趣相投的团队中同受尊敬的同伴一起形成一致的共识，就会支持政策制定者的自尊。

　　一些人总是特别自信，当他们的决定遭到社会批判和自我否定的时候，也很少需要内聚团队的支持。例如，德高望重的交响乐指挥家托马斯·比彻姆爵士（Sir Thomas Beecham）曾经说过："在我的一生中，我只犯过一次错误，那一次，我以为我自己错了，但实际上我是对的。"很少有人能够在扮演决策者的同时还能够维持这样一种坚不可摧的自信。

八种症状的心理机制

　　寻求一致以及小集团思维产生的其他不同症状，可以被理解为在内外压力增加时需要维持情绪的稳定时，团队成员相互支持的努力。压力来源于他们共同承担责任，做出重要的决定，可能会面临着失败、社会否认以及自我否定的威胁。如果从解释这一假设的目的来看，小集团思维的这八种症状构成了一个连贯的模式。这些症状以不同的方式发挥作用，产生了相同的效果。

　　一种共享的坚不可摧的错觉和共同的自我辩解可以缓解最初对于失败的恐惧，防止出现对个人缺陷的胆怯情绪，特别是在危机时刻。即使是在非危机时期，只要成员预见到可以从采取一种危险的、社会否定的或者不道德的行为来获得收益时，他们都会寻求一些方法来忽略让人不安的威胁，欢迎主张采取诱人但又冒险政策的那个成员的乐观观点。[3]每当这个时候，正如在痛苦的危急时刻一样，如果失败的危险是巨大的，成员就可能相互之间传递一种态度，"我们不需要担心，一切都会顺利的"，通过调动他们的智慧来为自己辩解，相互间建立起自信，对不熟悉的风险感到踌躇满志。他们认为这种风险只要认真对待，就可以通过使用标准工作程序以获得更多的信息，执行细致的计划来解决。

对于团队内在美德的坚信及对反对者持有没有任何区别的负面刻板印象，使得他们尽可能降低决策在道德标准价值与实际利益之间的矛盾冲突，特别是在他们倾向于使用暴力时。这种"我们是一个杰出而明智的团队"的共同信念，让他们把团队一致作为一种判断道德和其他政策效力的主要标准。"因为我们团队的目标是好的，"成员们这样觉得，"我们所决定采取的任何方式都一定是明智的。"这种共享的假定有助于成员对那些可能会违背其个人道德行为准则的决策，不至于产生那种羞耻和内疚的感觉。共享"敌人的本质是邪恶的"这一负面刻板印象，可以增加他们道德上的正义感知，让他们对团队的崇高任务产生自豪感。共享的刻板印象中认为敌人虚弱的特点，可以缓解他们最初对失败的恐惧。

需要做出决策的每一个内聚团队都倾向于形成一系列政策学说，这种学说来源于成员们的亚文化，为成员提供一幅认知地图，用于理解敌人、盟友以及中立者的意图和反应。要想成为有效的政策制定者，为了把新的信息以及他们自己的感情考虑在内，成员在使用这种学说时需要非常灵活。他们可以逐渐形成熟练的概念，根据发现的关于对手目标和战略的新的证据时，权衡谈判时的前景。在一个与有明确敌意的对手的对峙中，一个内聚团队需要放弃灵活性，付出的代价是，认为敌人是软弱、难以对付、活该受到惩罚等共同认识，他们也从这种认识中获得更多的自信和道德正义感。对团队外部不人道的刻板印象，会减轻他们的负罪感，使他们对自己那些破坏性与不道德的行为增加合法性认同。正如唐纳德·坎贝尔（Donald Campbell）所说："外团体的无礼特点似乎（对于内团体的成员而言）充分证明其所表现出来敌意和排斥政策是合理的。"（Campbell，1967：825）将注意力集中在外团体的敌意上可能会发挥一种心理作用，让内团体不认为是侵略，从而减少由于内团体潜在的嫉妒和敌意所造成的压力。

当大多数成员依靠社会压力的熟悉形式,对付质疑团队智慧和道德的成员时,他们实际上使用了心理防御系统,以帮助他们把忧虑、愧疚和悔恨减到最低。如果潜在的压力失败了,成员就会采取更多的努力去限制异议者的背离程度,使他成为一个驯化了的反对者。在约翰逊总统的核心团队中,当一个或两个团队成员不同意大多数人加大对北越空袭力度的意见时,我们清楚地看到这种情况。当怀疑者发挥这样的作用的时候就不再是一个问题,因为他的反对仅仅局限于议题本身,而没有在集体判断的合理性和正义性上动摇其他成员的信心。同时,怀疑者所表达的一种平淡的反对观点让他人考虑这个团队是否有足够强的信念去容忍异议。如果这种驯化的努力失败了,他们最终就会将异议者排挤出去,以恢复到一个同质团队相对平静的情绪氛围中。

当一个成员依赖集团来支持自己的信心和自尊时,他倾向于对自己的疑虑进行自我审查。依赖性越强,就有越大的动力坚持团队规范。在高度的内外压力下,有可能成为主导性的规范之一是,遵守互不攻击的约定。团队中的每一个人都会感觉自己处于一种禁令中,避免做出尖锐的批评,这种批评可能会导致成员之间的冲突并且破坏团队的团结。坚持这种规范,促进了集体是强大的这一意识,还可以消除由于得知自己在重要问题上的判断受到了其他受尊重成员的指责而破坏其自尊的危险。我们已经看到,在为马歇尔计划工作的凯南团队受到批评时,以及在肯尼迪行政委员会就采用不同的方式以除去在古巴的苏联导弹时,在感情上的痛苦。相反,在导致政策最后失败的小集团思维主导的讨论中,气氛却是相对平和的。当互不攻击的约定,以及其他为了维持团队团结的规范已经内化了之后,每一个成员总会通过确认自己心中的反对意见一定是错误的,或者认为他的疑虑并不重要、不值一提,避免破坏即将形成的共识。

可以增强自信和自尊的不同机制,需要"在所有重要判断上都是全体一致"的幻觉。如果没有这种幻觉,集体团结的意识就会消失,折磨人的怀疑就会开始增加,对团队解决问题能力的信心下降,由于决策艰难而带来的内外压力所造成的全面情绪影响就会很快产生。维持团结意识不仅可以把焦虑、羞愧和内疚感降到最低,而且可以带来愉快的感觉。和一个团

第十章　归纳：什么时候，谁，为何会陷入小集团思维？

结的团队一起参与一个危机决策，面对邪恶的敌人，这个团队表现出高度的团结，对应该怎么做具有完全一致的共识，团队成员有时会感受到一种无所不能所带来的兴奋感。[4]

自我任命的思想保镖通过确保领导人和其他成员不会接触到可能挑战他们自信的信息来帮助维持共享的自满情绪。如果思想保镖传播了潜在的令人困扰的信息，他和他的伙伴就会被他们所珍视的政策中所存在的明显错误所打击，在一个不愉快的紧张状态下被迫重新进行痛苦的评估。

有关为什么小集团思维会发生的解释性假定，强调了图10-1（板块B-2）中提到的激发情境性因素。根据这些假设，当一个内聚团队的成员面临以下这样的情况时，这些重要的刺激就会导致小集团思维综合征的发生：（1）来自外部威胁的高度压力，再加上能够找到比领导人的偏好更好方案的希望不大，或者（2）由于近期失败、当前的决策任务过于艰难或者道德困境等，导致自尊的明显降低（组成了压力的内部来源）。[5]

为了应对内外压力而互相支持，在这样的小集团思维现象以及在图10-1中所列举的所有的先决条件被系统的研究证实之前，就做出从理论到实践上如何避免小集团思维的巨大推论是极其危险的。[6]最终，一个经过充分证实的理论分析对于形成有效的处方具有重要的实践价值。正如库尔特·勒温所说，"没有什么比一个好的理论更实用的了"。但是在我们知道自己拥有一个好的理论——一个有可控实验和系统的相关性研究，以及案例分析所支持的理论——之前，我们必须承认，我们所做的任何结论都是基于我们所知道的或者我们认为自己所知道的有关小集团思维在什么时候和为什么发生的推断。然而，为了找到更多有效的方法来避免小集团思维，我们不能作茧自缚，不去做一些尝试性的推论——只要我们把它认为是推定，或者用迈克尔·斯克里文（Michael Scriven）的话来描述，是"重要的可能"：

我们可以……回答这个问题：我们从历史中学到了什么，而不会产生一些荒谬琐碎的定律，或关于过去的细枝末节，或是关于我们加深了对人类认识的神秘嘀咕？我们从历史中学到最重要的是一系列可能性——不是概率，也不是确定性。当然，这不是人们所说的"哦，一切皆有可能"所表达的那种可能性。它们是很重要的可能性，例如一个在之前曾动摇帝国或者内阁的可能性，并且因为和我们知道的相反，会再次发生。因此，它们值得我们尊敬，并且利用我们关于它们的智慧来更理性地规划未来。如果我们希望确保某一可能性的发生，我们可以努力创造在以前情况下曾经出现过、看上去似乎与现在毫不相干、但（很显然）会带来那个结果的条件。如果我们希望阻止一个结果发生，我们能够做的就是让它发生的可能性降低；我们应该尽力去消除那些在过去（似乎）曾造成这一后果环境，或者去重复那些（似乎）曾阻止这一结果发生的环境。① (Scriven, 1976: 115)

也许，如果我们采取措施，避免出现孕育小集团思维的环境，最坏的结果就不会出现。

---

① 我引用了斯克里文在别处所使用的一些警告用语——"很明显的"以及"似乎"，是为了强调历史研究中推论的不确定性。

第十一章　预防小集团思维

一个麻花状的问题

有一个显而易见的方法可以防止小集团思维出现。简单来说，这个方法就是让一个人来负责所有重要的决定，这样从一开始就可以消除因群体动力学而带来的全部问题。但很明显的是，这一解决方案自身将弄巧成拙。只有最独裁的领导人才意识不到只依靠个人的考虑所存在的危险。

为了继续建设性思考，一个团队必须在基本的价值观和相互的尊重上具有相当程度的一致想法。团队成员们不应为了得分而在内部进行权力斗争，或者为了得到自我满足而给对方拆台。这些基本条件只有当政策制定团队在适度内聚的情况下才会实现。但是之后，团队商议的质量可能又会被寻求一致的倾向所恶化，而这种寻求一致的倾向会引发小集团思维的症状。因此，通过决策者个体的合理思考来阻止重大误判和过失是很复杂的：决策者们怎样才能从团队的凝聚力中获益，却又不会陷入因小集团思维而造成的损失中呢？这种错综复杂的心理问题①就被称为麻花状的问题，这类问题可能也需要麻花式的答案②来解答。

---

① 关于群体在什么条件下会对建设性思考有积极和消极的影响，戴维斯（Davis）、柯维茨（Kowitz）和克努森（Knutson），以及雷恩和鲁宾（Raven and Rubin）都对其进行了很好的社会心理研究。

② 心理学家欧文·萨尔诺夫（Irving Sarnoff）（在一份被广泛引用但没有正式出版的评论中）创造了"麻花式"的问题和答案这样的概念，丰富了我们的词汇。

因此，该怎么办？

实现这个推理上的跨越是很困难的，从总结促成小集团思维的条件到构建防止这些行为出现的建议和解决其他的复杂社会问题，比如说环境污染一样，从本质上来说都是一个椒盐卷饼式的问题。F. 肯尼斯·黑尔（F. Kenneth Hare）曾经指出，尽管生命科学家们已经积累了大量的关于空气以及其他各种形式的环境污染起因和结果的知识，但是，就算是最具有专业知识的科学家也无法为了阻止生态灾难而单独规划公共政策：

> 我们所面临的最大障碍在林登·约翰逊所提出的尖锐质疑"因此，该怎么办"中得到根本体现。这个问题是他在一群专家向他汇报了中东局势后提出的。环境中的政治利益需要的是行动方案……但是现在，我们却不能提供这样的建议。（Hare，1970：352）

另外一点更需要强调的是应对小集团思维所造成的心理污染，人们对于寻求一致行为的起因与结果的了解，远不及他们对环境污染所了解的东西多。到目前为止，正如黑尔所指出的那样，就算是对问题最有洞见的研究者，如果他们不试图从对现实进行改革的角度来看问题的话，就是没有以对社会负责的方式行事。黑尔认为，"从来没有一个重要的社会问题是简单的，也从来没有一个重要的社会问题单独依靠一个学科的能力就可以解决。"黑尔建议，为了避免出现上述情况，可以通过不断重复"这个问题是一个跨学科问题"（Hare，1970：357）来加以避免。每一个了解情况的人都应该参与到发展出一种新的、能够处理好社会和技术工程问题的学科之中。根据黑尔的观点来看，所有的学科都迫切需要将综合分析与多重变量分析运用到理论问题和现实问题上，这将是基础科学发展趋势中一个重要的变化。然而，在过去一个世纪中的情况却是，每一个分支学科都被分解得更加细碎。黑尔预测，到下一个世纪的时候，科学家们将会尝试去理解复杂系统是如何工作的以及它们将如何改变。

第十一章 预防小集团思维

如果我们全面检查那些复杂的政府、工业以及福利组织的决策系统的话，我们就会毫无疑问地赞同黑尔的建议，并且会停止抱怨跨学科所带来的繁杂问题，进而会开始创造一个能够将与之有关的事物都涵盖在其中的新学科。在这期间，最迫切需要的是一种新型的干预研究，通过这种干预研究，那些内部熟悉决策系统的有经验的行政人员，就可以与熟悉各种决策过程的众多专家一道，共同做出一些可行的改进。如果这一宏图能够实现的话，一个方面的干预研究应该是来测试那些可行的建议，这些建议是对产生小集团思维的条件进行尝试总结出来的，它们有助于提高执行决策的质量。

我对"因此，该怎么办"这一重要检测问题的回答，在很大程度上受到了之前许多社会心理实验以及对于群体动力学细致观察的影响，其中包括我自己对一些任务导向型群体的研究。在这一研究领域中，我们意识到人们对那些明显可以改善团队决策结果质量的矫正措施的奇特反应——这些奇特的行为经常会促使调查人员得出这样的结论，即治疗比疾病的问题更大。此外，即使没有不希望看到的那些负面作用，毫无疑问也需要很长的时间才能彻底治愈。在绝大多数内聚的团队中，寻求一致的倾向可能会特别强大，随后提出的各种在行政管理方面的改变都不可能将其减弱。至多，这些改变可能只会在某种程度上减轻寻求一致倾向的强度，从而降低错误发生的频率。但是，如果一个组织需要耗费精力、时间以及金钱来引进和评估这些改进，而它们却只具有非常有限的发展潜力，这样做是否又划得来呢？该问题的答案部分取决于政策制定团队的集体误判预计会带来多大程度的损害。当人们不知道有抗生素可以治愈致命的呼吸类疾病的时候，在暴发传染病期间发现一些基础性预防措施，比如不要待在人多的场合，是否能够有效降低被传染的几率，也是很有意义的事情。我所开出的处方可能更类似于那些基础性预防措施；在我们不断寻找有效治疗方法的过程中，它们可能会有助于我们免受威胁。所以，当我在提出关于防止小集团思维出现的建议时，我的心情也是矛盾的。

三个处方及其负面作用

我在第七章结尾部分所列的那三条防止小集团思维的建议都存在某些重要的缺陷。再详细来分析这些缺陷的一个原因是为了强调这样一个重要的事实：这些规范性的假说与后面将要讨论的其他假说一样，必须在得到证实之后才能有信心地付诸实施。我认为，尽管存在潜在的缺陷，还是可以保证不怕麻烦、花费精力对其进行验证是值得的，在由少数几个行政领导人组成的任何组织中，在领导人制定新政策的时候，这些处方都可以潜在地部分抵消小集团思维的影响。当然，这些阻止小集团思维的程序也可能有助于抵消成员们一开始就存在的偏见，防止出现多元无知，并且消除可以单独导致小集团思维出现的其他错误来源。

1. 政策制定团队的领导人应当让每一个成员都扮演批评性评估者的角色，他要鼓励团队成员优先发表他们的反对意见和质疑之声。这一实践需要领导者接受对自己判断的批评来进一步强化，以阻止成员们不愿意提出他们的不同意见。

如果我所建议的这一实践被真心赞成，并且被首长和等级制度中的其他高层人员强化的话，就可能有助于抵消自发的团队压力，而这种压力会导致过早达成共识。不过，这种情况可能并不会自动出现，除非领导者用自己的实际行动给成员们传递这样一个信息，即批评性评估的任务要优先于保持顺从的传统方式。对于一个友善的行政团队的成员来说，采用这种规范还是有些困难的，可是如果不按照这个方向进行基本调整的话，可能也没有什么更好的方法可以成功提高团队决策的质量，因为每一项建议都有可能因团队为了取悦其领导人而失败。领导人必须表明，他会受到那些与他观点不一致的人的影响。当讨论没有按照他所预期的方向进行而被他不高兴地打断，或者他的面部表情和其他的非语言交流方式与他的话语内容不相吻合的时候，他可能就无法强化这一新的规范。

建议的这一领导方式有某些潜在的劣势，这些劣势必须加以考虑。当一场突如其来且迅速发展的国际危机需要立刻制定一项政策解决方案以避

第十一章 预防小集团思维

免出现灾难的时候，在团队内部冗长的争论代价是高昂的。当成员们坚定地履行他们作为批评性评估者的角色，并且相互颠覆对方建议的时候，进行公开的批评可能会伤害彼此之间的感情。如果这一角色分配被付诸实践的话，将会对团队内的士气和工作关系造成腐蚀性影响。在这种情况下，很容易激起拒绝、沮丧以及愤怒的感情。分配批评性评估者的角色也许能通过一种方式得以补充，即通过入职培训项目来提高行政领导人的能力，以避免陷入不受约束争辩的陷阱之中。此外，一个睿智的主席也是不能缺少的，这个主席应当具有调停者的才能以使他或她能够阻止出现破坏性的争吵和士气沮丧的僵局。

团队中批判性评估者角色的有效性取决于成员们的背景和个性。如果一个政策制定团队是由一些性情脾气古怪的人组成的，他们可能就会耗费很长的时间无休止地重复相互冲突的观点。即使有，我们也很少见到一个政策制定委员会是由真正理性的人组成的这一理想情况：相信他们会成为建设性讨论者，考虑他们同事的看法，在需要达成共识之时也会做出明智但却坚守原则的妥协。此外，很多政策制定团队可能是由这样一群人构成，如果他们遵循能够促成批评性评估的规范，他们就能够在他们所期望的方向上更有效地发挥作用。[1]

2. 那些处于等级结构组织中的领导人，当他们为团队安排一项政策设计任务的时候，应当做到公正无私，而不是从一开始就表达自己的偏好和期待。这种做法需要每一个领导人在他或她对情况的说明上有所克制，在对问题的范围与可用资源的限制上应当进行不偏不倚的陈述，而不应该主张他或她所希望能够被采用的那些特定方案。这样才能为与会者们提供一个机会，让他们在公开质询的氛围中，为一个广泛的政策备选方案进行无偏的探索。

这一领导方式预期能带来的好处是，它避免设定了追随领导观点的团队规范。不过，这也会带来诸多危险，其中之一就是领导者和成员们的潜在分裂，如果领导者认为在成员当中已经开始出现一种共识，认为他是令人厌恶的人的话，就可能会出现一场分裂性的权力斗争。如果从一开始就错失了引领团队的机会的话，一个不会变通的领导人可能就会和团队中的其他成员发生冲突，他会否决他们的共识，或者会将团队彻底解散。就算是没有出现裂痕,这个领导人可能也会感到非常沮丧,认为他比之前变得更具有强制性了。或许那种被推崇的非强制性领导方式只会在这样一种情况下才会奏效,即只有领导人在所有需要进行决策的场合确实都会保持思想开放,并且当其他人达成了令他不悦的共识之时,他才会充分珍视团队的判断而避免使用他的权力。[2]

3. 一个组织在日常工作中应当遵循这样一种管理实践:在同一个政策问题上设立若干个独立的政策规划和评估团队,每一个团队应当在不同的领导者之下进行单独商议。

该项实践——基于其他一些方面的原因也得到了不少管理科学领域专家的支持——将会防止执行团队被隔绝的情况出现,因为他们会收到那些有资质的外部人士所提供的挑战性信息和独立判断。不过,也有很多行政人员对此并不赞同,理由是咨询的人越多,安全漏洞的风险也就越大。如果采用一些方法能够将更多的参与者融入其中而不会在时间、金钱、效率以及士气上有过度耗费的话,这一风险是可以被容忍的,安全问题或许也能得到解决。这一实践的另一个弊端是,越多的组织单位参与政策形成的过程,部门间的政治发挥决定作用的可能性也就越大。哈罗德·威伦斯基在《组织智能》一书中就这一缺陷进行了强调:

> 艾森豪威尔总统……将国家安全委员会变成了"一个登峰造极的臃肿的系统,这个系统由众多的委员会、工作人员以及跨部门的委员会构成,通过这一系统,国家安全政策的重要性被认为是最重要的"(施莱辛格在《一千天》中有相应记述)。结果,国家安全委员会变成了进行内部沟通协调的论坛;迪恩·艾奇逊将其称为在模糊了政策分歧之后达成的"精疲力竭的一致"。该系统有一个有讽刺意味的特征,即为了能够表示最终达成了一致,那些品行好的人会改变或混淆他们的立场,并且会夸大他们与对方的一致……当他们在处理问题的时候不能达成反映最起码基础的一致的时候,这种超大规模的委员会就会完全避免讨论这些充满争议的议题,或者推迟决策,或者参考其他委员会的做法,抑或变成相互之间投桃报李,正如海军会支持空军获得更多飞机那样,这其实是一种交易,而作为回报,空军也会支持海军

获得更多的航空母舰。那些尖锐的问题，明智的争论，大多数人的立场，以及对于得失的精确计算都显得灰暗无力。（Wilensky，1967：54）

此外，当有许多不同的规划和评估团队都参与商议的时候，他们中不会有人认为自己有责任去仔细评估政策的弊端。这样的氛围会促使人们产生"让别人来做自己职责范围内事情"的心态，而更加普遍的一种推想则是"别人肯定已经把事情做完了"。沃伦·韦弗（Warren Weaver）曾谈及，一个组织的高层管理者们对于该组织一系列的预定步骤深感自豪，因为根据这些步骤，每一项新的计划在被执行之前都会经过讨论，但是，他们却没有意识到他们将责任分散得太碎，以至于没有一个人可以真的承担进行细致评估的任务："等到需要对计划高度负责的时候，数目众多的检查和持续不断的临时批准会让人印象十分深刻，对于他们来说，存在一个能够压倒一切的诱惑，使他们认为真正的决定其实在很早之前就已经做出了。"（Weaver，1960：267）

为了能够将风险最小化，在指导方针中或许可以加入这样的内容：要将每一个团队的责任细化，并明确确定每一个参与者的角色，而且还应强调，对作为一个整体的组织的忠诚才是首要的忠诚，而非对于局部个体。此外，也可以通过挑选一些具有政治家才能的、有能力进行长期对抗的行政管理人员，而这种长期对抗恰恰是令所有大型官僚机构最头疼的问题——人们可以通过对每一个政策备选方案的潜在得失进行客观评估，而不需要在组织内部的权力斗争中时刻将他们自身的特殊利益给予优先考虑。一个多团队参与的程序如果要最终取得成功，可能会取决于这样或那样的保护措施是否可以被引入。否则，这种通过多团队纠正小集团思维的实践将可能会成为一种有助于政客勾当的有害形式，而这却是比所希望能够防止出现的弊病更严重的弊病。

更多避免被隔绝的处方

第十章所关心的问题是在何种条件下最不可能产生小集团思维，这有助于我们思考如何预防小集团思维出现。在对第十章的总结进行推论的基础上，我们还得到了一些额外的规范性假说。（这些处方的）成本以及潜在的损失实际上与之前所说的那三种处方会一样大；读者无疑也会想到其他的处方。可以肯定地说，所有的建议都明显存在风险：这些被推荐的程序可能会降低团队的凝聚力，并且还会相应降低参与者的士气，让他们难以达成共识。行政人员的负担已经十分沉重，占用他们大量宝贵时间也会被证明是一个过分昂贵的代价。此外，这些处方似乎都多少含有这样的可能性，如果那些没有受到过分愚弄的明智行政人员来灵活执行，且这些人也不允许自己被过分愚弄，就可以在适度的成本花费的基础上，降低小集团思维出现的几率。正如前三种开出的处方一样，这一额外的处方也只能部分地解决问题。

接下来给出的这三种处方需要考虑的是抵消因政策制定团队被隔绝而产生的潜在不利影响；如果不能实行多团队结构的时候，这三种处方将会变得格外适用。

4. 在对政策备选方案的可行性和有效性进行调查的整个阶段，政策制定团队应当时常被分为两个甚至更多的次级团队进行单独碰面，由不同的负责人进行领导，然后将这些团队集合起来以敲定团队之间存在的差异。

通过形成次级团队，不但可以减少作为一个整体组织会出现的寻求一致规范出现的几率，而且还会提高那些虚幻的假设在达成共识之前就被严格审查的几率。设立次级团队是国家安全委员会执行委员会在古巴导弹危机期间采用的一项程序，它似乎确实有助于提高那个团队在进行批判性评估时的效率。

5. 政策制定团队的每一位成员都应当定期地与组织中他所在单位的那些值得信赖的同事们，就团队的商议内容进行讨论，并将他们的反应反馈给团队。

在这里我在想，每一个决策者圈子的同事们是值得信任的，他们会坚

第十一章　预防小集团思维

守对政策制定者有效的安全监管措施。我同样还认为，每个圈子中的人在专业知识、眼界以及价值观上都或多或少属于不同类型的人，正因如此才会希望他们能够进行独立的批评，或许还能够提供一些全新的解决方案。为了使各自的内部会议变得有效率，每一位决策者都应当以一种不那么直接的方式来引导他们，鼓励他们进行自由的讨论，而他自己则应当更多地扮演信息搜集者的角色，而不是做改变他人观点的大老板。当反馈信息回到团队之后，那些政策制定者们应当扮演起信息传递者的角色，并且尽量对所有的反馈内容进行精准描述，而不是特意挑出那些支持他或她看法的内容。

假设在制定猪湾计划的会议上，不是由那两位推动计划的中央情报局领导主导了团队，限制了团队中顾问们讨论的话，国务卿腊斯克就有可能带领国务院中那些值得信赖的同事们进行一场真正有效的评估会议，而国防部长麦克纳马拉也会在国防部内部开展类似的活动，而其他人同样也会在各自所负责的部门进行类似活动。如果他们得到了令他们感到惊恐的负面反馈的话，彻底打破政策规划团队成员的自我满足局面的机会就会增加。切斯特·鲍尔斯曾经对他出席过的一个规划会议中的这种惊恐状况有所描述。当鲍尔斯提交了含有批评意见的备忘录，并私下里向腊斯克谈及此事的时候，他的反对意见很快就被晾在了一边；腊斯克并没有将备忘录提交给总统或其他任何人。如果他面对的是不止一个同事对所偏好政策方案的强烈反对，尤其是当他知道政策制定团队希望他能够将他们本部门会议上到底有什么看法反馈上去的时候，政策制定团队的这个成员难道还能承担起思想保镖的职责，以保护团队以免受来自外部的影响吗？

6. 根据交错排列的原则，邀请一个或者多个不属于政策制定团队核心成员的外部专家，或本组织中有资格的同事参与到每一场会议之中，并鼓励他们挑战那些核心成员的看法。

为了抵消对有风险决定的那种自满的错觉，需要对那些被邀请的与会者进行仔细挑选，以确定他们的确是值得信赖的伙伴，他们应当具有迅速领会新观点的能力，具有甄辨那些隐蔽陷阱的洞察力，对道德问题敏感，能巧妙地表达他们的批评意见。实际上，在古巴导弹危机期间，国家安全委员会执行委员会就特意邀请了若干外部人士，要求他们坦率地表达自己的反对意见。这种氛围与制订入侵猪湾计划的会议期间所弥漫的氛围非常不同,每次参加会议讨论的人鲜有例外,总是基本一致。

为了确保邀请那些有资格的与会者这一目标不会无效或被破坏,需要采取一些额外的保证措施。首先,对于那些可能会提出值得讨论的反对意见的与会者,应当在达成共识之前很早就把他们邀请进来,而不是在大多数核心成员已经决定好之后再邀请,就像富布莱特参议员被邀请参与"猪湾事件"商议的那个案例一样。第二,应当鼓励每一位与会者大胆说出他或她的疑虑,而不是让其一个人默默沉思,就如同鲍尔斯在参加制订猪湾计划的会议上感受到的限制那样。第三,在被邀请的与会者表达了意见之后,会议主席应当安排就他的反对意见进行公开讨论,而不是安排进行其他的事务,就好比富布莱特参议员在制定政策会议的最后做了发人深省的发言之后肯尼迪总统所做的那样,而富布莱特参议员的发言恰好阐述了猪湾入侵计划的不良政治与道义后果。

更多抵消领导人偏见的处方

这些处方是用来帮助抵消领导人的一些做法。这些做法让团队在磋商过程中出现偏见,让寻求一致成为一种非正式的团队规范。

7. 在每一场对备选政策方案进行评估的会议上,至少要安排一位成员扮演故意唱反调的角色。

批评性评估者的角色不是随便可以让团队中任何一位成员担任的,故意唱反调的角色应当分配给一两位价值色彩不那么强烈的成员。不过,在最近几年,用故意唱反调的人这一方法在高层的行政部门中很盛行,但是他们中的很多都只是在走走过场,而并没有收到明显的效果。比如说,约翰逊总统及其"周二午餐小组"的主要成员们都宣称,每当他们决定要加强对北越的空中打击的时候,他们其实都安排了故意唱反调的人在其中。①

---

① 声称"周二午餐小组"中安排了故意唱反调的论著有:Graff, 1970: 46 – 51, 69 – 73, 87, 125, 136 – 137; Reedy, 1970: 11; Thomson, 1968: 49。

但是这些被安排的"坏人"却总是不够坏。詹姆斯·C. 汤普森（James C. Thomson）告诉我们，以他这些年在白宫任职的观察来看，约翰逊核心圈子里的那些故意唱反调的人很快就被驯化了，并且总统只允许他们在总统和团队的其他主要成员认为可接受的异议范围之内表达他们的意见。曾经担任过约翰逊总统的新闻秘书的乔治·雷迪补充说，在约翰逊的会议中，"（正式扮演故意唱反调的人的）反对意见和警告，在被提交之前都进行了筛检。它们实际上很受欢迎，因为有记录可以证明，这一决定在之前是存在争议的"（Reedy，1970：11）。亚历山大·乔治也评论道，非常矛盾的是，这一被制度化的故意唱反调的角色，非但没有激起政策制定团队成员间的震荡，反而可能制造了一种"令人愉悦的感受，因为这会使他们认为他们已经将问题的所有方面都考虑在内了，而被选定的政策也经历了决策圈内部的挑战"（George，1974）。他进而说道，在总统确立了礼节性地使用故意唱反调者后，那些高层的官员们除了学到如何用这种方式制定政策之外，什么也没学到，因为这种方式可以满足那些对问题有一定了解的公众对于重要决策应当如何做出的预期，而且还可以"为很快就会被记入的'历史瞬间'设计一个良好的形象"（George，1974）。

结果，问题就在于如何在行政领导人那里避免只是做做表面文章，如何能够注入真正的努力而使当下的历史学家在对健康的争论图景进行描述时与实际情况相一致。如果领导人真心实意地希望团队能够对那些反对意见进行分析的话，他应当给故意唱反调的人明确的安排，以使其能够尽其所能明智且有说服力地表达自己的反对意见，就像一位优秀的律师那样，去挑战那些支持大多数人立场的证词。这并不意味着领导人需要将与他的政策顾问们的决策会议变成某种正式的辩论，也不意味着作为故意唱反调的人在表述另一个备选观点的时候，一定要声嘶力竭，粗暴无礼，或者傲慢粗鲁。对这一角色最有效的扮演者可能是那些以一种传统和低调的方式，的确能够提出新问题的恶人，他会问这样一些问题："难道我们没有忽略掉……吗？""我们不应该在……上三思吗？"行政领导人一定应当明确的是，听众们会特别关注他或她对那些反对意见的所说和所为，并且在重要的讨论中会逐一将其采纳的。团队或许有必要采用相同的补充程序，以处理那些由外部人士提出的观点，这些外部人士为团队的商议内容带来了新的需要注意的内容。

在古巴导弹危机期间，肯尼迪总统给他的弟弟，也就是首席检察官安排了一个明确的任务，来扮演故意唱反调的人，至少从表面上看，这一举措在避免过早达成共识上收到了极好的效果。但是，由于罗伯特·肯尼迪相当忘我地投入到这一角色之中，可能也相当大地降低了他在执行委员会的同事中受欢迎的程度，要不是他的哥哥是总统的话，他的政治生涯或许都会因此受到损害。或许，让团队中最有天赋的演员轮换扮演这一角色，可以有助于解决这一问题，并且还会阻碍那种使得该角色被驯化的微妙压力的增加。随着不断有新的竞争者出现来挑战大多数人的共识，这一故意唱反调的人会在会议中，而不是在会议之后才找到自己合适的位置。[3]

8. 当政策议题涉及与对方国家或组织的关系之时，应当花相当程度的时间（或许是一整场会议的时间），来详细调查对手发出的所有警告信号，并且设想对方各种可能的意图情况。

为了打消成员们所共享的那种坚不可摧的假象，并且消除他们无视那些警告信号的倾向，领导人可能需要做出额外的努力，引导他本人及其同事们在制定实际可行的应急方案时，要对潜在的风险给予足够的重视，因为这些警告信号会阻止他们的自满心理。就算是已经做出的安排让执行人员保持警觉，但如果参照组中的成员中已经预先存在了这样一种共识，认为特定威胁是不可能存在的话，他们还是很有可能会忽视那些涉及潜在危险的情报记录和警告。托马斯·谢林（Thomas Schelling）谈到了"预期匮乏"，它让珍珠港的军事指挥官们没有认真考虑1941年收到的那些表明日本即将会发起攻击的警告信号。他指出，"并不像电影中所演的那样"，"在现实中没有背景音乐向我们表明高潮部分的到来"（Schelling，1962：viii）。

当政策规划团队的成员们被要求就他们对手最近的行动进行简要说明的时候，视听器材可以提供与感情充沛的背景音乐相同的作用，可以帮助他们克服在预期上的匮乏，尤其是当他们的自我满足是由于大家都认为，那些警告信号只是可以被忽视的很小的威胁。

留出足够的时间，全面考量那些潜在的风险，需要成为一个制度化的要求，否则，任何带来不好消息的人都有可能会遭遇与卡珊德拉（Cassandra，希腊、罗马神话中特洛伊的公主，善预言的女先知，其命运中却从来得不到信任。——译者注）相同的命运，尽管她对灾难做出了精准的预言，但是却没有被认真对待。那些由情报专家所提供的简报，可以通过影像材料，或者通过说明会来进行补充，说明会由技巧精湛的剧作家所准备，他应当刻意扮演卡珊德拉的拥护者这一角色，以期尽可能生动地提醒与会者，当他们在对手头证据进行解读时有可能会被忽略的内容。

我并不是说让政府高层的协商会议按照好莱坞大片那样的标准展开，因为这可能会让我想起这样日子：五角大楼会定期委托拍摄一些恐怖片与其他形式的恐吓宣传，说服国会的委员会增加在军队方面的拨款。我头脑中所设想的是能够时不时地突出多种可能的场景，激发政策制定团队成员的想象力，这会有助于在那种因平静的自我满足而松懈的怠惰团队中，形成一种建设性的警惕状态。或许，提出这种场景的范例，当属一部由黑泽明（Akira Kurosawa）导演的名为"罗生门"（Rashomon）的优秀日本电影。在这部电影中连续出现了四个完全不同的情节，每一个情节都以一种不同的方式来解释两件相同的事情（一件是性侵，一个是谋杀），他们对事件主要人员的动机有完全不同的解释，但是它们对于已知的事实都有同等强大的解释力。

当然，如果对于敌人行动的不利解释被认为是非常具有可信度的话，政府中的政策制定团队可能就会对那些相对无害的事件反应过度，并且会做好一切准备来发动一场先发制人的打击。在一系列像《罗生门》那样的备选场景中，至少要有一个场景对敌人貌似合理的良好意图进行说明；这或许能够防止此类过度反应的出现。为了确保对证据进行仔细的权衡，可能需要一些额外的保护措施来防止那些急躁的判断。比如说，当那些被请来的外部专家向政策制定团队做简报的时候，领导人应当为若干位成员安排一项任务，去评估那些关于应急方案风险的所有情报和信息。为了能够切实执行这一任务，可能与会者这样想是有益的：在每一条不受欢迎的消息之中，既有某些事实的成分，同时也有一些夸大成分，在他们开始任何讨论之前，不管是按照其方向行事，还是忽视它，其实都是无关紧要的。

心理剧的角色扮演练习（psychodramatic role-play exercises）也可以被用来克服刻板印象的影响，而且还有助于对对手的警告信息的理解，让团队能够对特定行动步骤做出的反应有更精准的预测。比如说，当情报专家们就实际情况进行汇报时称，在远东地区的一场新的国际危机中，中国的共产党或许会是一个威胁，那么，对外政策制定团队中那些最了解中国领导人信念和价值的成员，就需要来感受这样一个心理剧过程，去扮演在北京的那些对手们的角色。这出心理剧可以以一场会议的方式来演，在会议中，中国领导人会阐述他们处理这场危机的选择，如果美国没有采取改善的措施而是坚持强硬立场的话，中国方面又会采取什么对抗措施。如果在1950年的秋季，杜鲁门的顾问们采用了这种类型的角色扮演练习的话，他们可能就会更加认真地对待中国不断发出的那些警告信息，可能也就不太会支持由麦克阿瑟将军提出的，将朝鲜的军队赶到中国东北边界的这一灾难性政策。

同样类型的角色扮演练习可能还会有助于克服团队中的自满心理，在这种自满心理的影响下，团队的成员会共同做出判断，认为一系列的警告信息都是不适用的，而且认为，没有理由来为应对那些潜在的危险而准备应急方案。试想，如果1942年12月2日——在海军情报部门的负责人告知基梅尔海军上将，海军中没有人知道日本航空母舰的去向之后，他开玩笑地问，不知道日本军队是不是会直奔夏威夷——由美国海军指挥官们所组成的团队能够进行角色扮演练习的话，情况会怎样？如果扮演日本高级军事指挥官角色的练习被认真对待的话，难道不会至少有若干位负责保卫夏威夷的高级海军军官会站出来，反对当时普遍的看法吗？当时大家普遍认为，过去一周所截获的战争警告信息，并不足以证明有理由在珍珠港进行全面警戒，或者在夏威夷群岛进行360度的空中巡逻。

9. 在政策制定团队就什么是最佳的政策备选方案达成初步共识之后，团队应当再召集一场"二次转机"会议，在该会议上，应该要求成员们尽量淋漓尽致地就他们留有的所有疑虑进行阐述，并且在确定最终选择之前将所有的问题都重新思考一遍。

过早达成的共识，产生于毫无根据的坚不可摧的妄想、对敌人的刻板印象以及其他一些由团队成员所共享的并未经过推敲的假设。为了能够避免过早达成共识，"二次转机"会议应当就在团队进行最终投票，或者以其他方式进行表决之前举行。在这个特殊的会议中，应该鼓励每一位成员扮演故意唱反调的人和卡珊德拉的支持者这一角色，挑战他或她个人最偏爱的主张，并且对存在的风险进行彻底的讨论。每个人都应当刻意为自己安排这样一项任务：就任何他所想到的，还没有进行充分讨论的反对意见向团队阐明。为了能够激励开展不受约束的、公开的讨论，坦率说明剩余的疑虑，应事先要求成员们阅读反对所选政策者所准备的、表达他们反对意见的、具有说服力的文件。有时候，在迅速达成共识时，为了能够进行这样的角色分配，领导者就需要按照通用汽车公司的前董事长阿尔弗雷德·P. 斯隆（Alfred P. Sloan）所说的那样来做一个范例。据说，他在与他手下的政策制定者们的会议上曾说过这样一段话：

> 先生们，我发现我们在座的所有人就这项决定的看法完全一致。……那么，我建议我们对这一问题的讨论应该再往后延迟，再给我们一些时间，直到我们能够在下一次会议上产生不同意见，或者对该项决定究竟是怎么一回事有更深入的理解。(Drucker, 1966：148)

为了鼓励成员们能够表露出他们还不甚明晰的预感，将"二次转机"会议的地点选在一个轻松的氛围中就不失为一个好主意，远离了正式的西装革履，或许在觥筹交错之间就进行了。（可能有时就是自然而然地发生，并没有刻意安排。）根据希罗多德的记载，大约在公元前45年的时候，当时的古波斯人无论在做什么决定之时，都要在未醉的情况下先进行商议，然后他们还会在喝酒的情况下对问题重新进行讨论。塔西佗也声称，在罗马时期的日耳曼人中同样也有就一项决定进行两次讨论的习惯，一次是清醒的，另一次是喝醉的。在团队对某一政策做出最终决定之前，可以让二次想法自由表达的一些温和的制度化形式，可能对打破全体一致的错觉以及有关的假象会有显著效果，同时也不会危及任何人的声誉，也不用喝酒。

提升创新的手段

人们一般都会意识到，在政策制定程序上的每一项创新举措，都可以成为新的错误来源，这些错误可能与小集团思维的危害一样大，甚至要更甚，这也就是为什么大型私人组织的公共管理人员与行政人员在抵制任何对他们的标准程序进行改动时的坚决理由。此外，那些知道如何使组织摆脱混乱的有创新精神的行政人员，可能会找到如何将一个或更多的处方成功施用的方法，而不会产生有害的负面作用。如果他们邀请一些有资质的行为科学家来与他们合作的话，他们从旁观者的立场那里获得的可能就不仅仅是学术建议了。有些行为科学家（呃，尽管不是很多）具备那种发展和客观评估新的管理程序的罕见技能。比如说，一些管理科学领域的专家们创制出了极其复杂精巧的评估方法，可以运用到工程以及行为科学中，以应对大型组织中出现的与执行功能有关的那些问题。他们非常了解从实地研究中获取数据，来评估那些被用来协调组织中具体单位运作的创新内容所具有的重要性，以决定那些被推荐的创新是否有助于作为一个整体的组织实现其目标。由若干接受过不同行为科学训练的专家组成的研究团队曾经处理过一些管理方面的问题[①]，比如说，对可获资源的分配，对连续任务的安排，对设备的更换，以及制定有效的步骤来进行信息搜集，以期在最低成本以及最少错误的基础上，为政策制定者提供他们所需要的信息。研究团队在解决这些问题的时候所使用的同样的系统方法——评估对组织中的一个单位原有程序的改变到底会对这个单位其他方面的功能以及作为一个整体的组织有什么影响——也可以应用于行政委员会做出与程序相关问题的决策之时。

那些富有想象力的、在政策制定程序这一新的研究领域从事研究工作的人员，在进行实地测试之前，可能会进行一系列的风洞试验，来预先测

---

① 关于研究团队处理管理问题方面的内容，可参见阿科夫（Ackoff）、米勒（Miller，1960）以及斯达尔（Starr）的研究。

试各种防止小集团思维出现的程序。举例来说，在近期对政治博弈的研究中，由中层行政人员（所谓的中层行政人员，就是那些最终具有成为高层行政人员可能的人）组成的团队，需要在模拟危机中进行决策练习。其中有一个为期三天的练习，是在麻省理工学院的国际研究中心进行的。在练习中，两支由行政人员组成的团队需要分别就一个模拟的冲突做出政策决定。冲突的双方是美苏两国，核心是在一个不发达国家发生了一场共产主义起义，这与导致美国对朝鲜和越南干涉的情形非常相似。① 双方从一开始都避免进行干涉和直接对抗，但是，这些谨慎的策略却逐渐让位于具有相当风险的军事政策，就如同在现实中所看到的一样。尽管决定已经做了，但是很明显的是，每一方其实都误解了对方的意图，并且得出了错误的结论。之所以出现这种情况，是因为刻板的印象，以及未经权衡的、对于对方团队将如何反应的偏见。这也与那些团队在进行现实决策时所出现的情况非常相似。

进行政治博弈练习有一个制约因素，就是它并不会产生在现实的国际危机中会出现的重大压力，以及对社会支持的强烈需求。此外，当决策制定练习是在模拟的国际危机背景下进行的，小集团思维的某些症状可能就会经常出现。这些症状应当被用来检验各种防止小集团思维出现的处方，看它们存在什么问题，并且寻找能够将这些问题消除的简单方法，之后再评估它们在防止小集团思维产生最坏影响上的有效程度如何。那些政治博弈练习或许同样会对执行人员有训练的作用。对情况进行说明的会议可以延后召开，因为这样就能够使他们意识到小集团思维的那些症状以及群体动力学的其他表现。

一个由组织内部具有实际行动力的执行人员和曾经花费不少时间来理解他们话语的那些行为科学家所组成的具有协作力的团队，应该能够找到一种相对不那么令人感到痛苦的方式进行实地研究，以对那些最有前景的创新程序的长期效果进行评估。那些由行政人员和行为科学家所组成的团队所做的客观评估，应当能够帮助淘汰那些无效和有害的程序，并为那些

---

① 在麻省理工学院的国际研究中心进行的政治博弈练习，模拟了一场因一个不发达国家发生起义而导致美苏之间爆发的冲突，参见 Bloomfield，1961：1—6。

有用的程序提供坚实的证据以进行支持。通过系统证据的积累，有助于将有效的决策由一门偶然的艺术变成一种累积的科学。[4] 由于缺少合理的评估研究，很少有机会对决策程序进行改进，而且还经常随着组织中高层人事的变动而终止。就拿肯尼迪总统在经历了猪湾惨败的耻辱之后而引入的卓有成效的创新内容来说吧。我们已经知道，他按照之前所述的一些克服小集团思维的处方做了若干项重大的改变，提升了在随后发生的重要事件上决策的质量，包括古巴导弹危机。在肯尼迪总统去世之后，这些创新内容的命运如何？很明显，它们只是被简单地认为是肯尼迪个人领导风格的体现，很快被他的继任者所抛弃，因为后者有自己行事的方式。如果有坚实的证据能够表明，那些程序除了对由肯尼迪领导的政策制定机构以外的其他机构都普遍有效的话，可能就会有足够大的压力来保留这些创新内容。这些证据越是能更好地表现出，一项既定的创新内容在各种不同的组织以及所有层级的管理中都是有效的话，人们就越有信心可以认为，该处方是对问题的一个有效总结，当那些最早进行改变的高层行政人员被新的高层所替代之时，那些做出的改变被保留下来的可能性也就越大。

道义问题

　　我所讨论的那种创新内容使我们面临着一个让人相当头疼的道义问题，对于那些希望看到我们社会中的政策制定程序得以改进的人来说，这是一个让人感到窘困的源头：试想一下，如果能够证明那些关于如何防止小集团思维出现的知识，在提升政策制定团队的效力上有实用价值的话，谁将会因此受益？对于犹太教徒来说是好还是坏？对于基督教徒呢？对于黑人会怎样？对于白人会怎样？对于鹰派人物呢？对于鸽派人物呢？对于那些掌权的人会怎样？对于那些受到压制的、渴望获得权力的人又会怎样？自始至终，我一直假定认为，如果关于战争与和平的决策被小集团思维所主导的话，很多人都会在不经意之间成为受害者，许多无辜的生命也会因有缺陷的国家政策而白白牺牲。在我的想法背后是有所期待（或者说是希望）的，即通过提高政策制定团队的效率，增加他们实现人道主义目标以及其他目标的几率。

但是，这却并非是一帆风顺的。试想一下，当一个政策制定机构只是为了装点门面而谈及人道主义，而在私下里却坚信，对"我们团队"好的任何东西对所有人来说都是好的。[5]对于那些剥削压迫者、极权主义分子以及犯罪团伙来说，在他们中避免出现小集团思维难道不是在助纣为虐，帮助他们更成功吗？是的，当然是这样。不幸的是，任何在决策效率上的改进既可以被用在好的方面，也可以被用在坏的方面。人们无法期望那些防止小集团思维出现的措施，可以被用来解决政策制定团队故意做坏事这一问题，就像治好了癌症患者所遭受的感染一样。

这对于我们来说又意味着什么？我对这一问题的回答是，就算是不能治愈癌症，但是如果它能治愈葡萄球菌感染也是很有意义的。那些决策团队刻意做出的邪恶政策肯定会像之前一样，有人会出来对付他们，通过坚持不懈的政治对抗来反对邪恶政策的合法基础，通过共同的努力来改变公众的态度，以赢得大多数选民对于好政策的支持。一般来说，这场斗争通常是由这样一个规模不大的团队来完成的，这个团队由一些致力于奉献且坚定信仰民主与人道主义价值观的男人和女人所组成。希望这些团队能够对创新持一种开放态度，并且希望他们能避免陷入因小集团思维而产生的不幸结果之中。与之相似的是，大型组织中的那些更珍视民主与人道主义价值观的政策制定团队，要比那些主要是为了坚守传统的官僚政治和传统价值观的团队更加思想开放。因此，或许有理由让我们在某种程度上对那些拥有好的价值标准的团队持乐观态度，相信他们在商议政策制定的过程中，会认真对待那些防止小集团思维出现的方法，并且相信他们也会妥善运用这些方法。

我所说的大部分内容都可以归结为一个简单的道理：对于那些具有良好目标的政策制定团队来说，通过消除某些错误的来源以提升其决策的质量，预期将会带来好的社会影响，反之则不是。我希望行为科学家们在决定是否要与行政人员合作，帮助他们提升组织的决策效力时，能够将这一点铭记在心。

对小集团思维了解不多是一件危险的事情吗？

即使在我们对小集团思维已经有一定了解的情况下，我对这一问题的回答仍然很明确："是。"如果我们想象中的人是一个手握大权的幼稚之人，他可能会认为小集团思维是导致决策失误的唯一重要原因，因此他会认为，如果决定是由一个人（很明显这个人就是他自己）而非由一群共事之人一起做出的话，将会更好。如果有大量的政策制定者错误地认为，应当首先防止小集团思维，各种类型的预防措施都应当被引入决策过程中而不考虑隐含的成本的话，我也会回答"是"。最后一种需要我不厌其烦地说"是"的情景是，如果很多行政人员过分追求尝试新奇事物，就像早期前几辈出现的那些喜欢猎奇之人在会客厅里对他们的朋友进行心理分析一样，花费大量的宝贵时间，在会议室努力介绍某种集体治疗方法，进行一些毫无意义的扯皮。

对于愿意不怕麻烦去分析我得出导致小集团思维出现的那些零散证据的人，我的回答是"不危险"。我的两个主要的结论是，与决策出现错误的其他原因相比，小集团思维最有可能出现在内聚的决策者团队中，而小集团思维最有破坏性的影响，通过消除团队的封闭状态，减少过分明显的强制性领导方式，以及排除其他促成过早达成共识的条件等，是可以预防的。那些认真考虑这些结论的人可能会发现，他们对小集团思维的一点了解，增加了他们对于造成集体决策错误原因的理解，有时甚至在防止出现失败上还有一些实用价值。（如果我不这么认为的话，我也就不会费力写这一章了。）

对于那些参与团队政策决定的人来说，对小集团思维有一些了解可能是有价值的，不管是国际组织的执行委员会、由政府机构建立的临时委员会、由地方建立的商业指导委员会、专业或者政治组织，还是在院校中的学生委员会，都是如此。当然，如果这些知识能够让参与者们采纳矫正处方，就会格外有用。条件是，他们意识到时间与精力上的代价，并认识到，在他们决定采用这些处方以作为标准操作程序之前，还必须要警惕其他方面的弊端。[6]

　　有的时候，团队中的某位成员，在最终做出决定前的某个恰当时刻提出这样的质询是很有价值的："我们会允许我们自己成为小集团思维的受害者吗？"我并不是建议将这一问题列入议事日程之中，或者认为成员们应当尝试召开集体纠正会议。相反，我的想法是，应当让团队突出意识到，团队中团结的愿望可以被坦诚地讨论，但是团队取得一致的目标并不是总能实现的。对于这一点的公开承认或许会使某些成员能够形成一种心理情势，只要出现了过分的自满或者过早达成共识的迹象，他们就能提出批判性的问题。其中一个问题与共识本身有关。比如说，如果一位领导人或者一位成员意识到出现了小集团思维症状的话，他可以建议来听听那些还没有发表意见成员的看法，这样可以使团队在做出最终抉择之前，能够把所有的看法都摆在台面上。除了这个常识性的运用外，还应当特意设计或者自发产生一些精巧的程序，以帮助那些知道小集团思维假设的参与者，在不需要不断提醒团队的情况下，来抵消小集团思维的症状。[7]

　　考虑到这些方面，我认为，团队中的成员们在互动过程中形成的共同的幻觉、自我辩解以及其他症状，可以减少小集团思维在政策制定团队中的影响，包括在白宫的影响。这里，我们再次引用乔治·桑塔亚纳（George Santayana）的知名格言："那些不能铭记过去的人，注定要重蹈覆辙。"或许，如果对小集团动力学能够有更好的了解，将可以帮助政府领导人避免重蹈本书中所描述的那些近来发生的惨败的覆辙。

注　释

第一章

[1] 在《社会心理学理论》一书中，莫顿·多伊奇（Morton Deutsch）和罗伯特·克劳斯（Robert Kraus）指出，库尔特·勒温"对社会心理学的影响在他的学生和同事的作品中仍然能够看到，包括巴克（Back）、巴克尔（Barker）、贝弗列斯（Bavelas）、卡特莱特（Cartwright）、多伊奇（Deutsch）、费斯廷格（Festinger）、弗伦奇（French）、海德尔（Heider）、霍维茨（Horwitz）、凯莉（Kelley）、利比特（Lippitt）、皮特托恩（Petitone）、雷德尔（Redle）、沙赫特（Schachter）、蒂鲍特（Thibaut）、怀特（White）、魏莱曼（Willerman）、赖特（Wright）、安德尔（Ander）"。（Deutsch and Krany p. 61）他们还说，"在勒温的学生中，费斯廷格是其中之一，他的作品对社会心理学的影响范围最广……引人关注的是社会比较过程的理论和认知失调理论"（p. 62）。费斯廷格的社会比较理论是他对团体动力研究最伟大的贡献。这个理论建立在两个基本设想的基础上：第一，人们总是试图知道他们的观点和判断是否正确；第二，当缺乏客观方法的时候，人们通过与和他们相似的人（如面对面的团体内的成员）的比较，来确定他们的观点和判断是否正确。这种比较产生一种保持一致的压力。

[2] 我对军事作战单位的观察表明，内聚团体的社会压力可以对士气产生积极的影响，而对服从伦理行为标准有消极的影响。（参阅 Janis, 1945, 1968）在"二战"结束后的动荡岁月里，美国占领部队内部的许多内聚的小单位形成了与军事组织规范以及整个社会规范相对立的规范，这种规范增加了集体犯罪行为（Janis, 1968）。其他观察性研究（Janis, 1966）表明，打算戒烟的治疗团体和自助团体，以及节食者，一般经历一个过程，最初在团体成员之间形成共同自豪感，到后来就会对他们以外的人表现出进攻性。近期的现场实验（Janis, 1982；Janis and Hoffman, 1970；Miller and Janis, 1973）表明，在特定条件下，团体成员之间增加相互间的接触不仅可以增加团体内部成员相互间的吸引力，而且还可以增加团体坚持那些为了自我改进（如戒烟）而形成的规范团体自觉性。但是，在另外一些条件下，形成的一些非正式的规范可能颠覆组

注 释

成团体的最初目标。

第二章

[1] 本章的主要参考资料是小阿瑟·施莱辛格的《一千天》。这本书对肯尼迪总统和他的顾问们讨论和批准猪湾入侵计划的会议有详细的叙述。除了获得官方的记录外,施莱辛格还使用了他作为局内人的观察。他参与了顾问委员会的大部分会议,而且还广泛地与总统和白宫的其他同伴们讨论过相关问题。另一个主要的资料源是西奥多·索伦森(Theodore Sorensen)的《肯尼迪》。虽然索伦森没有参加任何会议,但是在古巴的大失败后他就与总统和其他参与者进行了广泛的讨论。其余的细节是从本书后面的参考书中所列出的希尔斯曼、古斯曼(Guthman)、迈耶(Mayer)和舒尔茨(Szulc)、怀登(Wyden)等的著作。我在很大程度上还参考了我女儿夏洛特·贾尼斯没有发表的文章。这篇文章部分是在我的指导下准备的,它在上述所列举的主要参考书所提供资料的基础上,分析了做出入侵猪湾决定的小集团过程。

[2] 杜勒斯和比斯尔明显是被他们在危地马拉处理古巴流亡者的那些特工们的信息所误导了,没有核对和了解具体情况。由于中央情报局的两个头的疏忽,他们没有从隶属于中央情报局的军事和政治专家那里得到关于入侵古巴的全面和独立的关键性的意见。但是,支持中央情报局计划的人称,如果没有被肯尼迪总统强加给他们的限制条件制约,原计划有可能成功,特别是他提出的美国空军不能积极参与的要求。得到批准的计划要求流亡者独自实施入侵计划。如果计划要求美国军队直接介入,无疑将会被总统的顾问小组拒绝,因为这将是公开参与一场未经挑衅而对其邻国的侵略。索伦森指出:"如果美国的空军和海军公开参与其中,就不允许失败,最终就需要美国的大规模参与:而且——假设可以避免与苏联的全面战争——最开始的时候就不会想到先用古巴流亡者的队伍。"(Sorensen,1966:333)

在总统批准的计划限度内,一个特别的技术上的决定可能作为这次军事失败的原因而被单独挑出来——总统取消了第二轮空袭。由于担心第一次空袭导致在政治上对美国政府的攻击,肯尼迪总统在与其顾问协商后取消了第二轮空袭,这一轮空袭按计划应该是在登陆者抵达海滩之前。但是,索伦森对这一点争论说:"卡斯特罗的空军在经受(第一轮的)打击后,已经分散隐蔽起来,没有理由相信在第二轮打击中会被摧毁。"(Serensen,1966:337)施莱辛格补充说:"即使按照最大可能性的设想,第二轮空袭完全成功,消灭了卡斯特罗的空军,仍然是1200人在对付200000人。"(Schlesinger,1965:294)根据他的判断,最多也只是给滩头堡再提供几天保护,也可能让存活下来的人能够撤退。施莱辛格的结论是,在没有美国海军和空军帮助的情况下，只有在古巴国内爆发起义并成功地阻止卡斯特罗的军队把入侵者包围起来，滩头堡才能维持下去。而对这一点，没有任何现实的希望。

[3] 在决定做出两个月前，肯尼迪总统要求对中央情报局的计划进行调查的时候，参谋长联席会议最初对一小队流亡者战胜卡斯特罗20万或者更多武装部队的前景是怀疑的。那个时候，他们的看法是，如果美国不介入，那么古巴后方的起义对成功是至关重要的。但是，在随后的几周里，参谋长联席会议发言人莱姆尼策（Lemnizerf）将军仅仅将他的观点局限于具体的细节，如对仅仅两次空袭就足以摧毁卡斯特罗的空军表示怀疑等。但是，参谋长联席会议从没有对计划表达真正意义上的反对。实际上，就在计划落实前的一周，他们还对计划提供了书面支持。施莱辛格的报告说，在做出关键决定那个阶段的所有会议上——持续了有十多周的时间——"参谋长联席会议好像一直都很满意。"（Schlesinger，1965：250）像索伦森一样，他推测他们私下在认为，一旦计划开始实施，总统就会改变他的观点，在需要的情况下就会允许美国武装部队完成这个任务，而不是冒失败的风险。

失败后，参谋长联席会议公开表示，从军事观点看他们一直对猪湾入侵深表怀疑，但是他们相信中央情报局会对卡斯特罗的政治和军事弱点做出可靠的估计。也许在入侵计划落实前，他们最好避免批评中央情报局的计划，避免陷入与政府另一个部门的竞争。施莱辛格说，作为在艾森豪威尔时期就担任这些职务的人，他们想拿世界对新一届美国政府日益增长信心来冒险。（Schlesinger，1965：250）他暗指参谋长联席会议在盘算着，如果这个任务成功了，他们就可以分享荣誉，如果失败了，责备就会落在总统和中央情报局身上。

如果认为他们可以逃避责任，参谋长联席会议就大错特错了。尽管肯尼迪总统承担了全部责任，中央情报局也因为其情报的缺陷遭到惩罚，参谋长联席也遭到了其应该得到的指责，特别是在政府内部。在大失败发生后的几天里，白宫班子充满怨恨地表示，参谋长联席会议在向媒体散发自我保护的声明。觉得合适的条件一出现，肯尼迪总统就撤销了莱姆尼策将军参谋长联席会议主席的职务，让他自己选择的一个军人——马克斯韦尔·泰勒将军取代他。肯尼迪总统也不毫不犹豫地告诉密友，他对三军参谋长都感到恶心，他们在没有完全研究的情况下就支持这个军事计划。在施莱辛格和索伦森对这次失败的叙述中，参谋长联席会议也没有逃脱被谴责的命运。索伦森对他们的失败给出另外一个原因。他的结论之一是，像中央情报局一样，参谋长联席会议"考虑更多是快速行动反对卡斯特罗的必要，而不是小心谨慎和成功的必要"（Sorensen，1966：342）。

[4] 事实上，我的结论是，猪湾决定有瑕疵的原因远远超过施莱辛格所强调的四

注 释

个因素，因为小集团思维也是导致误判的原因。在对这个结论（见本书1972年第1版）做出回应的时候，彼得·怀登（Peter Wyden）在他有启发性的书《猪湾》（1979年版第314页）中，以相反的顺序提出了同样的结论。他说，"对猪湾的灾难**应该有**比小集团思维……更多的原因"，他还重新强调了导致误判的四个原因。但是，他书中有些段落暗含的意思是，其他因素提供了足够的解释，小集团思维的假设是完全不需要的。

怀登富有洞察力的讨论（以及他对见证者的采访）大部分都与中央情报局对这次入侵不称职的军事计划和糟糕的落实有关。至于总统和他顾问批准这个计划——怀登认为原因在于"肯尼迪团队心不在焉"。（Wyden，1979：314）——他尤其强调了肯尼迪政府的"新政府的特点"和在一个不熟悉的等级结构内那种典型的压抑。在这种结构内，每一个顾问都担心，如果触怒一个有权势的人或者被总统看作是麻烦制造者，会对自己的地位和前途造成伤害。正如我在第32—34页（见本书边码。——编者注）所说的，这些因素毫无疑问又助长了特定的错误，但他们不足以解释为什么没有寻求更多信息，为什么没有人对肯尼迪核心圈子内的主要顾问们不可靠的设想提出批评性的疑问。他们知道，为了保护总统不被误导而做出令人后悔的决定，对一个邻国发动未经挑衅的侵略计划，他们应当表示怀疑，表现出谨慎，尤其是对每一个人很快就会认识到其风险的计划。同样的考虑也可以用另外一个因素来解释。怀登认为，这个因素可能是肯尼迪的顾问们造成"假共识"的主要原因——中央情报局计划的设计师理查德·比斯尔的说服力。他和肯尼迪都有一种"采取勇敢行动"（Wyden，1979：326）的想法，他"既是被告，也是检察官，又是陪审团，还是法官（仅仅受制于肯尼迪在上诉位置的否决权）"（Wyden，1979：320）。

怀登提出支持他自己解释的唯一新证据，是对罗斯维尔·L. 吉尔帕特里克（Roswell L. Gilpatric）的采访，"后者在五角大楼和内阁多次以国防部副部长的身份参加他们（肯尼迪团队）的会议"（Wyden，1979：314）。吉尔帕特里克告诉怀登说，比斯尔是"一个高效的鼓吹能手"。在那些会议上我"也变得有点狂热了"（Wyden，1979：315）。正如采访报告所说，吉尔帕特里克好像是说，参加团队会议的其他人好像也"变得狂热起来"。不管情况如何，吉尔帕特里克清楚地说，"很少有人提出问题"，他自己对卡斯特罗很虚弱的想法感到怀疑，但也一直保持沉默。他解释他为什么没有因在那个时候不提出问题而"责怪"自己的一个原因，是他和其他人都是刚刚担任自己的职务，他们还不知道他们之间"可以说到什么程度"（Wyden，1979：315）。正如这句引言所说的，很有可能是，如果他们对中央情报局的设想提出挑战，或对参谋长联席会议的判断公开地提出批评性的问题，肯尼迪团队的下属，如吉尔帕特里克

(Gilpatric)，很清楚对他们的职业生涯来说将产生很大的危险。

然而，吉尔帕特里克在接受怀登采访时说的话并不排除这样的可能性，即作为一个处于边缘地位的成员，他也具有肯尼迪小组的团队精神。事实上，吉尔帕特里克对自己没有批评地接受入侵计划（说他变得"狂热，**没有**因为在会议上对自己的怀疑保持沉默而"自责"等）的生动描述表明，他和其他人都毫无根据地相信计划能行。如果情况确实如此，他对自己怀疑的自我控制可能有复杂的动机——不想破坏团队的和谐，而这正是小集团思维的核心特点。还有就是不想因为得罪在场的有权势的人物而陷入麻烦。

吉尔帕特里克的证据，是怀登用来支持他提出的假设的唯一实质证据。他的假设是，担心被歧视的初任新职位的成员，再加上施莱辛格提出的其他因素，足以解释总统顾问中间所存在的虚假共识。这可能足以解释为什么肯尼迪团队内部处于边缘地位的成员和外部的参谋长联席会议对此保持沉默。但是，这并不直接否认，当然也没有排除我的假设，即小集团思维是肯尼迪最信任的主要顾问们——罗伯特·肯尼迪、迪恩·艾奇逊、罗伯特·麦克纳马拉，以及麦乔治·邦迪——达成共识的决定性的原因。手握大权的这些人都是肯尼迪最亲近的人，如果他们充分履行了他们顾问的职责，揭发他们认为可能有严重缺陷的计划的不足，他们不可能会因为担心被当成麻烦制造者，或破坏他们的生涯而不这样做。

所有这些证据表明，关键的顾问们因为相信中央情报局的计划基本上是可靠的，都没有表达他们对错误设想的任何怀疑。他认为，即使这次入侵没能推翻卡斯特罗，古巴难民渗透回国至少可以加强反对卡斯特罗的力量，也不会给美国造成任何尴尬。正如（由马克斯韦尔·泰勒将军率领的）正式调查委员会的报告所指出的，他们和总统一样，都相信失败的可能性很小。如果关键的四个顾问中间有一个不这样认为，他都有足够的权利从政府的情报界获得有关卡斯特罗的力量、古巴发生起义的可能性、入侵计划在军事上的可行性、从猪湾撤退到埃斯坎布雷山的难易程度等方面独立评估。而且如果他觉得在正式的会议上，当着中央情报局和参谋长联席会议的面不方便这样做，关键顾问中的每一个人都可以直接向总统坦率地表达他们的担忧。

例如，在最终决定做出前的几个周时间里，罗伯特·肯尼迪在与总统私下的讨论中是可以提出自己心中的质疑的。但是，根据他1961年6月1日的备忘录（Schlesinger, 1978: 477）说，由于他被"迪克·比斯尔、艾伦·杜勒斯、参谋长联席会议、麦克·邦迪以及其他人……所提供的信息"所深深地打动了，他告诉总统说，"没有任何别的选择，只有接受它"。不言而喻，罗伯特·肯尼迪的印象是，除了一个人外，总统的所谓顾问们正在形成一个共识。在1964年3月1日接受约翰·巴特洛·

注释

马丁（John Barlow Martin）采访的时候（Schlesinger，1978：478）断言，"反对计划的这个人就是亚瑟·施莱辛格"，他让施莱辛格"保持安静"，因为"总统主意已定"，"我们应当尽一切努力支持他"（这与施莱辛格对他们谈话的叙述完全一致，我在本书第40页引用了这个谈话）。（请参看本书边码。——译者注）

作为国务卿，迪安·腊斯克有很多机会来核实他的疑虑，并将自己直率的意见告诉总统。但是，他不是搜集相关信息并提供给总统，而是故意将切斯特·鲍尔斯批评性的备忘录压了下来。而且他还拒绝了罗杰斯·希尔斯曼提出的让国务院的古巴问题专家准备一份批评性评估的建议的迫切要求。在接受怀登（Wyden，1979：148）采访的时候，腊斯克说，在进行表决的那次关键会议上，他没有提出他的怀疑，因为他急于"向总统靠拢"。腊斯克对保留怀疑原因的解释与小集团思维的假设是一致的。他的解释比吉尔帕特里克所提到的不同的解释（如担任新职，不知道话该说到什么程度，表明他对自己地位可能造成的损失的担心等）更有说服力。

至少有一个让人印象深刻的证据表明，在反对中央情报局和在这个阶段直接向总统阐述自己观点的时候，腊斯克并不担心会遭到反击。罗伯特·肯尼迪1961年6月1日的备忘录（Schlesinger，1978：479）中说，在入侵古巴开始的那天，中央情报局要求提供空中支援，腊斯克毫不含糊地反对总统支持这样做的立场，毫无疑问导致总统拒绝了中央情报局的要求。罗伯特·肯尼迪说，总统"赞同提供空中掩护"。但是，"迪安·腊斯克坚决反对。他说我们已经承诺不使用美国军队，总统不应该给人以骗人的印象"。

麦克纳马拉因为刚刚担任国防部长的职位，也担心自己的观点被反驳，太拘谨了，不敢提出批评性的问题。这样的说法看起来同样是不可能的。这显然与他的记录是不一致的，大家都知道他的记录。不管是对总统还是将军们，抑或是内阁成员或国会议员，他都会对他认为有缺陷的计划或政策实话实说。这一次，他完全有理由相信他的批评是会受到欢迎的。施莱辛格说，在肯尼迪政府的最初几个月，总统"依靠罗伯特·麦克纳马拉来控制军队"，对"国防部长充满喜欢和钦佩的感情"（Shlesinger，1978：486）。

麦乔治·邦迪同样不可能因为担心被反驳而压抑自己的怀疑。作为总统国家安全事务特别助理，他的主要工作，按照诺伊施塔特的说法（Neustadt，1976：52），是"审查各个选项"，在需要做出政策决定的时候，让总统了解更多的观点。按照诺伊施塔特的说法，肯尼迪回复了富兰克林·D. 罗斯福与哈里·霍普金斯（Harry Hopkins）的那种关系。"肯尼迪让麦乔治·邦迪承担起和平时期霍普金斯的角色，在大量的外交和防务问题上协助总统。"（Neustadt，1976：52）诺伊施塔特补充说，邦迪发挥"强大的实质性的作用"(Neustadt, 1976: 290)。怀登也认为"他对总统很有影响"(Wyden, 1979: 101)。

根据对他的一次采访，怀登说邦迪觉得卡斯特罗非常危险，有一个反对他的计划很好。邦迪毫不怀疑中央情报局的计划，因为他与麦克纳马拉一样，相信诉诸游击战的后备计划很大程度上可以确保成功。邦迪告诉怀登说，他原以为，"**几乎可以肯定相当一部分军队能够存活下来，以开展持久的游击战**"(Wyden, 1979: 103, 黑体着重号为本书作者所加)。很大的可能是，邦迪和总统核心圈子的其他三位顾问都认为，不管什么方式，中央情报局的计划是会成功的。用腊斯克的话说，他们"非常团结"，因此他们没有能提出关键性的问题，也没有能获得独立的评估报告。

[5] 怀登（Wyden, 1979）暗示，肯尼迪总统可能是在没有受到其顾问们影响的情况下单独决定，批准中央情报局入侵计划的决定。他说，"这个决定不是在团队内做出的"。1961年4月中旬，肯尼迪"进行了广泛的单独思考后"，通过电话给比斯尔发出"开始行动"的命令。(Wyden, 1979: 316) 但是，我认为有充分的证据始终如一地证明，肯尼迪是在团队环境下工作和做出决定的，包括与顾问们召开的非正式和正式的会议。根据罗伯特·肯尼迪和施莱辛格个人亲身观察，总统受到其主要顾问所形成的共识的很大影响。在1961年3月11日召开的小组会议后，麦乔治·邦迪准备的一个备忘录表明，肯尼迪非常在意顾问们能否接受入侵计划，尽管他要求中央情报局对其计划进行修改，以减少美国的明显介入："总统打算授权美国支持适当数量的古巴爱国者回到他们的祖国。"(Wyden, 1979: 101) 在1961年4月4日的正式会议上，在让富布莱特参议员陈述了他的反对意见后，总统中断了会议对所提出问题的讨论，让他的顾问们就是否支持中央情报局的入侵计划进行表决。面对富布莱特的反对意见，总统希望大家"团结起来"，国务卿迪安·腊斯克并非在场唯一有此感觉的人：保罗·尼采和威廉·P. 邦迪告诉怀登，他们很有同感。(see Wyden, 1979: 148-149) 比斯尔离开会议的时候有"大局已定的感觉"，认为总统批准他计划的可能性很大，尤其是在总统让他的顾问们表决，把他们想落实计划的愿望记录在案以后。(Wyden, 1979: 150) 第二周，在与罗伯特·肯尼迪和其他内团体的成员们非正式的谈话过程中，总统持续表明他对他收到的各种建议非常欢迎。

参考索伦森的叙述，怀登简洁地概括了肯尼迪总统对中央情报局计划的评价：尽管他对入侵古巴的行动有"很强的疑虑"，他仍然觉得不应该"放弃"，因为以下原因：

> 对总统来说，这个计划并不需要美国事实上的入侵，没有让美国卷入其中的

注 释

明显风险，失败的风险很小……

在他发出"行动"命令的时候，"我确实认为机会很好"，他告诉索伦森说。另外，这个计划看起来是一个**没有损失的解决办法**。如果一群卡斯特罗的同胞能够在没有美国公开帮助的情况下建立一个新政府，让人民团结起来推翻卡斯特罗，整个拉丁美洲都会感到更安全了。如果这些流亡者被迫撤退到山上，转变为游击队，这个行动仍然是一个**净利**。（Wyden，1979：308，黑体着重号为本书作者所加）

需要注意的是，怀登对肯尼迪评估的概括与肯尼迪团队内建议他接受入侵计划的主要成员的概括是一致的（见上一个注释，即注释［4］后半部分的内容）。他和他们都过于乐观地认为，失败和让美国政府尴尬的风险很小，这些风险不应该妨碍他批准这个秘密计划。怀登也承认，在其政府成立初期，肯尼迪和他团队的成员都很乐观，这种乐观可以被概括为"盛景里的鲜花"。（Wyden，1979：316）怀登援引施莱辛格的分析（他周围的每一个人都认为，他能点石成金，绝不会输）并补充说："他对自己运气的信心是无限的。"（Wyden，1979：316）

但是，如何解释肯尼迪的"严重怀疑"呢？这种怀疑好像与怀登的结论是矛盾的。他的结论认为，肯尼迪及其团队成员对计划的成功非常乐观。对肯尼迪在他顾问们参加的会议上的疑问和怀疑进行认真的研究可以看出，那些看起来是批评的评论，实际上仅仅局限于中央情报局计划的细节上，这些也都是他想改进的。他对总体计划**没有**提出疑问，也没有要求对其主要的设想进行独立的评估。如果他这样做了，参谋长联席会议对军事前景的坦率评估以及中央情报局的专家们（根本没有人咨询他们）和国务院的古巴问题专家们（他们也被排除在外）对主要设想的坦率评估都会让他和他的顾问们从中受益。

在提出对具体细节进行一些改变的时候，肯尼迪主要的担心是美国卷入其中的关注度以及负面报道对美国政治形象可能造成的损害，特别是在美国被冠以侵略者的恶名的时候。几乎所有的怀疑和批评性的评论都属于这一类型。这里列举肯尼迪批评立场的主要例子：（1）1961年3月，他告诉计划制订者说，选择的登陆地点（特立尼达）会让登陆行动"太显眼"（Wyden，1979：100）；（2）几天后，当中央情报局制订计划的人把登陆地点改到猪湾，他想让他们"降低噪声级别"，在晚上而不是在白天登陆（Wyden，1979：102）；（3）在3月29日的另外一次会议上，肯尼迪仍然对"噪声级别"感到担忧，问大规模的空袭真的必要吗？（Wyden，1979：139）（4）在4月4日他要求顾问们进行投票并形成可以开始的共识的那次会议上，他对军事计划制订者提出的疑问局限于"担心这次行动有点像'二战'期间侵略"。当场回答是，这次进攻规模相对小，在四个不同的海滩铺开，在晚上执行等。这些"看起来让总统释然许多"（Wyden, 1979：150）。(5) 在 4 月 12 日的会议上，他还在想，计划中的空袭，"尽管得到改进，动静是否仍然很大"（Wyden, 1979：163）。

这种有限的怀疑只是促成中央情报局对入侵计划进行换汤不换药的修改，与怀登对肯尼迪总体观点的概括并不一致。他认为肯尼迪的总体观点是：这个计划"失败的风险很小"。许多对这个计划军事方面的评论称，肯尼迪为了减少政治风险而要求进行的修改，事实上大大增加了本已经存在的军事失败的风险。但是，肯尼迪显然对这些后果是不知道的，其核心圈子内的成员们也不知道。还有，像其团队的其他成员一样，他完全低估了媒体仍然将把这次行动作为美国政府的行动进行报道可能性，尽管"噪声级别大大降低"，结果仍然引起整个世界的谴责（计划由古巴难民实施的入侵计划在实际入侵发生前一周就被美国媒体揭露为美国中央情报局的行动）。还有至少三个，或更多重要的潜在风险被肯尼迪和他的团队忽视了，或者严重低估了——在古巴煽动起一场持久的可能导致大量伤亡的内战的风险，让拉丁美洲国家疏远美国的风险，把卡斯特罗推向与苏联达成军事保护同盟的风险，最终导致卡斯特罗成为有部署针对美国的苏联导弹武装的国家。(这第三个潜在的风险实际上得到实现，引发了 1962 年的古巴导弹危机。)

轻视一个构想拙劣的计划的主要风险是**坚不可摧错觉**的核心特点。做出这样的诊断，并不意味着拥有同样错觉的人对这个非常危险的行动所具有的风险完全视而不见。相反，其含义在于，这些主要的风险在某种程度上在前意识设想阶段就被轻视了，这种前意识设想就是**一切都会进展顺利，因为我们是一个特殊的团队**。一个内聚的机组的战斗机驾驶员受命摧毁一个危险的目标，他们坚不可摧的幻觉的表现形式，不是否定战斗机在执行任务的过程中有被击落的危险（否定这样危险的存在就是疯子），其形式是一种前意识的信念，认为"执行这项任务的其他人有可能被害，**但肯定不是我们**"。同样，一个内聚的政策制定团队的政治家在面临一项具有风险的任务而产生一种坚不可摧的错觉后，他们前意识的信念是，"如果别人试图这样做，他们可能失败，**但绝对不是我们**"。从对肯尼迪和他的团队充满活力的所有报道以及他们对主要风险的蔑视中，我推测肯尼迪及其核心圈子的主要成员都有这种类型的坚不可摧的错觉。

如有一个内聚小组的成员共同产生了坚不可摧的错觉，他们就会表现出一种共谋趋势，把可能试图让他们关注那些被忽视的严重风险、挑战他们过度乐观想法的任何人都排斥在他们会议之外。肯尼迪就把许多可能有潜在价值的顾问排斥在外，因为他们可能说不。其中有一次，他邀请了一个说不的人（富布莱特参议员）参加有一个很大顾问群体参加的正式会议,提出他在政治和道义上的反对意见,但是肯尼迪却没有让这个团队有机会讨论富布莱特提出来的反对意见,而是立即要求团队对中央情报局的计划进行表决。就在这次会议上,腊斯克和其他的与会者感到有必要"团结在总统周围"。威廉·邦迪告诉怀登说,在这次会议上,他感觉到他和肯尼迪政府行政部门的其他成员应该"支持总统反对唯一说不的人"(Wyden,1979:149)。在此情况下,尽管领导人确实让小组接触到一个局外人的反对观点,但是他并没有采取实质的步骤鼓励小组成员讨论和评估局外人对他们设想的挑战。他们认为,入侵计划在道德上的可接受性和政治上的合理性,支持对一个邻国发动一场不宣而战的军事打击。

怀登指出,肯尼迪通常都会煞费苦心地不让自己和他团队的其他人接触到这样的挑战:

> 肯尼迪……通过压制抗议和潜在的抵制来对决策过程中的信息进行过滤。鲍伯·肯尼迪最后直接告诉施莱辛格闭嘴。其他说不的人——鲍尔斯、默罗、希尔斯曼和米克等人——都因为不能进入决策圈而保持沉默。有影响且可能说不的人——泰德·索伦森、克拉克·克利福德和阿德莱·史蒂文森——被忽视了,因为他们要么是多面手,要么太学究气,因此被认为不了解实际。(Wyden,1979:316-317)

需要强调的是,至少有三个内团体成员积极参与了将不同意见者排除在外,或让他们不要说话的过程——罗伯特·肯尼迪(他让施莱辛格保持沉默)、迪安·腊斯克(他应当对阻止鲍尔斯和希尔斯曼向肯尼迪及其团队表达他们的反对意见负责),还有乔治·邦迪,他告诉美国新闻处主任爱德华·E.默罗说,后者在道德和政治上的"反对意见未尝不对,但是对这些都无能为力"(Wyden,1979:145)。如果以上提到的怀登引文中表达反对意见的人没有不让说话或没有被排斥在外,肯尼迪及其内团体的成员所共享的坚不可摧的错觉就会消除(也许他们未经检验的对计划中的侵略行动的道义设想也会一起被消除)。若情况如此,肯尼迪和他的内团体成员就很可能寻求更多警惕性的信息,这些信息就会使他们极有可能发现,建立在构思拙劣的计划上的基本设想的主要缺陷。

[6] 施莱辛格有点自卑地坦承,在小组会议上他没能提出反对意见,可能是因为表达对不可救药的领导和团队忠诚的一种症状。实际上,他好像在说,"不要把全部的责备归咎于肯尼迪总统或我们团队的其他人"。这一主题在施莱辛格叙述猪湾大失败的其他部分时并不明显,这是对严肃批评肯尼迪的团队的回击,绝非粉饰。施莱辛格对

中央情报局计划最终被白宫所接受过程的描述，在多大程度上受到其自我保护态度的影响，现在还没有办法知道。当然这种问题对所有亲肯尼迪的作者的描述都适用，尤其是索伦森（在他的记录里曾有这样的内容：他希望以肯尼迪团队成员的身份得到一个政治任命，他与肯尼迪兄弟的关系非常密切）。我解决这个微妙的被扭曲或有偏见的报告的方法，是采取这样的立场，**如果**施莱辛格、索伦森和其他作者的叙述基本上是准确的，我对这一"证据"融合模式的分析结论就是，小集团思维假设有助于解释肯尼迪团队政策制定过程中的缺陷。

[7] 官僚政治考虑也可能促成了让团队的两个新成员高兴的这一规范。总统和他的高级顾问可能已经认识到，如果他们向杜勒斯和比斯尔提出太多让他们为难的问题，给人一种要拒绝中央情报局工作的印象，中央情报局的两个领导人就有可能被推到与五角大楼的军队形成同盟的方向。国防部已经在支持中央情报局，而不是与肯尼迪在白宫的团队站在一起。

另外一个影响因素可能是，总统在对卡斯特罗采取进攻性行为上的接受能力。尽管对这个计划有点怀疑，肯尼迪可能欢迎有这个机会来兑现他在大选期间所做出的承诺。他说他要帮助反卡斯特罗的造反派。索伦森说，对卡斯特罗予以打击的机会对总统来说尤其有吸引力："他绝不会让他自己强烈反对卡斯特罗的感情（对他来说是非同寻常的）和他对公共舆论的考虑——具体来说，他担心可能会因为取消一个推翻卡斯特罗的计划而遭到攻击——来战胜他固有的怀疑。"（Sorensen, 1966: 343）

显然，这些辅助的政治和心理因素并非小集团思维的症状。但是，它们可能强化了团队规范，这些规范有助于寻求共识，因此可以被看作是有偏见的领导人行为的同一大类型——也就是说，可以被看作是形成小集团思维的条件。

第三章

[1] 本章主要利用了乔治（George）、德·里维拉（De Rivera）、麦克莱伦（McLellan）和诺伊施塔特（Neustadt）四个社会科学家的成果。对于能够得到的关于杜鲁门政府做出授权入侵朝鲜的决定的历史材料，他们每个人都进行过分析。后两个人叙述的部分依据，是对艾奇逊国务卿和杜鲁门总统的采访。参与决策的这两个重要人物以及第三个参与者——参谋长联席会议的成员之一柯林斯（Collins）将军，都出版了各自的回忆录。我从这些回忆录中摘录了不少的观察。其他细节材料根据的是赫西（Hersey）对杜鲁门在获悉中国参战的消息后第一时间反应的描述。有关的背景资料来自迪威德（De Weerd）、希金斯（Higgins）、列基（Leckie）、利希特曼（Lichterman）、马歇尔（Marshall）和佩奇等发表的作品，以及盖尔·特恩（GaleTenen）为我

的研究生讨论课准备的一篇没有发表的文章。

[2] 有时，来自前线的坏消息在军队和美国政府军职和文职官员的政策分歧中变得不那么重要。长达五个月以来，在美国政府内部，支持麦克阿瑟将军推进战争的少数派和反对与中国对抗的全面战争的多数派之间的政策争论一直持续。最终在1951年4月11日，总统为了取得胜利做出了最后的决定，解除了麦克阿瑟的职务，因为麦克阿瑟将军发表的公开声明，可能会影响当局和平谈判的计划。随着公众对朝鲜战局的厌倦，以及美国军事领导突然而不光彩地被解职，出现了一种席卷全国的怀疑和愤怒情绪。这引发了新一轮的国内回应，集中表现为参议员约瑟夫·麦卡锡（Joseph MaCarthy）不负责任的指责。他关于杜鲁门政府对共产主义软弱的指责，曾经赢得了广泛的支持。这种指责遭到了杜鲁门及其顾问的怨恨。具有讽刺意味的是，正是由于他们想要对共产主义更加强硬，才决定在第一时间派出美国军队远赴朝鲜，希望通过军事占领，破坏朝鲜的共产党政权的影响力。杜鲁门政府入侵朝鲜的决定，对政府本身所产生的政治上的损耗是，在1951年到1952年期间，形成了公众对"杜鲁门先生的战争"的反感情绪，这导致了民主党在1952年总统大选中的落败。对中国的干涉同时也造成了美国对外关系的重大失败。中国影响了朝鲜局势，并且增强了在亚洲其他国家的影响力，而美国的国际威望受到损害，并且破坏了与北京的中国政府建立经济联系和友好外交关系的机会。

[3] 杜鲁门把来自印度大使潘尼迦的警告信号以及来自莫斯科、斯德哥尔摩和新德里的警告信号看作"只不过是共产主义的宣传"。他认为"过去潘尼迦先生曾经经常玩弄中国共产党的把戏"。此外，联合国已经准备投票通过决议，授权麦克阿瑟在朝鲜的行动，所以"看起来周恩来的'信号'似乎是利用干涉朝鲜的威慑来恫吓联合国的一次尝试"（Truman, 1956: Vol. 2, 363）。

德·里维拉这样评论杜鲁门及其顾问对中国威胁的反应：

> 中国外交部部长不必通过恐吓，就可以毫不含糊地影响联合国；好的大使一般都同情他们的驻在国——并不一定是在"玩手腕"；只要采取行动，就可以趁黑渡过一条河；对于中国而言，没有其他的外交渠道——这就意味着对于他们而言，如果他们是认真的，没有其他的方式传达他们的威胁——所有这些事实都没有被考虑到。
>
> ……有趣的是，尽管中国外交部部长发出威胁的信号，以及有情报报告中国军队开往鸭绿江，却没有让在东京的联合国指挥官和华盛顿的总统引起注意，他们仅仅警告了在朝鲜的第八部队的总部。根据马歇尔将军说法，这一总部相

信中国将会参战,并且精确地预测了鸭绿江沿岸的战争的顺序。(De Rivera, 1968:146-147)

[4] 1950年10月,华盛顿的政策制定者授权麦克阿瑟决定是否攻击在朝鲜的中国军队,这增加了与中国军事冲突的危险。9月中旬,麦克阿瑟曾经收到指示,如果没有任何信号表明苏联或者中国共产党力量的参战,就将其行动扩展到"三八线"。(Truman, 1956: Vol.2, 359)两周后,当他得到指示时,其中同样强调着这一前提。然而在10月9日,麦克阿瑟将军开进朝鲜的三天后,他接到了新的指令,其中却没有包括这一谨慎的前提。杜鲁门的顾问中没有一个在对总统施加影响中退缩,导致了麦克阿瑟这一众所周知的粗浅判断。诺伊施塔特曾经写道:"在接下来的一周,他错误地判断了悲剧的结果,但是却不能说他超出了他所收到的指令。"(Neustadt, 1976: 113)

[5] 存在一种假设,即朝鲜、中国和苏联形成了一个同质的共产主义联盟,三个共产主义国家一致协调实行苏联的既定计划以占领远东,据德·里维拉所说,这种假设"是一个存在于政府内部的重大的概念错误"。德·里维拉认为在朝鲜战争初期(1950年6月),这种对于共产主义世界的一致观点导致了一个缺乏考虑的决定,即派出美国的第七舰队支持台湾,因为这意味着,美国政府放弃了其在中国内战中长期以来的中立政策,"通过把朝鲜的进攻归结为'共产主义',总统证明了干涉中国内战的合法性"(De Rivera, 1968: 86-87)。当在杜鲁门总统及其顾问的会议中讨论到台湾的举动时,似乎没有人质疑,这样的行动也许会影响国务院与中国领导人建立良好关系的努力,而这样的关系改善可以削弱他们与苏联的联系。在做出决定占领朝鲜期间,这种相同错觉似乎同样占据了杜鲁门顾问团队的思想。

[6] 1950年6月,当朝鲜战争危机发生时,凯南同意艾奇逊以及国务院其他官员的观点,认为美国应该干涉并且帮助韩国,但是他坚持认为美国应该独自行动,不要因为牵涉联合国而受到拖累。接着在夏天的时候,他准备了一系列强有力的论证,反对授权麦克阿瑟的军队跨过"三八线"。

德·里维拉指出,凯南被排除在顾问团队之外属于一种处理"离经叛道者"的方式,即一个拥有团队资格的成员,但是持有的意见将会影响成员接受团队中每个人都坚持的规范。大量的社会心理学研究表明,一个离经叛道者轻易就会受到团队成员的排斥,即使他能够在挑战他们毫无根据的假定时表现得富有价值。在这个案例中,很明显凯南被提前排除在外,这样使团队免遭辩论一系列令人烦扰的潜在议题,以及由于考虑到不同的方式看待共产主义国家和处理朝鲜战争而引发的分歧。

[7] 诺伊施塔特(Neustadt, 1976: 212-214)认为,在这次会议期间,艾奇逊、

马歇尔以及参谋长已经非常担忧,并且相信应该向麦克阿瑟发出一个新的指示,要他加强他的军力,并且停止他既定的进攻。诺伊施塔特根据马丁·利希特曼(Martin Lichterman)报告提出,军方主管曾经让艾奇逊通知总统,但是他拒绝了,理由是既然这是军事事件,就应该有来自军方的建议。柯林斯将军(Collins,1969:202)否认了这个故事。"不是那样的。"艾奇逊告诉了柯林斯。艾奇逊读过柯林斯给利希特曼的信,这封信被认为是这个故事的来源,信中并没有指出利希特曼的回应。在他自己观察的基础上,柯林斯补充道:"我很肯定的,在我参加过的会上,马歇尔将军或参谋长联席会议主席都没有对国务卿艾奇逊提出这一要求"(Collins,1969:202)。麦克莱伦提出没有理由认为这些人将会"你推我让地成为第一个将这一(不好的)消息传递给总统的人"(McLellan,1968:33)。他提出有文件证据表明,艾奇逊认为任何对麦克阿瑟的命令的改变都是没有必要的。正如军方主管不情愿告诉总统有关的军事风险,麦克莱伦认为他们没有理由在自己已经意识到危险时不让总统知道,"除非我们可以假定总统就像战前日本的天皇那样"(McLellan,1968:30)。

尽管有证据与诺伊施塔特的观点相左,然而还是可以认为,军事顾问很不情愿谈论这种风险,但并不是出于对引发总统不开心的担忧,而是另有其他原因。

第四章

[1] 本章主要参考资料是罗伯塔·沃尔斯泰特(Roberta Wohlstetter)1962 年的《珍珠港:预警和决策》(*Pearl Harbor: Warning and Decison*)一书。这本书对有关美国最大的军事错误的证言和情报部门的报告进行了精湛的分析。我也对基梅尔和他的顾问团队的主要成员的证词记录进行了研究。这些证词在 1946 年出版的《珍珠港遭袭联合调查委员会的听证会》(*Hearings before the Joint Committee on the Investigation of the Pearl Harbor Attack*)中发表,引文时称作《听证会》(*Hearings*)。额外的少量信息是从其他正规渠道搜集的,包括拉塞尔·布坎南(A. Russell Buchanan)、赫伯特·费斯(Herbert Feis)、塞缪尔·艾罗伊特·莫里森(Samuel Elliot Morison)、纳撒尼尔·佩弗(Nathaniel Peffer)、约翰·多兰(John Toland)等人的历史分析。基梅尔顾问团队主要成员在会议上和谈话中的一些具体细节是从丹尼尔·格雷·布朗诺(Donald Grey Brownlow)关于基梅尔的传记《被告》(*The Accused*)一书得到的。这本书是在对基梅尔顾问团队多个成员采访的基础上完成的。

[2] 莫里森引用的是海军上将金的声明(Morison,1950:138)。在这份声明中,金上将认为这种免受攻击的感觉"弥漫于珍珠港的所有官员中间"。但是莫里森引用证据表明,至少一些舰队中的低级军官相信珍珠港的舰船不会免受攻击;他们公开讨论

了这种危险，并且自发地积极采取了相关措施准备应对可能的空袭（Morison，1950：89-91）。没有例子表明珍珠港的任何高级海军军官对这一威胁表现出了类似的关切。基梅尔证实，在他的职员以及其他顾问中没有一个人曾经表达这样的观点，表明可能会在珍珠港发生一次攻击（Hearing，1946：Part 6，2639）。基梅尔的职员也提供了相似的证据。例如麦克莫里斯上校曾经说："我回忆起来，没有一个人感觉到会有（存在对珍珠港的空袭）的极大可能。"（Hearing，1946：Part 22，527）

[3] 夏威夷的军事指挥官根据来自华盛顿的政策声明和警告进行指挥。但是关于侦察以及突然攻击的防空准备，他们可以自己做出决定。当我们回顾军事指挥官及其职员在事发前六个月所得到的一系列警告时，很难想象处于军事负责职位上的这些人，没有一个可以接收到这些信号并且持续相信不存在日本攻击珍珠港的真正可能性。

除了在1941年11月的最后一周的主要战争警告，还有一些其他的警报信息。重要的部分如下所列，由沃尔斯泰特整理（Wohlstetter，1962：5-70）：

1941年11月6日：夏威夷的美军战斗情报部门报告，失去了日本航空母舰的消息。（日本所有的六艘航空母舰都在接近夏威夷以准备攻击珍珠港。）从那时起，美国情报部门不断努力获取日本发出的信号，试图掌握其航空母舰的动向。基于一些间接而不可靠的线索，夏威夷海军部门认为那些航母可能在接近2000英里以外的马绍尔群岛。在远东地区的海军战斗情报部门并不同意这种推测，他们通知夏威夷那些失踪的航母更有可能在日本的水域。

1941年12月6日：华盛顿的斯塔克海军上将授权基梅尔，现在，或者是之后在紧急情况下，可以将标示出太平洋海岛上的美国舰队的机密文件销毁。此外，夏威夷的联邦调查局报告称，当地的日本领事在两天前已经烧毁了所有材料。（联邦调查局已经解密了一个领事馆的日本厨师的电话，其中他兴奋地告诉一个朋友或者是亲人，所有的重要文件都已经在馆内销毁。）基梅尔上将和他的手下认为这令人不解，但是他们中没有人表达过怀疑，即日本可能采取最后的行动，准备攻击夏威夷。

1941年12月7日：早晨6:53，海港检查站收到了一条来自守卫的消息，发现有一艘敌舰紧随美国战舰，并且"我们已经发动攻击，向其开火，并在潜艇运行的防御海域投下了深水炸弹。"当天上午控制站的低级官员将这条信号解读为："就是它了，我们在这里！"并且绝望地用电话通知他所能想到的所有相关海军军官。但是他所接触到的高层官员没有一个认为这真的是一个紧急事件。根据沃尔斯泰特所说:"其他的每个人都拒绝相信这是一艘潜艇,或者这次相遇表明有任何直接的威胁。"(Wohlstetter, 1962:16-17)当他们得到消息时,基梅尔上将以及他的一些职员仍然对此表示怀疑,当日本的俯冲轰炸机开始攻击珍珠港时他们仍然在等待着确定的消息。

空袭伴随着轰炸的情景是基梅尔上将和他顾问团中其他成员接收到的最初的紧急信号。之前所有的信号,要不就被认为是不真实的,要不就被解读为日本攻击其他地方的信号。由于缺乏警觉,除了这些未被注意的警报信号,夏威夷的海军没有抓住很多最后的紧急信号。例如,通过海军飞机的警报工作部门所操作的雷达中心原本可以获取的最后警报。基梅尔上将的职员没能提醒陆军,海军依靠雷达站获取敌机的信息。结果证明,12月7日早晨,在日本偷袭开始前的一个小时,夏威夷岛屿内的所有七座移动雷达中心正常关闭了。(他们主要用于训练,而且他们的工作时间是从上午4点到上午7点。)恰巧的是,在瓦胡岛北部的一个雷达站,两个陆军士兵刚好停留到很晚,因为其中一个想要在使用设备时得到更多的指导。上午7:02,他们发现了"极其不同的东西",当飞机在瓦胡岛北部137英里时,开始绘制出大规模日本飞机的路线。因为这是一个适合训练的"好问题",一直到上午7:30,他们都在绘制日本飞机的路线图。当飞机距离瓦胡岛北部30英里时,他们无法清楚地识别雷达信号,所以他们关闭了雷达站离开了。

25分钟之前,有人成功地接通了一个值班军官的电话。这个官员没有经验,对于雷达信号不甚了解,但是他知道美国的B-17s飞机今天上午从大陆出发,因为确定这一定是雷达工作人员需要获取的信息。所以他告诉操作人员不要在意这些信息。上午7:55,这一负责人员走出雷达中心的大门,看到飞机开始对珍珠港进行俯冲轰炸。他并不是唯一这样的人。沃尔斯泰特认为:"在有人确认这些是日本敌机之前,这些爆炸的噪音是必要的。"(Wohlstetter, 1962:68)

[4] 可以发现,出于对基梅尔的忠诚,在不同场合做证的海军指挥官可能夸大了他们对基梅尔判断的认可。十多位美国最高级的海军军官在1941年秋天的多次听证会上故意对他们说过的话撒谎,这看起来似乎是不可能的。除非我们确信,在夏威夷的海军集团中的高级官员在听证会上做伪证,否则基本上可以确信,他们中的每一个人都认为那种有限的警觉就足够了。

[5] 在1941年美日关系史中,佩弗(Peffer)指出:

日本把自己拖进了一个生死攸关的处境。它不能任由自己停留在那里。要改变的话需要接受投降，意味着接受慢慢饿死的惩罚。它要不就完全地撤退，宣布放弃它得到的一切，或者前进……它唯一不能做的，就是消极地等待死亡。没有一个国家可以这样做，当然日本更不会。它不会撤退。同样的，在日本的计划中，军队不会在牺牲自己优势的情况下选择这样做……从1941年7月开始，它确定的是……在一些斡旋中失败了，太平洋的战争即将爆发。(Peffer, 1958：396)

[6] 根据基梅尔的参谋长威廉·W. 史密斯所说，基梅尔上将和肖特将军一周内至少召开两次联合会议，包括他们各自的一些手下。(*Hearings*, 1946：Part 26, 44) 安德森海军中将在接受布朗洛（Brownlow）的一次采访时，描述了基梅尔和肖特之间的密切关系：

> 有资料说肖特和基梅尔之间有嫌隙，这是完全错误的。现在回想起来，在偷袭之前的几天我去见基梅尔的时候，有报告说肖特来访……我自然地站起来准备离开，因为这是高级陆军军官来拜访高级海军军官。基梅尔说道："安迪，坐下吧，不用走，留在这儿！"我坐下来，肖特走进来，他们亲密地向对方问好，就像死党那样。(Brownlow, 1968：88)

[7] 随着危机在11月末12月初加深，斯塔克上将开始对他个人的沟通更为谨慎，但是他表现得既不热烈也不冷漠，不时地表达自己的乐观和悲观态度。例如，在1941年11月23日写给基梅尔上将的信中（12月3日收到），他说明情况很严峻，罗斯福总统和国务卿赫尔都认为日本会发动突袭。当然这加强了在11月24日和11月27日官方警告信号的严重性。但是斯塔克继续说道："从多方面来看，发生在菲律宾的袭击对于我们来说是最麻烦的。有些人认为可能会发生。虽然我并不像别人一样这样认为，但是由于其他人强烈地这样认为，我也就把它包括进去。"(*Hearings*, 1946：Part 16, 2224)

鉴于海军集团的大多数人都不担心珍珠港的安全，在这封信的最后一部分，斯塔克一定是想要告诉基梅尔上将，以及那些和他一起讨论问题的顾问们，不需要慎重考虑对珍珠港的可能威胁。如果拥有更多内部消息的海军指挥都认为菲律宾是更不可能的目标，那么我们为什么要自寻烦恼呢？

[8] 根据沃尔斯泰特的说法，在与日本的谈判中，国务卿赫尔以及美国政府的其他代表提出了无法妥协的要求，他们极大地低估了日本的绝望以及准备冒的风险。和夏威夷的海军军官一样，战争委员会的成员沾沾自喜地认为，日本将会被美国的军事

力量所震慑，他们会小心翼翼地避免将美国拖入战争。罗斯福政府的批评者指出，如果战争委员会的成员更多地考虑日本强硬军事精英的其他选择，那么在珍珠港偷袭前几个月的谈判中就可以直接以外交的手段达成美日满意的解决。华盛顿的陆军和海军首脑认为应该尽可能地推迟太平洋战争，而优先援助欧洲的同盟击败纳粹德国。一个关于其他战略更为开放的观点是，当海军情报失去与日本航母的无线电联系，并且当两国关系面临破裂时，战争委员会的成员至少应该考虑到日本攻击的可能性。沃尔斯泰特认为，如果他们对于情况更加失望，毫无疑问他们会向夏威夷的陆军和海军部门传递更为清晰的警告。

战争委员会没有考虑到太平洋舰队的潜在危险，这主要表现在小组没有抓住警告信号，并且做出一些使夏威夷免遭突然攻击的特别准备。陆军和海军总部同样忽略了一个警告的影响力，正如战争委员会所做的那样。因此，一直到12月7日，战争委员会中没有人发现，无论是夏威夷的海军或是陆军领导都没有发布全面警报的命令，他们介绍说在空中巡逻和侦察中没有任何的变化，并且持续使用四分之一的军力继续防空行动。

肖特将军告知战争委员会的几位成员，他曾经错误解读了11月27日的战争警报，以为夏威夷所需要做出的唯一预警是小心阴谋破坏。他迅速地回应了：“报告海军部，保持警惕以避免蓄意破坏。来自海军联络部。”（引自Buchanan，1964：56）早在11月28日，华盛顿就已经接到了他的回应，并且迅速告知了史汀生部长、马歇尔将军以及杰罗将军（General Gerow，陆军作战计划部部长）。他们三个照常给出了回应并且将其存档。

一直到12月7日上午遭到偷袭的几个小时之前，针对珍珠港的威胁并没有受到战争委员会的重视。那天早晨马歇尔将军和斯塔克上将收到MAGIC所破译的消息，是华盛顿的日本大使在东部标准时间下午1点直接递交给美国的最后通牒（相当于战争声明）。传递这一消息的布拉顿上校（Colonel Bratton），认识到华盛顿的这个时间刚好是夏威夷的日出，很可能爆发一场黎明的攻击。在将军与上校的一些争论之后（斯塔克认为夏威夷很早就已经收到了警告信号），两位军事首脑同意对夏威夷和其他美国基地发出最后警告，要求他们准备应付大规模袭击。如果这一消息被迅速传递出去，将会给夏威夷的海军和陆军提前两个小时的准备时间，然而战争部门无线电无法联系夏威夷的陆军总部，因为办公室在周日上午不工作。另外两个对夏威夷的直接无线电通讯是可用的，一个属于海军，另一个属于联邦调查局。但是信息中心信号官不知道这条信息是紧急的，因为马歇尔将军很明显在匆忙之中忘记标记它是紧急电报。所以这条消息按正常流程由西联发出，当轰炸已经开始时，这条消息才被摩托车送到陆军总部。

第五章

[1] 在为第五章做准备的时候,我充分利用了《五角大楼文件》,包括尼尔·希恩(Neil Sheehan)和他的同事们编辑的由《纽约时报》(*New York Times*)出版的单卷本,以及由美国政府出版的12卷本的全部。关于约翰逊顾问团队成员一致的态度、期待和规范等信息的主要来源之一,是小詹姆斯·托马斯(James C. Thomas Jr.)1968年发表的有关内幕的叙述,这一叙述让人大开眼界。他是一个来自哈佛大学的历史学家,首先是以国务院亚洲问题专家的身份,随后是以麦克乔治·邦迪白官顾问的身份参与了会议。切斯特·库珀(Chester Cooper)是约翰逊政府时期国务院的一名官员,在1965—1968年期间他参加了无果而终的和平谈判的尝试。我从他的回忆录《失败的圣战》(*The Lost Crusade*)中也获得了类似的内部材料。

关于和平谈判和军事行动的其他材料,主要来自戴维·克莱斯诺(David Kraslow)和斯图亚特·卢里(Stuart Lorry)的《在越南秘密寻求和平》(*The Secret Search for Peace in Vietnam*)一书。他们以记者的身份采访了参与制定美国对越南政策的许多政府官员。前空军副部长汤森·胡普斯(Towsend Hoops)在《有限的干预》(*The Limits of Intervention*)一书中写道,约翰逊政府后期所面临的社会和政治压力,让麦克纳马拉和其他高级官员不再抱有幻想,开始主张战争降级。有关约翰逊核心圈子成员态度的更多观察材料,来自亨利·格拉夫(Henry F. Graffiti)的《周二内阁》(*The Tuesday Cabinet*)。他是一个历史学家,在1965—1968年越南战争的四个关键阶段,他都对约翰逊总统和他的主要顾问们进行了采访。我还利用了约翰逊的传记《登高望远》(*The Vantage Point*)以及比尔·莫耶斯(Bill Moyers)对他的两次采访。背景材料主要参考了莱斯利·盖尔布(Leslie Gelb)、菲利普·盖琳(Phillip Geyelin)、罗杰·希尔斯曼、丹尼尔·埃尔斯伯格(Daniel Ellsberg)、伊锡尔·普尔(Ithiel Pool)、乔治·雷迪(George Reedy)、汤姆·威克(Tom Wicker)、拉尔夫·K. 怀特(Ralph K. White)等人的著作。

[2] 约翰逊政府做出越南战争决策的公开资料已经足够丰富,至少是在一些核心问题上,有真实的细节,可以得出一些初步的答案。考虑到我们对小集团思维已有的了解,这些大可以归属于小集团思维的症状。正是在形成和试图回答这些问题的过程中,才能真正了解小集团思维假设的所有意义。在此我所说的"意义"是技术上的,和卡尔·亨佩尔(Carl Hempel)、亚伯拉罕·卡普兰(Abraham Kaplan)、卡尔·波普尔(Karl Popper)以及其他一些哲学家所使用的一样。通过提出详细的问题,并根据证据来回答这些问题,即探讨小集团思维的假设是否可以应用于对特定的历史时期的一个决定或一系列决策的解读,我们可以明确如何验证,如何引入对事实的观察来决

定,用小集团思维的倾向对一系列历史事件进行心理学的解读是可行的还是不可行的。

[3] 在很多精神科医院和诊所,我们可以看到相反的趋势发生。在关于治疗病人的基本问题上,主管、负责人和精神科的职员在治疗病人的时候就像政策制定集团一样。一些精神科医生,以行政人员的身份,制造了一定程度可能会产生决策后果的官僚矛盾,其态度可以和在华盛顿的五角大楼里的官僚们的态度相提并论。[精神科医生中的这种态度在纪录片《提提卡失序记事》(*The Titicut Follies*) 中有很多描述。] 虽然如此,政策制定集团的"精神医生"可能意识到这种态度所带来的严重后果,都认为他们应该避免把病人非人化地看待。当这种新的集团规范形成后,我们可以看到政策制定者使用的词汇中的巨大变化。"病人"突然变成了"先生""女士"和"孩子",相应地,在制订计划的讨论过程中也有了更为人性化的考虑。

[4] 胡普斯称,事实上是克拉克·克利福德单枪匹马成功地说服了团队成员,他们应该改变政策。这一观点受到了约翰·P. 罗奇(John P. Roche)和其他人的质疑。根据《五角大楼文件》,约翰逊总统之所以在1968年3月决定寻求实现和平的新途径,其中一个重要的考量是,"他的主要顾问,特别是国防部长克拉克·克利福德确信,威斯特摩兰将军增军的要求不太可能使赢得军事胜利的可能性增加"(quoted in Sheehan et al., 1971: 612)。

第六章

[1] 第六章主要参考了五份关于古巴导弹危机的材料:亚伯(Abel, 1966)、希尔斯曼(Plillsman, 1967)、罗伯特·肯尼迪(R. Kennedy, 1969)、施莱辛格(Schlesinger, 1965),以及索伦森(Sorensen, 1965)。罗伯特·肯尼迪与西奥多·索伦森是执行委员会中的关键人物,而且基本上出席了所有的会议。这两个人同样与肯尼迪总统进行了多次私人交谈,而且还与他进行了私下的商议,其中的很多内容都被他们对于这场危机的记录所涵盖。希尔斯曼作为国务院情报部门的主任,对国务卿腊斯克以及委员会中与他关系密切的其他成员的私下情况比较熟悉。他也记录了他所参加的执行委员会的若干关键会议的内容。施莱辛格的《一千天》主要依据的是文件证据,以及他与参与者的个人讨论。施莱辛格并没有出席执行委员会前五天的会议,前五天的会议最终决定进行海军封锁,但是他被要求帮助执行计划,并且在白宫目睹了危机后期的一系列事件。亚伯是一名杰出的记者(后来出任了哥伦比亚大学新闻学院院长),危机期间他正好在华盛顿,他将文件证据与参与者的个人叙述归整在一起,以尝试对在那13天危机的每一天里白宫所发生的事情进行重构。我也借鉴了亚历山大·乔治那富有洞察力的、用强制外交战略对古巴导弹危机所做的分析(George, 1971),以及格雷厄姆·

艾利森那本可以激发人想象的、包含了对危机三种不同类型分析的书（Allison，1971），它们中的每一个都是以不同的理论模型为基础。最后，在对我所参考到的与执行委员会商议内容有关的有价值历史材料进行评估的时候，我得到了盖尔·特恩（Gale Tenen）小姐在我的研究生研讨课的学期论文中的部分内容的极大帮助。

一般来说，我们所遇到的实际情况是，几乎所有来自于那些参与者的、对执行委员商议过程的观察中，都是以积极的视角来反映团队的行动。这一偏向可以在所有政策制定团队的历史中发现。当我们在面对被认为是制定得好的政策，而非会导致失败的错误政策时，这一偏向表现会更严重。我对这一问题的回答，不同于我在第一章附加说明提到的需要谨慎对待的内容，在读完所有的有关材料之后，我对参与者提及的执行委员会所运用的决策过程，与他们商议所在环境的一致性印象深刻。我所留下的这一一致的印象，如果不是因为参与者对于他们确实所看到的情况的精准描述的话，就是因为他们共同谋划编造了一个神话，以在究竟发生了什么事情这一问题上对公众进行误导。

［2］当总统不出席小组会议时，他的影响在某种程度上还是会存在，尤其是因为他的弟弟经常会成为负责主持讨论的领导人。一位与会者对此评论称：“我们知道小弟弟正在看着我们。”但是他又补充说道，这其实是为了能够对会议加以引导，"以刺激进行真正的讨论而做的有益的影响"，或许这是"他比总统待在这里的时间要少的原因"（Abel，1966：58）。但是总的来说，面对一个"小弟弟"与面对一个"严父"还是不一样的。

［3］格雷厄姆·艾利森（Allison，1971：124－126，204－210）断言称，"错误的沟通"（miscommunication）和"错误的信息"（misinformation）才是造成执行委员会选择封锁方案而没有选择外科手术式的空中打击的原因。因为团队后来被勒梅将军和其他军事专家所误导，认为后一个方案存在着诸多限制。此外，艾利森还指出，就算是团队暂时决定进行封锁，对于空袭可能有效性的精准信息搜寻其实还一直在继续之中。艾利森说，肯尼迪在与空军专家举行了特别会议之后，"他似乎重新考虑了空袭方案"，不过在会议上，他被空军战术司令部的指挥官告知，如果预期对古巴导弹基地发动突然空袭的话，只有不到90％的有效性。艾利森在了解了大量事实的基础上认为，90％的估计其实是在有缺陷情报的基础上做出的不足估计，这一有缺陷的情报使空军专家认为，苏联的"移动"导弹可以在空袭期间被转移，并且可以在不同的位置发射。不过，现在还不是很清楚的是，总统和执行委员会的成员们是否获知了这个错误的信息。在当时的情况下，不可能指望他们会去质疑这个情报估计，而且在冲突的情况下，由多人完成一项之前从来没有实践过的任务时，这一复杂军事行动有效的概率也不可能

注 释

达到100%。

执行委员会的成员们，显然不会对空军专家所做的令人失望的估计感到满意，但是，他们在确定选择封锁方案之后，还是继续搜寻空袭方案有效性的信息。由于从文职专家那里较早地获知了，关于外科手术式空中打击更为乐观的估计，他们在导弹危机结束之前又将空袭列入备选项中。执行委员会的成员们其实都察觉到了，空军的将军们在回答关于外科手术式空袭的问题时，提供了误导性的答案，因为他们想兜售他们所偏好的大规模空袭方案。艾利森说："在第一周末尾的时候，这种误解在（执行委员会中的）若干位领导那里已经表现得很明显了。"（Allison，1971：125）

[4] 艾伯特和罗伯塔·沃尔斯泰特认为，肯尼迪总统之所以谨慎且逐步地延缓与俄国人发生直接的军事冲突，这可能反映出了一个"重大后果"的影响，这一"重大后果"就是，总统知道他所选择的行动方案可能会带来的问题（Wohlstetter A. and Wohlstetter R.，1965：19）。相同的考虑可能也同样适用于政策制定团队的其他成员们。此外，需要意识到的是，存在核战争的可能并不必然会让所有高级别的政府团队在面对危险的冲突时，都会选择谨慎的步骤。参谋长联席会议当然知道军事对抗将会导致的"重大后果"，另外，从古巴导弹危机开始到结束，他们都一直要求对古巴进行大规模打击，而且他们想赌一把，赌苏联不会对美国发动核打击进行报复。艾利森（Allison，1971：206）呼吁对如下事实进行关注，即尽管到星期日的时候危机已经结束，俄国人也已经同意将导弹撤出古巴，空军参谋长仍然建议美国政府，"无论如何，在周一还是要发动攻击"（Kennedy，1969：119）。

内森的看法与沃尔斯泰特有很大的不同。他认为，因核战争的威胁而导致的巨大心理压力，使得合理的决策被排除在外。内森说："肯尼迪政府最璀璨的时刻——就是古巴导弹危机期间——其光芒也开始被批评者诟病。"（Nathan，1975：256）他补充说，绝大多数修正主义者批评称，"它是相当有争议和浅薄的"（Nathan，1975：256）。在我看来，他自己对达成决定方式的批评，面临着两个相同的缺点。（尽管他也多次明确指出，肯尼迪的接班人后来错误地将古巴导弹危机，用作处理国际冲突时进行危机管理的模型。）内森没有提供证据，但是他推测，肯尼迪团队的成员们可能并没有对所有备选方案进行全面的权衡，因为他们中的某些人意识到，在这尝试性的13天中，他们对于可能会发生的事情非常忧虑，他们不但时常会感到惴惴不安，而且还会因长时间的紧张和压力而感到疲倦。内森希望我们能够相信，"在压力之下的人，是基本上不可能做出深思熟虑的判断的"（Nathan，1975：259）。不过，从行为科学研究的结果，以及对古巴导弹危机所做的案例分析所获得的证据，都不能证实这样的结论。（See Janis and Mann，1977）

第七章

[1] 在对这一章进行准备的时候，我主要参考的就是琼斯的《十五周》(*The Fifteen Weeks*)这本书，它对制订马歇尔计划的过程有一个细致的描述，琼斯作为国务院内部人员，可以对马歇尔计划进行直接观察，而且还可以得到内部的文件。另一个关于决策过程的主要来源是乔治·F. 凯南的《回忆录（1925—1950）》。其他材料来源包括：另外两位参与者迪恩·艾奇逊和查尔斯·E. 波仑的回忆录；来自于哈利·B. 普里斯（Harry B. Price）的一本书，他采访了国务卿乔治·C. 马歇尔、埃夫里尔·哈里曼，以及其他主要的参与者。我还就马歇尔计划的部分内容查阅了不少对杜鲁门政府政策的历史分析，包括巴尼特、伯恩斯坦、加德纳、柯尔克与柯尔克，以及拉·法布尔、诺伊施塔特、帕特森、珀金斯、斯帕尼尔（Spanier）、威廉姆斯的书籍和文章。

[2] 杜鲁门主义被美国的媒体大加赞赏，称它在为保障欧洲自由国家的主权方面，做出了建设性的努力，这些欧洲国家当时正面临着经济援助的迫切需求，以及来自苏联日益增长的高压的威胁。不过，它也遭到了一些严厉的批评。政治保守主义者认为，杜鲁门主义不但纵容了那些会欺骗美国的外国政客，还给予了他们以全权委托。那些自由派和左派人士则指责杜鲁门政府，打着阻挡"共产主义的威胁"的旗号，却试图通过收买进而控制那些欧洲小国。另外一些批评来自威廉姆斯以及其他一些修正主义历史学家，如巴尼特（Barnet）、伯恩斯坦（Bernstein）、加德纳（Gardner）、柯尔克与柯尔克，以及拉·法布尔，这在之后的文章中会提到。通过回顾，他们认为，杜鲁门主义不但是使欧洲作为一极的重要一步，也是支持极右翼人士的意识形态借口，更是为了在希腊和土耳其维持并扩大美国对外贸易的反动体制。斯帕尼尔（Spanier）和其他一些历史学家，对修正主义历史学家的证据提出了质疑，他们认为，杜鲁门主义是针对苏联在战后扩张的合理应对措施。

到底事实是在对杜鲁门主义批评的那一边，还是在支持杜鲁门主义的那一边，其实是一个很难决断的问题。不过，这已经足以使我们认识到，杜鲁门主义对于美国政府来说，开创了一个酝酿变革的新时期，这尤其体现在国务院中，其顶峰就是制订马歇尔计划。

[3] 在关于马歇尔计划是如何发展出来的叙述中，迪恩·艾奇逊基本上没有给凯南或者他的小组什么帮助（或许，这就是两个人在其他政策议题上有长期分歧的结果）。艾奇逊称，他本人和威廉·克莱顿在国务院中对马歇尔计划的主要工作负责。他也承认，凯南的小组起了些作用，但是他认为，凯南的报告"虽然比克莱顿的（备忘录）更谨慎，但是里面的问题更多，而且更危险"（Acheson, 1969：231）。

琼斯也是一名曾参与其中的人员，他认为凯南小组所做工作的重要性以及贡献要大得多。他所描述的内容与我们从凯南回忆录中得到的信息非常相似。琼斯认为,克莱顿的主要贡献是对欧洲的经济乱局进行的生动描述,这传递出一种紧迫感,有必要立刻采取行动了。琼斯回忆称,马歇尔国务卿召集的对政策建议进行评估的会议,主要"就是考虑凯南与政策设计室对关于欧洲重建问题备忘录的内容"(Jones, 1955: 249)。琼斯还断言,凯南报告中关于长期计划的内容,"基本上被原封不动地包括在"马歇尔国务卿在哈佛大学的演讲中,也就是之后的马歇尔计划中。(Jones, 1955: 250)在那篇演讲中,"凯南备忘录的全部内容,克莱顿的许多段落和文字图片,都可以清晰地看到"(Jones, 1955: 255)。

[4] 迪恩·艾奇逊在马歇尔计划初始阶段的工作中,以及争取国会批准对计划的采纳时,都扮演了中心的角色。艾奇逊称,马歇尔国务卿把计划的目的归为对抗"饥饿、贫穷、绝望以及混乱","基本上是正确的"。但是他补充认为,这种表述还不足以向国会以及美国社会中有影响力的人物,来"兜售"这项计划:

可能除了保罗·霍夫曼以外,我和其他活跃的人一样,都已经发表了不少关于马歇尔计划的演讲,也回答了不少关于马歇尔计划的问题。不过,民众与国会代表似乎总想知道最终的结果,即马歇尔援助的实施到底能在多大程度上阻挡住苏联实力的扩张以及共产主义经济和政治的组织与联盟的渗透。那些共产主义者和时政评论家们,可能会像无声的动态图片放映机一样,操纵不用付出流血代价的语言和概念,而他们的大批追随者们对此却并没有意识到。(Acheson, 1969a: 233)

[5] 当被问及,如果苏联也准备加入的话,会发生些什么的时候,凯南根据他自己的观点,回答道,只需要"按既定方针办就可以了"(Kennan, 1969: 360)。但是,不少历史学家都认为,凯南虽然是这么说的,但是并没有真的"按既定方针办"。有许多迹象能反映出,他们只是在表面上对苏联公开邀请,而实际上更像是一个基于精明算计之上的宣传设计,它会使苏联领导人很快拒绝合作。苏联的拒绝,将会把欧洲的东半部分与西半部分出现的任何争论的责任,都归到苏联方面,而非美国。比如,帕特森就说:"许多被采访的欧洲人和美国人在谈及'马歇尔计划'时都认为,美国的邀请只不过是一个姿态和外交技巧罢了,其目的是把拒绝的责任归到苏联的身上。"(Patterson, 1970: 101) 帕特森的推测,被之前曾参与马歇尔计划的一个人的回忆录中的内容所证实,这个人就是查尔斯·E. 波仑(Bohlen, 1969: 91)。不过,这些评论家并没有对向波兰、捷克斯洛伐克以及其他苏联的卫星国发出邀请的真实意图产生质疑。

[6] 主管经济合作署（Economic Cooperation Administration）工作的是保罗·G. 霍夫曼（Paul G. Hoffman），这个机构作为马歇尔计划的补充，也在哈里曼委员会那份"精心构想"的高质量报告中被称赞。经济合作署在使计划能够得到商业、劳工、农业以及普通大众等利益部门接受的过程中发挥了至关重要的作用。霍夫曼认为，有一个人比其他任何人都重要，委员会那篇高质量报告的功劳，应该归他与哈里曼委员共同所有。这个人就是理查德·M. 比斯尔，他是麻省理工学院的一名经济学教授，并被任命为哈里曼委员会的全职执行秘书。比斯尔勇敢地承担了委员会协调和统筹工作。这个人后来担任了中央情报局的副主任，在肯尼迪政府时期，他主要负责协调（或者更准确地说是错误协调）那个设计有缺陷的猪湾入侵计划。在这里，我们能够再一次发现，在一个由批判性评估者所组成的小组中的一个正面人物，会在一个寻求一致的小组中成为一个负面人物。一个能力极强的人，当他成为被小集团思维趋势主导的政策规划小组的成员时，其工作水平将会显著恶化。

第八章

[1] 在泰特洛克对美国总统和国务卿所发表的演说的研究中，有三篇选取的文章在本书第二、三章和第五章对小集团思维决策的描述中，都被涉及了——它们是猪湾入侵、朝鲜战争的升级，以及越南战争的升级。通过运用系统内容分析法，他将这些演讲与那些没受小集团思维影响的决策，也就是第六章和第七章的内容进行了比较——古巴导弹危机和马歇尔计划。泰特洛克发现，当领导人在宣布和解释受小集团思维影响的决策时，他们的讲话不仅在用认知复杂性进行测量时会得到很低的分，而且还会经常出现对美国及其盟友不负责任的正面评价，这说明他们对自己的团队以及自己的支持者所使用的，是一种积极的刻板印象。实际上，这与对共产主义国家及其同盟相对较多的负面评价相比，没有什么明显的不同，这可能反映的是对敌对方的消极刻板印象。尽管前两个发现可以支持小集团思维的假设，而后一个发现还不能。但是，政治领导人在准备他们公开演说的时候，还是明显减少了对于敌对国家的负面刻板印象的思考，尽管这一思考可能会自动地进入政策决定之中，而且可能还会受到小集团思维症状的控制。当然，毋庸置疑的是，领导人在处理公共关系时肯定是相当娴熟，而且当他们作为处理外交事务的政治家时，也会避免在他们演说的内容中提及对对方团队的负面刻板印象。通过那些例子，泰特洛克的主要发现说明了，即使领导人们在公开场合下，会尽量表现出自己是明智的政策制定者，会将问题的所有复杂性都考虑在其中，但是，如果他们的决定是小集团思维产物的话，他们还是无法避免在将他们的决定公之于众时，表现得相对头脑简单。

注释

泰特洛克的研究是具有开创性贡献的,他为进行系统和客观的比较案例研究建立了一个模型。这类研究可以为关于小集团思维起因和结果的有关假设,提供可信的证据。

[2] 在1938年9月,张伯伦和其他一些人准备与希特勒举行峰会以解决捷克斯洛伐克危机时,他的核心圈子中的成员曾多次表示让他放心,其中的若干内容在他的日记中也有过描述。张伯伦表示,他自己一开始并不能确信计划会成功。在贺拉斯·威尔逊向他建议完之后,他又和西蒙、霍尔以及哈利法克斯商谈了此事。张伯伦在私人日记中写到,哈利法克斯与其他人不一样,他表现得很犹豫:这项计划"过于非传统和大胆,在哈利法克斯听完之后都屏住了呼吸"(Feiling, 1946:357)。不过之后,张伯伦又补充道,他并不打算废弃这项计划,因为根据亨德森这位驻在柏林的核心圈子成员的反馈,他支持张伯伦执行这项计划。1938年9月3日,张伯伦说他知道哈利法克斯不支持这项计划,而且他对这项新计划也没有表现出太大的热情,他在日记中写道:"我希望永远不会出现需要将它付诸实践的情况。"(Feiling, 1946:357)但是到了9月11日,当经过与核心圈子的成员们进一步讨论之后,他表现得非常期待,希望能够获得一个"使国际局势彻底改变的机会"。在那时,他在日记中唯一提及的风险,就是"希特勒可能会(针对捷克斯洛伐克)采取出其不意的行动,而我们对此却无法预知"(Feiling, 1946:360-361)。

第九章

[1] 对这一章来说,主要的材料——从第一和首要两个意义上来说——是21次关于掩盖"水门事件"的会议尚未编辑的录音带逐字记录的副本。这些会议是从1972年6月23日到1973年4月25日,尼克松与他的一个或多个高级助手一起召开的,还有1973年尼克松和霍尔德曼两次长时间电话谈话录音尚未编辑的记录。在本章注释中,"记录"(Transcript)指尚未编辑的会议和电话谈话记录文字版本的副本——其中插入了一些证明其有罪的陈述。在白宫更改过的版本中,这些陈述和一些骂人的用词一起被删除了。这些尚未编辑的记录由众议院司法委员会准备,以"八次总统谈话记录"为名出版。(这些包括1972年9月15日的记录和1973年以下日期时间的记录:2月28日、3月13日、3月21日上午和下午、3月22日下午、4月16日的上午和下午。)其他的记录则是由司法部的工作人员为了"水门事件"检察官在法庭使用而准备的。它们以《国会记录》的《水门事件:危机大事记》的附录的方式出版。(这些包括1972年6月23日上午和下午的记录,以及1973年以下时间的记录:1月8日、3月17日、3月20日、3月22日上午、4月17日,还有4月19日和4月25日召开的多次会议的

记录。）

另外一个文献证据的主要来源是《众议院司法委员会最终报告：对美国总统尼克松的弹劾》。这个报告包含有被法庭传审的白宫录音带的节选。

因为能够得到尚未编辑的记录，没有必要再依赖刊登在《纽约时报》上面那些在听证会上发誓后所做的任何证言和参议院"水门事件"（欧文）委员会根据参与掩盖阴谋的那些人的话而编辑的最终报告。其中有些证词是错误的，还导致了伪证罪；根据一般推理，其中的大部分是值得相信的，但是具体的谈话细节不一定值得信赖，因为记忆有误，正如奈瑟（Neisser, 1981）在把约翰·迪恩的证词和两次关键会议的记录进行比较后所发现的那样（第九章尾注［8］对奈瑟的研究有专门的讨论）。

只是在为了查阅背景的时候，我才对经尼克松对录音记录进行编辑后予以发表的少数几个并不关键的会议和电话记录进行了核对。因为这些经过编辑的记录可能删去一些内容，一些让尼克松感到尴尬的话可能是不准确的，在总结出结论的时候我并没有依据这些经过编辑的记录摘编。

对于"水门事件"爆发后九个月内白宫共谋者对各种各样困境和事件主观反映的证据，我仔细研究了掩盖"水门事件"的三个主要参与者——尼克松、霍尔德曼、迪恩——所出版的回忆录。尽管这三个人没有一个在白宫期间拥有诚信的信誉，但是后来出版的回忆录中的有些材料（特别是会议结束后就立即记录下来的个人日记）可以用作比较初始的证据，显示他们在参与做出掩盖决定时是怎么想的，感觉如何。出于同样的目的，我还使用了另外两个主要参与者——埃利希曼（John Ehrlichman）和科尔森（Colson）主观评论中的引言。（埃利希曼的回忆录是1982年出版的，这个时候本章已经发表了，太晚了没有使用。）

在已经发表的众多关于"水门事件"的历史和新闻叙述中，我发现在背景材料、评论和解读方面文献价值最高的是，西奥多·H.怀特（Theodore H. White）的《背信弃义：理查德·尼克松的倒台》。布兰查德（Blanchard）、卢卡斯（Lukas）和贾沃斯基（Jaworski）的书也提供了一些额外的值得关注的评论。

社会心理学家的三篇文章——分别是由杜安和康奈利（Duane and Conally）、雷文、皇-麦卡锡撰写——提供了白宫谈话过程中所表现出来的小集团思维症状的非常有价值的线索。雷文对尼克松团队所进行的社会经济学的分析和皇-麦卡锡对尚未编辑的记录进行的内容分析方法非常有用，我对它们进行了详细的总结。

［2］对于谁批准了潜入水门大厦，参与者一直没有一致的意见。例如，米切尔反驳马格鲁德和拉吕说，利迪轻率的计划只是与监听民主党在迈阿密召开的党代会有关，任何会议都没有批准他这样做。尼克松总统的办公厅主任霍尔德曼（Haldeman, 1978：

220—222）猜测，利迪最初是受到其以前的老板，即尼克松白官的顾问之一查尔斯·科尔森的委托制订这个计划的，而科尔森则又是受总统的指示去获得民主党主席拉里·奥布赖恩（Larry O'Brien，他在水门大厦的办公室遭到窃听）的信息。根据霍尔德曼的说法，尼克松特别想知道奥布赖恩在做出什么，交换条件是从富翁霍华德·休斯（Howard Hughes）的数百万美元的捐款中扣留了18万美元。但是，由于利迪当时在总统竞选连任委员会，为了得到支持这项任务的数万美元，他可能得到了该委员会主席约翰·米切尔或者他的代表的同意。根据霍尔德曼的说法，在那个特殊的时期，米切尔受到其重度抑郁症和酗酒所引发的个人问题的困扰，再加上他的新职位给他增加了复杂的政治问题，他可能不经意地授权利迪，让他自己组织了由前中央情报局特工组成的团队来实施对水门大厦的非法入侵，而没有审查这个蛮干计划的细节。

[3] 为1974年10月《哈珀斯》"统治者和现实"栏目撰稿的其他六个人分别是：詹姆斯·博朗（James Boren）、阿特·布赫瓦尔德（Art Buchwald）、维克托·戈尔德（Victor Gold）、迈克尔·诺瓦克（Michael Novak）、默里·N. 罗斯巴德和沃索恩（Peregrine Worsthorne）。

[4] 西奥多·H. 怀特在他的《背信弃义》（Breach of Faith）一书中对"水门事件"的历史和尼克松的下台有详细的叙述。该书讨论了多个原因，但几乎没有提到小组动力。他最接近这种解释的说法是，他在叙述尼克松个性"卑鄙一面"的时候谈到，霍尔德曼、科尔森和尼克松在白官的其他助手，可能让他身上最坏的东西表现出来。例如，怀特不加评论地引用了伦纳德·加门特下面的话，这句话含含糊糊地暗示，团队过程可能在掩盖决策过程中发挥了一定的作用："他周围有些人让他和他们相互之间的缺点……产生了一系列消极的东西，而不是将这些东西掩盖起来，并让这些消极的东西互相放大。"（White, 1975: 163）这句话表明，从小集体动力的角度对尼克松小集团掩盖决定进行研究是值得的。

在非常畅销的《倒台之前》（Before the Fall, pp. 272—277）一书中，威廉·萨菲尔（William Safire）论述了我的小集团思维假设。但是，他的评论仅限于1972年以前，而且主要是关于水门掩盖以外事情的。他说，在"水门事件"以前，尼克松和他的团队中，有时候，但并非总是表现出小集团思维的症状。这样说的意思显然是，不仅决策层，而且其成员们，包括赫伯特·克莱恩、丹尼尔·帕特里克·莫伊尼汉（Daniel Patrick Moynihan）、帕特里克·布坎南（Patrick Buchanan），甚至萨菲尔自己，所有这些人都被贴上"一帮古怪的人""沉迷于对传统进行攻击的人"的标签。萨菲尔强调在某些问题上**没有小集团思维症状的表现**。如尼克松团队在是否能赢得下一次大选的问题上并没有坚不可摧的错觉（他们觉得"1968年是以微弱优势赢的"，"1972年有可能以微弱优势赢或以微弱劣势输"），按照萨菲尔的说法，他们在对外政策问题上也非常警觉。另一方面，"组成一队'管道工'来保护秘密"的危险，以及"没有看到把反对无赖的军队变成个人的秘密警察的危险"，通常都被忽视了。萨菲尔说，通过预防忽视对手在政策选项上的反对意见而出现一面之词的情况，霍尔德曼阻止在对外政策上和特定的国内政策问题上出现小集团思维。萨菲尔还说，在处理泄露事件和过分利用总统权力攻击政治对手的行为时，霍尔德曼并不是"反对开放政策选项的守护者"：

> 因核心圈子的小集团思维和偏执狂般的风格确实灾难性地增强的，是成员相互之间的态度，但是没有一个人思考如何提防这些。
> 必须用以毒攻毒的态度，用"管道工"对付"泄密"，以全面的政府压力来对付政治对手，危险是如此巨大，必须以最严厉措施应对——不幸的是，用霍尔德曼喜欢用的话来说，这一切"没有人员来落实"，而正是在这个节骨点上行动执行者才需要"指导"。

萨菲尔所谈到的在潜入"水门事件"发生前的小集团思维，与我的设想是一致的，即坚不可摧的错觉和小集团思维的其他症状可以在小集团制定同一类政策的时候表现出来（如破坏政治对手的能力），而不一定表现在其他问题上（如对外政策）。如图10-1（第312页）所示，我对小集团思维理论的分析表明，同一个团队可能在这个时间而不是在另一个时间表现出小集团思维症状，这完全取决于是否存在促成或阻止团队不加批判的思维方式的条件。

[5] 参与掩盖"水门事件"的尼克松的所有主要助手都被法庭判决有责任，被监禁起来。

[6] 雷文（Raven, 1974）推测，除了小集团思维外，还有四个因素让白宫的团队愿意采取冒险的掩盖政策。一是派系争斗，尤其是在霍尔德曼领导的白宫和米切尔领导的司法部之间，这种争斗让他们丧失了道德约束，并愿意为了获得策略上的收获而不惜冒极端的政治风险。另外一个因素，是白宫团队在任何有利行为上都有一种过度的权威（authorization）感，这种权威感有持久的传统，源于他们对自己政治目标合法性的强调。第三个因素，是在有利的政治行为上的高度程序化（routinization），以至于在日常讨论的时候从来不谈道德问题。第四个因素，是团队成员对局外人非人化（dehumanization）的习惯性倾向，这种倾向进一步加强了他们操控局外人而不考虑法律、道德和人道方面限制的倾向。在我看来，这四个原因本身都是重要的原因。但是，它

们在成员努力追求一致的团体决策活动中才有可能施加其最大的影响,而对一致的追求则是小集团思维症状的表现。

雷文在对他提出的上述后三个原因——权威化、程序化和非人化——进行解释的时候,借鉴了赫伯特·科尔曼(Herbert Kelman, 1973)在道德原则对反社会行为限制减少的条件所进行的分析。尽管科尔曼的分析是对与基本的人道原则极端偏离行为的研究,如纳粹种族灭绝的集中营和美莱村大屠杀,但这些分析是以普遍原则的方式提出来的,适用于民主政府和任何其他团体和组织的偏离行为。

雷文和鲁宾(Raven and Rubin, 1977)指出,在保持一致的压力非常强大的团体内,可能有一种"逃脱"规范,让团体成员采取越来越极端的立场:

和一般团队相比,尼克松团队决策的特点好像至少受到与"逃脱"规范同样的压力,而且有可能更加极端。必须采取同样的或者更加极端规范的一个领域,就是在对尼克松的"敌人"采取强硬立场方面。一个成员不能显得比团队成员的平均水平软弱,也不能更关注与媒体、自由派、知识分子或其他类似的组织打交道时候的道德影响。比这个规范做得有过之而无不及,就走上成功之路,如果显得比团队的平均值还软弱,就会被尼克松小团体开除。(Raven and Rubin, 1977: 431 – 432)

在雷文和鲁宾看来,在潜入水门大厦事件发生之前和之后,"逃脱"规范在尼克松的助手中间都表现得特别显著,因为两个帮派的成员都在各自的帮派内比看谁更强硬,也在帮派之间比看哪个帮派更强硬。

[7] 在皇-麦卡锡的编码方案中,对作为个人而不是作为总统或团队领导人的尼克松利益有关的评论,或者只与团队中特定的个人目标有关的评论,被看作是与团队无关的。在计算一致性分值的时候没有被包括在内。不包含任何实质内容的同意或不同意,而只是对完全属于事实的陈述或表达,如"对""可以"等属于假同意的词,在计算分值的时候也被排除在外。

皇-麦卡锡报告说,在媒体不断披露"炸弹"的第一个月,当时团队是内聚的,团队成员采取协调一致的行动来应对外部披露情况的压力,对一致性的总体测量表明,一致性的百分比相对较高。这段时间从1972年2月底持续到3月底。与此形成对比的是,在随后的一个月,随着团队的解体,对团队一致性的数值显示明显的下降。从统计学上看,对比前后两个月之间一致性的总体差异是非常重要的。

[8] 乌尔里克·奈瑟(Ulrich Neisser, 1981)对迪恩的回忆录进行了研究,详细审

查了他1973年在参议院"水门事件"委员会发誓做证期间出现的错误。这份研究关注的，是迪恩对在白宫椭圆形办公室的两次关键谈话（1972年9月15日和1973年3月21日）的回忆。奈瑟通过与尚未编辑的白宫录音记录里的客观文字记录进行比较，对迪恩的证词的准确性进行评估。他发现迪恩对时间和主要内容细节的记忆都有错误。有时候迪恩想不起来尼克松话语的要义和自己曾经说过的话。尽管如此，奈瑟评论说，迪恩证词的主体故事梗概基本上都是正确的。

在本书中，我并没有使用迪恩凭借他对白宫谈话的记忆于1973年所做的证词，而是依据了尚未编辑的录音记录。但是，我偶尔也的确使用了迪恩1977年出版的书中的内容。在这本书中，他查阅了尚未编辑的录音记录、对参与会议的其他人的采访，查验了1973年还得不到的有关的笔记和文献，纠正了很多他在早先的证词中的记忆错误。

[9] 可以想象，尽管没有明确地谈到他们的行为是否道德，尼克松和他的助手都相信他们的团队具有内在的美德。这很难观察到，因为它并不是直接表现出来的。例如，科尔森曾暗示一种基于内在美德的设想，从不需要讨论，甚至不需要私下去想：

> 我相信我所做的都是对的。我坚信，总统也相信他采取的行动都是为了国家利益……我想我在忠诚地为他服务——我现在认识到我并非如此——至少我从没有质疑他想让做的事是否正确和适当。（引自 Newsweek, July 1, 1974：17）

录音中有一些话好像是从道德上进行自我辩解，意思是说尼克松和他的助手在道德上是完美的。例如，1973年3月21日晚上，也就是迪恩向总统做"总统职位内部的癌症"的报告那一天，他对总统说霍尔德曼、埃利希曼和迪恩有可能因为不同的原因被判入狱。在别人都离开，就剩下尼克松的时候，尼克松对着录音机口授了当天的日记。其中有一句评论可以被看作是自我辩解，其大意是他们的非法行为可以从道德上得到辩护："正如我今天下午在会议上所指出的，我觉得所有参与其中的人，他们都是**为了最好的目的而参与其中。**"（引自 White, 1975：202，黑体着重号为本书作者所加）

第二天，迪恩花了很大力气才引起他们重视妨碍司法的问题，当尼克松和霍尔德曼对之讨论的时候——用白宫的行贿资金付给潜入水门大厦的人，让他们什么都不说——他们交换意见说，这样做没有错。"该死，"尼克松说："给他们筹集资金是对的……我们对不起他们。我们这样做是出于同情……（支付这些钱）没有汇报的要求，也没有任何其他这样的要求。"霍尔德曼表示坚决同意："我不觉得我们在妨碍司法，看在上帝的面上。"（1973年3月22日上午的记录）

341

注 释

大约两周后,当尼克松、霍尔德曼和埃利希曼决定发表一个公开声明,说约翰·迪恩是白宫唯一对掩盖事件负有责任的人,总统说了类似的自我辩解的话,意思是说迪恩代表尼克松团队所犯的错误从道德上看是可以原谅的,"关于迪恩所做的,他很清楚这样做是处于高尚的目的"。(1973 年 4 月 14 日的总统记录,引自 White, 1975:212。在经过编辑的总统记录中,这句话是霍尔德曼而不是尼克松说的)在此情况下,人们并不清楚他们如此强调高尚的品德以及诸如同情等人道上的价值,是带着正义的愤怒,真诚地表达出的道德上的判断,还是又一个自私的公共关系的脚本,以表明他们认为应当让敌对的批评停下来,这些烦人的批评在指责白宫握有大权的人犯了法。

在《总统大选》(The Making of the President)一书中描述了尼克松连任的大选后,西奥多·H. 怀特想在其续集《背信弃义》中解释了为什么尼克松和他的助手成为罪犯。他讨论和用文献列举了具体的原因,但是他最后得出的结论是推测性的。这个结论集中在核心圈子那些人的共同信念方面,他们认为自己团队所做的任何事情在道德上都是好的。怀特是这样构想他的结论的:

为了探究"为什么"这个问题的答案,你得接受这样的事实,理查德·尼克松和他的助手是……在进行一场意识形态的战争。因为他们认为他们的目的是高尚和必要的,因此他们敌人的目的就是危险和不道德的,他和他的助手们相信法律对他们没有约束力——或者法律是可以合法地违反的。(White, 1975:328)

根据我自己对记录的阅读,我觉得,怀特的推测是有些根据的,尽管证据还远不能让人信服。小集团每一次决定实施某一掩盖活动的时候,其成员都理所当然地认为采取"强硬"的行动是有根据的,完全不考虑外部对他们行为的评判则是不道德和违法的。如果没有从白宫的记录中找到毫不含糊的文献证据作为引证,是不能推测这个团队在道德上心照不宣的设想的。因为,正如我前面所说的,除了在拟定阻止或减少公众批评的公共关系策略外,该团队的成员几乎从没有谈到如何从道德上给他们的行为寻找依据。

[10] 也许霍尔德曼只是在帮助尼克松"发泄一下感情",并无意让尼克松建议采取这种犯罪的行动,利用"暴徒"来殴打抗议者。在他的回忆录《权力的终点》(The Ends of Power)中,霍尔德曼说,他有时候设法控制"尼克松思想中的那些不光彩的冲动"(Haldeman, 1978:92),给总统一种印象,好像他赞同他的命令,但事实上并不执行这些命令:

296

我很快就认识到，应该保护总统不受他自己的伤害。我时不时会收到他小规模的惩罚性的命令。"不应该让休·赛迪乘坐空军一号。"（赛迪是《时代》周刊的记者）甚至还有一两次，他说："禁止所有媒体记者搭乘空军一号。"（全体媒体记者陪伴尼克松的每一次出访）。或者在一个参议员发表了一个反对越南战争的演讲后他会说："对这个混蛋实行24小时监视。"他一而再、再而三地这样做。如果什么都不做，我将付出代价。总统从不会善罢甘休。在发出这样的命令10分钟后，他会在对讲机里催促："你对赛迪做了什么？"我会说："我正在做。"一推再推，直到有一天，尼克松脸上会挂着一点微笑说："我猜在那件事上你什么都没做，是吗？"

"没有。"

"好吧，这样最好。"

没有办法说清楚霍尔德曼对尼克松在1971年5月5日提出的招用"暴徒"计划的叙述是另一次类似的状况，还是他真的在认真考虑这个计划而不考虑这是非法和不人道的行为。也说不清楚霍尔德曼称他只是参与了尼克松不光彩的冲动这种说法，到底是否为了服务于自己自私的谎言，目的是通过这样的解释减轻他自己在谈话中所使用的肮脏语言的影响。因为他知道这些话已经被录音，像正处于问题旋涡中的那些话一样，后来都可能被公开。

即使我们认为霍尔德曼在谈到凶狠的暴徒的时候是当真的，尼克松也知道霍尔德曼不会落实这个轻率和破坏性的计划，考虑到他们两个人在一起设计这种对敌人的幻想的影响还是有启发性的。因为，即便这只是幻想，这个谈话的含义是，他们认为采取暴力手段来对付反对他们政策的国内不同团体还能逃脱，他们还对这种想法感到很得意。

[11] 一个低强度版本的小集团思维假设会认为，小集团思维（或者说促成对一致性追求的条件）是导致尼克松团队垮台的一系列不合法的和自我毁灭性的多个原因中的一个。一个高强度版本的小集团思维假设会认为，小集团思维是更重要的原因。我觉得本章案例研究所提供的证据很好地支持了后者的观点。按照高强度小集团思维的观点，水门掩盖大失败可以这样解释：在倾向性、次文化性和其他背景因素发挥作用的情况下，尼克松和他的主要助手很可能在没有充分考虑潜在的不良后果的情况下，就于1972年夏天倡导了掩盖事件的最初步骤。这些倾向性和背景性的因素可能也促使他们坚持掩盖策略，只要认为这是有利的。但是，如果促成小集团思维的因素不存在，这个团队也就不会在威胁性事件日益增多的时候，仍然把并不成功的遏制政策看作是

有利的，一直到完全遭受灾难性的后果。根据这种解释，因为导致追求一致的条件是存在的，所以团队没有能够在1973年3月之前改变其政策，减少其损失。像迪恩一样，白宫的"三驾马车"应该清楚，到这个时候就不能再期待掩盖的试图还会成功。

第十章

[1] 图10-1表明，当做出重大的政策决定时，从团队的角度来看，小集团思维会产生不利的影响，因为它导致在赢得团队目标（板块E）的同时出现一种不太成功的结果。朗利（Longely）和普鲁伊特（Pruitt）正确地注意到，在特定的条件下，寻求一致具有潜在的积极效果，这与我提到的小集团思维所主导的政策情境完全不同。他们认为，**在仔细研究之后**达成的共识，出现**短暂**的小集团思维症状表现，可以使团队停止讨论他们已经解决了的问题，而进入到下一个话题。这个观点几乎与贾尼斯和曼恩（Janis and Mann，1977）所提出的谨慎的政策制定者在决策的最后阶段所为的情况是一致的，当他们完成做出好的决策初期的必要步骤后——仔细调查选项，尽可能地搜索信息，公正地分析每一个选项的优点和劣势——最终，面临着一个问题："哪一种行动步骤可以满足解决问题的所有重要需求？"在做了所有一切之后，根据贾尼斯和曼恩（Janis and Mann，1977：194）的说法，一个谨慎的政策制定者会"带着极大的偏见，支持形成他认为最好的方案"，"在他失去可以找到更好方案的信心时，警觉的决策者会采取防御式的回避"，而不是坚持那个他煞费苦心的选择。贾尼斯和曼恩（Janis and Mann，1977：284–286）补充道，在最后阶段，出现防御式的回避，在执行新的决策之前，导致对政策的支持（或者是认知不协调的降低），可以让决策者发现稳定决策的功能性价值，使得决策者变得更加投入，全身心地执行，并且继续与之保持一致，即使会受一些小挫败的威胁。

因为贾尼斯和曼恩认为，小集团思维是"一种防御式回避的集体形式"（Janis and Mann，1977：129），这与朗利和普鲁伊特所强调的观点是一样的：如果在选择谨慎的搜索和评估，经过认真讨论在决策的最后阶段达成**成熟的**共识之后出现小集团思维，那么这种症状会产生一定的积极影响。但是我必须强调，在图10-1中小集团思维的模型只适合这样的情况，在大多数团队讨论眼前的问题时，小集团思维症在多数和全部决策团队存在的这种情况下形成的过早的共识，通常是带有缺陷的决策。（图10-1，板块D）

在讨论小集团思维会导致过早达成共识的不利影响时，朗利和普鲁伊特使用了由劳伦斯（Lawrence）和洛尔施（Lorsch）提出的，在"分化"（包括观点的扩散与决策团队内的讨论）与"整合"（包括决策团队为了实现团结所付出的努力）之间存在的重要不同。对于有效的政策制定，两者都是需要的。小集团思维，根据朗利和普鲁伊特，可以被看作是一种决策过程，面临着太多的整合，需要以牺牲分化为代价。

朗利和普鲁伊特同样强调一个显而易见的观点，作为小集团思维的一种结果，过早达成共识并不一定对团队的目标不利，甚至可以对某些并不重要的或者例行的决策产生帮助作用——由卡茨和卡恩（Katz and Kahn, 1978）所描述的那种类型的小问题，就可以很容易地用一个参考框架、一个过去的案例或者一个现存的普遍政策去解决，这些与需要重新形成政策和创新方案的重大困境完全不同。问题越琐碎，小集团思维就越有可能产生有利的影响，迅速形成一个可以接受的共识，或者至少是无害的解决方案，这样可以避免浪费高层执行官的宝贵时间，这种说法是可信的。然而，朗利和普鲁伊特同意我的观点，当小集团思维在团队讨论涉及重要团队目标和价值的**重要问题**时普遍存在，就会产生破坏性影响，这也是本书所关注的唯一一类重要的决策。图10－1 并不适用于他们所谈论两种例外——在讨论重大问题的最后阶段（在谨慎的搜索和评估之后）出现的小集团思维，以及在相对琐碎的问题上贯穿整个决策过程的小集团思维。相反，本图总结的是**小集团思维综合征在团队讨论重大政策选择时始终存在的**原因和影响。对于这些选择，图中表明，由于小集团思维症状的影响（板块 C），首要行政官及其顾问参与了有缺陷的决策（板块 D），他们没有进行足够的搜索和批判性的评价，降低了团队实现其目标、避免失败的几率（板块 E），带来**破坏性**的影响。

［2］基于对相互指责的恐惧所形成的刻意顺从，和基于寻求一致的倾向所自然形成的服从是不同的，下图展示了这种不同的影响。

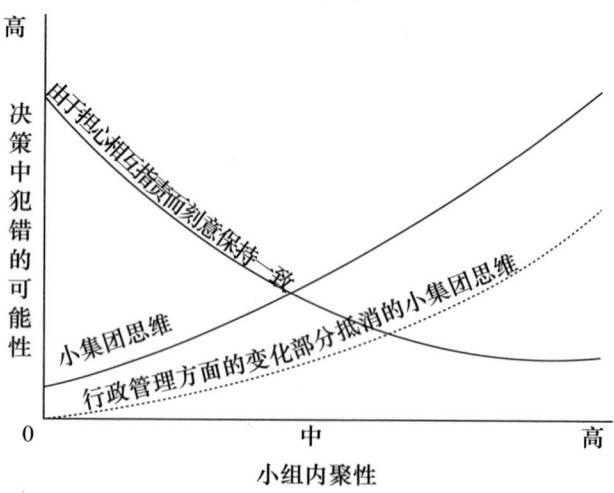

团队内聚性和刻意保持一致所产生的错误
与小集团思维趋势相互关系曲线图

注 释

图中递减的曲线表明了团队内聚性和由于担心相互指责而刻意顺从之间的负相关性。相反，小集团思维趋势和团队内聚性则呈现出了上升曲线（实线）。假设是，虚线表明了小集团思维的趋势可以被部分抵消。（虚线同样也说明，并非是单纯出于对友谊和威望的社会报偿，而是为了提高能力和增加其他任务主导的价值的内聚性，可能导致寻求一致程度的降低。）当抵消小集团思维的条件不存在时，两种顺从的曲线的结合（出于对相互指责的担忧的顺从和寻求一致）将会产生一个 U 型曲线，最理想的就是内聚性的中间水平，此时，刻意的顺从远低于在团队内聚性为 0 的时候，而寻求一致的程度也没有变得很强。在理想状态下，我想指出，这种内聚的程度最不容易导致决策过程的错误。这种理想状态是组合 U 曲线的最低点，对于在图中的两条相关曲线而言，几乎发生在它们的交汇点。当小集团思维被部分抵消的时候，小集团思维趋势的曲线（虚线）和刻意保持一致的曲线的结合，导致了 U 型曲线的出现，而最低点并不是正确的；也就是说，理想状态是处于较高的内聚程度。从理论上说，如果小集团思维被刻意消除，那么就无法加之于刻意顺从的曲线上，并且那种理想状态就会处于一个可达到的最高的内聚程度上。主要的观点是，小集团思维越有效地被抵消，理想的内聚程度就越高。

[3] 迈尔斯和拉姆（Myers and Lamm，1977）讨论了 20 世纪 60 年代所进行的大量实验，那些实验意图说明，与自己单独做出决策相比，普通的个体在参与团队讨论时更倾向于采取冒险的言行。他们强调，越来越多的发现和分析的出现，对冒险倾向的普遍性提出了质疑。他们通过对那些针对团队极端倾向而不断累积的证据进行分析发现，集体的决定使得冒险性或保守性的行为自发地成为主导。对于小集团思维，他们补充如下的评论：

> 一些现存的文献表明，贾尼斯实验中的小集团思维进程……有助于解释失败的决策……例如，他认为集团成员"偏向那些支持他们最初偏好的政策的事实和观点，并且在会议中花费大量的时间对其进行讨论，同时又倾向于忽略那些反对他们最初偏好政策的事实和言论"……近期的发现已经证实了这种论点，相比较于成文的论点，在讨论中的观点更偏好于主导的选择。（Myers and Lamm，1977）

[4] 没有根据的得意扬扬和无所不能的感觉的一个含义是，事实上一个内聚政策制定团队的成员经历着一种外部的危机，需要采取重大的行为来应对敌人。但是，获取政府政策制定者这样行动的资料是不易的，因为没有一个负责任的政府官员会公开

承认愿意让自己的国家陷入战争边缘的危机中。然而，偶尔有一些在社会问题非暴力斗争中的领袖做出这种志得意满的表现，也会产生积极反应。例如，罗曼·罗兰（Romain Rolland）描述了他在德莱弗斯（Dreyfus）事件中，面对法国自由派高涨的抗争中表现出来的志得意满现象，因为这些自由派在攻击法国军队的过程中表现出了高度的团结。1898年2月，埃米尔·左拉（Emile Zola）曾经因为控诉法国军事当局诬陷而被审讯，在德莱弗斯的护卫者中间引起轰动，当时罗曼在其日记中写道："我宁愿战斗一生，也不愿意碌碌无为、麻木而生，上帝赋予我战斗的本领，给我创造了敌人，让我唤起民众，所有这些我都能有所作为。"兰茨参议员同样是德莱弗斯的支持者，在回忆那段日子时提到："那是令人振奋的，让人有活着的感觉，没有比有所行动的日子更好的了，特别是在和知觉斗争的时候。"（quoted in Tuchman，1966：204-205）

[5] 解释性的假设含蓄地提出了组织中的结构性错误次要的作用（图10-1中的板块B-1）。这些结构性特点可以被看作是缓和性变量，涉及组织是否存在限制。在来自内部和外部的压力所带来的激发性情境性因素导致决策团队产生内聚倾向后，这些组织限制可以抵消寻求一致的倾向（板块B-2）。

在强调内外压力的主导作用的时候，这一解释性的假设强调在外部威胁压力较低的情况下，小集团思维事件的影响。在此我所引用的例子，是珍珠港事件中基梅尔上将的海军团队，1941年夏末他们忽略了危险警告的预兆，以及1972年6月尼克松的白宫团队在掩盖"水门事件"时的志得意满。对于这些以及其他发生于外部的压力明显较低情况下的小集团思维事件，这一解释性假设导致我们认为，寻求一致的诱惑一定是由于一个或其他三种激发性情境所导致的团队成员的低自尊造成的——近期的错误，对于决策任务感到过多的困难和道德困境。如果仔细地分析那些在外部压力很低的情况下发生小集团思维的例子而无法实现这样的预期，则说明这样的推测假设对小集团思维驱动力的解释是不够的。根据解释性的假设，在一个内聚的政策制定团队中，当内部压力（包括潜在的自尊降低）和来源于外部威胁的压力（包括对失败的担心）一直不高，小集团思维就不会发生。

如果那些文献充分的例子可以证明，在内外压力持续不高的情况下，小集团思维的症状同样会发生时，那么，解释性假设就是不可信的，应予以抛弃。然而，在仅凭这一点就放弃这一假设之前，需要对所有已知的小集团思维的案例进行分析，以确定是否需要对假设进行补充，提供更完整的解释。可能的情况是，当源于内部或外交的巨大压力所造成小集团思维发生时，这一假设的确可以对其诱因提出合适的解释；然而，当小集团思维发生在压力很小的情况下，其他的解释因素则是有效的。总而言之，接下去的研究需要新的或者更为完善的解释，最终可以提供一个更为合理的解释性假设。

　　显然，即使在我所讨论的第一次验证中，解释性假设有很大解释力（包括对在低度压力下的内聚团队的决策的研究），但是随着新的事实的出现，假设仍然需要其他的修改。例如，两种压力来源形成的不对称（图10-1中板块B-2的第1、2条）被证明是无根据的：来自外部威胁的高度压力和其他变量相结合（出现比领导人的偏好更好方案的希望很低）；但是暂时降低的自尊感则并非如此，我将其视作来源于内部的压力。对于这种不对称，我认为，心理学研究的指标表明，人们倾向于用不同的方式应对（see Janis and Mann，1977：142－147）。当担心外部威胁时，政策制定团队成员有极大的动力去寻找解决问题的方法，使得他们可以预见未来的成功，将威胁所带来的损失降低到最小。随着他们对来自集团的社会支持的需要增加，为了实现安全的行为，他们对领导人智慧的依赖也会增加。但是，并不能确定能找到一个较领导人所偏好的方案更好的方案来消除外部的威胁。例如，如果一个工厂的高级管理人员面临着除非在短时间内空气质量得到大幅提升，否则工厂里所有人都受到空气污染的威胁，无论领导人在企业中如何受到尊敬，他们都倾向于去从通风工程师、空气污染专家以及其他外部专家那里找到更易实现的方法，而非从勤俭持家的领导人身上寻找希望。在这样的情况下，来自外部威胁的压力是很高的；但是由于寻找一个更好解决方案的希望同样很大，所以出现小集团思维的可能性极低。集团成员倾向于以一种谨慎的方式寻找和评价可能的方案，而不会损害集团的内聚性（如果领导人不是愚蠢到反对外部专家）。

　　然而，当高度的压力来自于内部时，我不再期望可以找到一个比领导人所偏好解决方案更好的例子，除非集团的内聚性受到极大的损害，这一小集团思维存在的必要条件不再会存在。在激发情境的影响下，只有面对极低的外部威胁时，暂时的自尊减少才会产生高度的压力，正如有关继续寻找法律漏洞以减少交税的案例，政策制定团队就会面临沉重的道德困境，此时每个成员都寻求一个解决方案以满足领导人和其他成员的需要。在一种绝望、羞愧的情绪主导下，政策制定者很少有兴趣再重视外部专家，例如税务会计，对他们逃税政策的可行性看法。这种情况与需要避免被送进监狱的危险或者其他外部危险是不同的。我认为，当人们暂时处于一种低度自尊的状态下，他们就认为减少自己羞愧感的希望很低，除非他们仰仗的领导人所支持的解决方案，避免背离道德标准，让领导人成为仲裁者。在这些情况下，相对于找到一种可行的方案来实现收益的最大化或者损失的最小化，得到领导人的尊重和道德支持的迫切需要更加明显。因此，政策制定团队的成员受到激发性情境的影响，自尊的降低让他们倾向于依赖领导人的道德判断，除非领导人做出一些怪异的举动破坏了亲和的联系——

例如，表达对成员的道德谴责，或者遗弃。如果这种亲和的联系遭到破坏，成员就到别的地方寻求自尊的满足和道德上的肯定，政策制定团队的内聚性就会锐减，与此同时，小集团思维的可能性也相应地下降。

这些针对决策团队面对内外压力的不同反应所做出的具有推测意义的理论假设，随着支持激发情境对小集团思维倾向的影响相关证据的增加，毫无疑问就需要更加有力的概括和更大的修正。

[6] 如何验证小集团思维原因和影响的假定（正如图 10-1 中所示）？我的回答是，可以使用所有的行为主义研究方法，包括比较案例研究、社会心理实验室中的实验以及自然状态中的现场实验。

在有限的方法中，比较案例研究可以提供相关的证据。在现有少数决策研究基础上，如本书中的案例，是有价值的，主要是因为其在**发现阶段**的研究。这些决策研究对于什么样的条件妨碍了高质量的政策制定过程，什么时候促进了高质量的决策过程，提供了一些可信的假定。为了通过大量的案例，找到最有前途的假定，作为证实阶段研究的第一步，建立一个包括大量的高质量和低质量决策案例数据库是可行的。

我对数据库的想法是，通过从大量的政策制定案例中获取相关性的证据，来检测图 10-1 中所提供的假设。例如，三种类型的先决条件（图 10-1 中的板块 A、B-1），是从少量的比较案例分析推断出来，被认为是小集团思维的原因；通过比较政府委员会所做出的 30 个高质量决策和 30 个低质量决策，则可以系统验证这一观点。一系列比较分析关注团队内聚程度、团队的隔绝程度、团队之前所产生规范的范围，需要方法性的程序，可以对其他模型所表明的变量进行盲评，也可以对小集团思维的症状进行盲评。至关重要的一步是对数据进行索引和编码，使其可以应用于比较分析。

对于决策过程质量匿名编码的七种主要标准（图 10-1 中的板块 D），可以通过将特定的指标考虑在内，来评价满足每一个标准的程度。这种评级可以使研究者以一种更为精密的方式，将案例分析细化为三个主要的板块，来验证有关小集团思维后果的假设——决策通过：(1) 高质量的过程（所有的七项标准都很高，或中等程度）；(2) 中等质量的过程（七项指标得分混杂）；以及 (3) 低质量的过程（所有的七项标准分数都很低）。系统的相关调查所使用的这些标准可以决定具体的先决条件（以及相关条件）在多大程度上与政策制定过程的质量相关。对于跨文化和跨国研究，这些标准也是有一定意义的，它们有助于发现，当社会条件改变时，小集团思维的原因和后果在多大程度上会相同或不同。

这种利用大量案例，使用匿名评估程序进行的比较研究，可以提供一些可靠的证据，证明情境和结构的因素所产生的不同。这类研究让调查者不仅可以验证我们已经

349

注　释

有所了解的有关情境性因素效力的假设，而且还可以发现，当一个团队决策质量受到小集团思维影响时存在，而在同一个（相似）团队作为决策小组功能非常有效的情况下不存在的新环境。比较调查研究可以提供一些相关倾向性因素（个性、社会背景、训练），以及情境性或结构性因素（冒险类型、组织次文化、角色分配）的相互关系的证据，以便我们逐渐积累知识，了解什么类型的人在受到情境类型的影响时更容易产生小集团思维。

需要用来验证小集团思维原因的证据，最终从田野实验或者其他针对因果顺序的特定研究中得出，而不是从历史案例研究中发现。我所讨论的这种比较研究具有相关性，但是在对相关研究的自变量的控制方面存在一系列显而易见的缺点。但是他们的优点是外部有效性非常高，因为是政策制定者所做出的真实的决策。当然，对于实验而言，这种优势和劣势的转化是存在的，对变量相对高程度的控制可以实现，但代价却是，在最终获得的假定性或者相对不重要的决策上的发现，在实验室之外证明效力会很低。在真实的组织中就重大决策进行可控制的实验似乎是可行的。在这样的案例中，我们可以希望观察到在外部也具有效力的因果关系。当我们在验证引发小集团思维的条件的假设时，如果田野实验和实验室中的研究，以及历史案例的比较分析，都可以得出同样的结论，那么我们可以认为这些发现具有一定程度的普遍性。

当我讨论可控制的现场实验时，我所考虑的研究是调查者（1）在政策设计者做出真实决策时，对自然条件引入一种实验性的干预，以及（2）通过随机选择的实验团队和做出特定限制的团队进行比较，决定干预的效果。当然，这种干预被认为属于导致小集团思维的先决条件之一，包括在图10-1中第一列所列举的不同因素。然而，对先前变量相互作用的研究分析也许需要依靠实验室中的实验，这种实验采用不同设计的复杂分析。这是一种很重要的辅助，因为我有关小集团思维原因的重要假设预测了互动的发生。这种可能会发生的互动类型具体如下：当其中一个可以导致小集团思维的结构性因素（图10-1中板块B-1所示）出现，政策制定团队的**内聚性低**，那么导致有缺陷决策症状的机会就会增加（板块C中所示）。例如，在非内聚的政策团队中，缺乏方法程序规范的需要，通常会使无法发现所偏好的选择中存在的危险的概率增加10%，也会使信息收集不足程度同比例增加（对有缺陷决策的其他症状很少或几乎不存在影响）。然而，当一个团队是**中度或者高度内聚**时，就可以看到**有缺陷决策的所有症状**都显著增加。例如，在**内聚**的政策团队中，缺乏方法性程序规范，和几乎在其他方面都是一样的却是非内聚的政策团队相比较，不能对风险进行分析和信息收集缺乏的可能性就会从10%增加到35%，并且有缺陷决策的其他五种症状的可能性从0增加到20%。在小集团思维的症状方面存在一个相似的互动效果是：当政策制定团队并非内聚时，缺乏方法程序规范对八种症状（如图10-1中板块C所示）几乎不存在影响；然而当政策制定团队内聚时，这些症状发生的可能性就会极大地增加。

团队内聚性与导致小集团思维出现的结构因素（图10-1中的板块B-1）相互作用的每一个方面，同样应用于小集团内聚性与其他激发性情境因素的互动。在决策者当中暂时降低的自尊就是激发情境因素的一个例子（图10-1中的板块B-2）。

很难想象能在一个就重大政策做出决策的组织中验证我所描述的田野实验中那种复杂的互动假定，因为在实际决策过程中会有大量的执行委员会，会随机地被委派到各种不同的条件下工作。因此，研究者需要在实验室中借助模拟决策进行实验。这样的实验还应该考虑出于道德或实际的原因而在田野实验中不能考察的那些特定的变量。例如，通过改变模拟实验中外部威胁程度，以及领导人在相关问题上的智慧是否优于或劣于可以征询意见的外部专家在这方面的信息，可以发现压力程度和找到比领导的偏好更好的解决方案的希望共同的影响。在实验室对小集团思维的实验结果在外部效力很低，改变这种状况的方式，是在不同的工作组中进行实验，在这些工作组中有大量的行政人员在接受管理技巧的训练，使用他们在工作实际的要应对的那些决策进行模拟决策。这样的实验可以为图10-1中所标出的先决条件的主要影响和互动效用提供相关的证据，并且可以帮助研究者解决更为尖锐的议题，这些议题往往是在现实组织中的决策团队需要做出的真实政策，而进行这样的现场实验需要付出大得多的代价。

第十一章

[1] 面临引发小集团思维的情势条件，所有组织都无能为力（在312页图10-1的板块B-2中有所列示），因为这些要素在很大程度上要取决于那些不可控事件，近来发生的失败，或者要取决于决策问题的性质，比如说道德困境问题。但是，任何一个组织都可以做一些事情来消除在管理上或结构上存在的错误，或至少将这些问题最小化（图10-1中板块B-1有所列示的要素）。在第十一章中，那些防止小集团思维出现的主要建议就是按照这个类别展开的。

有一个办法能够有助于形成批判性评估并防止过早达成共识，这个办法就是在进行调查和评估的时候引入方法程序。贾尼斯和曼（Janis and Mann, 1977：Chap. 14）描述了一系列有关的干涉案例，从中发现某些决策者在防止出现有缺陷决策的程序上至少部分是成功的。其中包括平衡表程序，以及为决策出现挫折而进行的压力预防措施。这些相同的基本程序，可以很容易被运用在团队的会议中，或许可以被证明在促使决策团队成员们的警觉方面是有效的。

另一条推荐的方法程序是对备选方案的未来结果进行场景投射。"通过对'最好的'场景与'最坏的'场景进行总结,团队可以对主要备选方案的潜在积极和消极结果进行预测。"(Wheeler and Janis,1980:202)

哈克曼和莫里斯(Hackman and Morris,1975)已经指出,问题解决型团队存在不愿意进行规划而且避免讨论程序方法的倾向。他们详细描述了他们基本的设想,这些很显然是在一些公共和私人机构中的许多决策者经常做的。他们认为,其实每个人都已经知道该如何去完成任务,并且认为,对如何处理问题进行讨论其实是在浪费时间。除非领导人认为应该将其列入议事日程,否则就不会运用方法程序。即便如此,如果团队成员认为它没有用处或者会令人不悦的话,这些程序也会很容易被破坏。

结果,对标准操作程序的任何改变在实施之前,需要对之进行全面的解释,推动给参与者一个机会,看看它能否发挥作用。入职培训课程与管理研讨会在表达变化背后的基本原理方面可能是最佳环境。

贾尼斯和克罗(Janis and Crow,1975)曾建议对行政人员进行一个短期的培训,向他们介绍在政策规划委员会中各种抵消小集团思维的程序。假如对小集团思维起因和结果的恰当信息会产生有利的阻止小集团思维的后威慑效应,他们需要学习的课程包括,能够说明小集团思维的症状及其有害影响的、能够给人留下深刻印象的案例研究,以及防止小集团思维出现的建议内容。贾尼斯和克罗认为,对于任何政策制定或者政策规划团队,如果他们想改变自身的操作程序,应当将这样一个在职训练程序,置于那九种规范性假说之前。团队请来的顾问或者指导人员可以一部名为"小集团思维"(Groupthink)(这部电影属于"今日心理学"培训电影系列中的一部,1974)的20分钟长的电影,作为对团队成员们的开场白,这部电影刻画了一个典型的政策规划团队的活动,并且对小集团思维的症状及其有害结果进行了描述。在这之后可以让团队对这部电影进行讨论,在这一过程中,应当特别提及团队自身的目标及其程序的实用性。在第二个部分中应该根据诱发小集团思维的条件,向团队成员解释在规范性假设中所列出的具体建议……在进行完简要说明之后,团队同样应当进行讨论,在讨论过程中,指导人员应当格外关注成员们对所采用的新程序的反对意见和疑虑。指导人员或许还需要提供额外的信息和建议,以试图打消已经出现的任何阻力来源。但是,他应该承认,这样做,在时间、精力上都有很大的成本,甚至还会引起困惑。事实上,他这一角色的另一个作用,就是让与会者意识到可能会产生的弊端,这样他们才会对此予以警觉,并且尝试减少他们的影响。(Janis and Mann,1977:400-401)

另外一个提升让政策制定团队中的参与者们扮演批评性评估者的角色几率的方法是，不管所偏好的备选政策方案是什么，成员们在组织中都应该发表他们的不同意见。在讨论作为一种结构性问题的同质化因素（第十章）时，我提到过亚历山大·乔治（George，1974，1980）曾经提出的一个"多元倡导"（multiple advocacy）系统，他认为，政策设计委员会应该选择那些真心支持不同政策选项的人构成。他对该系统各种不同的具体特征进行描述，认为该系统能够给予组织中代表少数人立场的成员充足的机会和所需资源，使他们可以与代表多数人立场的成员一样有效地表达他们的观点。为了使多元倡导系统能够发挥对其期待的作用，构成政策设计委员会的成员应当充分代表不同的观点。他们中的所有人都应当拥有足够的专业知识，并且可以获得内部信息，以便使每个的看法得到其他人足够的重视。另外可能还需要一些特别的注意事项来减少争执与不满积聚的风险，因为这会有碍政策制定的有效性。

对方法程序以及多元倡导系统的运用，不但会占用大量时间，而且还会导致在需要进行紧急快速决策之际犹豫不决。不过，本书中所讨论那些失败案例实际上都在比较长的时间里逐一进行了规划，决策也一个接一个地产生。具有讽刺意味的是，在所有我研究的那些对外政策危机中，只有一个是决策者需要在强大的时间压力下进行决策的，那就是古巴导弹危机。古巴导弹危机的那些决策者们知道，如果美国的行动被耽误的话，那些发射装置将会很快完工，那些导弹也将会被配备核弹头，这对于美国的城市来说将会是一个极大的威胁。而且，这个团队还对问题进行了详尽的讨论，对多种备选方案也进行了批判性分析。这就说明了，如果一个政策制定团队的成员们在对备选政策方案进行批判性细查上给予优先权的话，即使是在一场危机之中，他们还是有时间来做这些事情的。

［2］有报告显示，经验证据已经证明不偏不倚的领导对形成公开质询氛围的效果。弗劳尔斯（Flowers，1977）对"贾尼斯小集团思维假说的意义进行了实验室测试"，他将学生分成40个不同的测试团队，并且让他们就同一个设想的状况做出决定。（这个设想就是，假设他们是由学校的管理者所组成的团队，他们需要来决定如何对待一位之前非常优秀但是现在因为生病而无法胜任工作的老师。）对团队的领导人进行培训，让他以两种不同的领导方式来主持会议：（1）以一种**开放的**方式来主持——也就是本着防止小集团思维出现的那些规范性假说来进行，领导人在团队的其他人都讨论完各自的解决方案之前，是不会就该问题表达自己看法的，这种领导方式不断鼓励成员们对各种备选方案进行公开的讨论，并且还明确传递出就各种可能的观点进行表达的规范。而与之相对的另一种领导方式（2）以一种**封闭的**方式来主持——领导人从一开始就表达了自己的立场，他并不鼓励就各种可能的备选方案进行公开讨论，而且

还明确传递出这样一种规范,对团队来说最重要的事情就是与领导的决定保持一致。正如所预测的一样,弗劳尔斯发现,相对于采用封闭的领导风格的团队而言,采用开放的领导风格的团队,明显就问题提出了更多的解决方案,而且在他们达成共识之前,他们明显会在可获得的信息中引用更多的事实。

朗利和普鲁伊特(Longley and Pruit, 1980)对弗劳尔斯研究的基本假设提出了批评,依据是,他们认为她将对团队领导人的指示与另一个变量,即在讨论一开始指导他们表达自己的观点,搞混了:他们同样也被鼓励缩短团队讨论,这本身就可以导致团队减少推荐的解决方案,并且在讨论中减少引入的事实。

在弗劳尔斯的实验室测试中还分析了另一个变量,就是团队的凝聚程度。她比较由熟人组成的团队和由陌生人组成的团队的工作方法。人们一般会认为,那些由熟人组成的团队会更加凝聚,但是就决策行为来看,它们并没有与那些由陌生人组成的团队有明显的不同。如果按照字面意思来理解这一否定性发现的话,它与我关于内聚程度并不是形成小集团思维的充分条件这一假设是一致的。不过,弗劳尔斯并没有发现,预期会出现内聚水平的高低之间,以及开放与封闭这两种领导风格之间的互动,说明了内聚程度并不是导致出现小集团思维的一个必要条件。但是在这里需要再次重申的是,正如朗利和普鲁伊特(Longley and Pruit, 1980)所指出的那样,在实验中所使用的方法存在很多弊端,这使得弗劳尔斯的互动假说测试数据存在问题。

弗劳尔斯承认,她所研究的领导人和学生团队,与我对小集团思维的案例研究中所描述的团队,在很多方面都有所区别——比如说,决策结果的影响程度,真实对手或敌人的特点,团队共同协作的时间长短,以及成员间互动的质量。她也提醒人们应该注意到,实验中的领导人是没有实权的:"贾尼斯的研究中所涉及的团队领导人都是拥有实权的,他们可以进行奖惩,他们具有合法性,有专业知识,或许相较于其他成员而言,他们有参照性的权力(referent power),但是在实验中的领导人却只拥有某些特定的合法权力。"(Fowers, 1977: 895)此外,我还想补充的是,在她所比较的两种层次的内聚程度中,可能都是低水平的那种。如果一个领导人缺乏公正之心的话,在凝聚力水平相对较低的团队中(仅仅是陌生人相对于熟人的差别),在政策制定活动中的差异可能就会很小,因而很难被察觉;内聚程度低与内聚程度高的团队(比如说,由陌生人组成的团队和在某种程度上需要依仗他人来增强自尊的朋友组成的团队相比),之间的差异,就表现得非常明显。

如果我们按照字面意思来理解弗劳尔斯所揭示的开放的领导方式的影响,她获得的实验证据说明,当那些由学生组成的团队在完成解决问题的任务的时候,他们会对给他们布置任务的领导人提供的线索做出积极回应,而不管他或她是否会希望团队按照某一特定方向行进，或是否对备选方案进行公开质询。或许，对领导人所提供的线索予以相同的回应的方式，在很多政策制定团队中都能够看到。如果真是这样的话，对于那些领导人来说，不但应该避免从一开始就陈述他们对于政策问题解决方案的偏好，而且还可以缺席政策制定团队最初的几场会议（应当在对问题的各个方面向成员们进行简要说明之后），以此来避免通过声调、面部表情以及其他非语言的线索，来表达他们所偏好的政策备选方案。比如说，一位领导人刻意缺席一些会议，就如同肯尼迪总统在古巴导弹危机期间所做的那样，可能当他重新回到会场之后，会因为发现团队已经达成共识的政策方案正是他所反对的，而感到某种程度的烦扰。这会使他成为焦点，这是因为如果他强烈认为团队的判断是错误的，他在后期才尝试说服团队成员就显得很有劣势，除非他赤裸裸地使用他的权力，但是这很可能会损害他与他的顾问们之间的关系，甚至会在那些因认为他们的领导轻视了自己的判断而感到怨恨的人中造成永久的裂痕。在有了这种创伤经历之后，领导人可能自此之后就会出席所有的会议，而且会指引他的顾问们按照他所希望的方向前进。

[3] 朗利和普鲁伊特（Longley and Pruit, 1980）呼吁人们关注因安排一个故意唱反调的人来帮助防止小集团思维出现的额外优势和不足。就积极的方面来说，故意唱反调的人所表达的观点，不但可以刺激其他人就每一项政策备选方案的优点和缺点都进行更深入的思考，而且还会鼓励团队中其他潜在的不同意见者大胆地说出他们的看法。但是就消极方面来说，这些优势有时也会转变成劣势：如果故意唱反调的人过于乐衷于反驳其他人看法的话，他或她可能就会施加**过分**的影响，团队中的**某些**成员就会因为害怕被"抨击"而避免表达他们真实的看法。

为了能够避免所安排的故意唱反调的人影响过度或者影响不足这一危险，朗利和普鲁伊特认为，扮演故意唱反调角色的这个人的身份既不应该太高，也不应太低。他们还建议，当主要的危险是影响不足的时候，故意唱反调的人这一角色应当由那些能够用立场坚定且自信的方式表达他们反对意见的人来担任。由于在团队中自发出现另一位唱反调的人，比任命的那一位更有效，朗利和普鲁伊特认为，政策制定团队应当建议这样一种规范，即当出现共识之时，任何有不同观点的人都可以大胆地对此予以反对。这项建议与我所提出的第一条规范性假说具有同等功效。该假说建议，应该要求团队中的每一位成员都具有表达反对意见和质疑的批判性评估者的角色。如果采取这个处方，可能就不需要特意安排一个故意唱反调的人了，因为团队中的每个人都可以扮演这一角色。

[4] 我在其他地方（Janis, 1981）也描述过这三种能够用来制定和检验防止小集团思维出现的处方：（1）通过决策模拟实验来制定新的干预程序，并初步对它们进行

注 释

检测;(2)通过专门的政策制定团队进行现场实验(比如说,让那些在政策科学领域接受过训练,自愿按照他们自己所偏好的方式,就如何处理当下的国内或国际问题,准备一份立场文件,以供政府有关部门进行传阅);(3)在组织机构中进行现场实验,先从组织等级结构中层级相对较低的部门开始,如果有证据证明现实中某些具体的干预程序有效之后,再将其推广到层级较高的政策规划部门并对此进行重复研究。

在尝试开展现场实验之前,为了能够对那些基于规范性假说提出的具体干预程序进行检测,我认为最好还是先通过实验室进行实验和测试。比如说,克罗和诺埃尔(Crow and Noel, 1975)二人通过对历史上墨西哥政府在阿拉莫事件(Alamo Episode)这一决策上的模拟实验,就获得了相关证据。在这个研究中所涉及的那些团队就表现出了小集团思维的某些症状。当过早达成共识这一实验条件出现之时,团队就会倾向于选择风险更大的行动方案,而不会选择某些成员从一开始就倾向的方案。这些实验能够帮助研究人员提出更尖锐的问题,而这些问题如果在真实的机构中,由现实的政策制定团队来处理的话,这种现场实验的成本耗费非常高昂。

实验室实验的优势就在于,能够对自变量进行控制,因而能够比大多数实际研究中的案例更加准确地确定因果关系。不过,因为实验环境性质的许多背景变量是不变的,会对可观察到的、自变量与因变量之间关系的程度和方向产生影响。而这些"互动"经常在那些新的、未经检验的情况中观察不到。或许这就需要一项研究战略来帮助解决这一问题,不需要耗费大量的时间和精力在大型组织中进行实地实验,而是在由事先经过培训的人员(或者退休的行政人员)所组成的特别团队中,通过小规模的、类似于实验室实验的方式进行。这些事先经过培训的人员(或者退休的行政人员)应当是有资质的政策规划人员,他们同意与研究团队进行合作,而作为交换条件,他们将有机会参与到他们所格外关心的某项议题的政策规划之中。应当需要足够的自愿者,以建立两支基本相同的团队,可以让其中的一个团队采用之前在实验室实验中得出的,能够防止小集团思维出现的程序,而另一个团队可以作为控制组。通过在方差设计分析中重复若干不同的议题,就可以确定干预程序的有效性。由于防止小集团思维出现这一研究计划所具有的教育意义,可以得到管理培训研讨会的配合。

在所有的类似研究中,那个评判高质量决策的七条标准可以被用来作为独立的测量标准,也可以通过其他测量标准来确定防止小集团思维出现的有效性。除了小集团思维八种症状的证明之外,还可以包括:由具备条件的评判人员对那些政策建议,以及由每一个政策规划团队在他们准备的"白皮书"所列陈述的主张,进行匿名评级。

如果这种通过临时团队的实验能够得到足够进展的话,我认为就没有理由不去做出必要的安排,在希望提升其政策制定质量的组织中,对最被看好的干预程序进行检测。最终，或许可以在不同国家的多个组织中，对那些规范性假设进行相同类型的实地研究，以便在不同的组织和国家背景下得到更具普遍性结论而积累证据。

通过在可控的实验室和现场实验中对那些规范性假设进行检测，我们可以预期对表10-1（第312页）中所列的前提条件得到更多的信息。比如说，团队的隔绝就可以被规范性假说5和6，即在进行每一场咨询会议时，通过既有"大本营"的同事，也有外部请来的专家共同出席来抵消。缺乏研究和评估的方法程序这一前提条件，在某种程度上会被规范性假设1、4、7、8和9，以及一些特殊技巧，如资产平衡表程序（见本章尾注［1］）所抵消。同样，领导人的偏见、找不到比领导人所主张的方案更好方案的想法，可以被规范性假设2来抵消，即领导者需要对问题进行不偏不倚的表述，并且避免表达对某一解决方案的偏好。结果是，对于这些前提条件影响的基础研究，可能要先于对规范性假设有效性的应用研究，而根据理论分析，后者的目的是为了能够抵消那些被认为是会促成小集团思维的条件。

［5］许多例子中，在拥有强大权力但由自己的政治"目的"而采取非法行动的政府官员所组成的政策制定团队中，防止小集团思维出现的结果，对国家既可能产生有害的影响，也可能产生有利的影响，而这部分地要取决于当时的环境。比如说，一项不合法的解决方案对于解决问题是否能被视为是适当的。举例来说，试想一下，理查德·M. 尼克松总统及其主要助手们1973年3月在白宫是可以消除他们的小集团思维倾向的。他们或许在那时已经决定要销毁录有掩盖"水门事件"阴谋证据的白宫磁带（在其他人还知道磁带存在之前），然后再通过高明的公关声明发布一个新的、类似于"有限改进的拖延"的诡诈政策。这一不受小集团思维影响的决策很有可能让他们继续坐在自己的职位上，足以使他们用剩下的力量，坚持反对民主党的抑制性措施，对付在其"敌人清单"上的政敌，而不惜破坏整个国家。但是，如果他们在"水门事件"刚发生的初期，在大约1972年6月末或者7月的时候，就能够在他们的商议过程中防止小集团思维出现的话，其净效应可能就会完全不同。用他们自己的话来说，在那个时候，他们本可以从一个强硬的、严格、有利的立场出发（而不管其中所涉及的道德议题，不掩盖高层曾经卷入了水门犯罪，而是坚持真正的拖延政策，避免采取任何会导致遭到弹劾或被监禁的非法计划），他们的境况或许会更好。在这个案例中，不让一个有强烈犯罪倾向的强有力团队受小集团思维的影响，对于国家、民主以及法治来说，一定就是一件坏事吗？

［6］如果在管理培训计划中包括了防止小集团思维出现这一块内容的话，将是很有利的。参见本章尾注［1］中关于推荐的课程内容。

［7］惠勒和贾尼斯（Wheeler and Janis, 1980）提出了如下问题：在缺少标准操作

程序、不能对可行的备选方案的优缺点进行批判性评估的时候,如果一位成员认为政策制定团队可能陷入了小集团思维之中的话,他或她能做些什么呢?他们的答案对此并不乐观,因为他们认为,就所获得的少量证据显示,标准操作程序以及由领导人所支持的恰当规范,可能对于形成批判性的评估至关重要:

> 如果你提议召开一场进行批判性分析会议的话,你会发现,绝大多数批评都会指向你,认为你破坏了团队的精神。如果你扮演故意唱反调的角色,其他成员就会觉得你好像不够忠诚。如果你告诉其他人你对问题的分析,并且指出小集团思维的症状之时,他们很可能会从内心里恨你,因为他们会觉得,你在指责他们没有能力。
>
> 我们不能过分期待成功的可能。或许,最佳的方式就是尽量清晰且有逻辑地就团队的方案阐述自己的保留意见,而不要提与小集团思维有关的内容。以坦诚的态度陈述自己的证据,避免指名道姓,或者出现其他人身攻击。通过足够的智慧提出足够的怀疑以获得某些成员的支持,你或许可以成功地使团队离小集团思维足够远,然后重新考虑备选方案。
>
> 在任何团队之中,成员们都应当享有一定程度限制的"人人信誉"。这样,每一位成员都可以在一定限度内表达他或她自己还不够成熟的想法。超出限制之外的,团队就可以不再听从了。(Wheeler and Janis, 1980: 208)

在惠勒和贾尼斯看来,治疗小集团思维要比防止小集团思维出现困难得多,因为后者可以通过采用标准操作程序来抵消过早形成的共识。

一旦小集团思维出现,团队中的检查制度就会阻止人们承认小集团思维已经出现这一事实,而成员们也会反对任何朝多元主张改变的努力。此外,当在危机的情况下需要进行快速行动之时,团队成员们似乎不太愿意为了应对危机而耗费精力去创制新的程序,尤其是当这么做会增加制定决策所需的时间和精力的话,更是如此。因此我们建议,当团队在做重大的非危机决策之时,可以采用那些防止小集团思维出现的程序,并且还可以习惯性地遵守它们。那些标准操作程序在小集团思维可能会导致致命错误的重大决策中,可能会被更好地维持。标准操作程序同样也可以被用来避免有缺陷群体决策制定的其他来源,比如,一个组织中不同部门的代表就部门权利进行的过分争吵,以及有人担心因为不同意顶头上司的幼稚想法而遭到解雇。(Wheeler and Janis, 1980: 195)

参考文献

Abel, E. *The missile crisis*. New York: Bantam Books, 1966.

Abel, E., and Kalb, M. *Roots of involvement*. New York: Norton, 1971.

Abelson et al. (Eds.) *Theories of cognitive consistency*. Chicago: Rand McNally Co., 1968.

Abelson, R. P. Script processing in attitude formation and decision making. In J. S. Carroll and J. W. Payne (Eds.), *Cognition and social behavior*. New York: Lawrence Erlbaum Associates, 1976.

Acheson, D. *Present at the creation*. New York: Norton, 1969a.

Acheson, D. Homage to plain dumb luck. *Esquire*, February, 1969b.

Acheson. D. D. A.'s version of Robert Kennedy's version of Cuban missile affair. *Esquire*, February, 1966.

Ackoff, R. Operations research. In D. L. Sills (Ed.), *International encyclopedia of the social sciences*. Vol. 2, 290 – 294.

Allison, G. T. *Essence of decision : Explaining the Cuban missile crisis*. Boston: Little, Brown, 1971.

Argyris, C. *Interpersonal competence and organizational effectiveness*. Homewood, Ill.: Irwin & Dorsey Press, 1962.

Argyris, C. *Organization and innovation*. Homewood, Ill.: Irwin & Dorsey Press, 1965.

Ashmore, R. Solving the problem of prejudice. In B. Collins, *Social psychology*. Reading, Mass.: Addison-Wesley, 1970, 298 – 339.

Back, K. W. Influence through social communication. *Journal of Abnormal and Social Psychology*, 1951. 46, 9 – 23.

Barnet, R. J. *Intervention and revolution.* New York: World, 1968.

Barnet, R. J. *The economy of death.* New York: Atheneum, 1969.

Berkowitz, L. Social motivation. In G. Lindzey and E. Aronson (Eds.), *The hand-book of social psychology.* Vol. 3, 50 – 135. Reading, Mass. : Addison-Wesley, 1969.

Bernstein. B. J. (Ed.) *Politics and policies of the truman administration.* Chicago: Quadrangle Books, 1970.

Bernstein, B. J., and Matuso, A. J. (Eds.) *The Truman administration : A documentary history.* New York and London: Harper & Row, 1966.

Bion. W. *Experiences in groups.* London: Tavistock Publications, 1961.

Bianchard. W. H. *Aggression American style.* Santa Monica, Calif. : Goodyear Publishing Co. , Inc. , 1979.

Bloomfield, L. P. Some policy observations based on Polex II. Center for Intenational Studies, MIT. (Dittoed), June 1, 1961.

Bohlen. C. E. *The transformation of American foreign policy.* New York: W. W. Norton, 1969.

Brown, R. *Social psychology.* New York: Free Press, 1965.

Brownlow, D. G. *The accused.* New York: Vantage, 1968.

Buchan. J. *A history of the great war.* Vol. 1. London: Nelson, 1922.

Buchanan, A. R. *The United States and World War II.* (2 vols.) New York: Harper & Row. 1964.

Campbell, D. T. Stereotypes and the perception of group differences. *American Psychologist*, 1967, 22, 817 – 829.

Cartwright, D. The nature of group cohesiveness. In D. Cartwright and A. Zander (Eds.), *Group dynamics: Research and theory* (3rd ed.). New York: Harper & Row, 1968.

Cartwright, D. and Zander, A. (Eds.) *Group dynamics: Research and theory* (3rd ed.). New York: Harper & Row, 1968.

Chester, L. , McCrystal, C. , Aris, S. , and Shawcross, W. (the *London Sunday Times* team). *Watergate : The full inside story.* New York: Ballantine

Books. 1973.

Collins, J. L. *War in peacetime*. Boston: Houghton Mifflin, 1969.

Cooper, C. L. *The lost crusade*. New York: Dodd, Mead & Co., 1970.

Crow, W. J. and Noel, R. C. An experiment in simulated historical decision-making. In M. G. Hermann and T. W. Milburn (Eds.), *A psychological examination of political leaders*. New York: Free Press: 1975.

Dean, J. W. *Blind ambition*. New York: Simon & Schuster, 1976.

Department of Defense, *United States – Vietnam relations 1945 – 1967*. (12 vols.) Washington, D. C.: U. S. Government Printing Office, 1971.

De Rivera, J. *The psychological dimension of foreign policy*. Columbus, Ohio: Merrill, 1968.

Deutsch, K. W. *The nerves of government*. New York: Free Press, 1963.

Deutsch, M. and Kraus, R. M. *Theories in social psychology*. New York: Basic Books, 1965.

De Weerd, H. H. Strategic surprise in the Korean War. *Orbis*, 1962, 6, 435 – 452.

Dion, K. L., Baron, R. S., and Miler, N. Why do groups make riskier decisions than individuals? In L. Berkowitz (Ed.), *Advances in experimental social psychology*. Vol. 5, 306 – 377. New York: Academic Press, 1970.

Dittes, J. E. and Kelley, H. H. Effects of different conditions of acceptance upon conformity to group norms. *Journal of Abnormal and Social Psychology*, 1956, 53, 100 – 107.

Drucker, P. F. *The effective executive*. New York: Harper & Row, 1966.

Ellsberg, D. The quagmire myth and the stalemate machine. *Public Policy*, Spring 1971.

Elms, A. *Social psychology and social relevance*. Boston: Little, Brown, 1972.

Feiling, K. *The life of Neville Chamberlain*. London: Macmillan, 1946.

Feis, H. *The road to Pearl Harbor*. New York: Atheneum, 1962.

Festinger, L. A theory of social comparison processes. *Human Relations*, 1954, 7, 117 – 140.

Fischhoff, B. and Beyth-Marom, R. Failure has many fathers. *Policy Sciences*, 1976, 7, 388 – 393.

Fisher, R. Dealing with Iran (guest column). *New York Times*. April 27, 1980, E23.

Flowers, M. L. Alaboratory test of some implications of Janis's groupthink hypothesis. *Journal of Personality and Social Psychology*, 1977, 35, 888 – 896.

Gardner, L. C. *Architects of illusion*. Chicago:Quadrangle Books, 1970.

Gelb, L. H. Today's lessons from the Pentagon Papers. *Life*, Sept. 17, 1971.

George, A. The Cuban missile crisis, 1962. In A. George et al., *The limits of coercive diplomacy*. Boston:Little, Brown, 1971, pp. 86 – 143.

George, A. Adaptation to stress in political decision making:The individual, small group, and organizational context. In G. V. Coelho, D. A. Hamburg, and J. E. Adams (Eds.), *Coping and adaptation*. New York:Basic Books, 1974.

George, A. and Smoke, R. *Deterrence in American foreign policy:Theory and practice*. New York:Columbia University Press. 1974.

George, A. *Presidential decislonmaking in foreign policy :The effective use of information and advice*. Boulder, Colo. :Westview, 1980.

Geyelin, P. L. *Lyndon B. Johnson and the world*. New York:Praeger, 1966.

Gilbert, M. *The roots of appeasement*. New York:New American Library, 1966.

Gilbert, M. and Gott, R. *The appeasers*. Boston:Houghton Mifflin, 1963.

Graff, H. *The Tuesday cabinet*. Englewood Cliffs, N. J. :Prentice-Hall, 1970.

Green, D. and Conolley, E. S. "Groupthink" and Watergate. Paper presented to annual meeting of the American Psychological Association, 1974.

Guthman, E. *We band of brothers*. New York:Harper & Row, 1971.

Hackman, J. R. and Morris, C. G. Group tasks, group interaction process, and group performance effectiveness:A reveiw and proposed integration. In L. Berkowitz (Ed.), *Advances in experimental social psychology*. Vol. 8. New York:Academic Press, 1975.

Haldeman, H. R. (with DiMona, J.). *The ends of power*. New York:Dell,

1978.

Halperin, M. H. *Bureaucratic politics and foreign policy*. Washington, D. C. : Brookings Inst. , 1974.

Hamilton, D. Cognitive biases in the perception of social groups. In J. S. Carroll and J. W. Payne (Eds.), *Cognition and social behavior*. New York: Lawrence Erlbaum Associates, 1976.

Hare, A. P. *Handbook of small group research* (2nd ed.). New York: Free Press, 1976.

Hare, F. K. How should we treat environment? *Science*, 1970, 352 – 357.

Hearings before the Joint Committee on the Investigation of the Pearl Harbor Attack, 79th Congress. (39 vols.) Washington, D. C. : U. S. Government Printing Office, 1946.

Hersey, J. Profiles: Mr. President II—Ten o'clock meeting. *New Yorker*, April 14, 1951.

Hersh, Seymour M. Tape reveals Nixon wanted "Thugs" used against anti-war protesters in 1971. *New York Times Service*, reprinted in *International Herald Tribune*, *September* 25, 1981.

Higgins, P. *Korea and the fall of MacArthur*. New York: Oxford University Press, 1960.

Hilsman, R. *To move a nation*. New York: Doubleday, 1967.

Holsti, O. R. The 1914 case. *American Political Science Review*, 1965, 59, 365 – 378.

Homans, G. Group factors in worker productivity. In H. Proshansky and L. Seidenberg(Eds.), *Basic studies in social psychology*. New York: Holt, 1965, 592 – 604.

Hoopes, T. *The limits of intervention*. New York: McKay, 1969.

Horowitz, I. L. Deterrence games: From academic casebook to military codebook. In Swingle, P. (Ed.), *The structure of conflict*. New York: Academic Press, 1970, PP. 277 – 296.

House of Representatives. *The final report of the Committee on the Judiciary House* of Representatives: Impeachment of Richard M. Nixon, President of the United States. New York: Bantam Books, 1975.

House of Representatives. *Transcripts of eight recorded Presidential conversations.* Washington, D. C. : Committee on the Judiciary, House of Representatives, 93rd Congress, 2nd session. May – June 1974.

Janeway, M. Bill Moyers talks about L. B. J. , power, poverty, war, and the young. *Atlantic Monthly*, July, 1968.

Janis, I. L. Psychodynamic aspects of adjustment to army life. *Psychiatry*, 1945, 8, 159 – 176.

Janis, I. L. Objective factors related to morale attitudes in the aerial combat situation. In S. Stouffer et al. , *The American soldier.* Vol. 2. Princeton, N. J. : Princeton University Press, 1949.

Janis, I. L. *Psychological stress.* New York: Wiley, 1958.

Janis, I. L. Field and experimental studies of phases in the development of cohesive face-to-face groups. A paper presented at the 18th International Congress of Psychology in Moscow, U. S. S. R. Mimeo. , August 1966.

Janis, I. L. Group identification under conditions of external danger. In D. Cartwrightand and A. Zdnder (Eds.), *Group dynamics: Research and theory.* New York: Harper & Row, 1968, 80 – 90.

Janis, I. L. *Stress and frustration.* New York: Harcourt, Brace & Jovanovich, 1971.

Janis, I. L. Counteracting the adverse effects of concurrence-seeking in policy-planning groups: Theory and research perspectives. In H. Brandstatter, J. H. Davis, and G. Stocker-Kreichgauer (Eds.), *Group decision making.* London: Academic Press, 1982.

Janis, I. (Ed.) *Counseling on personal decisions: Theory and research on short-term helping relationships.* New Haven, Conn. : Yale University Press, 1982.

Janis, I. In rescue planning how did Carter handle stress? (guest volumn). *New York Times*, May 18, 1980.

Janis, I. L. and Crow, W. J. Improving the quality of decisions in planning groups. Unpublished grant application submitted to Department of Health, Education, and Welfare, 1975.

Janis, I. L. and Hoffman, D. Facilitating effects of daily contact between partners who make a decision to cut down on smoking. *Journal of Personality and Social Psychology*, 1970, 17, 25 – 35.

Janis, I. L. and Mann, L. *Decision making : A psychological analysis of conflict, choice, and commitment.* New York: Free Press. 1977.

Jaworski, L. *The right and the power : The prosecution of Watergate.* New York: Pocket Books, 1977.

Joffre, J. *Memoirs.* Vol. 1 (translated by T. B. Mott). New York: Harpers. 1932.

Johnson, L. B. *The vantage point : Perspective of the presidency, 1963 – 1969.* New York: Holt, Rinehart & Winston, 1971.

Jones, J. M. *The fifteen weeks.* New York: Viking, 1955.

Kalb, M. and Abel, E. *Roots of involvement.* New York: Norton, 1970.

Katz, D. and Kahn, R. L. *The social psychology of organizations* (2nd ed.). New York: Wiley, 1978.

Kelman, H. Violence without moral restraint: Reflections on the dehumanization of victims and victimizers. *Journal of Social Issues*, 1973, 29, 25 – 61.

Kennan, G. F. *Memoirs (1925 – 1950)*. New York: Bantam, 1969.

Kennedy, R. F. *Thirteen days.* New York: Norton. 1969.

Kimmel, H. E. *Admiral Kimmel's story.* Chicago: Regnery, 1955.

Klein, H. G. The fall began when deceit replaced truth. *Los Angeles Times*, August 16, 1974.

Kolko, J. and Kolko, G. *The limits of power : The world and United States foreign policy, 1945 – 1954*, New York: Harper & Row, 1972.

Kowitz, A. C. and Knutson, T. J. *Decision making in small groups.* Boston : Allyn & Bacon, 1980.

Kraslow, D., and Loory, S. H. *The secret search for peace in Vietnam.* New York: Vintage, 1968.

LaFebre, W. *America, Russia, and the Cold War, 1945 – 1966.* New York: Wiley, 1968.

Langer, E. J. The illusion of control. *Journal of Personality and Social Psychology*, 1975, 32, 311 – 328.

Lawrence, P. R. and Lorsch, J. W. *Organization and environment: Managing differentiation and integration.* Homewood, Ill.: Irwin, 1969.

Leckie, R. *Conflict: The history of the Korean War.* New York: Putnam, 1962.

Lewin, K. Group decision and social change. In T. Newcomb and E. Hartley (Eds.), *Readings in social psychology.* New York: Holt, 1947, pp. 197 – 211.

Lewin. K. *Field theory in social science.* London: Tavistock Publications, 1952.

Lichterman, M. To the Yalu and back. In H. Stein (Ed.), *American civil-military decisions: A book of case studies.* Montgomery: University of Alabama Press, 1963.

Lindblom, E. The science of "muddlingthrough." In A. Etzioni (Ed.), *Readings on modern organizations.* Englewood Cliffs, N. J.: Prentice-Hall, 1969, pp. 154 – 165.

Longley, J. and Pruitt, D. G. Groupthink: A critique of Janis's theory. *Review of Personality and Social Psychology*, 1980, 1, 74 – 93.

Lukas, J. A. *Nightmare: The underside of the Nixon years.* New York: Viking, 1976.

McGregor, D. *The human side of enterprise.* New York: McGraw-Hill, 1960.

McLellan. D. S. Dean Acheson and the Korean War. *Political Science Quarterly*, 1968, 83, 16 – 39.

McNamara, R. Introduction to R. F. Kennedy's *Thirteen days.* New York: Norton, 1969.

Marlowe, D. and Gergen, K. Personality and social interaction. In G. Lindzey and E. Aronson (Eds.), *The handbook of social psychology.* Vol. 3. Reading, Mass.: Addison-Wesley, 1969, pp. 590 – 665.

Marshall. S. L. A. *The river and the gauntlet.* New York: Morrow, 1953.

Meyer, K. E. and Szulc, T. *The Cuban invasion.* New York: Praeger, 1962.

Middleton D. Going the military route. *New York Time Magazine* (special issue on "America in Captivity: Points of Decision"). May 17, 1981, 111.

Miller, D. W. and Starr, M. K. *Executive decisions and operations research.* Englewood Cliffs, N. J. :Prentice-Hall, 1960.

Miller, J. C. and Janis, I. L. Dyadic interaction and adaptation to the stresses of college life. *Journal of Counseling Psychology*, 1973, 3, 258 – 264.

Mollenhoff, C. R. The problem was Haldeman's iron control. *Los Angeles Times*, August 16, 1974.

Morgenthau, H. *Politics among nations* (4th ed.). New York:Knopf, 1970.

Morison, S. E. *The Rising Sun in the Pacific :1931-April, 1942.* Vol. 3 of *History of United States naval operations in World War II.* Boston: Little, Brown, 1950.

Morris, R. What to make of Mayaquez. *New Public*, June 14, 1975, 9 – 10.

Moseley, L. *On borrowed time : How World War II began.* London: Weidenfeld & Nicolson, 1969.

Myers, D. G. and Lamm, H. The polarizing effect of group discussion. In I. L. Janis (Ed.), *Current trends in psychology : Readings from the American Scientist.* Los Altos, Calif. ;Kaufmann, 1977.

Nathan, J. A. The missile crisis:His finest hour now. *World Politics*, 1975, 27, 256 – 281.

Neisser, U. John Dean's memory:A case-study. *Cognition*, 1981, 1, 1 – 23.

Neustadt, R. E. *Presidential power : The politics of leadership with reflections on Johnson and Nixon.* New York:Wiley, 1976.

New York Times, *The Kennedy Years.* New York:Viking, 1964.

New York Time Service. News story by Adam Clymer. In *International Herald Tribune.* September, 30, 1981, 3.

Newsweek, The secret history of Vietnam, June 28, 1971.

Nisbett, R. E. and Ross, L. *Human inference:Strategies and shortcomings of informal judgment.* Englewood Cliffs, N. J. ;Prentice-Hall, 1980.

Nixon, R. M. *RN : The memoirs of Richard Nixon.* New York: Grosset & Dunlap, 1978.

North, R. Perception and action in the 1914 crisis. *Journal of International Affairs*, 1967, 21, 103 – 122.

Opotowsky, S. *The Kennedy government*. New York: Dutton, 1961.

Osgood, R. E., Tucker, R. W., Dinerstein, H. S., Rourke, F. E., Frank, I., Martin, L. W., and Liska, G. *America and the world*. Baltimore: Johns Hopkins Press, 1970.

Paige. G. D. *The Korean decision*. New York: Free Press, 1968.

Patterson, K. G. The quest for peace and prosperity: International trade, communism, and the Marshall Plan. In B. J. Bernstein (Ed.), *Politics and policies of the Truman administration*. Chicago: Quadrangle Books, 1970, pp. 78 – 112.

Peffer, N. *The Far East*. Ann Arbor: University of Michigan Press, 1958.

Perkins, D. *The diplomacy of a new age*. Bloomington: Indiana University Press, 1967.

Pool, I. *Reprint of publications on Vietnam, 1966 – 1971*. MIT, May, 1971.

Price, A. B. *The Marshall Plan and its meaning*. Ithaca, N. Y.: Cornell University Press, 1955.

Pruitt, D. Choice shifts in group discussion: An introductory review. *Journal of Personality and Social Psychology*, 1971, 20, 339 – 360.

Pruitt, D. Conclusions: Toward an understanding of choice shifts in group discussion. *Journal of Personality and Social Psychology*, 1971, 20, 495 – 510.

Raven, B. H. The Nixon group. *Journal of Social Issues*, 1974, 30, 297 – 320.

Raven, B. and Rubin, J. Z. *Social psychology : People in groups*. New York: Wiley, 1977.

Reedy, G. E. *The twilight of the presidency*. New York: World, 1970.

Roche, J. P. The jigsaw puzzle of history. *New York Times Magazine*, January 24, 1971.

Rock, W. R. *Appeasement on trial*. Hamden, Conn.: Anchor Books, 1966.

Safire, W. L. *Before the fall : An inside view of the pre-Watergate White House*. New York: Ballantine Books, 1978.

Salinger, P. *With Kennedy.* New York: Avon Books, 1966.

Schachter, S. *The psychology of affliation.* Stanford, Calif.: Stanford University Press, 1959.

Schachter, S. Deviation, rejection, and communication. In D. Cartwright and A. Zander (Eds.), *Group dynamics: Research and theory.* New York: Harper & Row, 1968.

Schachter, S. et al. Cross-cultural experiments on threat and rejection. *Human Relations*, 1954, 7, 403 – 439.

Schelling, T. Foreword to R. Wohlstetter's *Pearl Harbor.* Stanford, Calif.: Stanford University Press, 1962.

Schlesinger, A. M., Jr. *A thousand days.* Boston: Houghton Mifflin, 1965.

Schlesinger, A. M., Jr. *Robert Kennedy and his times.* New York: Ballantine Books, 1978.

Scriven, M. Objectivity and subjectivity in educational research. In L. G. Thomas (Ed.), *Philosophical redirection of educational research.* Chicago: University of Chicago Press, 1976.

Senate Select Committee on Presidential Campaign Activities. *The Watergate hearings: Break-in and cover-up.* Proceedings as edited by staff of the *New York Times.* New York: Viking Press, 1973.

Shaw, M. *Group dynamics.* New York: McGraw-Hill, 1971.

Sheehan, N. et al. *The Pentagon Papers as published by The New York Times.* New York: Bantam, 1971.

Shepard, R. N. On subjectively optimum selections among multi-attribute alternatives. In W. Edwards and A. Tversky (Eds.), *Decision making.* Baltimore: Penguin Books, 1967, pp. 257 – 283.

Sherif, M., Harvey, O. J., White, B. J., Hood, W. R., and Sherif, C. W. *Inter-group conflict and cooperation: The robbers cave experiment.* Norman, Okla.: University of Oklahoma Press, 1961.

Shirer, W. *The rise and fall of the Third Reich.* New York: Crest, 1963.

Sidey, H. White House staff vs. the cabinet. *Washington Monthly*, February

1969.

Sidey, H. The Presidency. *Time*, August 17, 1981, 37.

Simon, H. A. *Administrative behavior: A study of decision-making processes in administrative organization* (3rd ed.). New York: Free Press, 1976. taking. In J. S. Carroll and J. W. Payne (Eds.), *Cognition and social behavior*. New York: Lawrence Erlbaum Associates, 1976.

Smith, G. *The aims of American foreign policy.* New York: McGraw-Hill, 1969.

Smith, G. The limits of power. *New York Times Book Review*, February. 27, 1972.

Sorensen, T. C. *Kennedy.* New York: Bantam, 1966.

Spanier, J. W. *American foreign policy since World War II* (3rd rev. ed.). New York: Praeger, 1968.

Tetlock, P. E. Identifying victims of groupthink from public statements of decision makers. *Journal of Personality and Social Psychology*, 1979, 37, 1314 – 1324.

Thelen, H. A. *Dynamics of groups at work.* Chicago: Phoenix Books, University of Chicago Press, 1963.

Theobald, R. A. *The final secret of Pearl Harbor.* New York: Devin-Adair, 1954.

The presidential transcripts—with commentary by the staff of the Washington Post. New York: Delacorte Press, 1974.

The White House transcripts. New York: New York Times Co., 1974.

Thomson, J. G., Jr. How could Vietnam happen? An autopsy. *The Atlantic Monthly*, April 1968.

Toland, J. *But not in shame: The six months after Pearl Harbor.* New York: Random House, 1961.

Trevor-Roper, H. R. Munich—Its lessons ten years later. In F. L. Loewenheim (Ed.), *Peace or appeasement? Hitler, Chamberlain, and the Munich crisis.* Boston: Houghton Mifflin, 1965, pp. 150 – 157.

Truman, H. S. *Memoirs: Years of triat and hope.* Vol. 2. New York: Doubleday,

1956.

Tuchman, B. *The guns of August.* New York: Dell, 1963.

Tuchman, B. *The proud tower.* New York: Macmillan, 1966.

Tversky, A. and Kahneman, D. Judgment under uncertainty. *Science*, 1974, 185, 1124–1130.

United States Department of State *Bulletin* (on the Cuban Missile Crisis), V, 1.47, No. 1220, Nov. 12, 1962.

Vroom, V. H. Industrial social psychology. In G. Lindzey and E. Aronson (Eds.), *The handbook of social psychology.* Vol. 5. Reading, Mass.: Addison-Wesley, 1969, pp. 196–286.

Wallach, M. A., Kogan, N., and Bem, D. J. Group influence on risk-taking. In D. Cartwright and A. Zander (Eds.), *Group dynamics: Research and theory* (3rd ed.). New York: Harper & Row, 1968, pp. 430–443.

Washing Post Service. news story by Art Prine, *International Herald Tribune.* May 25, 1981, 3.

Watergate: Chronology of a crisis (2 vols.). Washington, D. C.: Congressional Quarterly, 1973, 1974.

Weaver, W. The moment of truth. *Science*, Jannary. 1960, 27.

Whaley, B. *Stratagem: Deception and surprise in war.* Cambridge, Mass.: Center for International Studies, MIT, 1969.

Wheeler, D. D. and Janis, I. L. *A practical guide for making decisions.* New York: Free Press, 1980.

White, R. K. Misperception and the Vietnam War. *Journal of Social Issues*, 1966, 22, 1–164.

White, T. H. *Breach of faith: The fall of Richard Nixon.* New York: Atheneum, 1975.

Wicker, T. *JFK and LBJ.* New York: Morrow, 1968.

Wicker, T. A tale of two silences. *New York Times.* May 4, 1980, E23.

Wilensky, H. *Organizational intelligence: Knowledge and policy in government and industry.* New York: Basic Books, 1967.

Will, G. F. Reagan's economic arcane. *International Herald Tribune*, September 29, 1981, 14.

Williams, W. A. *The tragedy of American diplomacy.* New York: Dell, 1962.

Wohlstetter, R. *Pearl Harbor: Warning and decision.* Stanford, Calif.: Stanford University Press, 1962.

Wohlstetter, R. Cuba and Pearl Harbor. *Foreign Affairs*, July 1965.

Wohlstetter, A. and Wohlstetter, R. Controlling the risks in Cuba. *Adelphi Papers*, No. 17, Institute of Strategic Studies, London, April 1965.

Wong-McCarthy, W. A content analysis of the unedited White House transcripts. Unpublished research report, 1976.

Wong-McCarthy, W. A qualitative analysis of excerpts from unedited presidential conversations. Unpublished research report, 1977.

Wyden, P. *Bay of Pigs: The untold story.* New York: Simon & Schuster, 1979.

Zimbardo, P. The human choice: Individuation, reason and order versus deindividuation, impulse, and chaos. *Nebraska Symposium on Motivation 1969*, Vol. 17, 237–307. University of Nebraska Press.

索 引

（索引页码为英文原版页码，即本书边码）

A

Acceptance by group, conformity and　被团体接受，一致并被团体接受，246

Accountability, doctrine of　责任，归责的学说，194 – 195

Acheson, Dean　迪恩·艾奇逊，49

　　Cuban missile crisis and　古巴导弹危机和迪恩·艾奇逊，145，146

　　Johnson and　约翰逊和迪恩·艾奇逊，51 – 52

　　Korean War and, see Advisory group (Truman's) in North Korean occupation　朝鲜战争与迪恩·艾奇逊，见（杜鲁门）在占领朝鲜中的顾问团

　　Marshall and　马歇尔和迪恩·艾奇逊，52，171

　　Marshall Plan and　马歇尔计划和迪恩·艾奇逊，167，292

　　Truman and　杜鲁门和迪恩·艾奇逊，52

Adams, Ware, see also Policy Planning Staff　韦尔·亚当斯，162，另见国务院政策设计室

Ad hoc groups　临时团体，307，308

Advisory group (Chamberlain's) on appeasement of Germany　（张伯伦）在对德绥靖政策上的顾问团，187 – 193

Advisory group (Johnson's) in Vietnam War escalation　（约翰逊）在越南战争升级中的顾问团

　　bureaucratic detachment of　（约翰逊）在越南战争升级中的顾问团的官僚分歧，111 – 112，290

　　cohesiveness of　（约翰逊）在越南战争升级中的顾问团的内聚，99，101

索引

devil's advocate in （约翰逊）在越南战争升级中的顾问团中唱反调的人，267–268

dissenters domesticated by 不同意见者被（约翰逊）在越南战争升级中的顾问团驯化，114–117, 120, 257

Ellsberg and 埃尔斯伯格和（约翰逊）在越南战争升级中的顾问团，101–107

enemy viewed by 被（约翰逊）在越南战争升级中的顾问视为敌人，111–113

ground troops increase 地面部队增加，105, 120

groupthink in （约翰逊）在越南战争升级中的顾问团里的小集团思维，97, 101, 107, 130, 289–290

history rewritten by 历史被（约翰逊）在越南战争升级政策上的顾问团重写，113–114

invulnerability illusion of （约翰逊）在越南战争升级中的顾问团坚不可摧的错觉，121–123, 125

Johnson 约翰逊

    anxiety over Vietnam bombing 对在越南轰炸感到焦虑，123, 125

    leadership style 领导风格，99

    McNamara and 麦克纳马拉和约翰逊，118–119

    renomination declined by 约翰逊拒绝再提名，119, 124

    Vietnam War deescalation and 越南战争逐步降级与约翰逊，119, 124

McNamara and 麦克纳马拉与（约翰逊）在越南战争升级中的顾问团，99, 100, 115, 117–120, 251

norms of （约翰逊）在越南战争升级中的顾问团的规范，112–113, 127

Operation Rolling Thunder 滚雷行动，104, 105, 106

peace attempts of （约翰逊）在越南战争升级中的顾问团的和平尝试，125–129

Pentagon Papers and 五角大楼文件与（约翰逊）在越南战争升级中的顾问团，97, 98, 101–104, 105, 106, 107, 118, 120, 121, 126, 290

risks overlooked by 被（约翰逊）在越南战争升级中的顾问团忽视的风险，121–123, 125

shared rationalizations of （约翰逊）在越南战争升级中的顾问团共享的理性，113–114

sources of error in （约翰逊）在越南战争升级中的顾问团错误的来源，107–125

stress and 压力与（约翰逊）在越南战争升级中的顾问团，109–111, 251

unanimity within （约翰逊）在越南战争升级中的顾问团内部一致，120

wishful thinking of, see also Vietnam War escalation　（约翰逊）在越南战争升级中的顾问团的如意算盘，103，另见越南战争升级

Advisory group (Kennedy's) in Bay of Pigs invasion　（肯尼迪）在猪湾入侵中的顾问团

 approval rationale　赞成的理由，15

 Bissell　比斯尔，292

  cover story and　封面故事与比斯尔，20

  Cuban exile morale　古巴流亡者的士气，22

  Cuban military and　古巴的军事与比斯尔，23-24

  Kennedy and　肯尼迪和比斯尔，45，46，140，281，284

  misinformation of　比斯尔的错误消息，277

  qualifications　资格，17，19，279

 Bowles and　鲍尔斯和（肯尼迪）在猪湾入侵中的顾问团，41，43-44，266，267，280

 Central Intelligence Agency and　中央情报局和（肯尼迪）在猪湾入侵中的顾问团，277-279，281-282

 Cuban missile crisis and, see also Executive Committee of the National Security Council, Cuban missile crisis and　古巴导弹危机和（肯尼迪）在猪湾入侵中的顾问团，139，140-142，另见国家安全委员会执行委员会，古巴导弹危机与国家安全委员会执行委员会

 decision of　（肯尼迪）在猪湾入侵中的顾问团的决定，248，281-283

 dissension and　意见不合与（肯尼迪）在猪湾入侵中的顾问团，283

 Dulles　杜勒斯，10，15

  cover story and　封面故事与杜勒斯，20

  Cuban exiles and　古巴流亡者与杜勒斯，22，31

  Cuban military and　古巴的军事与杜勒斯，23-24

  Kennedy and　肯尼迪与杜勒斯，45-46，140，284

  misinformation of　杜勒斯的错误信息，277

  qualifications　资格，17

 failure of　（肯尼迪）在猪湾入侵中的顾问团的失败，27，30-34，279-281

 false assumption of　（肯尼迪）在猪湾入侵中的顾问团的错误假设，19-27

 Fulbright and　富布莱特与（肯尼迪）在猪湾入侵中的顾问团，20，42-43，44，146，267，281，283

索 引

groupthink in （肯尼迪）在猪湾入侵中的顾问团里的小集团思维, 11, 24–47, 279–281, 284

insulation of （肯尼迪）在猪湾入侵中的顾问团的隔绝, 266, 267, 282

Kennedy（John） 约翰·肯尼迪, 140, 195

 Bissell and 比斯尔与约翰·肯尼迪, 45–46, 278–279, 281

 brigade morale and 团队士气与约翰·肯尼迪, 22

 Cuba's military and 古巴的军事和约翰·肯尼迪, 23–25

 decision of 约翰·肯尼迪的决定, 281–282

 Dulles and 杜勒斯和约翰·肯尼迪, 45–46

 Joint Chiefs of Staff and 参谋长联席会议与约翰·肯尼迪, 278–279

 leadership style 领导风格, 35, 42–44, 67, 68

 as new administration 约翰·肯尼迪新政府, 31, 279

 reaction of 约翰·肯尼迪的反应, 15–16

 requirements of 约翰·肯尼迪的要求, 19, 20, 21, 38, 39, 278

 Rusk and 腊斯克与约翰·肯尼迪, 280

Kenney（Robert） 罗伯特·肯尼迪, 280, 283

military and 军事与（肯尼迪）在猪湾入侵中的顾问团, 40

new members and 新成员与（肯尼迪）在猪湾入侵中的顾问团, 44–46, 284

objections to 对（肯尼迪）在猪湾入侵中的顾问团的反对, 40–42, 43, 44, 281, 283

personal doubts of 对（肯尼迪）在猪湾入侵中的顾问团的个人怀疑, 39–40, 280–281, 282

qualifications of core members of （肯尼迪）在猪湾入侵中的顾问团核心成员的资格, 16–17, 19

risks and 风险与（肯尼迪）在猪湾入侵中的顾问团, 282–283

Rusk and 腊斯克与（肯尼迪）在猪湾入侵中的顾问团, 38–39, 266, 280, 281, 283

Schlesinger（Arthur, Jr） 小阿瑟·施莱辛格, 25–27, 30, 278

 comments of 小阿瑟·施莱辛格的评价, 35–36, 277, 280, 281, 282, 283–284

 group consensus and 集体共识与小阿瑟·施莱辛格, 38

 Joint Chiefs of Staff and 参谋长联席会议与小阿瑟·施莱辛格, 278

 objections of 小阿瑟·施莱辛格的反对, 32, 38, 39, 40, 43, 44, 280

Sorensen and 索伦森与（肯尼迪）在猪湾入侵中的顾问团，23，25，38，278，281，284

stress and, see also Bay of Pigs invasion 压力与（肯尼迪）在猪湾入侵中的顾问团，251，另见猪湾入侵

Advisory group (Kennedy's) in Cuban missile crisis, see Executive Committee of the National Security Council, Cuban missile crisis and （肯尼迪）在古巴导弹危机中的顾问团，见国家安全委员会执行委员会，古巴导弹危机与国家安全委员会执行委员会

Advisory group (Kimmel's) in Pearl Harbor （基梅尔）在珍珠港事件中的顾问团

 air reconnaissance and 空中侦察与（基梅尔）在珍珠港事件中的顾问团，75 – 76

 Army group and 集团军群与（基梅尔）在珍珠港事件中的顾问团，76

 attack explanation 攻击说明，81 – 89

 congeniality of （基梅尔）在珍珠港事件中的顾问团的同质性，77 – 80，288

 defense of （基梅尔）在珍珠港事件中的顾问团的辩护，80

 enemy viewed by 被（基梅尔）在珍珠港事件中的顾问团视为敌人，83 – 84

 fleet safety and 舰队安全与（基梅尔）在珍珠港事件中的顾问团，87，88

 groupthink in （基梅尔）在珍珠港事件中的顾问团里的小集团思维，83 – 89，95 – 96

 invulnerability and 坚不可摧与（基梅尔）在珍珠港事件中的顾问团，72 – 73，87 – 89，91，286

 Kimmel 基梅尔

  Bloch and 布洛赫与基梅尔，77

  demotion of 基梅尔被降职，79 – 80

  Earle and 厄尔与基梅尔，77

  leadership style 领导风格，77，79 – 80

  Short and 肖特与基梅尔，91 – 92，288

 norms 规范，87 – 89

 shared rationalization of, see also Pearl Harbor （基梅尔）在珍珠港事件中的顾问团共享的理性，83 – 87

 Stark and 斯塔克与（基梅尔）在珍珠港事件中的顾问团，74 – 75，92

 stress and 压力与（基梅尔）在珍珠港事件中的顾问团，251

 warnings to （基梅尔）在珍珠港事件中的顾问团的警告，74 – 77，79，80 – 82，84 – 85，93，94，269，270，286 – 287，288 – 289

 wishful thinking among, see also Pearl Harbor （基梅尔）在珍珠港事件中的顾问团的

索引

如意算盘，63，82－83，另见珍珠港

Advisory group (Nixon's), see Watergate cover-up （尼克松）的顾问团，见掩盖"水门事件"

Advisory group (Truman's) in North Korean occupation （杜鲁门）在占领朝鲜中的顾问团

    Acheson 艾奇逊，51，56，57，62，63，285

        And China 艾奇逊与中国，56，59

        Kennan and 凯南与艾奇逊，285

        MacArthur and 麦克阿瑟与艾奇逊，286

        as mindguard 艾奇逊作为思想保镖，60

        objections of 对（杜鲁门）在占领朝鲜中的顾问团的反对，69

    anger deflected from 愤怒偏离了（杜鲁门）在占领朝鲜中的顾问团，64－67

    defective decision-making of （杜鲁门）在占领朝鲜中的顾问团有缺陷的决策，53－55

    enemy (China and Russia) viewed by 被（杜鲁门）在占领朝鲜中的顾问团视为敌人（中国和俄国），58－59，61，68，285

    groupthink in （杜鲁门）在占领朝鲜中的顾问团里的小集团思维，48，57－58，59－61，69－71

    harmony within （杜鲁门）在占领朝鲜中的顾问团内的和谐，49，51－51

    MacArthur 麦克阿瑟，48

        China and 中国与麦克阿瑟，55－56，62－64，65，270

        failure of offensive of 麦克阿瑟进攻的失败，53，61，64，66

        Kennan and 凯南与麦克阿瑟，285

        support for 对麦克阿瑟的支持，55，56，57，58，62－64，270，285

    military in （杜鲁门）在占领朝鲜中的顾问团中的军队，51，286

    as mindguard （杜鲁门）在占领朝鲜中的顾问团作为思想保镖，64，286

    morale of （杜鲁门）在占领朝鲜中的顾问团的士气，61

    norms of （杜鲁门）在占领朝鲜中的顾问团的规范，67－69，71

    Nov. 9th and 21st meetings and 11月9日第21次会议与（杜鲁门）在占领朝鲜中的顾问团，62－64

    objections to 对（杜鲁门）在占领朝鲜中的顾问团的反对，60－61

    risks ignored by 被（杜鲁门）在占领朝鲜中的顾问团忽视的风险，55－58，286

Truman 杜鲁门
    Acheson and 艾奇逊与杜鲁门，52
    consequences for administration 管理的后果，53，284 – 285
    influenced by group 被集团影响，69 – 71
    leadership 领导，51，67，68 – 69，70
    morale-buildup by 杜鲁门积聚士气，61
    press and 压力与杜鲁门，65 – 67
    warnings and 警告与杜鲁门，285

Africa, Cuban missile crisis and 非洲，古巴导弹危机与非洲，146
Agony, see Subjective discomfort 痛苦，见主观不适
Allison, Graham T. 格雷厄姆·T. 艾利森，6 – 7，144 – 145，290 – 291
Almond, Gabriel 加布里埃尔·阿尔蒙德，6
Anderson, John, Sir 约翰·安德森爵士，189
Anderson, Vice Admiral Walter S., see also Advisory group (Kimmel's) in Pearl Harbor 沃尔特·S. 安德森海军中将，77，另见（基梅尔）在珍珠港事件中的顾问团
Anger, Truman's advisory group and 安杰，杜鲁门的顾问团与安杰，64 – 67
Appeasement, Britain and, see Chamberlain, Neville 绥靖政策，英国与绥靖政策，见内维尔·张伯伦
Aron, Raymond 雷蒙德·阿隆，6
Associates, alternatives advanced by, see also Experts 由同伴推动的备选方案，266，另见专家

B

Background, commonality of 背景，背景的共性，250，305
    multiple advocacy and 多元意见与背景，250
    Watergate cover-up and 掩盖"水门事件"与背景，239，240，297
Ball, George 乔治·鲍尔
    Cuban missile crisis and, see also Executive Committee of the National Security Council, Cuban missile crisis and 古巴导弹危机与乔治·鲍尔，134，135，145，150，另见国家安全委员会执行委员会，古巴导弹危机与国家安全委员会执行委员会
    Vietnam War and, see also Advisory group (Johnson's) in Vietnam War escalation 越南战争与乔治·鲍尔，89，115，120，另见（约翰逊）在越南战争升级上的顾问团

索 引

Barkley, Alben W. 阿尔本·W. 巴克利, 66
Bay of Pigs invasion 猪湾入侵
  air strike 空中打击, 21-22, 25
  brigade morale 团队士气, 22
  CIA and 中央情报局与猪湾入侵, 14, 15, 22, 23-26, 30-31, 34, 40, 42, 44-46
  counterpoint to, see Cuban missile crisis; Executive Committee of the National Security Council, Cuban missile crisis and 对比猪湾入侵, 见古巴导弹危机; 国家安全委员会执行委员会, 古巴导弹危机与国家安全委员会执行委员会
  cover story for 封面故事为猪湾入侵, 20-21, 37
  Cuban resistance support for 古巴反对势力支持猪湾入侵, 23-26
  Escambray Mountain escape 埃斯坎布雷山逃亡, 25, 26-27, 28
  Joint Chiefs and Staff and 参谋长联席会议与猪湾入侵, 17, 23, 27, 30, 40
  Nixon and 尼克松与猪湾入侵, 14
  plan 计划, 14, 15, 21
  press coverage and 新闻报道与猪湾入侵, 20
  prisoner release 释放囚犯, 27, 29
  secrecy of 猪湾入侵的秘密, 20-21, 32, 33-34, 37
  world reaction to 世界对猪湾入侵的反应, 15
  see also Advisory group (Kennedy's) in Bay of Pigs invasion 另见（肯尼迪）在猪湾入侵中的顾问团
Beecham, Thomas, Sir 托马斯·比彻姆爵士, 256
Behavioral scientists, innovations implemented by 行为科学家, 由行为科学家实施的创新, 271-273, 274, 306-309
Belisha, Leslie Hoare 莱斯利·霍尔·贝里沙, 189
Berle, Adolph A., Jr., see also Advisory group (Kennedy's) in Bay of Pigs invasion 小阿道夫·A. 伯利, 19, 43, 另见（肯尼迪）在猪湾入侵中的顾问团
Bernstein, Carl 卡尔·伯恩斯坦, 205
Bicknell, Lieutenant Colonel 比克内尔中校, 91
Bion, Wilfred 威尔弗雷德·拜昂, 4, 5
Bissell, Richard M., see Advisory group (Kennedy's) in Bay of Pigs invasion 理查德·M. 比斯尔, 见（肯尼迪）在猪湾入侵中的顾问团
Blanchard, W. H. W. H. 布兰查德, 237-238

Bloch, Admiral Claude C., see also Advisory group (Kimmel's) in Pearl Harbor 克劳德·C. 布洛赫海军上将，另见（基梅尔）在珍珠港事件中的顾问团

Bohlen, Charles 查尔斯·波伦，167，292

Bonesteel, Col. Charles H., III, see also Policy Planning Staff 查尔斯·H. 博恩斯蒂尔三世上校，162，另见国务院政策设计室

Bowles, Chester 切斯特·鲍尔斯，41，43-44，266，267，280

Bradley, General Omar N., see Advisory group (Truman's) in North Korean occupation 奥马尔·H. 布拉德利将军，49，51，53，61，见（杜鲁门）在占领朝鲜中的顾问团

Bratton, Colonel 布拉顿上校，289

Bridges, Edward, Sir 爱德华·布里奇斯爵士，189

Britain, appeasement of Germany by 英国，英国对德国的绥靖政策，187-193，293

Brown, Vice Admiral Wilson, see also Advisory group (Kimmel's) in Pearl Harbor 威尔逊·布朗海军中将，77，另见（杜鲁门）在占领朝鲜中的顾问团

Bundy, McGeorge 麦乔治·邦迪

    Bay of Pigs invasion and 猪湾入侵与麦乔治·邦迪，281，283

    Cuban missile crisis and 古巴导弹危机与麦乔治·邦迪，134，135，143-144

    qualifications of 麦乔治·邦迪的资格，17

    Vietnam War escalation and, see also Advisory group (Johnson's) in Vietnam War escalation, Advisory group (Kennedy's) in Bay of Pigs invasion, Executive Committee of the National Security Council, Cuban missile crisis and 越南战争的升级与麦乔治·邦迪，99，115，117，另见（约翰逊）在越南战争升级上的顾问团，（肯尼迪）在猪湾入侵中的顾问团，国家安全委员会执行委员会，古巴导弹危机与国家安全委员会执行委员会

Bundy, William P. 威廉·P. 邦迪，125-126，283

Butterfield, Alexander 亚历山大·巴特菲尔德，207，215

Buzhardt, J. Fred J. 弗雷德·布兹哈特，207，210

C

Calhoun, Vice Admiral William L., see also Advisory group (Kimmel's) in Pearl Harbor 威廉·L. 卡尔霍恩海军中将，77，另见（基梅尔）在珍珠港事件中的顾问团

索 引

Cambodia, Mayaguez rescue mission and　柬埔寨，马亚圭斯援救任务与柬埔寨，178–180

Campbell, Donald　唐纳德·坎贝尔，257

Carter, Jimmy　吉米·卡特，180–182

Cartwright, Dorwin　多温·卡特赖特，4

Cassandra's advocate　卡珊德拉的支持，269，271

Castro, Fidel　菲德尔·卡斯特罗

　air force of　菲德尔·卡斯特罗的空军，278

　Bundy and　邦迪与菲德尔·卡斯特罗，281

　overthrow of, see also Bay of Pigs invasion　推翻菲德尔·卡斯特罗，19，另见猪湾入侵

　view of　菲德尔·卡斯特罗的观点，36–37

Central Intelligence Agency (CIA)　中央情报局

　Bay of Pigs invasion and　猪湾入侵与中央情报局，4，15，19，22，23–26，30–31，34，40，42，44–46，251，277–279

　Cuban missile installations and　古巴导弹装置与中央情报局，132，134

　Vietnam War escalation and　越南战争的升级与中央情报局，106

　Watergate cover-up and, see also Helms, Richard; McCone, John　掩盖"水门事件"与中央情报局，204–205，208，211，236，另见理查德·赫尔姆斯；约翰·麦科恩

Chamberlain, Neville　内维尔·张伯伦，187–193，293

Chapin, Dwight　德怀特·查宾，206

Chatfield, Lord　查特菲尔德勋爵，189

Chiang Kai-shek　蒋介石，69，194–195

China (Communist), see Korean War　（共产主义）中国，见朝鲜战争

Chou En-lai　周恩来，56，285

Christian, George, see also Advisory group (Johnson's) in Vietnam War escalation　乔治·克里斯琴，100，另见（约翰逊）在越南战争升级问题中的顾问团

Churchill, Winston　温斯顿·丘吉尔，159，189，191

Clayton, William　威廉·克莱顿，160，167，292

Clifford, Clark, see also Advisory group (Johnson's) in Vietnam War escalation　克拉克·克利福德，99，100，119，251，290，另见（约翰逊）在越南战争升级问题中的顾问团

Closed-mindedness, group, see also Enemy, stereotyped view of; Shared rationalizations 思想封闭，团队，155，244，257，另见敌人，对敌人刻板的看法；共享的理性

"Coercive diplomacy" "强制外交"，157

Cognitive dissonance theory 认知失调理论，277

Cohen, Benjamin 本杰明·科恩，167

Cohesive group, see Group cohesiveness 内聚的团体，见集团内聚力

Cold War, Cuban missile crisis and 冷战，古巴导弹危机与冷战，157

Coleman, Lt. Com. Herbert M. 赫伯特·M. 科尔曼

Collins, General L. Lawton, see also Advisory group (Truman's) in North Korean occupation L. 劳顿·柯林斯将军，49，51，286，另见（杜鲁门）在占领朝鲜中的顾问团

Colson, Charles, see Watergate cover-up 查尔斯·科尔森，见掩盖"水门事件"

Committee on Foreign Aid, Marshall Plan and 对外援助委员会，马歇尔计划与对外援助委员会，160，167–169，172

Communism 共产主义

 Johnson's advisory group's view of 约翰逊的顾问团对共产主义的看法，111–113

 Marshall Plan and 马歇尔计划与共产主义，164，292

 Truman's advisory group's view of 杜鲁门的顾问团对共产主义的看法，49，56，58，68

 Vietnam War escalation and, see also Marshall Plan, Soviet Union 越南战争升级与共产主义，102，另见马歇尔计划，苏联

Communist China, see Korean War 共产主义中国，见朝鲜战争

Comparative case studies 比较案例研究，302–303

Concurrence 意见一致，8–9，10

 enemy and 敌人与意见一致，37

 as group norm 作为集团规范的意见一致，267–271

 pressure toward 对意见一致的压力，11–13

 see also Groupthink; Vigilant appraisal 另见小集团思维；谨慎的评估

Conformity, pressure toward 一致，对一致的压力，175，257–258

 acceptance by group and 被团体接受且一致，246

 group cohesiveness and, see also Dissension; Mindguard; Self-censorship; Unanimity, illusion of 集团内聚力且一致，299–300，另见意见不合；思想保镖；自我审查；一致同意，一致同意的假象

索 引

Connolley, Edward 爱德华·康诺利, 204, 208

Consensus, see Conformity, pressure toward; Unanimity, illusion of 共识, 见一致, 对一致的压力; 一致同意, 一致同意的假象

Constructive multiple advocacy 建设性的多元意见, 250

Containment policy, see Watergate cover-up 遏制政策, 见掩盖"水门事件"

Contingency plans 应急计划, 148–149, 269

Controlled field experiments 受控制的野外实验, 303, 304

Cooley, Charles Horton 查尔斯·霍尔顿·库利, 4

Cooper, Chester 切斯特·库珀, 121, 126–127

Cox, Archibald 阿奇博尔德·考克斯, 207, 210

"Crimethink" "思想犯罪", 9

Critical evaluation 批评性的评估

    devil's advocate and 唱反调的人与批评性的评估

    Executive Committee of National Security Council and 国家安全委员会执行委员会与批评性的评估

    fostering 培养, 304

    group norms and 集团规范与批评性的评估

    leadership fostering 领导力培养, 262–263, 306

    Policy Planning Staff and, see also Dissension 国务院政策设计室与批评性的评估, 166–167, 另见意见不合

Crow, Wayman J. 韦曼·J. 克罗, 305, 307

Cuba, see Bay of Pigs invasion, Castro, Fidel 古巴, 见猪湾入侵, 菲德尔·卡斯特罗

Cuban missile crisis 古巴导弹危机, 132

    background of 古巴导弹危机的背景, 132–134, 138, 149

    decision on 古巴导弹危机的决定, 248

    see also Executive Committee of the National Security Council, Cuban missile crisis and 另见国家安全委员会执行委员会, 古巴导弹危机与国家安全委员会执行委员会

Czechoslovakia, Germany and 捷克斯洛伐克, 德国与捷克斯洛伐克, 188, 190, 191

D

Dangers, see Risks, Warnings 危险, 见风险, 警告

Dash, Sam　萨姆·达什，229

Davis, Capt. Arthur C., see also Advisory group (Kimmel's) in Pearl Harbor　阿瑟·C.戴维斯上校，77，另见（基梅尔）在珍珠港事件中的顾问团

Dean, John, see Watergate cover-up　约翰·迪恩，见掩盖"水门事件"

Decision-making　决策

 conceptions of political　政治决策的概念，6-7

 criteria for　决策的标准，308

 duality in　决策的二重性，248

 effectiveness, see also Executive Committee of the National Security Council and, Marshall Plan　决策的有效性，136，另见国家安全委员会执行委员会，马歇尔计划

 groups and　集团与决策，12，194-195

 innovations in　决策的创新，271-274

 Kennedy's procedure for　肯尼迪的决策过程，140-142

 see also Defective decision-making, Group decisions　另见有缺陷的决策，集团决策

Decision-simulation experiments　决策模拟实验，307

Defective decision-making　有缺陷的决策，245

 analysis of　对有缺陷的决策的分析，194

 definition　定义，3，9-10，11

 informational overload and　信息超载与有缺陷的决策，196

 noncohesive groups and　松散的集团与有缺陷的决策，246-247

 outcome of　有缺陷的决策的结果，195-196

 reasons for　有缺陷的决策的原因，2

 symptoms of　有缺陷的决策的表征，53-55，175-176，216-217，244

 unfavorable outcome and　不理想的结果与有缺陷的决策，195-196

DeLany. Capt. Walter, see also Advisory group (Kimmel's) in Pearl Harbor　沃尔特·德拉尼上校，77，另见（基梅尔）在珍珠港事件中的顾问团

"Deniability" norm　"扯皮"的规范，237-238

De Rivera, Joseph　约瑟夫·德·里维拉，57，58，285，286

Deutsch, Morton　莫顿·多伊奇，277

Devil's advocate　唱反调的人，267-268，307

 de Weerd, H. A.　H. A. 迪威德，57

Differentiation　区别，298-299

索 引

Dillon, Douglas, see also Executive Committee of the National Security Council, Cuban missile crisis and 道格拉斯·狄龙, 151, 另见国家安全委员会执行委员会, 古巴导弹危机与国家安全委员会执行委员会

Directive leadership 直接领导, 234, 235 – 238

Dissension 意见不合, 257

 devil's advocate and 唱反调的人与意见不合, 267 – 268

 domestication of dissenters and 驯化不同意见者与意见不合, 114 – 117

 leader fostering 领导培养不同意见, 261 – 263

 Watergate cover-up and, see also Conformity, pressure toward 掩盖"水门事件"与意见不合, 231 – 233, 另见一致, 对一致的压力

Dittes, James E. 詹姆斯·E. 迪特斯, 246

Dobrynin, Anatoly F. 阿纳托利·F. 多勃雷宁, 155

Dostoyevsky, Fyodor 费奥多·陀思妥耶夫斯基, 194

"Doublethink" "双重思想", 9, 114, 128

Doubts, groupthink suppressing personal, see also Self – censorship 怀疑, 小集团思维压制个人的怀疑, 39 – 40, 280 – 281, 另见自我审查

Draemel, Rear Admiral Milo, see also Advisory group (Kimmel's) in Pearl Harbor 米罗·德拉梅尔海军少将, 77, 另见 (基梅尔) 在珍珠港事件中的顾问团

Dreyfus affair 德莱弗斯事件, 300

"Dr. Strangelove" incident "奇爱博士" 事件, 156

Dulles, Allen, see Advisory group (Kennedy's) in Bay of Pigs invasion 艾伦·杜勒斯, 见 (肯尼迪) 在猪湾入侵中的顾问团

E

Earle, Capt. John B., see also Advisory group (Kimmel's) in Pearl Harbor 约翰·B. 厄尔上校, 73, 77, 另见 (基梅尔) 在珍珠港事件中的顾问团

Eden, Anthony 安东尼·艾登, 188, 189

Effectiveness trap 有效性陷阱, 32

 Bay of Pigs invasion and 猪湾入侵与有效性陷阱, 32, 34

 Johnson's advisory group and 约翰逊的顾问团与有效性陷阱, 115 – 117

Egypt 埃及, 193

Ehrlichman, John, see Watergate cover-up　约翰·埃利希曼，见掩盖"水门事件"

Eisenhower, Dwight David　德怀特·戴维·艾森豪威尔

　　accountability of　德怀特·戴维·艾森豪威尔的责任，194

　　Bay of Pigs invasion and　猪湾入侵与德怀特·戴维·艾森豪威尔，14

　　U-2 and　U-2飞机与德怀特·戴维·艾森豪威尔，136，194

Ellsberg, Daniel　丹尼尔·埃尔斯伯格，106-107，206，236

Enemy, stereotype view of　敌人，对敌人的刻板看法，36-37，174，257

　　Executive Committee of the National Security Council and　国家安全委员会执行委员会与对敌人的刻板看法，152-153，157

　　Johnson's advisory group and　约翰逊的顾问团与对敌人的刻板看法，111-113

　　Kimmel's advisory group and　基梅尔的顾问团与对敌人的刻板看法，73，83-84

　　Policy Planning Staff (Kennan's) and　（凯南的）国务院政策设计室与对敌人的刻板看法，194

　　preventing　防止，270

　　Truman's advisory group and　杜鲁门的顾问团与对敌人的刻板看法，58-59，61，68，285

　　Watergate cover-up and　掩盖"水门事件"与对敌人的刻板看法，229-231

Ervin, Sam　山姆·欧文，207，219，222，228，229

Escambary Mountains　埃斯坎布雷山，25，26-27，28，280

Ethics, decision-making innovations and　伦理道德，决策创新与伦理道德，273-274

Euphoria, see Group euphoria　陶醉，见团队陶醉

Europe, aid to post World War II, see Marshall Plan　欧洲，"二战"后对欧洲的援助，见马歇尔计划

European fiascoes　欧洲惨败，186-193

ExecutiveCommittee of the National Security Council, Cuban missile crisis and　国家安全委员会执行委员会，古巴导弹危机与国家安全委员会执行委员会

　　Bay of Pigs' legacy to　对国家安全委员会执行委员会来说猪湾入侵的遗产，139，140-142

　　dangers acknowledged by　国家安全委员会执行委员会承认危险，148-150

　　decisions made by　国家安全委员会执行委员会做出的决定，137，156-157

　　devil's advocate in　国家安全委员会执行委员会中唱反调的人，268

　　dissension within　国家安全委员会执行委员会中的不同意见，138-139

effective decision-making of 国家安全委员会执行委员会有效的决策，136-137

enemy viewed by 被国家安全委员会执行委员会视为敌人，152-153，157

experts consulted by 国家安全委员会执行委员会咨询的专家，145，267，290-291

groupthink avoided by 在国家安全委员会执行委员会中避免小集团思维，145，267，290-291

Joint Chiefs of Staff 参谋长联席会议，144，257，291

judgment reversals by 被国家安全委员会执行委员会摒弃的判断，151-152

Kennedy（John）约翰·肯尼迪

 advisory group and 顾问团与约翰·肯尼迪，139

 Congress and 国会与约翰·肯尼迪，146

 decision of 约翰·肯尼迪的决定，136，137，142-143，149，151

 leadership style 领导风格，142，144，145，150，254，273，290

 mention 提及，134，135，158

 nonhumiliation and 免于耻辱与约翰·肯尼迪，153，157

 Oct. 22 speech 10月22日的讲话，138，147

 press and 压力与约翰·肯尼迪，140

 pressure on 约翰·肯尼迪的压力，134，136

 Soviet letter and 苏联的来信与约翰·肯尼迪，155，156

Kennedy（Robert F.）罗伯特·F. 肯尼迪

 comments of 罗伯特·F. 肯尼迪的意见，157

 danger of realized by 罗伯特·F. 肯尼迪意识到的危险，149-150，156

 as intellectual watchdog 罗伯特·F. 肯尼迪作为明智的把门人，141，143

 leaderless group and 缺少领导的团体与罗伯特·F. 肯尼迪，142，290

 mention 提及，134，135

 morality and 道德与罗伯特·F. 肯尼迪，150-151

 Soviet letter and 苏联的来信与罗伯特·F. 肯尼迪，155

 subjective discomfort of 罗伯特·F. 肯尼迪的主观不适，147-148

leadership and 领导与国家安全委员会执行委员会，254

mission of 国家安全委员会执行委员会的任务，134，136-137

moral issues considered by 国家安全委员会执行委员会考虑的道义问题，150-151

nonhumiliation of Russia stressed by 国家安全委员会执行委员会强调免于来自俄国的耻辱，153-156

norms of 国家安全委员会执行委员会的规范, 142 – 147

participants 参与者, 134, 135

scenarios rehearsed by 国家安全委员会执行委员会预演的方案, 145 – 146, 149, 154

stress and 压力与国家安全委员会执行委员会, 251, 291

ultimatum of 国家安全委员会执行委员会的最后通牒, 155 – 156

vigilant appraisal in 国家安全委员会执行委员会中的谨慎评估, 148 – 156

Experts 专家

alternatives advanced by 专家支持的备选方案, 266 – 267

Chamberlain's inner circle and 张伯伦的核心圈子与专家, 190

Executive Committee of the National Security Council and 国家安全委员会执行委员会与专家, 145, 267, 290 – 291

Johnson's advisory group and 约翰逊的顾问团与专家, 108, 119

Kennedy's advisory group in Bay of Pigs and 肯尼迪在"猪湾事件"中的顾问团, 32, 33 – 34

Policy Planning Staff and 国务院政策设计室与专家, 162, 172

scenarios evaluated by 专家评估的方案, 270

Truman's advisory group and 杜鲁门的顾问团与专家, 60 – 61

F

Face-to-face group 面对面的团队

cognitive dissonance and 认知失调与面对面的团队, 277

consensus among 面对面的团队里的共识, 37 – 39

norms and 规范与面对面的团队, 3 – 4

Federal Bureau of Investigation (FBI) 联邦调查局 (FBI)

Pearl Harbor warning and 对珍珠港的警告与联邦调查局, 287

Watergate cover-up and 掩盖"水门事件"与联邦调查局, 204 – 205, 206 – 208, 211, 215, 236

Feiling, K. K. 费林, 293

Feis, Herbert 赫伯特·费斯, 74, 94

Festinger, Leon 利昂·费斯廷格, 4, 277

Field experiments 野外实验, 307, 308

controlled 控制野外实验，303，304

Finletter, Thomas K. see also Advisory group (Truman's) in North Korean occupation 托马斯·K. 芬勒特，49，另见（杜鲁门）在占领朝鲜计划中的顾问团

Fischhoff, Baruch 巴鲁·菲施霍夫，194

Fisher, Roger 罗杰·费希尔，182

Flowers, Matie L. 马蒂·L. 弗劳尔斯，306

"Flowers of peace" "和平之花"，125-129

Ford, Gerald R., see also Executive Committee of the National Security Council, Cuban missile crisis and 杰拉德·R. 福特，135，另见国家安全委员会执行委员会，古巴导弹危机与国家安全委员会执行委员会

France, and Schlieffen Plan 法国，法国与施里芬计划，187

Fulbright, Sen. J. William J. 威廉·富布莱特参议员，20，42-43，44，146，267，281，283

G

Game-playing, evaluating 模拟博弈，评估，272-273

Garment, Leonard 伦纳德·加门特，210

George, Alexander 亚历山大·乔治，48，57，157，250，268，305

Germany, appeasement and 德国，绥靖政策与德国，187-193，293

Gilbert, Martin 马丁·吉尔伯特，191

Gilpatric, Roswell L., see also Executive Committee of the National Security Council, Cuban missile crisis and 罗斯维尔·L. 吉尔帕特里克，134，135，279-280，另见国家安全委员会执行委员会，古巴导弹危机与国家安全委员会执行委员会

Goldwater, Barry 巴里·戈德华特，134，136

Good, Admiral Howard H. 霍华德·H. 古德海军上将，79

Goodwin, Richard, see also Advisory group (Kennedy's) in Bay of Pigs invasion 理查德·古德温，17，34，另见（肯尼迪）在猪湾入侵中的顾问团

Governmental politics model 政府政治模式，6-7

Graff, Henry 亨利·格拉夫，99，101，120

Gray, L. Patrick L. 帕特里克·格雷，206，211，215

Greece, Truman Doctrine and 希腊，杜鲁门主义与希腊，161

Green, Duane 杜安·格林, 204, 218

Grew, Ambassador Joseph C. 约瑟夫·C. 格鲁大使, 94

Group cohesiveness 集团内聚力, 3–5, 176, 177, 194

    conformity and 一致与集团内聚力, 299–300

    decision-making duality and 决策二重性与集团内聚力, 248

    defeat response and 对失败的回应与集团内聚力, 140

    exposure to danger and 暴露出危险与集团内聚力, 147

    group euphoria during 团队陶醉在集团内聚力中, 35–37

    as groupthink antecedent condition 集团内聚力作为小集团思维的前提条件, 244, 245–248

    Johnson's advisory group and 约翰逊的顾问团与集团内聚力, 99, 101

    Kimmel's advisory group and 基梅尔的顾问团与集团内聚力, 77–80

    noncohesiveness and 免于耻辱与集团内聚力, 168–169, 246–247

    social pressure and 社会压力与集团内聚力, 7, 277

    stress and 压力与集团内聚力, 7–8, 109–111

    Watergate cover-up and 掩盖"水门事件"与集团内聚力, 211–216, 218–219, 233–234

Group decisions, see also Decision–making, Defective decision-making 集体决策, 3, 4, 12, 194–195, 另见决策, 有缺陷的决策

Group dynamics, see also Groupthink 团体动力, 3–7, 另见小集团思维

Group euphoria, see also invulnerability, illusion of 团队陶醉, 35–36, 48, 另见坚不可摧, 坚不可摧的假象

Group leadership 团队领导

    anger of 团队领导的愤怒, 66–67

    Chamberlain and 张伯伦与团队领导, 191

    closed 封闭的, 306

    cohesive group and 内聚的团体与团队领导, 79

    critical evaluation and 批评性的评估与团队领导, 262–263

    decision-making procedures and 决策程序与团队领导, 140–142

    devil's advocate encouraged by 被团队领导鼓励的唱反调的人, 267–268

    directive 指令, 235–238

    docility fostered by 团队领导培育的顺从, 42–44

索 引

    group norm vs. critical judgment　集团规范对批评性的判断，191

    groupthink and　小集团思维与团队领导，170－171，172

    hypervigilance and　过度警觉与团队领导，210

    impartiality, lack of　公正，缺乏公正，176，234，235－238，249

    impartiality needed by　团队领导需要不偏不倚，254，263－264，267－271，306

    Kennan and　凯南与团队领导，166

    Kennedy and　肯尼迪与团队领导，67，68，140－142，254

    Kimmel and　基梅尔与团队领导，77，79－80

    leaderless group　缺乏领导的团队与团队领导，142，306－307

    members supported by　被团队领导支持的成员，37，46

    Nixon and　尼克松与团队领导，210－211，235－238

    noncohesive group and　松散的团队与团队领导，167

    open　开放的，206－307

    responsibility of　团队领导的责任，194－195

    Truman and　杜鲁门与团队领导，67，68－69，70

    trust and　信任与团队领导，36，211，253－254

Group norm　集团规范

    adherence to, 258　遵守集团规范，258

    concurrence-seeking and　寻求一致与集团规范，267－271

    conformity to　一致的集团规范，3，5－6，11－13，43

    critical evaluation and　批判性的评估与集团规范，309

    deniability and　扯皮与集团规范，237

    evolution　发展，7

    Executive Committee of the National Security Council and　国家安全委员会执行委员会，142－147

    groupthink avoidance and　避免小集团思维与集团规范，170

    Johnson's advisory group and　约翰逊的顾问团与集团规范，112－113，127

    Kimmel's advisory group and　基梅尔的顾问团与集团规范，87－89

    loyalty to　对集团规范的忠诚，191

    methodical procedures required by　集团规范需要有条不紊的程序，177，234－235，249，303－304，308

    Policy Planning Staff (Kennan's) and　（凯南的）国务院政策设计室与集团规范，166－

167，170

  runaway 逃走，295

  self-censorship and 自我审查与集团规范，232

  social pressure and 社会压力与集团规范，277

  Truman's advisory group and 杜鲁门的顾问团与集团规范，67-69，71

  Watergate cover-up and 掩盖"水门事件"与集团规范，295

Groupthink 小集团思维，35

  antecedent conditions, see also Group cohesiveness, Group leadership; Group norms; Insulation of group 前提条件，176-177，194，244-256，308，另见集团内聚力，团队领导，集团规范，团队隔绝

  antithesis of, see Executive Committee of the National Security Council, Cuban missile crisis and; Marshall Plan 小集团思维的对立面，见国家安全委员会执行委员会，古巴导弹危机与国家安全委员会执行委员会；马歇尔计划

  consequences of 小集团思维的后果，175-176，293

  counteracting 抵消，169-172，260-276，304-309

  defective decision-making resulting from 有缺陷的决策来源于小集团思维，9-10，11

  definition 定义，7-9

  factors determining 决定因素，158

  fiascoes explained by 用小集团思维来解释大失败，193-197，203-204

  hindsight and 后见之明与小集团思维，193-194

  hypotheses about tested 关于检验的假说，302-304

  inherent danger in 小集团思维固有的危险，11-13

  interlocking groups and 相互交织的团体与小集团思维，95-96

  Johnson's advisory group in Bay of Pigs invasion and 约翰逊在猪湾入侵计划上的顾问团与小集团思维，11，24-47，279-281，284

  Kimmel's advisory group and 基梅尔的顾问团与小集团思维，83-89，95-96

  Marshall Plan's avoidance of 马歇尔计划避免小集团思维，169-172

  need for awareness of 需要意识到小集团思维，275-276

  new member acceptance and 接受新成员与小集团思维，44-46

  personal doubts suppressed by 被小集团思维压制的个人怀疑，39-40

  predicting 预测，177

  prevalence 盛行，177，197

suave leadership in　小集团思维中的温和领导，42–44

　　susceptibility to　小集团思维的敏感性，242–243

　　symptoms of　小集团思维的症状，174–175，194，244，256–259

　　theoretical model of　小集团思维的理论模型，243–245，298–299

　　Truman's advisory group and　杜鲁门的顾问团与小集团思维，48，57–58，59–61，69–71

　　War Council and　战争委员会与小集团思维，94

　　Watergate cover-up and　掩盖"水门事件"与小集团思维，203–204，217–241，295，298

Guantanamo　关塔那摩，38

Guatemala　危地马拉，31

H

Hackman, J. Richard　理查德·J. 哈克曼

Haig, Alexander　亚历山大·黑格，210

Haldeman, H. R.（Bob），see Watergate cover-up　H. R.（鲍勃）·霍尔德曼，见掩盖"水门事件"

Halifax, Viscount　怀康特·哈利法克斯，188，189

Halsey, Vice Admiral William F., see also Advisory group (Kimmel's) in Pearl Harbor　威廉·F. 哈尔西海军中将，另见（基梅尔）在珍珠港事件中的顾问团

Hankey, Lord　洛德·汉基，189

Hare, F. Kenneth　肯尼斯·F. 黑尔，260–261

Harriman, Averell　埃夫里尔·哈里曼

　　Marshall Plan (Harriman Committee) and　马歇尔计划（哈里曼委员会）与埃夫里尔·哈里曼，160，167–169，172，292–293

　　North Korean invasion and　朝鲜入侵与埃夫里尔·哈里曼，64

　　Vietnam War peace talks and　越南战争和谈与埃夫里尔·哈里曼，126

Helms, Richard　理查德·赫尔姆斯

　　Vietnam War escalation and　越南战争升级与理查德·赫尔姆斯，99，100

　　Watergate cover-up and, see also Advisory group (Johnson's) in Vietnam War escalation　掩盖"水门事件"与理查德·赫尔姆斯，205，另见（约翰逊）在越南战争升级中

的顾问团

Hempel, Carl 卡尔·亨佩尔, 289

Henderson, Neville, Sir 内维尔·亨德森爵士, 188, 189, 190, 191, 192

Herodotus 希罗多德, 271

Hilsman, Roger 罗杰·希尔斯曼
 Bay of Pigs invasion and 猪湾入侵与罗杰·希尔斯曼, 38, 41–42, 46, 280
 Cuban missile crisis and 古巴导弹危机与罗杰·希尔斯曼, 154, 156, 157

Hindsight 后见之明, 193–194

Hitler, Adolf 阿道夫·希特勒, 188, 190, 191, 192

Hoare, Samuel, Sir 塞缪尔·霍尔爵士, 188, 189

Hoffman, Paul G. 保罗·G. 霍夫曼, 292

Homogeneity factor, see Background, commonality of 同质因素, 见背景, 背景的共性

Hoopes, J. Townsend J. 汤森·胡普斯, 99, 107, 108, 117–118, 119, 129, 130, 290

Hopkins, Harry 哈里·霍普金斯, 83

Hughes, Howard 霍华德·休斯, 294

Hull, Cordell 科德尔·赫尔, 93, 94, 288

Humanitarian values, decision-making innovations and 人道主义价值观, 决策创新与人道主义价值观, 274

Hunt, Howard 霍华德·亨特, 200, 204, 205, 206, 208, 222, 225

Hypervigilance 过度警觉, 210

I

Ideology, commonality of, see Background, commonality of 意识形态, 意识形态的共性, 见背景, 背景的共性

Illusion, see Invulnerability, illusion of; Morality, illusion of; Unanimity, illusion of 幻觉、假象, 见坚不可摧, 坚不可摧的假象; 道德, 道德的假象; 一致, 一致的假象

Impartial leadership, see Group leadership 公正的领导, 见团队领导

Indian-Pakistani War 印巴战争, 193

Informational overload 信息超载, 196

Ingersoll, Admiral Royal E. 罗亚尔·E. 英格索尔海军上将, 86

In-group 集团内，12，13
   solidarity, see also Groupthink 团结，4，5，另见小集团思维
Inner circle, see also Advisory group 核心圈子，另见顾问团
Innovations, implementing 创新，执行，271－274
Insulation of group 团队隔绝，176，249
   Kennedy's advisory group on Bay of Pigs invasion and 肯尼迪在"猪湾入侵"中的顾问团与团队隔绝，266，267，282
   preventing 防止出现团队隔绝，264－267，308
   Watergate cover-up and 掩盖"水门事件"与团队隔绝，234
Integration 整合，298－299
Intellectual watchdog 明智的把门人，141，143
Interlocking groups, groupthink in 交织的团队，交织的团队中的小集团思维，95－96
Intervention research, need for new 介入调查，需要新的介入调查，261
Invulnerability, illusion of 坚不可摧，坚不可摧的假象，174，256
   Chamberlain's inner circle and 张伯伦的核心圈子与坚不可摧的假象，188，190
   counteracting 消除坚不可摧的假象，269－270
   Executive Committee of the National Security Council and 国家安全委员会执行委员会与坚不可摧的假象，147－148
   groupthink and 小集团思维与坚不可摧的假象，35－37
   Johnson's advisory group and 约翰逊的顾问团与坚不可摧的假象，121－123，125
   Kennedy's advisory group in Bay of Pigs and 肯尼迪在"猪湾事件"中的顾问团与坚不可摧的假象，282－283
   Kimmel's advisory group and 基梅尔的顾问团与坚不可摧的假象，286
   risk minimization and 风险最小化与坚不可摧的假象，282－283
   Truman's advisory group and 杜鲁门的顾问团与坚不可摧的假象，57－58，72－73，87－89，91
   Watergate cover-up and 掩盖"水门事件"与坚不可摧的假象，220－225
Iranian rescue mission 伊朗援救任务，180－182
Israel 以色列，193，210

J

Janis, Irving L. 欧文·L. 贾尼斯，291，298，304，305，307

Japan, U. S. relations with in 1941, see also advisory group (Kimmel's) in Pearl Harbor 日本，1941年的美日关系，288，另见（基梅尔）在珍珠港事件中的顾问团

Jaworski, Leon 利昂·贾沃斯基，208，227

Johnson, Joseph E., see also Policy Planning Staff 约瑟夫·E. 约翰逊，162，另见国务院政策设计室

Johnson, Louis A., see also Advisory group (Truman's) in North Korean occupation 路易斯·A. 约翰逊，49，51-52，另见（杜鲁门）在占领朝鲜中的顾问团

Johnson, Lyndon B. 林登·B. 约翰逊

 Cuban missile crisis and, see also Executive Committee of the National Security Council, Cuban missile crisis and 古巴导弹危机与林登·B. 约翰逊，134，135，另见国家安全委员会执行委员会，古巴导弹危机与国家安全委员会执行委员会

 Vietnam War and, see Advisory group (Johnson's) in Vietnam War escalation 越南战争与林登·B. 约翰逊，见（约翰逊）在越南战争升级中的顾问团

Johnson, Tom, see also Advisory group (Johnson's) in Vietnam War escalation 汤姆·约翰逊，100，另见（约翰逊）在越南战争升级中的顾问团

Joint Chiefs Staff 参谋长联席会议

 Bay of Pigs invasion and 猪湾入侵与参谋长联席会议，17，23，27，30，40，278-279

 Cuban missile crisis and 古巴导弹危机与参谋长联席会议，144-145，157，291

 Iranian rescue mission and 伊朗援救任务与参谋长联席会议，180，182

 North Korean occupation and 占领朝鲜与参谋长联席会议49，51，63

Jones, Joseph M. 约瑟夫·M. 琼斯，161

K

Kahn, Michael 迈克尔·卡恩，8

Kahn, Robert L. 罗伯特·L. 卡恩，299

Kaplan, Abraham 亚伯拉罕·卡普兰，289

Katz, Daniel 丹尼尔·卡茨，299

Katzenbach, Nicholas 尼古拉斯·卡岑巴赫，126

Keating, Sen. Kenneth 肯尼斯·基廷参议员，134，136

Kelley, Harold 哈罗德·凯利，4，246

Kelman, Herbert 赫伯特·科尔曼, 195

Kennan, George 乔治·凯南

 Marshall Plan and 马歇尔计划与乔治·凯南, 160 – 164, 166 – 167, 169 – 170, 172, 285 – 286, 292

 North Korean occupation and 占领朝鲜与乔治·凯南, 55, 60

 review board and 审查委员会与乔治·凯南, 167

Kennedy, Edward 爱德华·肯尼迪, 229

Kennedy, John F., see also Advisory group (Kennedy's) in Bay of Pigs invasion; Executive Committee of the National Security Council, Cuban missile crisis and 约翰·F. 肯尼迪, 195, 273, 另见（肯尼迪）在猪湾入侵计划中的顾问团；国家安全委员会执行委员会, 古巴导弹危机与国家安全委员会执行委员会

Kennedy, Robert F 罗伯特·F. 肯尼迪

 Cuban missile crisis and, see Executive Committee of the National Security Council, Cuban missile crisis and 古巴导弹危机与罗伯特·F. 肯尼迪, 见国家安全委员会执行委员会, 古巴导弹危机与国家安全委员会执行委员会

 as devil's advocate 罗伯特·F. 肯尼迪作为唱反调的人, 267 – 268

 as intellectual watchdog 罗伯特·F. 肯尼迪作为明智的把门人, 141, 143

 as leaderless group chairperson 罗伯特·F. 肯尼迪作为缺少领导的团体的主席, 142

 as mindguard, see also Advisory group (Kennedy's) in Bay of Pigs invasion 罗伯特·F. 肯尼迪作为思想保镖, 40 – 41, 42, 另见（肯尼迪）在猪湾入侵中的顾问团

 qualifications 罗伯特·F. 肯尼迪的资格, 17

Khrushchev, Nikita 尼基塔·赫鲁晓夫

 Cuban missile crisis and 古巴导弹危机与尼基塔·赫鲁晓夫, 134, 138, 143, 153, 154, 157

 U – 2 and U – 2 飞机与尼基塔·赫鲁晓夫, 136, 156

Kimmel, Admiral Husband E., see Advisory group (Kimmel's) in Pearl Harbor 赫斯本德·E. 基梅尔海军上将, 见（基梅尔）在珍珠港事件中的顾问团

King, Admiral Ernest J. 欧内斯特·J. 金海军上将, 73, 286

Kissinger, Henry 亨利·基辛格, 179

Kleindienst, Richard 理查德·克兰丁斯特, 206, 207, 230

Knox, Frank 弗兰克·诺克斯, 93, 95

Korean War 朝鲜战争

　　China (Communist) and　（共产主义）中国与朝鲜战争，65，285

　　entrance of　参与朝鲜战争，54，55－57，62－64，284－285

　　MacArthur's retreat from　麦克阿瑟从朝鲜战争撤退，53，61

　　Truman's advisory group's view of　杜鲁门的顾问团对朝鲜战争的看法，58－59，61，285

　　escalation of　朝鲜战争的升级，49，53

　　United Nations and　美国与朝鲜战争，53，55，56，57

　　U.S. policy　美国的政策，53，56

　　Vietnam War escalation and, see also North Korea, occupation of　越南战争升级与朝鲜战争，102，另见朝鲜，占领朝鲜

Kraslow, David　戴维·克拉斯洛，121－122，123，126

Kraus, Robert　罗伯特·克劳斯，277

Krug, Julius A.　朱利叶斯·A. 克鲁格，168，172

Kurosawa, Akira　黑泽明，269

L

Laboratory experiments　实验室实验，307－308

Laird, Melvin　梅尔文·莱尔德

Lamm, H.　H. 拉姆

LaRue, Fred　弗雷德·拉吕，200，294

Lawrence, Paul R.　保罗·R. 劳伦斯，298－299

Layton, Lt. Com. Edwin T., see also Advisory group (Kimmel's) in Pearl Harbor　埃德温·T. 莱顿海军上校，75，76，77，84－85，87，88，另见（基梅尔）在珍珠港事件中的顾问团

Leaderless group　缺少领导的团体，142，306－307

Leadership, see Directive leadership, Group leadership　领导，见直接领导，团体领导

Leary, Vice Admiral Herbert F., see also Advisory group (Kimmel's) in Pearl Harbor　赫伯特·F. 利里海军中将，72－73，77，另见（基梅尔）在珍珠港事件中的顾问团

LeMay, General Curtis　柯蒂斯·勒梅将军，144，290

Lemnitzer, General Lyman　莱曼·莱姆尼策将军，15，279

Lewandowski, Janusz　雅努什·莱万多夫斯基，125，126

索 引

Lewin, Kurt 库尔特·勒温, 4, 259, 277
Lichterman, Martin 马丁·利希特曼, 286
Liddy, G. Gorden G. 戈登·利迪, 200, 205, 206, 294
Lindblom, Charles E. 查尔斯·E. 林德布卢姆, 6-7
Lodge, Henry Cabot 亨利·卡伯特·洛奇, 123, 125
Longley, J. J. 郎利, 298, 306, 307
Loory, Stuart 斯图亚特·卢里, 121-122, 123, 126
Lorsch, J. W. J. W. 洛尔施, 198-199
Lovett, Robert 罗伯特·洛维特, 63, 145
Lukas, J. A. J. A. 卢卡斯

M

MacArthur, General Douglas, see Advisory group (Truman's) in North Koran occupation 道格拉斯·麦克阿瑟将军, 见（杜鲁门）在占领朝鲜计划中的顾问团
McCarthy, Sen. Eugene 尤金·麦卡锡参议员, 203
McCarthy, Sen. Joseph 约瑟夫·麦卡锡参议员, 102, 103, 284
McCone, John, see also Executive Committee of the National Security Council, Cuban missile crisis and 约翰·麦科恩, 134, 135, 219, 另见国家安全委员会执行委员会, 古巴导弹危机与国家安全委员会执行委员会
McCord, James 詹姆斯·麦科德, 204, 206, 214
McClellan, David S. 戴维·S. 麦克莱伦, 51, 58, 59, 61, 62, 63, 286
McMorris, Capt. Charles H., see also Advisory group (Kimmel's) in Pearl Harbor 查尔斯·H. 麦克莫里斯海军上校, 77, 286, 另见（基梅尔）在珍珠港事件中的顾问团
McNamara, Robert 罗伯特·麦克纳马拉
    Bay of Pigs invasion and, see also Advisory group (Kennedy's) in Bay of Pigs invasion 猪湾入侵与罗伯特·麦克纳马拉, 15, 16, 39, 266, 281, 另见（肯尼迪）在猪湾入侵中的顾问团
    Cuban missile crisis and, see also Executive Committee of the National Security Council, Cuban missile crisis and 古巴导弹危机与罗伯特·麦克纳马拉, 134, 135, 138, 144, 147, 151, 另见国家安全委员会执行委员会, 古巴导弹危机与国家安全委员会执行委员会

qualifications 资格，16-17

removal from office 免职，251

Vietnam War escalation and，see also Advisory group（Johnson's）in Vietnam War escalation 越南战争升级与罗伯特·麦克纳马拉，99，100，115，117-120，251，另见（肯尼迪）在猪湾入侵中的顾问团

MAGIC "魔术"，73-74，289

Magruder, Jeb 杰布·马格鲁德，200，206，224，294

Mailer, Norman 诺曼·梅勒，11

Management training programs 管理培训计划，276，306，309

Mann, Thomas C., see also Advisory group（Kennedy's）in Bay of Pigs invasion 托马斯·C. 曼恩，19，另见（肯尼迪）在猪湾入侵中的顾问团

March, James 詹姆斯·马奇，6

Marigold plan 金盏花计划，125-129

Marshall, General George C. 乔治·C. 马歇尔将军

 Harvard speech and 哈佛演说与乔治·C. 马歇尔将军，292

 Korean War and, see also Advisory group（Truman's）in North Korean occupation 朝鲜战争与乔治·C. 马歇尔将军，49，51-52，63，286，另见（杜鲁门）在占领朝鲜计划中的顾问团

 Pearl Harbor and 珍珠港与乔治·C. 马歇尔将军，289

 as secretary of state 乔治·C. 马歇尔将军作为国务卿，49，159

 War Council and 战争委员会与乔治·C. 马歇尔将军，93

Marshall Plan 马歇尔计划，159

 Clayton and 克莱顿与马歇尔计划，160，292

 groups working on 集体在马歇尔计划上合作，160，171-172

 groupthink avoided by 小集团思维在马歇尔计划中被避免，169-172

 Harriman Committee and 哈里曼委员会与马歇尔计划，160，167-170，172，285-286，292

 Krug's committee 克鲁格的委员会，168，172

 Marshall and 马歇尔与马歇尔计划，159，160，161，162，167，170，171

 Nourse committee 诺斯委员会，168，172

 purpose 意图、目的，169，292

 review board and 审查委员会与马歇尔计划，167

subjective discomfort of 对马歇尔计划的主观不适，166 – 167

success of 马歇尔计划的成功，159

Truman and 杜鲁门与马歇尔计划，160，161，167，168，171

vigilant appraisal of 对马歇尔计划的谨慎评估，166 – 167

Martin, John Bartlow 约翰·巴特洛·马丁，280

Mathews, Francis P., see also Advisory group (Truman's) in North Korean occupation 弗朗西斯·P. 马修斯，49，另见（杜鲁门）在占领朝鲜中的顾问团

Mayaguez rescue mission 马亚圭斯援救任务，178 – 180

Mead, George Herbert 乔治·赫伯特·米德，4

Middleton, Drew 德鲁·米德尔顿，180

Mindguard 思想保镖，40 – 41，175，258

    Acheson as 艾奇逊作为思想保镖，60

    Dean as 迪恩作为思想保镖，208，210，237

    Ehrlichman as 埃利希曼作为思想保镖，232 – 233

    Haldeman as 霍尔德曼作为思想保镖，232 – 233

    Hendersen as 亨德森作为思想保镖，190

    Kennedy's advisory group on Bay of Pigs as 肯尼迪在"猪湾事件"上的顾问团作为思想保镖，40 – 42

    Rostow as 罗斯托作为思想保镖，119

    Stark as 斯塔克作为思想保镖，92

    Truman's advisory group as 杜鲁门的顾问团作为思想保镖，64，286

Miscalculations, see Fiascoes 误算，见大失败

Mitchell, John, see Watergate cover-up 约翰·米切尔，见掩盖"水门事件"

Morale 士气

    cohesive group and 内聚的集团与士气，248

    critical evaluation and 批评性的评估与士气，263

    defeat and 失败与士气，61 – 63，66 – 67

    maintenance of 维持士气，140

    social pressure and 社会压力与士气，277

Morality, illusion of 道德，道德的假象，174

    Bay of Pigs invasion and 猪湾入侵与道德，150

    belief in inherent 内在的信仰，256 – 257

Cuban missile crisis and 古巴导弹危机与道德，150 – 151

self-esteem and 自尊与道德，255

Truman's advisory group and 杜鲁门的顾问团与道德，55

Watergate cover-up and 掩盖"水门事件"与道德，228 – 229，296 – 297

Morgenthau，Hans 汉斯·摩根索，6

Morison，Samuel E. 塞缪尔·E. 莫里森，82，89

Morris，C. G. C. G. 莫里斯，304 – 305

Morris Roger 罗杰·莫里斯，178，180

Moyers，Bill 比尔·莫耶斯

as domesticated dissenter 比尔·莫耶斯作为被驯服的不同意见者，115，116

Vietnam War escalation and，see also Advisory group (Johnson's) in Vietnam War escalation 越南战争的升级与比尔·莫耶斯，98，99，101，另见（约翰逊）在越南战争升级问题上的顾问团

Multiple advocacy system 多元意见系统，250，305

Multiple-group procedures 多小组程序

evaluation 评估，264 – 265

groupthink avoided by 多小组程序克服小集团思维，171 – 172

Munich agreement 慕尼黑协定，191，192

Murrow，Edward R. 爱德华·E. 默罗，41，283

Myers，David G. 戴维·G. 迈尔斯，300

N

Nathan，James A. 詹姆斯·A. 内森，291

National Security Council 国家安全委员会

Cuban missile crisis and，see Executive Committee of the National Security Council，Cuban missile crisis and 古巴导弹危机与国家安全委员会，见国家安全委员会执行委员会，古巴导弹危机与国家安全委员会执行委员会

North Korean occupation and 占领朝鲜与国家安全委员会，49，62，66

Truman and 杜鲁门与国家安全委员会，49

Nazis，chamberlain's appeasement policy and 纳粹，张伯伦的绥靖政策与纳粹，187 – 193，293

索引

Neisser, Ulrich　乌尔里克·奈瑟，296

Neustadt, Richard　理查德·诺伊施塔特，6，53，55，56，59，70－71，281，285，286

Newman, Joseph　约瑟夫·纽曼，44

Nietzche, Friedrich　弗里德里克·尼采，3

1984（Orwell）　《1984》（奥威尔），9，114，128

Nitze, Paul　保罗·尼采

 Bay of Pigs invasion and, see also Advisory group (Kennedy's) in Bay of Pigs invasion　猪湾入侵与保罗·尼采，19，另见（肯尼迪）在猪湾入侵中的顾问团

 Cuban missile crisis and, see also Executive Committee of the National Security Council, Cuban missile crisis and　古巴导弹危机与保罗·尼采，134，145，另见国家安全委员会执行委员会，古巴导弹危机与国家安全委员会执行委员会

 North Korean occupation and　占领朝鲜与保罗·尼采，60

 resignation　保罗·尼采辞职，101

Nixon, Richard M.　理查德·M. 尼克松

 Bay of Pigs invasion and　猪湾入侵与理查德·M. 尼克松，14

 confidence in　对理查德·M. 尼克松的信任，221

 as leader　理查德·M. 尼克松作为领导

 resignation　理查德·M. 尼克松辞职，203

 see also Watergate cover-up　另见掩盖"水门事件"

Noel, R. C.　R. C. 诺埃尔，307

Noncohesive groups　松散的集团，168－169

 defective decision-making by　松散的集团制定的有缺陷的政策，246－247

 see also Group cohesion　另见内聚集团

Nonconformist group members, see Dissension　不墨守成规的团体成员，见意见不合

Norms, see Group norms　规范，见集团规范

North Korea, occupation of, see Advisory group (Truman's) in North Korean occupation, Korean War　朝鲜，占领朝鲜，见（杜鲁门）在占领朝鲜中的顾问团，朝鲜战争

North Vietnam, see Advisory group (Johnson's) in Vietnam War escalation, Vietnam War escalation　北越，见（约翰逊）在越南战争升级上的顾问团，越南战争升级

Nourse, Edwin G.　埃德温·G. 诺斯，168，172

O

O'Brien, Larry 拉里·奥布赖恩, 294

Omnipotence, see Invulnerability, illusion of 全能，见坚不可摧，坚不可摧的假象

Open straw votes 进行测验民意的投票（意向投票），43

Operation Polling Thunder 执行"滚雷行动"，104，105，106

Organizational process model 组织过程模式，6

Organization of American States 美洲国家组织，146

Orwell, George 乔治·奥威尔，9，114，128

Out-group 集团外，12，13，27

 in-group solidarity and, see also Enemy, stereotyped view of 集团内的团结与集团外，4，5，另见敌人，对敌人的刻板看法

Overestimation of group, see also Invulnerability, illusion of; Morality, illusion of 团体的高估，256–257，另见坚不可摧，坚不可摧的假象，道德，道德的假象

P

Pace, Frank, see also Advisory group (Truman's) in North Korean occupation 弗兰克·佩斯，49，51，另见（杜鲁门）在占领朝鲜计划中的顾问团

Pacific fleet, see Advisory group (Kimmel's) in Pearl Harbor, Pearl Harbor 太平洋舰队，见（基梅尔）在珍珠港事件中的顾问团，珍珠港

Paige, Glen 格伦·佩奇，49，68，70

Pakistan 巴基斯坦，193

Pannikar, Ambassador 潘尼迦大使，285

Pearl Harbor 珍珠港，72，76，91–92，95–96

 Army group and 集团军群与珍珠港，72，76，91–92，95–96

 attack 攻击，74

 explanation for 对珍珠港的解释

 invulnerability and 坚不可摧与珍珠港

 Navy group and, see Advisory group (Kimmel's) in Pearl Harbor 海军与珍珠港，见（基梅尔）在珍珠港事件中的顾问团

preparation for　为珍珠港准备，89，91

　　War Council and　战争委员会与珍珠港，92-95，96

Peffer, N.　N. 佩弗，288

Pentagon Papers　五角大楼文件，105，106，107，118，120，121，290

Personality, groupthink susceptibility and　个性，小集团思维的敏感性与个性

Peterson, Henry　亨利·彼得森，230

Pfeiffer, Marine Col. Omar T., see also Advisory group (Kimmel's) in Pearl Harbor　奥马尔·T. 法伊弗海军上校，77，79，另见（基梅尔）在珍珠港事件中的顾问团

Pine, Art,　阿特·派因，184，186

Policy Planning Staff　国务院政策设计室

　　Kennan's (Marshall Plan) and　凯南的（马歇尔计划）与国务院政策设计室

　　Nitze's　尼采的政策规划人员，60

Political decision-making, conceptions of, see also Decision-making　政治决策，政治决策的概念，6-7，另见决策

Popper, Karl　卡尔·波普尔，289

Premature consensus (closure)　过早的共识（终止），252，298-299

　　devil's advocate and　唱反调的人与过早的共识（终止），268

　　Executive Committee of the National Security Council and　国家安全委员会执行委员会与过早的共识（终止），142

　　preventing　防止，262-263，270-271，276，304，309

President (U.S.), accountability of　（美国）总统，（美国）总统的责任，194-195

Pressures to uniformity, see Conformity, pressure toward　对一致的压力，见一致，对一致的压力

Prestige, group cohesiveness increased by　声誉，声誉使集团内聚力增加，247

Pruitt, Dean　迪恩·普鲁伊特，298，306，307

Pye, Vice Admiral William S., see also Advisory group (Kimmel's) in Pearl Harbor　威廉·S. 派伊海军中将，77，84，85，86，89，91，另见（基梅尔）在珍珠港事件中的顾问团

Q

Quagmire myth, Vietnam War and　沼泽迷雾，越南战争与沼泽迷雾，102，107

R

Ranc, Senator 兰茨参议员，300

Rational actor model 理性行为者模式，6

Rationalizations, see Shared rationalizations 理性化，见共享的理性

Raven, Bertram H. 伯特伦·H. 雷文，204，211-212，218，234，295

Reagan, Ronald 罗纳德·里根，182，184

Reedy, George 乔治·雷迪，267-268

Reinstein, Jacques, see also Policy Planning Staff 雅克·莱因斯坦，162，另见国务院政策设计室

Research teams, innovations implemented by 研究小组，研究小组实施的创新，272-273，274

Richardson, Elliot 埃利奥特·理查森，207，210

Ridgway, Matthew, B. 马修·B. 李奇微，203

Risks 风险

    evaluation of 对风险的评估，268-270

    Executive Committee of the National Security Council and 国家安全委员会执行委员会与风险，148-150

    failure to consider 估计错误，3，6，10，37，38，58，71

    groups and 团队与风险，3

    groupthink and 小集团思维与风险，300

    Johnson's advisory group and 约翰逊的顾问团与风险，121-123，125

    Kennedy's advisory group in Bay of Pigs and 肯尼迪在"猪湾事件"中的顾问团与风险，26，40，282-283

    minimizing, see also Invulnerability, illusion of 最小化，282，另见坚不可摧，坚不可摧的假象

    Truman's advisory group and, see also Warnings 杜鲁门的顾问团与风险，55-58，286，另见警告

Risky-shift tendency 风险转移的趋势，300

Roche, John P. 约翰·P. 罗奇，290

Rock, William R. 威廉·R. 罗克，188

索 引

Role-playing, warnings evaluated by 角色扮演，角色扮演的警告评估，270

Rolland, Romain 罗曼·罗兰，300

Roosevelt, Franklin Delano 富兰克林·德拉诺·罗斯福，92–95，288

 Pearl Harbor and, see Advisory group (Kimmel's) in Pearl Harbor 珍珠港与富兰克林·德拉诺·罗斯福，见（基梅尔）在珍珠港事件中的顾问团

Rostow, Walt 沃尔特·罗斯托，117

 as mindguard 沃尔特·罗斯托作为思想保镖，119

 Vietnam War escalation and, see also Advisory group (Johnson's) in Vietnam War escalation 越南战争升级与沃尔特·罗斯托，99，100，另见（约翰逊）在越南战争升级上的顾问团

Rothbard, Murray N. 默里·N. 罗斯巴德，217

Rubin, Jeffrey Z. 杰弗里·Z. 鲁宾，217

Ruckelshaus, William D. 威廉·D. 拉克尔肖斯，207

Rumsfeld, Donald 唐纳德·拉姆斯菲尔德，179

Runaway norm, Watergate cover-up and 失控的规范，掩盖"水门事件"与失控的规范，295

Rusk, Dean 迪恩·腊斯克

 Bay of Pigs invasion and, see also Advisory group (Kennedy's) in Bay of Pigs invasion 猪湾入侵与迪恩·腊斯克，38–39，266，280，281，283，另见（肯尼迪）在猪湾入侵计划中的顾问团

 Cuban missile crisis and, see also Executive Committee of the National Security Council, Cuban missile crisis and 古巴导弹危机与迪恩·腊斯克，134，135，147，151，153，另见国家安全委员会执行委员会，古巴导弹危机与国家安全委员会执行委员会

 as leaderless group chairperson 迪恩·腊斯克作为缺少领导的团体的主席，142

 military and 军事与迪恩·腊斯克，31

 as mindguard 迪恩·腊斯克作为思想保镖，41–42

 qualifications 资格，16

 Vietnam War and, see also Advisory group (Johnson's) in Vietnam War escalation 越南战争与迪恩·腊斯克，99，100，119，另见（约翰逊）在越南战争升级上的顾问团

S

Safire, William 威廉·萨菲尔，294–295

Salinger, Pierre 皮埃尔·塞林杰, 20, 30

Santayana, George 乔治·桑塔亚纳, 276

Satisficing strategy 满意化方略, 6

"Saturday night massacre" "周六晚上大屠杀", 207, 210

Savage, Carleton, see also Policy Planning Staff (Kennan's) 卡尔顿·萨维奇, 162, 另见（凯南的）国务院政策设计室

Scenarios, risks evaluated by 方案, 方案评估的风险, 269–270, 304

Schachter, Stanley 斯坦利·沙克特, 4, 5

Schelling, Thomas 托马斯·谢林, 269

Schlesinger, Arthur M., Jr. 小阿瑟·M. 施莱辛格

    Bay of Pigs invasion and, see Advisory group (Kennedy's) in Bay of Pigs invasion 猪湾入侵与小阿瑟·M. 施莱辛格, 见（肯尼迪）在猪湾入侵中的顾问团

    qualifications of 小阿瑟·M. 施莱辛格的资格, 17

    Watergate cover-up and 掩盖"水门事件"与小阿瑟·M. 施莱辛格, 203

Schlieffen Plan 施里芬计划, 187

Scowcroft, Brent 布伦特·斯考克罗夫特, 179

Scriven, Michael 迈克尔·斯克里文, 259

"Second chance" meeting, premature consensus prevented by "二次转机"会议, 过早的共识被"二次转机"会议所避免, 270–271

Secrecy, Bay of Pigs invasion and 保密, 猪湾入侵与保密, 20–21, 32, 33–34, 37

Self-appointed mindguard, see Mindguard 自封的思想保镖, 见思想保镖

Self-censorship 自我审查, 175

    Advisory group (Kennedy's) in Bay of Pigs invasion and （肯尼迪）在猪湾入侵中的顾问团与自我审查, 279–281

    group cohesiveness and 集团内聚力与自我审查, 247

    self-esteem and 自尊与自我审查, 257–258

    Watergate cover-up and 掩盖"水门事件"与自我审查, 232, 233

Self-efficacy, see Self-esteem 自我效能（专有名词）, 见自尊

Self-esteem 自尊, 301–302

    self-censorship and 自我审查与自尊, 257–258

    unanimity illusion and 一致的假象与自尊, 258

Senate Watergate Committee (Ervin Committee) 参议院"水门事件"委员会（欧文委

员会），219，222，228，229

Shared rationalizations 共享的理性，174，256

 Johnson's advisory group and 约翰逊的顾问团与共享的理性，113–114

 Kimmel's advisory group and 基梅尔的顾问团与共享的理性，83–87

 Watergate cover-up and 掩盖"水门事件"与共享的理性，225–228

Shaw, Marvin 马文·肖，248

Sheehan, Neil 尼尔·希恩，98，121

Sherman, Admiral Forrest J., see also Advisory group (Truman's) in North Korean occupation 福里斯特·J. 谢尔曼海军上将，49，另见（杜鲁门）在占领朝鲜计划中的顾问团

Short, General Walter 沃尔特·肖特将军，91，288，289

Sidey, Hugh 休·赛迪，184

Silence, consent granted by 沉默，默许，38

Simon, Herbert 赫伯特·西蒙，6

Simon, John, Sir 约翰·西蒙爵士，188，189

Sirica, John 约翰·西里卡，205，206，207

Situational context factors 情境背景因素，258–259

 as groupthink antecedent conditions 情境背景因素作为小集团思维的前提条件，244，245，250–256

 preventing, see also Self-esteem, Stress 防止，304，另见自尊，压力

Six-Day War "六日战争"，193

Sloan, Alfred P. 阿尔弗雷德·P. 斯隆，271

Smith, Townley, see also Executive Committee of the National Security Council, Cuban missile crisis and 汤利·史密斯，135，另见国家安全委员会执行委员会，古巴导弹危机与国际安全委员会执行委员会

Smith, Capt. William W., see also Advisory group (Kimmel's) in Pearl Harbor 威廉·W. 史密斯海军上校，77，79，288，另见（基梅尔）在珍珠港事件中的顾问团

Snyder, John 约翰·斯奈德，64

Social background, see Background, commonality of 社会背景，见背景，背景的共性

Social comparison theory 社会比较理论，277

Social pressure, cohesive groups and 社会压力，内聚集团与社会压力，7，277

Social psychology 社会心理学，4，277

 group cohesiveness and 集团内聚力与社会心理学，246

Social rewards, group cohesiveness increased by 社会奖励，社会奖励使集团内聚力增强，247-248

Social Security, Reagan's proposed reductions in 社会福利，里根建议削减社会福利，182，184

Sorensen, Theodore 西奥多·索伦森

    Bay of Pigs invasion and 猪湾入侵与西奥多·索伦森，23，25，38，278，281，284

    Cuban missile crisis and, see also Executive Committee of the National Security Council, Cuban missile crisis and 古巴导弹危机与西奥多·索伦森，另见国家安全委员会执行委员会，古巴导弹危机与国家安全委员会执行委员会

        as intellectual watchdog 西奥多·索伦森作为明智的把门人，141

        Watergate cover-up and 掩盖"水门事件"与西奥多·索伦森，203

Soviet Union 苏联

    Cuban missile installations and 古巴导弹装置与苏联，132，133

    Executive Committee of the National Security Council and 国家安全委员会执行委员会与苏联，152-153

    Marshall Plan and 马歇尔计划与苏联，164

    Truman's advisory group and 杜鲁门的顾问团与苏联，59，61，68

    U-2 and, see also Cuban missile crisis, Marshall Plan U-2飞机与苏联，156，另见古巴导弹危机，马歇尔计划

Standard operating procedures, groupthink prevented by 标准操作程序，小集团思维被标准操作程序克服，309

Stark, Admiral Harold 哈罗德·斯塔克海军上将，74-75，93，94，287

Stennis, Sen. John 约翰·斯滕尼斯参议员，207

Stereotypes, see Enemy, stereotyped view of 刻板看法，见敌人，对敌人的刻板看法

Stevenson, Adlai 阿德莱·史蒂文森，21，143，145

Stimson, Henry L. 亨利·L.史汀生，93

Straw vote 测验民意的投票（意向投票），43

Stress 压力，258-259，301-302

    anxiety reaction under conditions of 压力情况下的焦虑反应，149-150

    Executive Committee of the National Security Council and 国家安全委员会执行委员会与压力，291

    group cohesiveness and 集团内聚力与压力，5，109-111

as groupthink antecedent condition　压力作为小集团思维产生的前提条件, 240, 250 - 254, 255

　　internal sources and, see Self-esteem　内部资源与压力, 见自尊

　　Vietnam War escalation and　越南战争升级与压力, 251

　　Watergate cover-up and　掩盖"水门事件"与压力, 250, 251 - 253

Structural features of group　团体的结构特点, 301 - 302

　　as groupthink antecedent condition, see also Background, commonality of; Group leadership; Group norms; Insulation of group　团体的结构特点作为小集团思维产生的前提条件, 244, 245, 248 - 250, 另见背景, 背景的共性; 团体领导; 集团规范; 团队隔绝

Subgroups　次级小组, 265 - 266

Subjective discomfort　主观不适

　　Executive Committee of the National Security Council　国家安全委员会执行委员会, 147 - 148, 157 - 158

　　Policy Planning Staff and　国务院政策设计室与主观不适, 166 - 167

Sumner, William Graham　威廉·格雷厄姆·萨姆纳, 4

T

Tacitus　塔西佗, 271

Taylor, General Maxwell, see also Executive Committee of the National Security Council, Cuban missile crisis and　马克斯韦尔·泰勒将军, 134, 135, 279, 280, 另见国家安全委员会执行委员会, 古巴导弹危机与国家安全委员会执行委员会

Tetlock, Philip　菲利普·泰特洛克, 176, 293

Theory of International Relations, The　国际关系理论, 6

Therapy groups, social pressure and　治疗小组, 社会压力与治疗小组, 277

Thompson, Llewellyn, see also Executive Committee of the National Security Council, Cuban missile crisis and　卢埃林·汤普森, 134, 135, 145, 另见国家安全委员会执行委员会, 古巴导弹危机与国家安全委员会执行委员会

Thomson, James, Jr.　小詹姆斯·汤姆森, 103, 107 - 109, 110, 111, 112, 113, 114 - 115, 267

Time pressures　时间压力

　　Cuban missile crisis and　古巴导弹危机与时间压力, 305

group cohesiveness and, see also Stress　集团内聚力与时间压力，109-111，另见压力

Tolstoy, Leo　列夫·托尔斯泰，11

Trevor-Roper, Hugh　休·特雷弗-罗珀，191

Truman, Harry, S　哈里·S.杜鲁门

　　accountability of　哈里·S.杜鲁门的责任，194-195

　　Truman Doctrine, see also Advisory group (Truman's) in North Korean occupation; Marshall Plan; North Korea, occupation of　杜鲁门主义，161，291-292，另见（杜鲁门）在占领朝鲜中的顾问团；马歇尔计划；朝鲜，占领朝鲜

Tuchman, Barbara　芭芭拉·塔奇曼，150，300

Tuesday (Cabinet) Lunch Group, see Advisory group (Johnson's) in Vietnam War escalation　"周二午餐小组"（内阁），见（约翰逊）在越南战争升级计划中的顾问团

Turkey　土耳其

　　Cuban missile crisis and　古巴导弹危机与土耳其，146

　　Truman Doctrine and　杜鲁门主义与土耳其，161

Turner, Admiral　特纳海军上将，80

U

Unanimity, illusion of　一致，一致的假象，37-39，300

　　Johnson's advisory group and　约翰逊的顾问团与一致的假象，120

　　noncohesive group and　松散的集团与一致的假象，169

　　preventing　防止，270-271

　　producing　制造，277

　　Watergate cover-up and　掩盖"水门事件"与一致的假象，225-226

Uniformity, pressure to, see Conformity, pressures toward　一致，一致的压力，见一致，对一致的压力

United Nations, Korean War and　联合国，朝鲜战争与联合国，53，55，56，57，63，64，69，285

U Thant, 127　吴丹，127

U-2　U-2飞机

　　Cuban missile site and　古巴导弹基地与U-2飞机，133，134，154

　　Eisenhower and　艾森豪威尔与U-2飞机，136，194

over Soviet Union 侦察苏联, 156

V

Vance, Cyrus 塞勒斯·万斯, 182
Vandenberg, Hoyt S., see also Advisory group (Truman's) in North Korean occupation 霍伊特·S. 范登堡, 49, 另见（杜鲁门）在占领朝鲜中的顾问团
Vietnam War escalation 越南战争升级
    deescalation 逐步降级, 119, 124
    peace attempts 和平尝试, 125–129
    "quagmire myth" of 越南战争升级的"沼泽迷雾", 102, 107
    Westmoreland and, see also Advisory group (Johnson's) in Vietnam War escalation 威斯特摩兰与越南战争升级, 105, 120, 另见（约翰逊）在越南战争升级计划上的顾问团
Vigilant appraisal 谨慎的评估, 3
    Executive Committee of the National Security Council and 国家安全委员会执行委员会与谨慎的评估
    Johnson's advisory group and 约翰逊的顾问团与谨慎的评估, 122–123
    Kennedy's advisory group in Bay of Pigs and 肯尼迪在"猪湾事件"中的顾问团的谨慎的评估, 283
    Policy Planning Staff and 国务院政策设计室与谨慎的评估, 166–167
"Virile pose" "阳刚的姿态"
    of CIA and Joint Chiefs Staff 中央情报局和参谋长联席会议"阳刚的姿态", 40
    Johnson and 约翰逊与"阳刚的姿态", 127

W

Walters, Vernon 弗农·沃尔特斯, 205, 211
War Council, see also Advisory group (Truman's) in Pearl Harbor 战争委员会, 72, 92–95, 96, 288–289, 另见（基梅尔）在珍珠港事件中的顾问团
Warnings 警告
    attention paid to 对警告的关注, 268–270

Kimmel's advisory group and 基梅尔的顾问团与警告, 286-287, 288-289

Korean War and 朝鲜战争与警告, 56, 270, 285

Pearl Harbor and 珍珠港与警告, 74-77, 79, 80-82, 84-85, 93, 94, 269, 270

Watergate break-in 潜入水门, 200-201, 204, 205, 206, 220, 236-237, 294

Watergate cover-up 掩盖"水门事件", 178, 198-199

 aides as participants in decisions on 助手参与到掩盖"水门事件"的决定中, 208-211

 Buzhardt and 布兹哈特与掩盖"水门事件", 207

 chronology of 掩盖"水门事件"的时间表, 204-208

 CIA and 中央情报局与掩盖"水门事件", 204-205, 208, 211, 236, 252

 Cohesiveness of group and 集团的内聚程度与掩盖"水门事件", 211-216, 218-219, 233-234

 Colson 科尔森

  burglars and 窃贼与科尔森, 204

  Hunt and 亨特与科尔森, 222

  indictment 起诉, 208

  mention 提及, 210, 213, 220

  morality and 道德与科尔森, 296

  political background 政治背景, 239

  treatment of 对待科尔森, 215-216

 Common political background of aides and 助手共同的政治背景与掩盖"水门事件", 239, 240, 297

 Cox and 考克斯与掩盖"水门事件", 207

 Dash and 达什与掩盖"水门事件", 229

 Dean 迪恩

  as dissenter 迪恩作为不同意见者, 208, 210, 216, 219, 225, 226, 229-231

  Hunt and 亨特与迪恩, 204, 206

  March 21 meeting and 3月21日会议与迪恩, 206, 222, 223, 226, 227, 228, 230, 232-233

  mention 提及, 208, 218, 220, 224, 236

  as mindguard 迪恩作为思想保镖, 237

  morality and 道德与迪恩, 296

索引

  Nixon and 尼克松与迪恩，205，211，213－214，221，222－223，227，228，230，231

  planning and 计划与迪恩，200

  political background 政治背景，239，240

  rationalizations of 迪恩的理性，227

  resignation 迪恩辞职，207

  self-censorship 迪恩的自我审查，226，232

  testimony 证言，206，207，208，229，296

decision authorizing 授权决定，191－201

defective decision-making in 掩盖"水门事件"中有缺陷的决策，216－217

dissension suppressed by 掩盖"水门事件"压制了不同意见，231－233

Ehrlichman 埃利希曼

  break-in and 打破与埃利希曼，236，237

  CIA and 中央情报局与埃利希曼，205，252

  comment of as fiasco 以大失败作为评论，201

  Dean and 迪恩与埃利希曼，213－214，215－216，221，224，225，230

  disillusionment 醒悟，252

  group cohesion and 集团内聚与埃利希曼，233

  Hunt and 亨特与埃利希曼，204

  indictment 起诉，208

  Kleindienst and 克兰丁斯特与埃利希曼，206

  mention 提及，206，218，222

  as mindguard 埃利希曼作为思想保镖，232－233

  Nixon and 尼克松与埃利希曼，201，210－211，215，224，227，228

  planning sessions and 计划会议与埃利希曼，235

  political background 政治背景，239，240

  resignation 埃利希曼辞职，207，210

Ellsberg's psychiatrist's office and 精神病医生埃尔斯伯格的办公室与掩盖"水门事件"，206，236

enemy viewed by 被掩盖"水门事件"视为敌人，229－231

Ervin and 欧文与掩盖"水门事件"，207，222，229

explanations for fiasco 对大失败的解释，201－204，298

FBI and 联邦调查局与掩盖"水门事件", 204-205, 206, 208, 211, 215, 236, 252
groupthink in 掩盖"水门事件"中的小集团思维, 203-204, 217-241, 294-295, 298
Haldeman 霍尔德曼
    break-in and 打破与霍尔德曼, 238, 294
    CIA and 中央情报局与霍尔德曼, 204-205, 208, 252
    comment on as fiasco 用大失败来评论, 201
    Dean and 迪恩与霍尔德曼, 206, 208, 210, 213-214, 221, 223, 230
    group cohesion and 集团内聚与霍尔德曼, 233
    indictment 起诉, 208
    invulnerability and 坚不可摧与霍尔德曼, 224-225
    as mindguard 霍尔德曼作为思想保镖, 232-233
    Mitchell and 米切尔与霍尔德曼, 211, 214, 224
    morality and 道德与霍尔德曼, 296
    Nixon and 尼克松与霍尔德曼, 201, 210, 211, 212, 213, 215, 227, 228, 297
    planning and 计划与霍尔德曼, 235, 236
    political background 政治背景与霍尔德曼, 239, 240
    resignation 霍尔德曼辞职, 210
    self-censorship of 霍尔德曼的自我审查, 226
Hunt and 亨特与掩盖"水门事件", 200, 204, 205, 206, 208, 222, 225
impartial leadership and 公正的领导与掩盖"水门事件", 234, 235-238
insulation of group 团队隔绝, 234
invulnerability illusion and 坚不可摧的假象与掩盖"水门事件", 220-225
jail sentencing and 判决监禁与掩盖"水门事件", 295
Jaworski and 贾沃斯基与掩盖"水门事件", 208, 227
Kalmbach and 卡姆巴克与掩盖"水门事件", 204, 206, 222, 236
Kleindienst and 克兰丁斯特与掩盖"水门事件", 206, 207, 230
LaRue and 拉吕与掩盖"水门事件", 200, 294
Liddy and 利迪与掩盖"水门事件", 200, 206, 224, 294
Magruder and 马格鲁德与掩盖"水门事件", 200, 206, 224, 294

索引

Mitchell 米切尔
  break-in and 潜入与米切尔, 200, 237, 294
  Dean and 迪恩与米切尔, 213, 214
  Haldeman and 霍尔德曼与米切尔, 211, 214, 224
  Liddy fired by 利迪被米切尔解雇, 205
  mention 提及, 208
morality considered in 掩盖"水门事件"中的道德考虑, 228-229, 296-297
Nixon 尼克松
  break-in and 潜入与尼克松, 201, 236-237
  comments on as fiasco 用大失败来评论, 201, 216, 226
  Dean and 迪恩与尼克松, 205, 213-214, 221, 222-223, 227, 230, 231
  deniability norm and 扯皮的规范与尼克松, 237-238
  Ehrlichman and 埃利希曼与尼克松, 215
  enemy viewed by 被尼克松视为敌人, 233
  executive privilege and 行政特权与尼克松, 206, 207
  group cohesion and 集团内聚与尼克松, 233
  guilt established 确定罪行, 209, 211
  Haldeman and 霍尔德曼与尼克松, 215
  impeachment threat 威胁弹劾, 207, 211, 232-233, 253
  invulnerability of 尼克松不受伤害, 221, 222, 223-225
  leadership style 领导类型, 210-211, 212, 213, 219, 235-238, 239
  March 21st meeting and 3月21日会议与尼克松, 206, 222, 223, 226, 227, 228, 230, 232-233
  morality and 道德与尼克松, 296-297
  personality 个性, 203, 230-241
  planning sessions and 计划会议与尼克松, 235
  political background 政治背景, 239, 240
  rationalizations of 尼克松的理性, 227
  resignation 辞职, 201, 203, 207, 208
  Saturday night massacre "周六晚上大屠杀", 207, 210
  staff firings and resignations 职员解雇与辞职, 207, 210, 219
  stereotypes of 尼克松的刻板看法, 229, 230

stress and　压力与尼克松，252

　　　tapes　录音带，207，208，211，218，227–228

norms　规范，234，235，295

planning　计划，235，236

　　　public relations and　公共关系与掩盖"水门事件"，220，221，225，226，227，239

　　　Richardson and　理查森与掩盖"水门事件"，207，210

　　　Senate Watergate Committee（Ervin Committee）　参议院"水门事件"委员会（欧文委员会），219，222，228，229

　　　shared rationalizations in　掩盖"水门事件"中共享的理性，225–228

　　　Sirica and　西里卡与掩盖"水门事件"，205，206，207

　　　stress and　压力与掩盖"水门事件"，240，250，251–253

　　　transcripts　抄本，216，217，218，219，226，229，232，235，297

　　　unanimity illusion in　掩盖"水门事件"中的一致的假象，225–226

　　　violence and　暴力与掩盖"水门事件"，239，297

Weaver, Warren　沃伦·韦弗，264–265

Weidenbaum, Murray L.　默里·L. 韦登鲍姆，184

Westmoreland, General William C.　威廉·C. 威斯特摩兰将军，105，120，290

Whaley, Barton　巴顿·惠利，9

Wheeler, Daniel D.　丹尼尔·D. 惠勒，304，309

Wheeler, General Earl（Earle），see also Advisory group（Johnson's）in Vietnam War escalation　厄尔·惠勒将军，99，100.

White, Ralph K.　拉尔夫·K. 怀特，111

White, Theodore H.　西奥多·H. 怀特，220，235，239，294，297

Wicker Tom　汤姆·威克，105

Wilensky, Harold　哈罗德·威伦斯基，9，264

Williams, William A.　威廉·A. 威廉斯，159，291

Wilson, Horace, Sir　贺拉斯·威尔逊爵士，88，189，191，293

Wishful thinking　如意算盘

　　　Johnson's advisory group and　约翰逊的顾问团与如意算盘，103

　　　Kennedy's advisory group on Bay of Pigs and　肯尼迪在"猪湾事件"中的顾问团与如意算盘，37

　　　Kimmel's advisory group and　基梅尔的顾问团与如意算盘，82–83

Groupthink: Psychological Studies of Policy Decisions and Fiascoes (2nd ed.)
Irving L. Janis
Copyright 2011 by Wadsworth, a part of Cengage Learning.
Original edition published by Cengage Learning. All Rights reserved. 本书原版由圣智学习出版公司出版。版权所有，盗印必究。
Central Compilation & Translation Press is authorized by Cengage Learning to publish and distribute exclusively this simplified Chinese edition. This edition is authorized for sale in the People's Republic of China only (excluding Hong Kong, Macao SAR and Taiwan). Unauthorized export of this edition is a violation of the Copyright Act. No part of this publication may be reproduced or distributed by any means, or stored in a database or retrieval system, without the prior written permission of the publisher.
本书中文简体字翻译版由圣智学习出版公司授权中央编译出版社独家出版发行。此版本仅限在中华人民共和国境内（不包括中国香港、澳门特别行政区及中国台湾）销售。未经授权的本书出口将被视为违反版权法的行为。未经出版者预先书面许可，不得以任何方式复制或发行本书的任何部分。
ISBN 978-7-5117-2964-4
Cengage Learning Asia Pte. Ltd.
151 Lorong Chuan, #02-08 New Tech Park, Singapore 556741
本书封面贴有 Cengage Learning 防伪标签，无标签者不得销售。

图书在版编目（CIP）数据

小集团思维：决策及其失败的心理学研究／（美）贾尼斯著；张清敏，孙天旭，王姝奇译. —北京：中央编译出版社，2016.7
ISBN 978-7-5117-2964-4

Ⅰ. ①小…
Ⅱ. ①贾… ②张… ③孙… ④王…
Ⅲ. ①决策（心理学）-研究
Ⅳ. ①B842.5

中国版本图书馆 CIP 数据核字（2016）第 034068 号

小集团思维：决策及其失败的心理学研究

出 版 人：葛海彦
出版统筹：贾宇琰
责任编辑：王　琳
责任印制：尹　珺
出版发行：中央编译出版社
地　　址：北京西城区车公庄大街乙5号鸿儒大厦B座（100044）
电　　话：（010）52612345（总编室）　　（010）52612341（编辑室）
　　　　　（010）52612316（发行部）　　（010）52612317（网络销售）
　　　　　（010）52612346（馆配部）　　（010）55626985（读者服务部）
传　　真：（010）66515838
经　　销：全国新华书店
印　　刷：张家口市下花园光华印刷有限责任公司
开　　本：787毫米×1092毫米　1/16
字　　数：490千字
印　　张：29
版　　次：2016年7月第1版第2次印刷
定　　价：89.00元

网　　址：www.cctphome.com　　　　邮　　箱：cctp@cctphome.com
新浪微博：@中央编译出版社　　　　　微　　信：中央编译出版社（ID: cctphome）
淘宝店铺：中央编译出版社直销店（http://shop108367160.taobao.com）　（010）52612349

本社常年法律顾问：北京嘉润律师事务所律师　李敬伟　问小牛
凡有印装质量问题，本社负责调换，电话：（010）55626985

Truman's advisory group and 杜鲁门的顾问团与如意算盘，63，82－83

Wohlstetter, Albert 艾伯特·沃尔斯泰特，291

Wohlstetter, Roberta 罗伯塔·沃尔斯泰特，74，76－77，80－81，82，83，87，287，288－289，291

Wolfers, Arnold 阿诺德·沃尔弗斯，6

Wong-McCarthy, William 威廉·皇-麦卡锡，204，218－219，295－296

Wood, Kingsley, Sir 金斯利·伍德爵士

Woodward, Bob 鲍勃·伍德沃德，205

World War I, Schlieffen Plan and 第一次世界大战，施里芬计划与第一次世界大战，187

World War II, chamberlain appeasement policy and 第二次世界大战，张伯伦的绥靖政策与第二次世界大战，187－193

Wyden, Peter 彼得·怀登，279－281

Y

Yalu River 鸭绿江，56，62，63

Yom Kippur War 赎罪日战争，193，210

    wishful thinking 愿望（愿景）思维